陕西师范大学史学丛书

丛书主编／何志龙

系日山房丛稿

周晓薇／著

科学出版社

北京

图书在版编目(CIP)数据

系日山房丛稿/周晓薇著. —北京：科学出版社，2015.11
（陕西师范大学史学丛书）
ISBN 978-7-03-046263-3

Ⅰ.①系… Ⅱ.①周… Ⅲ.①中国历史-文集 Ⅳ.①K207-53

中国版本图书馆 CIP 数据核字（2015）第 265590 号

责任编辑：陈　亮　任晓刚/责任校对：李　影
责任印制：肖　兴/封面设计：黄华斌　陈　敬
编辑部电话：010-64026975
E-mail：chenliang@mail. sciencep. com

科 学 出 版 社 出版
北京东黄城根北街16号
邮政编码：100717
http://www. sciencep. com
三河市骏杰印刷有限公司印刷
科学出版社发行　各地新华书店经销
*
2015 年 12 月第　一　版　开本：720×1000 1/16
2015 年 12 月第一次印刷　印张：23 1/2
字数：410 000
定价：88.00元
（如有印装质量问题，我社负责调换）

丛书总序

在高等院校，教学与科研是一般教师关注的主要对象，教师们不仅关注自身的教学与科研，也关注他人的教学与科研，但对于学校和学院，高度关注的则是学科，即我们通常讲的学科建设。所谓学科建设，一般包含学科平台建设、师资队伍建设、科学研究和人才培养四个方面。学科平台建设，主要指硕士学位授权点和博士学位授权点的设置和建设，博士后科研流动站的设置和建设，另外也包括教育部人文社会科学重点研究基地的设置和建设，以及其他各类研究平台的设置和建设。师资队伍建设，主要指师资队伍的规模、职称结构、学历结构、年龄结构、学缘结构等方面。科学研究，主要指师资队伍成员从事学术研究所产出并公开发表和出版的学术论文、著作以及研究报告等。人才培养，主要指硕士学位授权点和博士学位授权点所培养的硕士研究生和博士研究生的数量、质量及其在学术界的影响和社会各行业的影响。学科建设的四个方面相互依托，相互促进，相辅相成，共同构成了学科建设的有机整体。其中，学科平台是基础，有了学科平台，有利于引进人才和加强队伍建设，有了学科平台，才能招收研究生，进行人才培养。队伍建设是核心，拥有一支合理的师资队伍，才能支撑和维持学科平台，才能有进行科学研究和人才培养的主体。科学研究是关键，科学研究的成果体现学科平台的力量，也是培养人才的前提和基础，没有较强的科学研究能力，不可能培养出合格的人才。人才培养是目标，人才培养必须依托学科平台，同时，人才培养不仅必须要有师资队伍，而且必须要有具备科学研究能力的师资队伍，才能完成合格的人才培养。

与国内大多数高校的历史学科一样，陕西师范大学的历史学科建设，在2012年之前，主要进行的是学科的外延建设。所谓外延建设，就是指增加学科的数量和规模，如拥有几个一级博士学位授权点，几个国家重点学科以及几个教育部人文社会科学重点研究基地等。随着我国改革开放的深化和综合国力的增强，民众对高等教育有更高期待，党的"十八大"明确提出推动高等教育的内涵发展，走以质量提升为核心的内涵发展道路，高校学科建设进入了一个新的时期，学科建设的重点由外延建设转向内涵建设。外延建设主要强调量，而内涵建设则更加注重质，外延建设为内涵建设奠定了坚实的基础。也就是说，在已有学科平台的基础上，凝练高水平的队伍，产出高水平的成果，培养高质量的人才，将成为学科发展的关键所在，而统领这三方面的正是学科特色。凡大学都应该有自己的特色，大学的特色集中体现在学科特色上。所谓学科特色，主要指在某一学科的某一领域，凝练一支高水平的研究团队，产出一系列有影响的研究成果，同时培养出一批在学术界和相关行业有影响的人才。为什么说学科特色是学科内涵建设的灵魂，原因有三：一是从人力资源配置看，很难有一个高校有能力支撑一个学科（一级学科）所包含的所有学科领域。二是从财物资源配置看，很难有一个高校有能力支持一个学科（一级学科）所包含的所有学科领域发展所需要的财力和物力。支持学科建设不仅要有研究团队，而且要有为研究团队提供从事科学研究所必需的财力和物力，如从事历史学研究所必需的场所设施、网络环境和图书资料等，只有满足人、财、物的合理配置，才能进行科学研究。三是只有发展学科特色，资源配置才能实现成本最低，效率最高。如果学科领域广泛，需要配置的文献资源也必然广泛，相应地如果学科领域相对集中，需要配置的文献资源也相对集中，成本低而利用率高。另外，发展学科特色，易于承传学术传统，易于形成内部合作，易于产出系列成果，易于团队培养人才，易于形成学术影响，也易于保持学术影响。

发展学科特色需要考虑诸多因素。作为历史学科建设，要充分考虑地方历史文化，形成自己的学科优势，这种优势既能更好地服务地方，也能充分彰显自己的学科特色。要注重已有学术传统，顺应国家长期发展的重大战略目标，着眼未来，长远规划学科特色。要充分考虑学校的实力地位，谋划学校能够实现的规划，因为学科建设规划只有在人、财、物的可持续投入基础上才能实现。

陕西师范大学的历史学科，依托地处周秦汉唐历史文化中心，考古资源丰富，出土文物规格高和数量大的优势，经过几代历史人 70 多年的不懈努力，逐步形成了以周秦汉唐历史为主要研究领域的学科特色，中国古代史国家重点学科的获批，也是对这一学科特色的充分肯定。随着国家对历史学科精细化分类管理，原来既是门类也是一级学科的历史学一分为三，调整为中国史、世界史、考古学三个一级学科。根据学校地位的变化和学校对历史学科人、财、物的持续投入状况，面对三个一级学科的评估和建设，在国家一流大学和一流学科建设中，我们面临着前所未有的巨大挑战。在严峻的挑战面前，思路必须明确，决策必须正确，行动必须快捷。环顾国内外高等院校学科建设成功者，无不具有显著特色。我们在学科内涵建设中，特色发展是唯一选择。作为中国史一级学科，其统属的中国古代史和历史地理学两个国家重点学科，是我校的特色学科，也是我校的优势学科，在国内学科建设的激烈竞争中，只有加大建设力度，才能保持优势地位。而要保持传统优势学科的地位，除了加大已有建设的力度，还必须不断探索新的学科增长点，才能进一步强化学科优势，彰显学科特色。中央提出的"一带一路"建设，是我国发展的大战略，为地处丝绸之路起点的我校历史学科发展迎来了难得的发展机遇，学院"丝绸之路历史文化研究中心"的建立，不仅顺应了国家重大战略需求，同时也是我院探索新的学科增长点的体现。中国史升格为一级学科后，发展中国近现代史学科势在必行，而从时间和空间上看，中国近现代史学科的研究领域同样极为广泛，我们也必须选择某一领域，重点建设，特色发展。西北地区的近现代史研究是中国近现代史研究的重要组成部分，把西北地区的近现代史作为我校中国近现代史学科的发展方向，同样具有明显的地域优势，也必将成为我校的学科特色和新亮点。

此外，文物与博物馆学也是学院谋求学科建设发展特色的一大发力点。2008年1月23日，中宣部、财政部、文化部和国家文物局联合下发《关于全国博物馆、纪念馆免费开放的通知》，根据该通知，全国各级文化文物部门归口管理的公共博物馆、纪念馆，全国爱国主义教育示范基地将全部实行免费开放，博物馆已成为国民素质教育的重要基地。在全国范围内，博物馆如雨后春笋，发展迅猛，但博物馆学的专业人才却明显不足，这就为高等院校博物馆学人才培养提出了新的要求。陕西是考古大省、文物大省，更是博物馆大省，博物馆的人才需求也相对较大。基于地缘优势和省内学科建设差异化发展的思路，我校在考古学学科下重点发展博物馆学，经过十多年的发展，

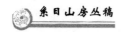

取得了一定成就，陕西省文物局与我校签订战略合作框架协议，国家文物局在我校设立文博人才培训示范基地，充分说明我校重点发展博物馆学符合陕西省和国家对博物馆人才培养的需求，特色建设博物馆学的思路得到了肯定和支持。我们将在国内博物馆学研究的基础上，学习、借鉴、吸收国外博物馆学的理论和方法，深入探索努力构建我国博物馆学的学科理论体系，彰显我校博物馆学的学科特色。

彰显学科特色的要素很多，但产出颇具影响的系列研究成果尤为重要。为此，学院设计出版《陕西师范大学史学丛书》。本丛书首批 17 本，均为学院教师近年新作，每本书的内容不少于三编，作者自序。丛书的内容广泛，涉及中国古代史、中国近现代史、世界史等。希望通过出版本套丛书，集中展现学院教师近年来学术关注的领域和成就。鉴于本丛书是在我校大力推进一流学科建设的开启之年规划完成的，故以一流学科建设的思路代为本套丛书之总序。

何志龙

2015 年 12 月 25 日于陕西师范大学长安校区文汇楼 C 段 209 室

序

恨不得挂长绳于青天，系此西飞之白日。

——（唐）李白《惜余春赋》

我之所以将陋室书斋取名为"系日山房"，其出典正是李白的这一句话。诚然，西飞的白日终究是系不住的，时光任苒，过隙而去，最能留在书斋中的深刻记忆，唯有行进在学术研究道路上的不辍追求与点点辙迹。

一

回首三十年前的 1985 年 9 月，我有幸考取了业师黄永年先生的硕士研究生，专业是历史文献学。应该说从那时开始，我才初步领略到什么是学术研究。而今，先生已经驾鹤归天，但每当回忆起跟随先生学习和工作的日子，特别是先生那充满睿智的音容笑貌，如幻如影，仍时时浮现在我的眼前。他为我们授业解惑时的殷切教诲，娓娓不竭，仍轻轻回荡在我的耳边。我特别要感怀铭记的是永年师将我引上了学术研究的正道，虽"路漫漫其修远"，却于我而无悔无怨，并努力持守着"上下而求索"的信念与愿力。

永年师博学通识，著作等身，在历史学和古文献学等诸多研究领域均有精深造诣，做出了开拓性的贡献。许多研究成果如《唐代史事考释》、《文史探微》、《文史存稿》、《树新义室笔谈》、《学苑零拾》、《学苑与书林》都卓有建树而引起学术界的瞩目。《六至九世纪中国政治史》更是他数十年来重点研究唐代政治史的心血凝聚，不仅在许多方面填补了北朝及唐史研究的空白，亦提出了许多独具创见的新观点，代表着唐代政治史研究的高端水准。

永年师对研究生在学业上的要求很严，他亲自为我们开设了八九门课，有目录学、版本学、古籍整理概论、专书研究《太平广记》、专书研究《吴梅村诗》、韩愈诗文选读、文史研究专题、碑刻学等。课余时间,他要求我们阅读史籍原典,每天记读书笔记,并定期为我们批阅。我入学时,先生已年近花甲,但是精力十分旺盛,行走快捷。我们研一时几乎每天都会上他的四节课,课程常常安排在上午三、四节和下午一、二节,午间有不到两小时的空档,本可以小憩一下,而先生说他从不午睡。即使课间,他也从不休息,因为课间同学们的问题不断,他总是从容作答,丝毫没有倦意。先生在讲堂上常提醒我们在学术上要慢慢积累和修炼,不要急于求成。他尤其注重培养我们发现问题和解决问题的能力,每当我们对古代史事或名物制度有了一点见解或认识,他都会悉心指点我们查阅相关文献,鼓励我们用"大胆假设,小心求证"的方法将问题解析清楚。

对于如何运用文献研究历史,永年师强调认真阅读纪传史是一种基本功,只有在此基础上,才可能正确地利用杂史等其他史书以及杂记、小说、诗文、出土文物,以作为纪传史的辅助来寻求历史的真相,进而探索其发展演变的规律。他在指导我们读纪传史书的同时,又教我们运用纪传史以外的资料来辅助研究某些历史问题。如他给我们开设的《太平广记》研究,就是利用《太平广记》的资料来研究古代社会的民间信仰、民俗文化、佛教传播等问题。而他对于古代神魔小说尤其是《西游记》的研究更是造诣颇高,我曾为永年师用繁体字誊抄过他撰写的《论〈西游记〉的成书经过和版本源流》一文,通过一字一句的阅读,深深被先生严谨构思与缜密考证所折服。这些,都对我日后的学术研究方向产生了深刻影响。

由于我天资愚讷,读书亦常常不求甚解,对于影响历史的政治、经济等宏大问题不能深入钻研,却十分偏爱阅读古典小说,因此在读研期间就将兴趣点放在了对古典小说的研究上。一次,永年师上课时讲到古代小说对名物制度的研究意义,举说他根据《水浒传》的相关描述而撰写的《说朴刀》一文,辨析朴刀并非明清绣像图中的短把,而是多为长杆。永年师的论证环环相扣,十分精彩,我不但被他的讲述深深吸引,也感到做这样的研究十分有趣。于是,再次捧起《水浒传》反复阅读,希望也能发现点可以研究的问题。恰好就在不久的一次讲堂上,先生讲到学界关于《水浒传》成书问题的研究,大多是通过考证朴刀杆棒话本的源流入手,取得了不少令人满意的成果。当然也有另辟蹊径如童书业先生根据《水浒传》描写的窑器所作的对成书时代更有力的分析旁证，并进而提示说还可以试图从法律制度上去关注和分析研究。因为《水浒传》中涉及宋代刑狱诸事颇多，不但可以用《宋刑统》、《宋史·刑法志》比勘证实，还可以利用宋代笔记如李元弼的《作邑自箴》中的相关记载去论证。因为该书是李元弼任县令时为自勉和劝诫而撰，其中记述了许多与刑法相关的事例与细节。我当时听了跃跃欲试。课后即征询永年师，我可不可以试着做这个课题？永年师当场允诺并叮嘱我：不要急忙，先好好打基础。做古典小说研究，首先要理清古代小说发展的脉络，接着读古代相关文献，再读有关古典小说的研究论著，奠定好基础，扩大知识面，才能对下一步的研究进行思考和领悟。我照着先生的指教，沉下心来读书，有了一些知识积累，便试图开始着手研究问题。而当时由于学识浅薄，将《作邑自箴》反复读了好几遍，也没看出它与《水浒传》之间的关联。时间一天天飞逝而去，我心里虽然很急，但仍坚持着一边反复读宋代的法律文献、读《水浒传》、读《作邑自箴》、读相关研究成果，一边反复思索和构架写作大纲。大约几个月后，才慢慢形成了一些不连贯的头绪。说来真是奇怪，忽然一天，灵感涌出，不但文章的构架豁然开朗，还有大约十几例可以撰写的条目随之形成。于是初步设想以《作邑自箴》与《水浒传》两者所涉及的法律刑狱问题比勘，以说明《水浒传》的描写确实符合宋代刑律制度。我兴奋极了，立即去办公室寻找永年师。可是那天上午永年师偏偏在外开会，我只得悻悻返回。好不容易等到下午，见了永年师，立刻谈了自己对论文的设计和想法。永年师对我的构思予以肯定，嘱我选其中的两三条先写出考证让他过目，以便检验我的思路与文字表述是否一致。接下来几天，我动手写了"极刑之罪"、"四邻救火"、"行移公文"三篇呈上。先生阅后很高兴，勉我就依这几条的范式往下写即可。还评论我的文笔四平八稳，条理清楚。虽然不是赞赏有加，还是大大增进了我的信心。记得就在那个学期末，先生去北京开会期间曾到北京琉璃厂购书，他看到有一册《四部丛刊续编》影钞宋淳熙本的《作邑自箴》单行本，就立即购买回来送给了我，说这样用起来方便，这使我非常感动，时至今日我还仍然非常珍爱地收藏着，并每每在翻阅与回忆中感受到一种温暖和力量。而这篇尝试性的对明代小说《水浒传》的考证研究——《〈水浒传〉与〈作邑自箴〉》，也最终成为了我的硕士毕业论文，并得到永年师的嘉许与答辩委员会的一致好评，获得了优秀学位论文。嗣后，这篇论文还被收入永年师主编的《古代文献研究集林》第一集中。在此还需补充两点：一是这篇文章准备收入论文集后，永年师命我再作修改。改定之后，时逢暑假，先生特请贾二强学长修正润色。开学后，先生郑重告诉我的第一件事就是要向二强学长表示感谢，并说：也用不到送任何东西，只要诚诚恳恳口头致谢就行。别人为你付出了劳动，应该真诚表示感谢。我当然遵旨而行。二是先生如此引导我做学问的方法，我也一直作为指导研究生进行论文写作的最基本的方式。

毕业后，我有幸留在古籍整理研究所继续跟从永年师做研究工作。20世纪90年代中叶，先生去南京大学讲学时，得知南京大学古籍整理研究所藏有一套收入《明清善本小说丛刊》初编的《四游记》[①]，便立即请他们为我们陕西师范大学古籍整理研究所复印一套寄来。这是因为永年师对明代神魔小说的研究颇有兴趣，也颇有建树，如他通过分析明代神魔小说中哪吒、杨戬形象的演化，判断推论《封神演义》成书在百回本《西游记》之后，又从版本上考证出百回本《西游记》出现在明代嘉靖初年，否定了作者是吴承恩之说。他还认为"东、南、北"三个《游记》牵涉面更广、形成的过程更复杂，很值得下功夫研究。另外还有个原因就是《四游记》一书，今人已整理出版过几种，但均不够理想，主要是在选择底本上用的是清刻本而没有用明刻本，以致在文字内容上错误很多，标点也往往多有谬误。故永年师复印这套书的意图，大约是希望能以此为底本重新点校和研究这四种《游记》。

当这套复印的明刻本《四游记》寄来时，我恰好在办公室。先生当时非常高兴，他打开一本《南游记》，随意翻动着书页，欣赏着上栏的绣像图，又仔细阅读了下栏的几段文字，然后便兴致勃勃地为我们讲述明刻本与清刻本东、西、南、北《游记》在文字上的优劣。言谈中表示很希望整理出版一套校点本的明刻本《四游记》。同时，他还谈到一定要好好研究《四游记》。先生说：在所谓神魔小说中，《四游记》的地位自然比不上百回本的《西游记》，和《封神演义》也有差距。即从文笔上说，和百回本《西游记》以至《封神演义》的生动可读也不属同一档次。所以旧时专以牟利为目的的书商，刊印百回本《西游记》和《封神演义》者多，刊印《四游记》者少。但如果换个

---

① 政治大学古典小说研究中心主编：《明清善本小说丛刊》，台北：天一出版社，1985年影印本。

角度从小说演化即小说史来看，这《四游记》就具有其他小说代替不了的地位。而在研究近古神话或民俗学者的眼光中，这《四游记》更是较百回本《西游记》和《封神演义》为珍贵的宝库。先生还强调说："如今通行的哲学史思想史，只是讲彼时高级知识分子的哲学的思想，这并不能代表一般人——从平民百姓以至帝王统治者的思想。一般人的思想正史里固也涉及，但更多的还在史书所不及备采的杂记小说之中。我给研究生所开设的《太平广记》研究课，即是在这方面作了试探。但《太平广记》所收只到唐五代，宋以后的，就得凭借《西游记》、《封神演义》以及和《西游记》配套成书、在明万历时刊行的《东游记》、《南游记》、《北游记》等小说史讲授者所说的章回神魔小说了。而且从小说演化即小说史来看，这《四游记》就具有其他小说代替不了的地位。"先生讲完，便嘱咐我认真将复印来的四本《游记》仔细按页码整理好，送到学校打印社装订成册，以备所里的同仁们参考研究。

四本《游记》装订好以后，我便一本本认真阅读起来。阅读中的确发现了一些可以研究的问题和角度，这当然是受先生先前一番教导启发的缘故。也就是从这个时候开始，我与这套书结下了不解之缘。先是完成了明代版本的东、西、南、北《游记》的校点工作，永年师还为这个校点本写了序。遗憾的是，几经波折，这套书至今也未能出版。嗣后，我除了参加所里的集体科研项目，便着力于对明代神魔小说《四游记》进行较深入的探讨，并随时向永年师请教。最初的几年里，陆续发表了几篇相关论文，诸如《〈东游记〉与〈列仙全传〉》、《〈东游记〉天门阵故事抄袭〈杨家府演义〉考辨》、《中国古代的战争女神九天玄女》、《八仙考补》等，为我进一步广泛细致研究《四游记》开拓了一个良好途径，并催生了《〈四游记〉丛考》这部小书的完成，这让我备感欣慰。十年一剑，甘苦自知。我之于古典小说，从热闹的泛读到潜心的研究，虽说也可以称之为升华，但当研究将以所谓专著的形式和名义公之于世的时候，心中又不免有些忐忑，因为我知道自己的研究在某些方面还不能够探究得十分清楚和完善，对某些问题还有不尽如人意的解释和无能为力的回避。但无论如何，正是在永年师的影响与指导下，我才完成了拙著《〈四游记〉丛考》的撰作。就在初稿撰成那年暑假的一天，突然接到永年师的电话，说收到白化文先生撰写的《三生石上旧精魂——中国古代小说与宗教》一书，其中有关于八仙的论述，要我拿去阅读学习。放下电话我立即去先生家取书，见了面，先生又与我谈了白先生研究八仙在选取资料方面较之前的研究增加了新材料，主要利用新发现的如"脉望馆"原藏的一些"元明杂剧"，还有一些宝卷以及新中国成立后民间文学工作者在各地进行采风的收获，如元代山西芮城永乐宫壁画等，很值得参考借鉴。我拿回去细细品读，的确启发良多。拙著草成之后，永年师又不辞年迈将书稿审阅一过，不仅批示了修改建议，还乐意接受我的请求而撰写了序言并题写了书名，使我深受鼓舞和充满希望。还有一次，是我撰写的《古代簪笔制度探微》这篇小文在《中国典籍与文化》上发表时，也是接到先生打来电话，他很高兴地说这篇文章的选题颇有趣味，嘱我以后可以多写此类对名物考证的文章。每回想起这些，我就特别感谢永年师多年来对我的培养与教诲，使我在学术上始终能够坚持良好的目标和方向。

2002 年 6 月，我先生王其祎主持立项了国家文物局人文社科重点课题《隋代墓志铭汇考》，我作为课题组成员，历经数年围绕这项课题而辛勤工作。当一方方隋代墓志铭从金石著作、墓志汇编、学术期刊及碑拓网上普查寻绎出来，摩挲着志石与志盖的拓本，计量着长宽尺寸，审读着志文，欣赏着书体，描述着志石上的纹样图饰，从识字录文到标点断句，从前人著录到今人论说，无不逐一梳理辑录，并在逐字阅读志文的基础上，翻阅史籍写成简要考释，按时代顺序连缀长编，直到完成《隋代墓志铭汇考》六卷本的整理与出版工作，时光竟已逝去了五年之多。在这期间，我们同样得到了永年师的亲切过问与指导，并为我们解决了考释墓志时遇到的某些制度、职官、地理等方面的疑难。书稿杀青之日，先生还特意为拙作题写书名并撰写序言。记得先生在赐序之前，曾认真询问是希望他用白话文写还是文言文写？当我们回答用文言文时，先生说好，他也正打算用文言文写。当序言写好后，先生又请哲嗣寿成兄将手稿送到我们手中，使我们感慨莫深，捧着序文反复读了许多遍。其云"近时治国史者多习于断代，断代则多言隋唐，言隋唐实多略隋详唐，以唐之天可汗自豪，而隋享年短促若不足道者，其实非也"。为了说明这个问题，先生在序文中特列举了史籍记载隋代户口之盛，提出"杨隋之所以盛及其所以能统一，治史者岂不宜熟虑深思也"？专此强调研究隋代的意义和重要性。而对于隋代墓志铭资料，业师更是十分重视，他说："永年昔治北朝齐周史事，推测彼时实以山东魏齐之经济文化，与关陇武力相结合之所致。惜传世《隋书》之撰修，虽出身历其时之魏徵诸人，然或缘时忌，未能备详其时之所以美善，李延寿撰《北史》亦无多增益。欲明其究竟，甚盼新史料之发现，此地下埋藏之墓志碑刻之所以见重于世，而隋石尤为昔人称道，固不特以楷法见珍而已。"他还对我们的努力工作做了肯定："王其祎、周晓薇伉俪尝从永年研治国史，今就出土传世之杨隋墓志逐一录文研讨，成此《隋代墓志铭汇考》六卷，备尽辛劳，时获胜义。窃以谓大有助于我国中古史事之考说，实亦为通晓我国中古史事做出新贡献。"嗣后，更不断嘱咐我们下一步则应该充分利用这些墓志资料去辅助于考史和证史，写出更多的学术研究成果。

《隋代墓志铭汇考》课题于 2006 年顺利结项，2007 年 10 月，遂以全六册的体量出版面世，从而成为国内第一部断代性质的墓志铭汇考，受到业内专家学者的佳好评价。如北京大学辛德勇先生评介道："隋唐之际历史问题的研究如此重要，而有关隋史和隋唐转换时期历史的资料却远不如唐宋之间丰富，这就愈加增强了单独纂录隋代墓志资料的重要性和迫切性。2007 年 10 月由线装书局出版的《隋代墓志铭汇考》一书，就是在这样的学术背景下适时出版的隋代墓志铭文总汇性巨著，足以令中国古代史学界尤其是魏晋南北朝隋唐史学者为之欣喜兴奋。"[①] 北京大学荣新江先生认为《隋代墓志铭汇考》"是目前整理墓志的著作中学术含量最高的一种"[②]。将隋墓志资料汇总出版公布于世以嘉惠学林，正是我们完成这一课题的初衷。所惜当这套书出版时，永年师已遽归道山，而业师留给我们的期许，却永远铭记在我们心上。

2009 年，我们不忘业师的勖勉，又申请立项了国家社科基金项目《隋代墓志铭与隋代历史文化》，几年来，我们围绕课题所进行的潜心不辍的研究，正是充盈着对先生悉心栽培与厚望的报答。

在课题研究的前期成果中，我们集中作了对隋代女性问题的研究，这是因为在研读墓志的过程中，有关隋代女性的记载时常跃入视线，从而引起我们对此项研究的关注。而通过进一步研读相关古代女性研究成果，却发现学术界鲜少对隋代女性展开专门的研究论述，总是隋唐并列一起且以隋代作为

① 辛德勇：《读〈隋代墓志铭汇考〉》，《书品》2008 年第四辑，第 11 页。
② 荣新江：《学术训练与学术规范——中国古代研究入门》，北京：北京大学出版社，2011 年，第 30 页。

点缀，往往忽略了对隋代女性诸多问题深入探讨与整体研究。于是而萌发了充分利用隋代墓志作为基本素材，对隋代女性问题进行专题系列研究的念头。邓小南先生认为："与世间流行的普通文字作品相较，墓志是墓主盖棺定论的庄重记录，承载着时人的评述与家属的情思；与地表墓碑侧重于向世人传布的作用相比，墓志的功能更在于与天地神明沟通。中古文献中女性文献匮乏，更使其墓志有着特殊意义。"① 的确，隋王朝极为重要却又极为短祚，相较于中古时期的其他王朝，可资探讨隋代的传世文献明显不足，而有关女性的记载与材料复更稀如星凤，自然大大限制了开展研究的广泛性、深入性与系统性。又缘以往的研究多习惯于将隋唐女性问题合并在一起进行讨论，结果就出现了详唐而略隋的状况，隋代的比重只占得非常少的份额，许多问题往往是一笔带过，仅成为唐代女性研究热闹中的点缀与边鼓。有鉴于斯，我们的研究便借重墓志铭这一颇见新颖且丰富的材料而展开，并期待能够促进对重构隋代女性历史的研究"从平面走向立体，从单一走向多元"。通过对近六百种隋代墓志铭进行铺排归理，大约有 225 例可以用为研究隋代女性问题的基本素材，这个比例应能相对具有可观的抽样体量与研究意义，亦颇能弥补传世文献资料的缺憾。况且以往将隋唐女性合并在一起的研究，难免有诸多的局限性，从而容易模糊或混淆隋唐之间政治与教化、制度与实情、主流理念与社会风尚的偏差乃至不同。隋代上承齐、周、梁、陈，与南北朝关联王朝存在着诸多接续融通之处，同时又向下开启了唐代的诸多制度建设与社会风教之先河，自身固有不少独具的特点。对于女性问题的探讨亦当如此认知与分析，绝不能简单地一概而论或泛泛带过。上述理解正是我们对研究隋代女性与社会意义的认识。我们所关注和探讨的隋代女性问题，大多试图贴近隋代女性的"生活实态"，亦即"致力于对客观历史现实的探索与逼近"②。研究专题中诸如隋代女子结缡年龄、隋代女性贞节观、隋代社会对于妻子角色的审美观等，大都是研究古代女性问题的热点，相关研究成果亦多，然具体到针对隋代女性或以隋代女性为整体的断代研究尚属苍白乃至颇多阙环。而对隋代墓志铭中出现的婚姻语词以及对隋代在室女子的家庭教育、隋代女官

---

① 邓小南：《出土材料与唐宋女性研究》，李贞德主编：《中国史新论：性别史分册》，台北：联经出版公司，2009 年，第 293—294 页。

② 邓小南主编：《唐宋女性与社会·前言》，上海：上海辞书出版社，2003 年，第 2 页。

中的宫人制度诸方面所进行的较为全面深入的探讨，则是以往研究所甚少关注和涉及的方面。当这些专题研究一篇篇撰成并发表之后，我们对隋代女性的研究也就结集成为一本小书《柔顺之象：隋代女性与社会》，2012 年交付中国社会科学出版社正式出版。

在利用隋代墓志铭完成女性研究的同时，我们对课题中其他相关研究也在有条不紊地进行，主要是以迄今所能知见的约六百种隋代墓志铭文字（包括图像）为基础素材，研究的基本内容则涉及历史学、文献学、考古学、语言学、艺术学等交叉学科的综合范畴。网罗新资料，采用新方法，以期为新理论的发现、论证与深化奠定基础，这是我们在课题研究中力求有所突破的初衷。研究的方法主要采用传世文献与出土文献的互证，亦即所谓的"二重证据法"，以南北朝隋唐正史为最基本的史料，以墓志资料为辅，分析解读，去伪存真，以史志互证的考据手段综合完成对相关主题的探讨。研究内容与意义集中体现在七个方面：（1）隋代家族研究。（2）隋代避讳文化研究。（3）隋代墓志辨伪。（4）隋代书法研究。（5）隋代墓志铭纹饰的文物学和艺术考古学研究。（6）隋代西京大兴与东都洛阳历史地理研究。（7）选取以墓主事迹为主的个案研究。

这项课题于 2013 年通过结项，后又几经修改删定，于 2014 年 6 月由科学出版社出版，这就是《片石千秋：隋代墓志铭与隋代历史文化》。该书围绕的七类专题研究主要针对隋代家族世系、隋代避讳文化、墓志辨伪、隋代书法艺术流变与时代传承、隋代墓志纹饰图像的艺术表征与文化内涵、两京城坊和城郊的历史地理，以及五个个案与史事的互证等问题进行了较为广泛的梳理与考量，比如对隋代杜氏、解氏家族所进行的整体探讨、对洛阳城坊乡里名称的辑考、对书法隶楷书体在隋代的流变、墓志纹饰对古代绘画史发展脉络的佐证等内容，学界虽有涉及，然对隋代进行整体研究则实为稀少，因此这些内容可充实以往隋代研究的薄弱环节乃至填补空缺。又诸如运用史志互证的方法所展开的对于隋代墓志铭的辨伪与隋代避讳问题的研究，总结出了墓志辨伪的基本方法和隋代避讳文化中的常规现象。总之，充分利用隋代墓志铭来研究隋代的历史文化，希望能起到推进或开拓隋代文史研究广阔视野的积极作用。

星移斗转，回首自己走过的学术进取辙迹，转瞬已是卅年春秋。检点梳理，竟也发表和出版了些许所谓的学术论文与专著。而面对浩瀚的学术海洋，尽管自己的收获只不过是沧海之一粟，却毕竟菲葑不弃，羽毛自惜，诚所谓"遗簪见取终安用，弊帚虽微亦自珍"。于是，我特意拣选出部分较为满意的成果缀为一编，希冀借以见证一位热爱学术事业的跋涉者与耕耘者的无悔追求和努力，并心愿在日后在回忆中有以自我鞭策和砥砺，同时也期望在业师永年先生诞辰九十周年的今年，能够以此作为对业师深切的缅怀与感恩。

二

这本名为《系日山房丛稿》的自选集，从内容上略分作五编，其各编的旨要谨按次第概述如下：

第一编"天地神祇"，共有五个论题：是对古代传说中的玄武、龙王、八仙、九天玄女以及黄鹤楼神仙事迹的考证，或考释神祇的出身、演变，或推究其神界司职、或揭示其在笔记小说中演绎的文化寓意。

《释"玄武"》：玄武是远古时代的一种龟甲类动物，以其象形于北方星宿的排列，古人便将北方星宿命名为玄武。由于玄武的名称、形象以及文化意义一直以来不甚明确和一致，加之玄武作为物种的神化色彩，造成人们对玄武名义的迷惑，出现了多种对玄武的解释。本篇旨在利用文献记载与文物遗存中所见玄武图案，对玄武形象的演化及其寓意予以归结。

《中国古代的战争女神九天玄女》：在古代传说中有一位女神，被人们称为九天玄女，或者"玄女"，也俗称为"九天玄女娘娘"或"玄女娘娘"。这位女神尤其在明清小说中屡屡出现，而其形象及传说究竟源起于何时？其故事的主要发展脉络如何？其主要司掌又是什么？正是本篇不揣浅陋而进行的考释和解读。

《黄鹤楼神仙的嬗变》：自唐代崔颢那首脍炙人口的《登黄鹤楼》诗吟诵开来，不仅令同辈大诗人李白折服，亦使黄鹤楼的名声不胫而走，大噪天下。尤其那跨鹤飞升的缥缈神传，历千百余年，几乎家喻户晓，颇为民俗所乐道。这神传的源头至少可以推溯到南北朝时代，并且从传说的初起到千百年的流变，黄鹤楼上的跨鹤神仙几经变换，并非始终如一。笔者特搜排史料，稍事考说，以期为黄鹤楼神仙的渊源嬗变爬梳出一条略趋明晰的线索。

《八仙考补》：铁拐李、钟离权、吕洞宾、张果老、蓝采和、韩湘子、何仙姑、曹国舅，这样一个八仙集团，其形成似在明代中叶，到万历时吴元泰的《八仙出处东游记》（简称《东游记》）则将此演绎为小说。近人研究八仙的文字，自以浦江清先生的《八仙考》最为精赅，但在史料上尚不无可增补之处。因此，文章悉心搜辑笔记小说资料，以期能够补苴浦江清先生的《八仙考》。

《古代典籍所见龙王及其文化寓意》：龙，是神话传说中的神灵，在中国人心目中被视为崇高的精神象征；龙王，同样是神话传说中的神灵，并且有着与龙相同的呼风唤雨、掌握水脉大权的职司，可是它却没有具备龙的神圣与威严，更为可悲的是，古代文人对龙王的嘲弄与贬低，使龙王几乎充满了人格化的性情而黯淡了神化的光彩。本篇即对中国龙文化研究范畴中尚少引起注重的龙王形象的演绎及其文化寓意加以缕析。

第二编"名物探赜"，共有三个论题：分别针对"簪笔"、"袴褶"服饰、"江州车"与"木牛流马"，根据文献记载，或考究名物的本源、形制，或探索其在社会文化、礼仪制度、民族融合中的嬗变、发展与消亡。

《古代簪笔制度探微》：簪笔是古代礼仪制度与服饰文化中的一个十分有趣的现象，从汉代到宋朝，演化发展了千余年。值得留意的是，簪笔的功用，最早是官员上朝时用来奏事记言，有着非常实际的用途。后来却逐渐演化成官员上朝时的一种冠饰，完全成了某种身份与职责的象征性标志，并作为服饰中的一种礼仪文化现象而存续下来。能够簪笔的官员，尽管在各朝的规定中不尽相同，却总是以御史、史官、皇帝身边的侍从等文官为多。于是，簪笔被赋予了非常深刻的含义，即官员簪笔不仅仅是一种礼仪和一种冠饰，它更代表了御史执法时的威严公正，史官记言记事时的秉笔直书，侍臣扈从皇帝的荣耀与责任。于是有许多簪笔官员留下了公正廉洁、不虚美、不隐恶的好名声，而簪笔这一官职也因此成为古代官员努力进取的一个目标。

《"江州车"和"木牛流马"》："江州车"的名称多见于宋代，它究竟是一种什么形制的车子？又是缘何得名？似乎一直鲜少为人关注，也未见专门考证给以肯定的回答。根据相关资料推断，宋代的"江州车"其实就是一种便于山道小径运输的独轮推车。然而，对于宋人所认为的"江州车"就是源于诸葛亮创造的"木牛流马"，而"木牛流马"又是始作于"江州"的推论，笔者却不敢苟同。至于清人所说的宋代的"江州车"是否与三国时期的木牛流马"绝不相类",亦是很值得推敲和探讨的问题。

《三至九世纪流行的袴褶服所折射的南北文化融合》:三至九世纪是南北民族文化相互交融的重要时期,而服饰的变革演化正是颇能映见其融合程度的一个多姿多彩的方面,其中最具革命意义的无疑是在此期间流行广泛并体现着北方民族特点与中原传统风习相结合的袴褶服。本篇即从其创制于北方与西北方部族、融入中原之时代情形及其因素、基本形制的改进及其与中原服饰的融合,乃至其流行与消亡诸方面予以探讨,着重指出:两汉以前无袴褶之制,五代以后亦不再着袴褶;又以其带有明显的胡服特征而不具正统资格,遂在唐代以后终为一种新型而便利的正统常服——中原袍服所替代,而竟未能成为中原朝服、公服乃至常服之主流。

第三编"往事钩沉",共有五个论题。分别是对陈朝的三位妃子、隋代的宫人、唐太宗、明代地理学家徐霞客与僧人等相关史事的探究。

《兰蕙俱摧:陈朝妃子入隋后的蹇促命运——以隋大业五年〈施太妃志〉为中心》:王朝的更替兴衰,总要影响到人事的命运历程。杨隋政权灭陈后,陈后主与王公百司入于长安。在这些入于长安的各色人等中,尤以皇家子嗣、嫔妃宫娥、王公大臣以及文人墨客为主要角色,而这些"南人"的入于长安,又显然对于新兴的杨隋王朝在统治特质、政权成分和文化表征上产生了诸多影响。当然这些"南人"入北后的命运也是不尽相同的,本篇所关注的即是史传所载较少的施太妃(陈宣帝妃)及其女儿宁远公主、儿媳沅陵王妃沈氏一门三位女性入隋后的命运问题,所据研讨的材料,则是主要围绕《施太妃墓志》与《沅陵王妃沈氏墓志》等出土文献展开。

《隋代宫人的膺选标准与社会期许——以隋代宫人墓志铭为基本素材》:墓志铭记录人的生平,最容易抑瑕扬美,然而墓志铭的描述又往往烙印着社会的理性痕迹,着意流露并代表着当时的道德风尚观念。本篇通过研读隋代宫人墓志铭,旨在分析归纳隋代宫人的膺选标准主要表现在容貌美丽、品性柔顺、出身良家、德才兼备等几个方面。而且,每位宫人入选标准的求大同而存小异,实际上正反映了隋代社会对膺选宫人的诸多理想化期许,因而也正可以藉以探讨和考查隋代社会对宫人阶层的一般理想化审视,并为进一步了解隋代社会对女性道德规范与妇德准则的认知提供史料依据。

《隋代宫人制度研究——围绕〈隋书〉相关志传与隋代宫人墓志铭展开》:

对隋代宫人制度的研究，目前学界尚少专门的讨论文字。赵万里先生关于北朝宫人墓志的集释与蔡幸娟先生关于北朝女官制度的研究，皆不啻为初有成效的开拓，而本篇则是在已完成的《隋代宫人的膺选标准与社会期许》之后，继续尝试对隋代宫人制度予以专门研究的一步跟进。文章旨在结合《隋书》相关志传与隋代宫人墓志，以探讨隋代宫人制度的设置与演变、隋代宫人墓志所记职司等基本素材分析和隋代宫人所参与的其他事务与活动诸方面问题，期以揭示隋代宫人六尚与六局体系的渊源与建设情形，以及宫人司职的基本状况，另外还对尚少关注的宫人公服制度问题予以爬梳。凡此，或可为嗣后更进一步研究隋代宫人制度诸细节提供翔实而可靠的史料依据。

《唐太宗与琵琶乐曲》：我国封建时代的帝王中对音乐感兴趣者颇有其人，以"贞观之治"流誉后世的唐太宗李世民便是一位，而且他对音乐的兴趣尤其表现在偏爱琵琶乐曲。这似乎也是受了他不愿忘本，不愿忘记马上得天下的经历，遂常常以琵琶慰其思旧之怀这种心理的影响。因此，唐太宗对琵琶乐曲的偏爱，也可以看作是他借以缅怀历史，"不忘于本"的一种特殊律己方式。

《徐霞客与僧人的交往》：考察《徐霞客游记》，徐霞客这位"千古奇人"之所以能够不畏艰险，万里旅泊，足迹几乎遍布大半个中国，成功地实践了行万里路的志愿，除了他自身有着坚强的信念和超人的毅力外，也与他依靠了沿途僧人的鼎力支持与帮助分不开，这其实是一种禅缘的体现。徐霞客以一个传统儒学者的心态和性灵，对佛学有着超凡脱俗的妙觉慧解，从而达到一种超然洒脱地融通于大自然理趣的禅学境界。徐霞客之所以能与僧侣结下深厚禅缘，其中既有着客观的缘由，也有着主观的因素。而对这一贯穿《徐霞客游记》始终，并且与徐霞客游历有着极为重要关系的事实及其文化意义，研究徐霞客的学者尚少专门论述，本篇即针对这一现象试作探析。

第四编"溯流穷源"，共有四个论题。实际内容关涉到两方面的学科范畴：一是关于古代历史地理诸如"丰都与酆都"的名称演变与内涵的探究，以及对真武庙在宋元明时期地域分布中心形成的历史因素的研讨；一是关于明代小说《东游记》与《杨家府演义》中出现的"天门阵"故事雷同而存在的抄袭所进行的辨析，以及运用宋人笔记《作邑自箴》中所记载的刑狱条目，来证实《水浒传》的描写合乎宋代法律的基本真实。

《豐都与酆都的演变及其地理影像》：古代"豐都"与"酆都"的名称与概念内涵日渐混淆，以致在文献记载中不仅出现了历史地理观念上的错谬，亦在历史的演化轨迹与人文意义上相悖甚远。本篇旨在缕析文献之错综，梳理载记之复杂，以期为"豐都"与"酆都"的演变正本清源，并阐释其地理影像与文化理念。

《宋元明时期真武庙的地域分布中心及其历史因素》：宋元明时期，各地纷纷修建真武庙，其中以武当山，宋代建康、临安及明代南京为中心的江南地区，北京及其州府修建的真武庙规模大、数量多、寓意深刻，从而形成了崇祭真武的三大中心。本篇试图探讨这三大中心地区的形成原因及崇奉真武的历史因素。

《〈东游记〉天门阵故事抄袭〈杨家府演义〉考辨》：宋辽大战天门阵的故事，在明代章回小说中多见之，所述战阵情节当最早形成于《水浒传》一书，稍后，在《杨家府演义》与《东游记》这两种大约成书于明代中晚期之间的小说中演义得更为丰满且颇富神奇色彩。比较《杨家府演义》、《东游记》二书所述天门阵故事，显而易见，《杨家府演义》一书所述繁细，《东游记》一书所述简略，然其基本故事情节，乃至文字、专名等，几乎重叠一致。有鉴于此，笔者认为：《杨家府演义》、《东游记》二书所共述的天门阵故事，雷同的程度是十分令人怀疑的，其必有孰先孰后、某抄袭某之嫌。又因两书目前所见最早刊本均在万历中后期，而其编成时间迄今难以考断，也未见有专文论及，所以解决《杨家府演义》、《东游记》二书所述天门阵故事的相互袭承问题，对考证两书的成书先后也会提供一个很有力的证据。

《〈水浒传〉与〈作邑自箴〉》：《作邑自箴》成书于北宋政和七年（1117），作者李元弼。当时李元弼在知县任上，为自勉和劝诫而撰。全书十卷，其中所述刑狱诸事颇可与《水浒传》相互印证，笔者因而参考宋代主要法典《宋刑统》，分为十四个类目，逐一疏说，藉以证实《水浒传》的史事与细节有其符合宋代法律内涵之真实。

第五编"琬琰证史"，共有五个论题。主要利用隋代的《朱干墓志》、《梁衍墓志》及《梁衍枕铭》、《尹彦卿墓志》和唐代的《崔知之墓志》的记叙，揭示志主家族世系及其政治与文化生活轨迹，其中涉及南朝士人的交往、相王李旦传世书刻与书风、古碑的摹勒与镌刻、枕铭墓志的形制和隋唐之间的长安小陵原等问题。另外，还利用唐代《独孤申叔墓志》与《柳宗元集》所载墓志文字的异同相互比勘，补证了传世文本的阙讹并澄清唐史中的相关情实。

《流寓周隋的南朝士人交往图卷——新出隋开皇八年〈朱干墓志〉笺证》：吴郡钱塘朱氏是南朝齐梁间文学世家，其后裔在进入北周后竟不为史载，新出土的隋代《朱干墓志》所揭示的正是朱氏一族在周隋间的政治与文化生活轨迹，并为其家族世系的链接补备了重要阙环。由于墓志的序和铭是出自南朝文学领袖明克让与庾信之手，故对于补备他们的遗文和研讨入北的南朝士人交往关系保存了珍贵史料。其中所揭示的丰富的南朝士人行迹与文化传承，也为进一步探究周隋间的政治文化倾向特别是文化理念提供了可资借鉴的依据。

《枕上浮生：长安新出隋代梁衍墓志铭与枕铭疏证》：梁衍曾在周、隋两朝任职，史传与志文或有可以互证之处。而依据墓志及枕铭，不仅可以梳理梁衍家族世系与籍贯等信息，亦可发现其葬地"雍州大兴县高望原"之高望原名称在隋唐以前文献中迄为仅见。另外，在墓葬中发现的石刻枕铭，其文字内容乃是其墓志铭文字的缩写，这种功用在中古墓志史料与墓葬随葬品中亦似尚属首例，故令人饶有兴趣。

《新见隋代〈尚衣奉御尹彦卿墓志〉研读——兼说"小陵原"与"少陵原"的名称沿革》：文章推论《尹彦卿墓志》的葬地与出土地当在今西安市长安区大兆乡亦即去杜陵南十八里汉宣帝许后墓所在之少陵原一带，并对中古时期唐以前称"小陵"，唐以后称"少陵"的名称沿革作了梳理，以见其流变的基本情况。至于名称迁改的确切理由和确凿的文献依据，或许还要再作更加深入细致的爬梳检讨。

《崔知之：〈武士彠碑〉的摹勒者——新见唐〈崔知之墓志〉与关联史事》：依据大唐西市博物院收藏的《崔知之墓志》所提供的新史料，在研讨崔知之生平事迹与书法的基础上，进而探讨武士彠昊陵碑的名称与建碑时间、相王李旦传世书刻与书风、古碑的摹勒与镌刻及《武士彠碑》的摹勒者等关联问题。

《新出土柳宗元撰〈独孤申叔墓志〉勘证》：21世纪初西安地区出土了柳宗

元撰文的《独孤申叔墓志》，对全面了解韩柳古文运动的骁将——独孤申叔其人、其家世、其葬期葬地及其文学知友等提供了详准的史料。而本文的着重点乃在通过出土墓志与《柳宗元集》所载该墓志文字的异同比勘，补证了集本的阙讹并澄清了唐代文献中的相关史实。

白日西飞，岁月催人，我辈尤需鞭策前行。诗曰："嘤其鸣矣，求其友声。"唯衷心祈愿这本小书能得到专家、学者们的不吝赐教和批评指正。

周晓薇
2015 年大暑日于西安南郊系日山房

目录

第一编　天地神祇

释"玄武"

一、起源于天象的玄武

古有"四象"、"四神"、"四灵"之说，其义一也，即分别指代青（苍）龙、白虎、朱雀（鸟）、玄武。这"四象"，文献记载中多有之，文物图案中亦多见之，故说到"玄武"，人们最直接的印象也就大多来源于对"四象"的了解和认知。"四象"的雏形本是远古时代的几种动物，而人们之所以称之为四象，则是因为这四种物象很早就代表着天空星宿的方位。形于外者皆曰象，正如《周易》卷七《系辞上》所云："在天成象，在地成形，变化见矣。"①天苍苍，野茫茫，上古时候，人们通过观察星空，将群星依照方位划分成许多组合，这样就有了二十八星宿和东西南北四个方位的天象体系，人们又根据四个方位星宿排列的形状，以其形象于地上的青龙、朱雀、白虎、玄武，遂借用它们的称谓来命名天空四方的神秘星宿，即东方苍龙、西方白虎、南方朱雀、北方玄武。四象的实际意义是星宿的分划，每象相当于二十八宿中的七宿，这在《淮南子·天文》、《史记·天官书》以及《汉书》、《后汉书》、《魏书》、《隋书》等正史天文志中都可以得到释证。在这个意义上，四象便随着文化的播进和民俗的信奉，特别是唐宋以后借助道教的力量而被演化成为保护天地四方的神灵。《后汉书》中有一段对四象颇富诗意的描述：

---

① 《周易正义》卷七《系辞上》，北京：中华书局，1980 年影印清阮元校刻《十三经注疏》本，上册，第 76 页。

览天地之幽奥兮，统万物之维纲；究阴阳之变化兮，昭五德之精
光。跃青龙于沧海兮，豢白虎于金山；凿岩石而为室兮，托高阳以养
仙。神雀翔于鸿崖兮，玄武潜于婴冥；伏朱楼而四望兮，采三秀之
华英。①

这里将青龙、白虎、神雀（即朱雀）、玄武同天地万物、阴阳五德紧密地联系
起来，赋予它们神圣的气魄和神秘的光环。透过跳动着韵律的字符，四象的
举止与神情被拟化得活灵活现。然而，问题的究竟在于：玄武者何？青龙、
白虎、朱雀，顾名思义就可以明白它是一种什么动物，或者是由某种动物而
神化出的一种形象，那么，玄武是什么呢？

二、"龟蛇"——文献所见玄武本象的主流认知

　　追古溯源，有关四象的记载，早在战国时期已经出现。《礼记》卷三《曲
礼上》云："行，前朱鸟而后玄武，左青龙而右白虎，招摇在上。"② 汉代郑
玄解释道："以此四兽为军阵，象天也。"《吴子·治兵第三》讲到三军进止时
说："必左青龙，右白虎，前朱雀，后玄武，招摇在上，从事在下。"③ 从两
文均有"招摇在上"的句子可以推断，这里的青龙、白虎、朱雀、玄武所代
表的是古代用兵的旗帜。因为当时的人们本已熟悉了四象在天空的方位，于
是便用它们作为旗帜上的标志来表示东西南北。当然，仅凭这两条记载，仍
然看不出玄武究竟是什么动物，不过，既然人们依据四象所在星宿的位置来
表示方位，顺着这个思路寻绎，或许可以间接找到些线索。《周礼》卷四十
《冬官考工记》有这样的记载："龙旂九斿，以象大火也。鸟旟七斿，以象鹑
火也。熊旗六斿，以象伐也。龟蛇四斿，以象营室也。"④ 这里提到的龙、
鸟、熊、龟蛇，正是依照四象所代表的星宿方位排列的，其中鸟即朱雀，龟

　　① 《后汉书》卷二十八《冯衍传》，北京：中华书局，1965 年标点本，第 999 页。
　　② 《礼记正义》卷三《曲礼上》，北京：中华书局，1980 年影印清阮元校刻《十三经注疏》本，
上册，第 1250 页。
　　③ 《吴子·治兵第三》，上海：上海书店，1983 年影印《四部丛刊初编》本。
　　④ 《周礼注疏》卷四十《冬官考工记》，北京：中华书局，1980 年影印清阮元校刻《十三经注
疏》本，第 914 页。

蛇即玄武，唯以熊替虎①，有所不同。由此，应可以解释，龟蛇乃是玄武物象化的俗称，而由北方七宿组成的玄武天象也正是龟蛇相缠之象。然而，事情似乎并没有这么简单明了。在上古时期，人们是否对龟蛇即玄武的认识未存歧义，或者说因"司空见惯"而毋须两相解释，尚无从证明。

但是从秦汉开始，显然人们对玄武的解释就有了差异。如屈原《楚辞》卷十五《九怀》云："玄武步兮水母，与吾期兮南荣。"对此，东汉王逸解释说："玄武步兮水母，天龟水神侍送余也②。"他认为玄武就是"天龟水神"。东汉张衡《思玄赋》云："寒风凄而永至兮，拂穹岫之骚骚。玄武缩于壳中兮，腾蛇蜿而自纠③。"其中"玄武缩于壳中兮"一句的动态描写，明显看出玄武是龟甲类动物，这与王逸所说"天龟水神"显然很相近。不过，"腾蛇蜿而自纠"一句，似乎又暗示了有蛇缠绕于龟（玄武），这是值得留意的。另有汉代魏伯阳《参同契》卷下云："雄不独处，雌不孤居，玄武龟蛇，蟠纠相扶。"则又将玄武明指为龟与蛇相纠结的形象。

南北朝以来，以玄武为龟的说法似仍有继踵，如北魏的《化胡歌》咏道："我昔化胡时，西登太白山。……天龙翼从后，白虎口驰刚。玄武负钟鼓，朱雀持幢幡。……"④此虽没有直接说明玄武是龟，然"玄武负钟鼓"一句，则容易使人联想：能够背负钟鼓者，一定是力气大、好驮重的龟。

到了唐代，文人对玄武的诠释亦很感兴趣，唐代杨炯《浑天赋》写道："北宫则灵龟潜匮，腾蛇伏藏。瓠瓜宛然而独处，织女终朝而七襄。"⑤北宫即北方玄武星宿，其所描述的玄武形象亦为龟蛇。笔记小说中则更多地描写了与玄武有关的故事，如初唐的窦维鋈，他在《广古今五行记》里写了一则故事：

> 诸葛侃，晋孝武大和中，于内寝妇高平张氏窗外闻有如鸡雏声，甚

---

① 李学勤：《西水坡"龙虎墓"与四象的起源》一文云："以熊代虎，也许是带地方色彩的说法。"《中国社会科学院研究生院学报》1988年第5期，第75—78页。
② （汉）王逸撰：《楚辞章句》卷十五，上海：上海书店，1983年影印《四部丛刊初编》本，第10页。
③ 《后汉书》卷五十九《张衡传》，北京：中华书局，1965年标点本，第1929页。
④ 逯钦立辑校：《先秦汉魏晋南北朝诗》北魏诗卷四《老子化胡经玄歌》，北京：中华书局，1983年，第2249页。
⑤ （唐）杨炯撰：《杨炯集》卷一，徐明霞点校，北京：中华书局，1980年，第3页。

畏。惊而视之，见有龟蛇之象，似今画玄武之形。侃位登九棘，而竟被诛。①

文中"龟蛇之象"，"似今画玄武之形"，说明唐人常见的玄武画像正是"龟蛇之象"。唐玄宗时期的牛肃在《纪闻》中的一段描写更令人称奇，其云：

> 殿中侍御史杜晽尝使岭外，至康州，驿骑思止，白曰："请避毒物。"于是见大蛇截道南出，长数丈，玄武后追之。道南有大松树，蛇升高枝盘绕，垂头下视玄武。玄武自树下仰其鼻，鼻中出两道碧烟，直冲蛇头，蛇遂裂而死，坠于树下。②

文中没有对玄武的形象细加描写，但肯定不是龟蛇，因为这里的玄武不但是蛇的对头，还将蛇置于死地。作者似乎想要跳出玄武乃"龟蛇之象"的套路而标新立异，但是这个立异的故事并没有惊起有关玄武文化的波澜，倒是引出唐代文人对玄武更多的想象力。比《纪闻》时代稍后的《酉阳杂俎》这样写道：

> 朱道士者，大和八年，常游庐山。憩于涧石，忽见蟠蚖如堆缯锦，俄变为巨龟。访之山叟，云是玄武。③

作者段成式将玄武描述为一种由蛇瞬息变为巨龟的神异灵怪，是动了一番心思的。他依据玄武是"龟蛇"的传说，作了一个奇诡的演绎，将玄武描写成龟与蛇互变、龟蛇一体的神灵，企图使玄武的形象更具神秘性和吸引力。

不唯唐人笔记小说对玄武的描绘发挥了超常的想象力，唐人注释前代文

---

① （宋）李昉等：《太平广记》卷一百四十一《徵应七》"诸葛侃"条，北京：中华书局，1961年标点本，第1015页。

② （宋）李昉等：《太平广记》卷四百五十七《蛇二》"杜晽"条，北京：中华书局，1961年标点本，第3742页。

③ （宋）李昉等：《太平广记》卷三百六十六《妖怪八》"朱道士"条，北京：中华书局，1961年标点本，第2904—2905页。

字中"玄武"一词，也出现了好几种说法。李善对张衡《思玄赋》中"玄武"的注释是："龟与蛇交曰玄武"。而李贤对此的注释是"玄武谓龟蛇也"[①]。两种注释似稍有不同，而实质都是指龟蛇合为一体者。李贤在注《后汉书》卷二十二《王梁传》"王梁主卫作玄武"一句时又云："玄武，北方之神，龟蛇合体。"而且上文所引《后汉书·冯衍传》的那段文字，李贤亦作了较为详尽的解释："天有二十八宿，成龙虎龟凤之形。在地为四灵，东方为青龙，西方为白虎，南方为朱雀，北方为龟蛇。……玄武谓龟蛇。位在北方，故曰玄；身有鳞甲，故曰武。"可见李贤凡是注到玄武的地方，都是用"龟蛇"或"龟蛇合体"来解释的。而孔颖达对《礼记·曲礼》"行，前朱鸟而后玄武"的注疏则只说："玄武，龟也。"

两宋时期，由于皇家的提倡与道教的宣扬附会，人们已将玄武奉为北方的神灵。宋代赵彦卫《云麓漫钞》卷九讲："玄武本北方之神，祥符间，避讳改真武，后兴醴泉观，得龟蛇，道士以为真武现，自后奉事益谨。其绘像披发、黑衣、仗剑、踏龟蛇，从者执黑旗焉。"[②] "得龟蛇"便"以为真武现"，可知这时玄武的原形仍然被认为是龟蛇。后来道教祀玄武，辄以龟蛇二物之像置于其旁，的是明证。至于说到玄武被演奉为北方之神以后的披发、黑衣、仗剑、踏龟蛇、执黑旗的形象，嗣后的确广泛被元明清戏曲小说所沿承和演义，早已失去了玄武的本来意义，这里暂不论及。又，洪遵《泉志》卷十三所记"玄武钱"图案也作龟蛇合体。南宋的朱熹云："玄，龟也。武，蛇也。此本虚、危星形以之，故因而名。"[③] 此从星宿的角度来解释，说北方的虚、危星宿排列象形于龟与蛇的样子，因此得名。夏元鼎《水调歌头》也说："真一北方气，玄武产先天。自然感合，蛇儿却把黑龟缠。"[④] 这是对玄武本象为龟蛇的再明显不过的描述。

到了元代，其说法仍徘徊在龟与龟蛇之间，如俞琰《席上腐谈》卷上就直截了当地说："玄武即乌龟之异名。龟，水族也。水属北，其色黑，故曰玄龟。有甲能捍御故曰武。其实只是乌龟一物耳。北方七宿如龟形，其下有腾

① 《后汉书》卷五十九《张衡传》，北京：中华书局，1965 年标点本，第 1929 页。
② （宋）赵彦卫：《云麓漫钞》卷九，上海：商务印书馆，1936 年《丛书集成初编》本，第 243页。
③ （宋）朱熹：《朱子语类》卷一百二十五，北京：中华书局，1986 年，第 8 册，第 3006 页。
④ 唐圭璋编纂：《全宋词》，北京：中华书局，1965 年，第 4 册，第 2709 页。

蛇星。蛇，火属也，丹家借此以喻身中水火之交，遂绘为龟蛇蟠纠之状。世俗不知其故，乃以玄武为龟蛇二物。"① 很明确，俞琰笔下的玄武是龟。为了说明当时人们普遍认为玄武是龟，他接着讲了一个笑话：说有个叫贾秋壑的人，请人吃鳖，有个前来求官的客人不吃，问他为何不吃？他说为了奉祀真武。秋壑说："真武是龟，不可以为鳖。你连龟、鳖都不能分辨，又怎么能够治民？"求官之事遂泡了汤。不过，下面接着的一段话更值得注意：客人们一同戏笑此人说："鳗与鳅、鳝皆不可食，象真武之蛇也。蔗、笋亦不可食，象真武之旗竿也。满座皆笑。"这里偏偏提到了玄武身上的蛇，于是，又透露出玄武其实就是龟蛇的意思。《元史》中也记载了元代朝廷仪仗队中有玄武旗引导的"玄武黑甲掩后队"，并对玄武旗的图案作了描绘："黑质，黑火焰脚，绘龟蛇。"② 这说明以玄武为龟蛇的认知依然是主流。

而到了明清时期，记载中的玄武经过演义，往往是以披发、黑衣、仗剑的真神玄天上帝的模样出现，不过，也时常现出玄武的原形——龟蛇。如明代徐应秋《玉芝堂谈荟》卷十七引《太岳志》记载：永乐十一年（1413）五月修大顶殿时，见玄武神"皂袍披发而坐"，有二将执旗捧剑左右护持，后"复见龟蛇蟠结之状"。又引《真仙通鉴》云："宋道君问林灵素，愿见真武之像，乃宿殿致斋。于正午时黑云蔽日，大雷霹雳，于火光中见苍龟巨蛇。帝祝香再拜，愿见真君。霹雳一声，龟蛇不见，但一巨足塞于殿下。帝又上香再拜，愿见小身。须臾，遂见身长丈余，诣丽妙相，披发皂袍，金甲玉带，脱剑跣足，顶有圆光，结带飞绕，立一时久。帝自能写真，写成忽不见。"③明代曹安《谰言长语》亦云："玄武乃北方七宿之象，而传记所谓龟蛇也。"④不尽一一。

归纳起来，从汉迄清，人们对玄武本象的诠释，约有以下几种：第一是龟，如王逸对《离骚》的注释，张衡《思玄赋》对玄武的描写，以及孔颖达

① （元）俞琰：《席上腐谈》卷上，上海：上海古籍出版社，1987 年影印《四库全书》本，第 1061 册，第 606 页。

② 《元史》卷七十九《舆服志》，北京：中华书局，1976 年标点本，第 1968 页。（明）王圻撰：《三才图绘·仪制》卷三所绘玄武旗图案亦为龟蛇，可予印证。

③ （明）徐应秋：《玉芝堂谈荟》卷十七《笔记小说大观》，扬州：江苏广陵古籍刻印社，1983 年影印上海进步书局本，第 11 册，第 217 页。

④ （明）曹安：《谰言长语》，上海：上海古籍出版社，1987 年影印《四库全书》本，第 867 册，第 34 页。

对《礼记·曲礼》的注疏，乃至俞琰的《席上腐谈》等。第二是龟蛇，如李贤对《思玄赋》以及《后汉书·冯衍传》中"玄武"的注释，还有窦维鋈编写的诸葛侃的故事以及宋代赵彦卫、朱熹的看法等。第三是"龟蛇合体"，如李贤对《后汉书·王梁传》中玄武的解释。第四是龟蛇互变，如段成式《酉阳杂俎》中朱道士的故事。第五是"龟蛇相交"，如魏伯阳《参同契》所说和李善对《思玄赋》的注释。其实，稍加分析，这几种说法大体并不矛盾：释玄武是龟的说法显然不够确切，但都是举其主要，也许是对龟蛇的略称，持此说法者并非不知玄武的本象是龟蛇。当然，代表玄武的龟不应是普通的龟，它象征着天上一组星宿，它是天龟水神，因此它乃是一种被赋予了特殊性与象征意义的龟。至于这种龟的特殊性表现在哪里？"龟蛇"、"龟蛇合体"、"龟蛇相交"的说法应能回答这个问题：这三种说法也应为一事，同指玄武的形象如同龟蛇缠绕，合为一体，是一种兼有龟与蛇特征的物种，但又绝不是段成式描绘的瞬息由蛇变为龟的那种神异精灵，很可能是龟甲类动物的一个珍稀物种。唯其如此，人们便或以龟、或以龟蛇来称谓它和描绘它，这似乎就使玄武的形象显得莫衷一是了。

三、文物与刻绘中的玄武本象皆作龟蛇状

事实上，玄武就是龟蛇，从战国时期的《周礼·冬官考工记》里就已经得到证明，只是这个证明来得还不够直接。如果能为文字记载寻找到更加具体而形象的印证，则应该能阐释得更为清楚明白一些，而这些印证当然是文物遗存或考古发现中的那些刻石与壁画上的图像。汉代以前的玄武图像今已难觅了，唯西汉有瓦当、东汉有碑版，适可作为较早的形象依据。如西汉汉城遗迹出土的瓦当玄武图案，多作龟蛇合体、相互缠绕状（图1），个别有作两条蛇盘桓在一只龟两侧的形象。

汉碑中的玄武形象同样十分逼真，如《柳敏碑》"朱爵（雀）为首，龟蛇为趺"，《益州太守无名碑》"上下有朱爵玄武"，《六物碑》"上朱爵而下玄武"，单排《六玉碑》"上下有朱鸟玄武"，《是邦雄桀碑》碑阴"朱爵在其上，龟蛇在其下"，《汉谒者北屯司马左都侯沈府君神道碑》"右刻玄武"，上举六

图1　西汉玄武纹瓦当图案拓本（马骥先生提供）

碑的图形与文字均见载于宋代洪适《隶续》卷五①，其玄武形象均作龟蛇合体，只是不若瓦当中蛇身多从龟甲上缠绕一周，而是蛇身从龟身下逶迤而出，且未见有二蛇一龟合体的现象。另有东汉"上太山兮见仙人"铜镜（图2）和画像砖（图3）、画像石上的玄武形象亦与碑版图案相仿佛，且更富装饰效果。

缘此应可见证汉代文献中虽有玄武是龟的说法，而碑版、瓦当、铜镜及画像砖石上刻画的龟蛇形象，毕竟是人们传承远古信息而留存的最具象且最有说服力的依据。魏晋南北朝迄于隋唐，玄武所出现的方面更趋丰富。虽然由于碑制的发展，螭首龟趺渐成定形，玄武的形象已不再刻于碑身下端，但却随着墓志的出现，又频频刻饰于墓志盖的下端，更有石棺、石椁与壁画也多刻绘玄武图案，且其指示北方方位的意义始终未变。如北魏永安二年（529）尔朱袭墓志盖下端、北齐天保二年（551）崔芬墓室北墙壁画、隋开皇二年（582）李和石棺后档（图4）、唐贞观五年（631）李寿石椁后门下端、唐天宝二年（743）史思礼墓志盖下端、唐天宝四载（745）苏思勖墓室北墙壁画、唐贞元三年（787）郯国大长公主墓志盖下端、唐大历九年（774）曹惠琳墓志盖下端（图5）等②，玄武皆作龟蛇交互缠绕状，而且在造型上更富演变，即蛇的首尾往往相交如环，蛇龟回首对望，且蛇身在龟身上缠绕的圈数渐趋增多，或两圈、或三圈，甚或有四圈者。

龟甲与蛇身也有了富丽的花纹，龟首与蛇首的形象更十分夸张且不尽雷同。至于视图的方向，通常都作首左尾右的左侧视图，而在汉代瓦当中曾有作正视与俯视者，墓志中个别也有作正视与右侧视者。另外，很有趣且值得关注的是1986年山东临朐发现的北齐天保二年（551）崔芬墓室北壁的玄武图，所绘除龟蛇缠绕外，更奇特的是龟背上坐一神仙，束冠执剑，神情威武，玄武前后又各有一面目狰狞、张口吐舌的红发鬼怪，这就为"玄武本北方之神"及唐宋以后演化成北方真武玄天大帝的神仙形象作了张本。这一形象毕竟在唐以前绝少见到，因此更应视为后代玄武演变为神仙像的前身与原始佐照。也正是如此，我们便不再感觉玄武形象变化的突兀和无依凭了。且不论玄武后来如何演变为神仙形象，仅从汉唐间所见到的古物遗存的图案中，已能清楚了解玄武的形象就是龟蛇缠绕状，并可以藉此直观印证相应时代的文献记载之不足。

① （宋）洪适：《隶续》卷五，北京：中华书局，1985年，第319、321、324、325、330、357页。
② 所举各例除北齐与唐墓壁画外，实物皆存西安碑林博物馆。

图2　东汉铜镜中的玄武图案拓本（局部）（马骥先生提供）

图 3　东汉画像砖玄武图案（周晓薇藏拓）

图 4　隋代李和石棺后档线刻玄武图案拓本（西安碑林博物馆藏石）

图 5　唐曹惠琳墓志盖线刻玄武拓本（西安碑林博物馆藏石）

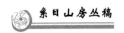

四、对玄武本象非主流认知的两种异谈

如上所述，由于战国以前的上古时期，玄武尚是人所共知的"龟蛇"，所以提到玄武一词，也就没有人对它作过多的解释和留下有关玄武形象的描述文字。而随着时代的推移，时空与环境的变化，造成了玄武——上古可疑存在的一种状类"龟蛇"的物种的稀少，人们对文字记载中"玄武"一词的理解便愈见模糊，于是出现了多种诠释和推测。又因为这些诠释和推测许多出于主观臆断，结论当然也就难求一致了。所幸玄武是龟蛇的说法被沿袭下来，并得到了文献记载与诸多文物遗存图案的印证，因此，对其名义的主流认知应该还是近乎道理的。但若"龟蛇"果真是曾经出现的物种，其真面目与其物种属性如何，其绝灭缘由及其何时并何以被称之为玄武，等等问题，笔者以为尚未发现足以信服的文献依据而不能解决，故仍需作继续的探究。不过，近世曾有人对"玄武"和"龟蛇"的形象有过说辞，其中有两种说法或可留意，不妨在此一提。一是刘逸生在《神魔国探奇》一书中提道：

> 玄武到底是哪种龟？笔者蓄疑已久。直到一九八五年，报纸上忽刊出一则短讯，并附照片，说湖南石门县发现一种龟类动物，名叫"蛇龟"，此物的头极似蛇头，而更奇怪的是，龟的背上隆起一条有蛇形的甲壳，蛇形在壳上盘绕一周，其头落在龟的右腰之间，而其尾却落在龟头左侧壳上，蛇形栩栩如生。见此照片之后，笔者猛然想起，这不就是传说中的"玄武"吗？古人说的"龟蛇合体"不正是这种东西吗？这种蛇龟，可能在古代也是罕见之物，故古人用它来配苍龙、白虎、朱雀，为"四象"之一。至于后来，此物更为罕见，遂生出龟与蛇二物的说法，那是一种误解，或是想当然而已。①

二是江绍原《民俗与迷信》之"龟蛇的生殖器"一则说：

---

① 刘逸生：《神魔国探奇》，南京：江苏古籍出版社，1992年，第14页。

世人关于龟蛇的传说，不为不多，但是说起来可怜而且滑稽，龟蛇的身体的构造，世人实在很欠研究。……但是研究生物的科学者，不能说也没有资格讲话吧。刘丕基的《人间误解的生物》（十七年，商务印书馆印行）第二编云："《雄龟的生殖器误解为蛇》，世人看了明人杂俎'俗称妻子外淫者，其夫为乌龟，盖龟不能交，纵牝者与蛇交也'（见梁同书《直语补证》）一段谬话，大家以为龟是真不能交了，须和蛇交的。实则雄龟的生殖力却很强的，不必用蛇；他所以有这种传说的缘故，因雄龟的生殖器很长很大，形状如蛇。世人不细细的研究，就误认为蛇了。然而（此二字似应作'而且'）它交接的时候也很长久，一时不能脱离，因交接器的前端，有指状突起的缘故。"[①]

刘逸生认为玄武就是一种龟，只不过这种龟很特殊，龟头很像蛇，龟甲上又缠有蛇纹，正像古人文字上描述的"龟蛇合体"，甚至也很像古代碑志等古物纹饰上的玄武图案。江绍原则引用了生物学者刘丕基的观点来解释"龟蛇"，用生理的透视来说明人们对龟蛇的误解，即所谓的"龟蛇"状——或即人们误认为的龟蛇纠缠在一起的形象，其实是一个误解，一个不懂生物科学的误解。他所指的"龟蛇"，或者不是对应着四象中的玄武，但也许能从一个侧面启发人们对玄武即龟蛇这一形象有所感知。

五、小　结

玄武为四象之一，代表北方，其形象为龟蛇，可能属于已经消亡的上古时期的一种龟甲类动物，其在文化上的意义，则除了指示方位，唐宋以后更经过神异灵怪的演化——特别是凭借道教的渲染和推崇而成为人格化的北方之神，为民俗所祀奉。

原载（《中国典籍与文化》2004 年第 4 期）

---

① 江绍原：《民俗与迷信》，北京：北京出版社，2003 年，第 63—64 页。

中国古代的战争女神九天玄女

　　在古代传说中有一位女神，被人们称为九天玄女，或者"玄女"，也俗称为"九天玄女娘娘"或"玄女娘娘"。这位女神尤其在明清小说中屡屡出现，不禁使笔者留意起来，很想弄清楚这位女神的形象及传说究竟源起于何时？其故事的主要发展脉络如何？其主要司掌又是什么？由于目前尚未见专论予以探究。因此笔者不揣浅陋，试作小考如下：

一、玄女形象与传说的产生时代

　　玄女形象的最初出现是与黄帝战蚩尤的神话联系在一起的。基本情节是：黄帝与蚩尤大战，九战不胜，仰天而叹。后来夜梦天降一妇人，自谓玄女，授帝以兵法战术，遂灭蚩尤。其实，黄帝战蚩尤的故事屡见古书记载，而玄女在这些记载中则并非一开始就是其中的角色。如《山海经》卷十七《大荒北经》、《庄子·盗跖》篇、《韩非子·十过》篇、《史记》卷一《五帝本纪》、《列仙传·黄帝传》、《太平御览》卷十五引晋虞喜《志林》、晋崔豹《古今注》卷上、梁任昉《述异记》卷上、《初学记》卷九引《归藏·启筮》篇等隋唐以前的主要经籍，说到黄帝战蚩尤，都只有风后，而绝没有玄女。直到唐人张守节注《史记》卷一《五帝本纪》时，才三次引用了《龙鱼河图》，其一云：

　　　　万民欲令黄帝行天子事，黄帝以仁义不能禁止蚩尤，乃仰天而叹。天遣玄女下授黄帝兵信神符，制伏蚩尤，帝因使之主兵，以制八方。[①]

---

① 《史记》卷一《五帝本纪》，北京：中华书局，1959 年标点本，第 4 页。

黄帝得玄女之助而战胜蚩尤的传说，这一条盖为目前所见最早最清楚的文字。《龙鱼河图》纂于何时？目前尚无法考知，但能为初唐张守节所引据，至少当成书于唐朝以前。又据张守节在注《史记》时，引用的其他两条《龙鱼河图》的内容，一条是关于河伯水仙的来历①，一条是关于饮食不善致病的提示②，由此推断这大概是一本包罗很广的笔记杂说之书，则它的成书当在两汉魏晋南北朝时期。好在地不藏宝，碑刻墓志文献为我们的推断提供了有力的证据。北齐《韩裔墓志》中就有这样一句话："我神武皇帝，握玄女之兵，得黄人之祉，驱熊罴于朔野，蒸生民于涂炭。"③ 这段文字显然与上述《龙鱼河图》的传说有相近之处，只是一个主要人物是黄帝，另一个主要人物是北齐神武皇帝，则《韩裔墓志》的志文完全有可能是套用了《龙鱼河图》中黄帝战蚩尤的传说而撰写的。又有隋大业三年（607）《杨素墓志》有这样的文字："至如渭渚剖竹，氾桥授略，问兵符于玄女，得剑术于白猿。"④ 从以上两方墓志记载可知，在南北朝、隋朝以来，由于受到玄女帮助黄帝战胜蚩尤故事的影响，玄女的形象已被民俗周知，并广泛将她奉为传授兵符的女神。并且一些有关玄女的著述也随之出现了。如《隋书·经籍志》载有《玄女战经》一卷、《黄帝问玄女兵法》四卷（原注：梁三卷）⑤，列在兵者类。《黄帝问玄女兵法》很可能是根据《龙鱼河图》中黄帝战蚩尤的传说而编成兵书的。《玄女式经要法》一卷，列在五行类⑥。《旧唐书》卷四十七《经籍志》、《新唐书》卷五十九《艺文志》载有《黄帝问玄女法》三卷⑦，均列在兵书类。《新唐书》卷五十九《艺文志》还载有《玄女式经要诀》一卷⑧，列在五行类。

---

　　① 《史记》卷二十八《封禅书》，《正义》："《龙鱼河图》云'河伯姓吕，名公子，夫人姓冯名夷。河伯，字也。华阴潼乡隄首人水死，化为河伯'。应劭云'夷，冯夷，乃水仙也'。"北京：中华书局，1959 年标点本，第 1373 页。

　　② 《史记》卷一百五《扁鹊列传》，《正义》："《龙鱼河图》云：'犬狗鱼鸟不熟食之，成瘕痛'。"北京：中华书局，1959 年标点本，第 2803 页。

　　③ 赵超：《汉魏南北朝墓志汇编》北齐《君讳裔（韩裔）墓志》，天津：天津古籍出版社，2008 年，第 435 页。

　　④ 王其祎、周晓薇：《隋代墓志铭汇考》，北京：线装书局，2007 年，第 3 册，第 241 页。

　　⑤ 《隋书》卷三十四《经籍志三》，北京：中华书局，1973 年标点本，第 1014 页。

　　⑥ 《隋书》卷三十四《经籍志三》，北京：中华书局，1973 年标点本，第 1029 页。

　　⑦ 《旧唐书》卷四十七《经籍志下》："《黄帝问玄女法》三卷（原注：玄女撰）。"北京：中华书局，1975 年标点本，第 2039 页。《新唐书》卷五十九《艺文志三》，北京：中华书局，1975 年标点本，第 1549 页。

　　⑧ 《新唐书》卷五十九《艺文志三》，北京：中华书局，1975 年标点本，第 1554 页。

　　几部正史里所收玄女名称的著作，无非包括两种内容，一种是五行类，一种是兵书类。只可惜原书均已佚失，不知其具体内容如何。《正统道藏》收有《黄帝授三子玄女经》一卷，详于论嫁娶日辰，亦属五行家言，不知与上述正史所记五行家类的玄女书内容是否相同。关于兵书，唐代李筌著《神机制敌太白阴经》卷九提到所谓的"玄女式三宫法"，卷十《杂式》又对"玄女式"作了具体描述：

　　　　玄女式者，一名六壬式，玄女所造，主北方万物之始。因六甲之壬，故曰六壬。六甲之上运斗柄，设十二月之合神为十二将，间置十干，次列二十八宿、三十六禽，以月将加正时，课日辰用为天乙所理，十二神将以断吉凶成败。①

　　此"玄女式"与万物、日月、星宿、时辰等息息相关，神秘无比，甚至可以断定吉凶成败，玄女的法术显得愈来愈神奇了。估计《隋书》、《旧唐书》、《新唐书》所收玄女兵法亦诸如此类。喜欢舞文弄墨的唐代的诗人，此时也将玄女的事迹用作典故纳入诗句，如刘禹锡《和董庶中古散调词赠尹果毅》有云："言有穷巷士，弱龄颇尚奇。读得玄女符，生当事边时。"② 孟郊《献汉南樊尚书》云："兵势走山岳，阳光潜埃尘。心开玄女符，面缚清波人。"③ 罗隐七律《后土庙》前四句云："四海兵戈尚未宁，始于云水学仪形。九天玄女犹无圣，后土夫人岂有灵。"④ 值得注意的是，在罗隐的诗中，我们看到了"九天玄女"的说法。接着，《宋史》卷二百六《艺文志》载有《玄女遁甲祕诀》一卷、《玄女式鉴》一卷、《玄女简要清华经》三卷、《玄女十课》一卷、《九天玄女诀》一卷⑤，列之五行类；卷二百七《艺文志》有《玄女厌

---

　　① （唐）李筌：《神机制敌太白阴经》卷十《杂式》，北京：中华书局，1985 年影印《丛书集成初编》本，第 2 册，第 275 页。

　　② （唐）刘禹锡：《刘禹锡集》，北京：中华书局，1990 年，上册，第 292 页。

　　③ （唐）孟郊著、郝世峰笺注：《孟郊诗集笺注》，石家庄：河北教育出版社，2002 年，第 287 页。

　　④ （唐）罗隐著、潘慧惠校注：《罗隐集校注》卷二，杭州：浙江古籍出版社，2011 年，上册，第 59 页。

　　⑤ 《宋史》卷二百六《艺文志五》，北京：中华书局，1977 年标点本，第 5246、5248、5256、5262、5264 页。

阵法》一卷、《九天玄女孤虚法》一卷、《玄女遁甲经》三卷①，均列于兵书类。以上八种有关玄女的书，其中两本也已经冠以"九天玄女"的名称了。

九天玄女的称号出现后，五代的杜光庭就写了《九天玄女传》，其云：

> 九天玄女者，黄帝之师，圣母元君弟子也。黄帝……在位二十一年，而蚩尤肆孽……不用帝命。帝欲征之，博求贤能，以为己助。得风后于海隅，得力牧于大泽……战蚩尤于涿鹿，帝师不胜。蚩尤作大雾三日，内外皆迷。风后法斗机作大车，以杓指南，以正四方。帝用忧愤，斋于太山之下，王母遣使披玄狐之裘，以符授帝曰："精思告天，必有太上之应。"居数日，大雾冥冥，昼晦，玄女降焉。乘丹凤，御景云，服九色彩翠之衣，集于帝前。帝再拜受命，玄女曰："吾以太上之教，有疑可问也。"帝稽首曰："蚩尤暴横，毒害蒸黎，四海嗷嗷，莫保性命，欲万战万胜之术，与人除害，可乎？"玄女即授帝六甲六壬兵信之符，……遂灭蚩尤于绝辔之野中冀之乡，冢分其四肢以葬之。②

很明显，此传是在《龙鱼河图》的基础上加以扩充而演义的。明确了九天玄女是黄帝之师、圣母元君的弟子，其主要事迹仍是黄帝战蚩尤时得到九天玄女的帮助，最终消灭了蚩尤。不过，有了这个九天玄女传，九天玄女的事迹就比以前的记载要完整而详尽得多了。同时《云笈七签》卷一百引《轩辕本纪》、卷一百一十四《墉城集仙录》卷上《西王母传》也有大略相同的记载，不复赘述。

二、玄女故事的主要发展脉络

南北朝时期有关玄女神话的传说，主要反映在玄女与战争有关的记载方面。自隋唐以来，玄女的记载屡见不鲜，而且事迹范围逐渐扩大，大致反映在如下几个方面。

（一）受兵信神符的女神

这在《龙鱼河图》记载的黄帝战蚩尤故事，《隋书·经籍志》、《旧唐书·

---

① 《宋史》卷二百七《艺文志六》，北京：中华书局，1977 年标点本，第 5279、5282、5283 页。
② （宋）张君房编：《云笈七签》卷一百一十四辑（后蜀）杜光庭《墉城集仙录》卷上，北京：中华书局，2003 年，第 5 册，第 2538—2540 页。

经籍志》、《新唐书·艺文志》的兵家著作，唐代刘禹锡、孟郊、罗隐的诗文中出现的玄女文字，唐代李筌的兵家著作《神机制神太白阴经》中的《玄女式三宫法》，五代杜光庭的《九天玄女传》，《宋史·艺文志》归入兵书类的玄女名称著作，都可得到证实。有趣的是，宋代《太平御览》卷十五《天部·雾》引《黄帝玄女战法》，此条虽仍未走出黄帝战蚩尤的陈套，但出新之处是将玄女的模样描绘出来了。其云：

> 黄帝与蚩尤九战九不胜。黄帝归于太山，三日三夜雾冥。有一妇人人首鸟形，黄帝稽首再拜，伏不敢起，妇人曰："吾玄女也，子欲何问？"黄帝曰："小子欲万战万胜。"遂得战法焉。[①]

如此一来，人们想象中的那位神秘玄女，便成了一位人身鸟形的神人，这大约是受了《山海经》中诸如对西王母人面虎齿有尾或虎齿豹尾描写的影响，作者也想将传说中的玄女赋予更神祕的色彩吧。

（二）玄女步入五行的行列

说到五行与玄女的关系，其实也就是列入正史的那几本书，一是《隋书·经籍志》的《玄女式经要法》，一是《新唐书·艺文志》的《玄女式经要诀》，还有著录在《宋史·艺文志》的《玄女遁甲祕诀》等五本书，不过这些书都失传了，不知具体内容是怎样反映阴阳五行的，也就只能聊备一说罢了。

（三）道教的女神

道教最善于把民间流传的神祇归入自己的门庭，玄女亦不例外。大约从唐代开始，玄女的传说就渗入了道教的东西。如唐阆州晋安县主簿王瓘进《广黄帝本行记》就写道："（黄帝）登稽山、陟王屋、开石函、发玉笈，得金鼎九丹之经，复受九转之诀于玄女。"[②] 黄帝不但从玄女那里得到了万战万胜的兵法，而且还从玄女那里得到了金鼎九丹之经，可见玄女神通的何等广大。

---

① （宋）李昉等：《太平御览》卷十五《天部十五》"雾"条，北京：中华书局，1963 年影印本，第 1 册，第 78 页。

② 《正统道藏》，台北：艺文印书馆，1977 年，第 8 册，第 6063 页。

五代杜光庭的《九天玄女传》更是将九天玄女奉为圣母元君的弟子、道教的女神。于是，本来是民间传说的玄女又由于道教的宣扬而香火旺盛起来。南宋洪迈的《夷坚志》补卷第十二"赤松观丹"条记载：

> 婺州金华赤松观，相传为九天玄女炼丹之所。云丹始成时，凡三粒，以一祭天，一祭地，皆瘗于隐所，一以自饵，盖不知几何世矣。①

可知九天玄女不但被奉为道教人物，而且是那种能够炼出灵丹妙药的神仙，她炼丹的地方自然也就成了人们供祀的纪念地。通过这条记载也可以说明其影响已开始普及。看来唐宋以后的道教典籍及有关道教的记载正是玄女传说的一条主要发展脉络。

三、明代小说中的玄女形象

随着明代小说的盛行，玄女的形象又每每出现于小说之中，且小说中的玄女已完全脱离了与黄帝神话的瓜葛，成了一位独立的女神。比如《三宝太监下西洋记》在许多章回都提到了九天玄女，其中特意写了专为火母神君用的法宝——九天玄女罩。这九天玄女罩的来历是：

> 九天玄女和那混世魔王战于磨竭山上，七日七夜不分胜负。魔王千变万化，玄女没奈他何，拿了这个篮儿（九天玄女自小儿烘衣服的烘篮儿）把个魔王一罩，罩住了。此时节火母神君还在玄女家里做个煽鼎的火头，因见他有神有灵，能大能小，就被他偷将来了。年深日久，灵验无穷。念动了真言，一下子放他开去，遮天遮地，凭你是个甚么天神天将，都要捞翻过来。宣动密语，一下子放他合来，重于九鼎，是个天神天将，都也不得放过。没有名字，火母神君就安他做个九天玄女罩。②

此段描写，将个九天玄女的烘衣罩写成斗魔法宝，不但帮助九天玄女罩住了

---

① （宋）洪迈撰：《夷坚志》，何卓点校，北京：中华书局，2006年，第4册，第1663页。
② （明）罗懋登：《三宝太监下西洋记》，石仁和校点，西安：三秦出版社，1996年，上册，第456页。

混世魔王，并成了重于九鼎的神秘兵器。而且这个九天玄女罩一直贯穿了故事始终，由此可见明人对九天玄女的演义早已超出唐宋以来的黄帝战蚩尤的那个经典情节，就连九天玄女所用的武器也都有神奇的演义和变幻无穷的神灵。《三遂平妖传》第二回"胡永儿大雪买炊饼，圣姑姑传授玄女法"也提到胡永儿得到圣姑姑传授的"九天玄女法"，并感慨"九天玄女法多端，要学之时事豁然"。而《水浒传》里提到九天玄女的回数就更多了，兹取主要情节说明之。《水浒传》第四十二回"还道村受三卷兵书，宋公明遇九天玄女"，讲宋江被官兵困在村中破庙的神厨里，无法走脱，却正好有两个青衣女童引了他去见玄女娘娘，娘娘法旨道："宋星主，传汝三卷天书，汝可替天行道，为主全忠仗义，为臣辅国安民，去邪归正。"宋江得了玄女娘娘的三卷兵书，不但当时摆脱了官兵的追捕，而且此后时常研读，并用其中的谋略打了不少胜仗。第八十八回"颜统国陈列混天阵，宋公明梦授玄女法"讲宋江因无法攻破辽军混天阵，正无计可施，一筹莫展。玄女便托梦于宋江，玄女娘娘曰："汝知混天阵否？"宋江再拜奏道："臣乃下土愚人，不晓其法，望乞娘娘赐教。"玄女娘娘遂对宋江传授攻打方法，具体到列阵的每一个细节，宋江梦醒之后，立即"会集诸将，分拨行事"①。正是"计就惊天地，谋成破鬼神"。"玄女忽然传法象，兀颜机阵一时平"。宋江终于攻破了混天阵，取得了决定性的胜利。《水浒传》在刻画宋江这个主要人物时，每逢关键时刻，便请出九天玄女来帮助宋江，以成梁山好汉"替天行道"的大业。宋江是《水浒传》里的关键人物，而九天玄女又是指点这个关键人物的女神，可见明代人对九天玄女更是崇敬有加，她已成为一个无处不有处处有的神祇了。《东游记》第八回"戏放青牛乱宫"，讲铁拐李与看牛童子戏放老君的青牛，结果青牛成精跑到大秦国为非作歹，无以制服。国王召集众卿商议，有臣上奏说："离此千里有一玄女神庙，其神最灵。四境之内，凡有灾难，求之必应。……愿陛下斋戒结诚，致祷于玄女神娘，必能显迹驱除也。"于是第九回"秦王请祷玄女"就写了国王传檄亲祷于玄女庙中。结果"玄女托梦于国王说：'可于明日点兵攻击，我自有制妖之法。'大喝一声苏醒。国王惊醒，乃是南柯一梦。即起呼群臣曰：'适来梦一女子，教我点兵攻击，彼自有制妖之法，此梦果可信乎？'群臣曰：'此必玄女指示，可依其言行之，必有应验。'国王次早传令，

---

① （明）施耐庵、罗贯中：《水浒传》第八十八回，上海：上海人民出版社，1975年，第1095页。

点兵五十万，围走后宫。那妖正在宫中作法，闻兵四面围壅，即喷一口法水，化成火轮火箭。正待要烧秦兵，忽一女子手执净水瓶，从空中撒下，其火尽灭。青牛向上一望，只见玄女在上，忽欲变去，被玄女将剑一指，现出真形，不能得脱"。此玄女说到做到，纵使那青牛精有"喷一口法水，便可化成火轮火箭"的本领，也抵不过手执净水瓶的玄女。因此，玄女帮助大秦国收了胡作非为的牛精，为大秦国蠲除了一场突如其来的大害①。

另外，明代小说《初刻拍案惊奇》在说到十一娘的高超剑术时，也提到是继承了九天玄女的剑法。而《杨家府演义》中所描写的那位授予杨宗保三卷六甲兵书的"擎天圣母"，实际也应该是九天玄女的化身，兹不一一列举。

四、玄女的主要司掌

从以上罗举的例证来看，玄女无疑是一位司掌军事、传授兵法的女神。依前述《龙鱼河图》说"玄女下授黄帝兵信神符"，且"主兵以制八方"。罗隐诗则将九天玄女系在"四海兵戈尚未宁"的时事上。《九天玄女传》授帝"万战万胜之术"，具体包括"六甲六壬兵信之符，灵宝五符策使鬼神之书，制妖通灵五明之印，五阴五阳遁甲之式，太一十精四神胜负握机之图，五岳河图策精之诀，九光玉节，十绝灵幡，命魔之剑"等等。《西王母传》说"授帝以三宫五意阴阳之略，太一遁甲六壬步斗之术，阴符之机，灵宝五符五胜之文"等。《轩辕本纪》说："教帝三宫秘略五音权谋阴阳之术。玄女传阴符经三百言，帝观之十旬讨伏蚩尤，授帝灵宝五符真文及兵信符，帝服佩之灭蚩尤。"② 再看所举小说中的描写的确尽皆与军事兵法相关联。因此，可以说玄女乃是我国古代传说中的司兵女神。其在道教中地位虽次于西王母，但其发挥的作用好比佛教中的观音菩萨和希腊神话中掌管战争的女神雅典娜。

归结上文，笔者认为：九天玄女传说的产生时代当不晚于南北朝，其发展先是附着于黄帝战蚩尤的神话，且为道教所崇奉，后衍及小说更形成独立出现的淫祀女神形象，而其司掌军事、传授兵法的专门职能始终如一，没有太大的变化。

原载（《文史知识》1991 年第 8 期）

---

① （明）余象斗编：《四游记》，上海：上海古籍出版社，1986 年，第 8—9 页。
② （宋）张君房：《云笈七签》，北京：中华书局，2003 年，第 5 册，第 2171 页。

黄鹤楼神仙的嬗变

"昔人已乘黄鹤去，此地空余黄鹤楼。黄鹤一去不复返，白云千载空悠悠。晴川历历汉阳树，芳草萋萋鹦鹉洲，日暮乡关何处是，烟波江上使人愁。"自唐代崔颢的这首脍炙人口的《登黄鹤楼》诗吟传开来，不仅令同辈大诗人李白折服，亦使黄鹤楼的名声不胫而走，大噪天下。尤其那跨鹤飞升的缥缈神传，历千百余年，几乎家喻户晓，颇为民俗所乐道。这神传的源头至少可以推溯到南北朝时代，并且从传说的初起到千百年的流变，黄鹤楼头的跨鹤神仙也并非始终如一。借此，笔者特搜排史料，稍事考说，以期为黄鹤楼神仙的渊源嬗变爬梳出一条略趋明晰的线索。

一、无名氏与荀瓌

南朝梁任瓌《述异记》云：

> 荀瓌事母孝，好属文及道术，潜栖却粒。尝东游，憩江夏黄鹤楼上。望西南有物，飘然降自霄汉，俄顷已至，乃驾鹤之宾也。鹤止户侧，仙者就席，羽衣虹裳，宾已欢对。辞去，跨鹤腾云，眇然烟灭。[1]

这里的荀瓌显然不是"驾鹤之宾"，但与黄鹤楼瓜葛到一起的仙人毕竟出现了

---

① （唐）欧阳询撰：《艺文类聚》卷九十《鸟部上》"鹤"条，汪绍盈校，上海：上海古籍出版社，1999年，下册，第1564页。

这样一位最早的有名有姓者，只是还不曾"跨鹤腾空"罢了。也正由于此，后世还偶有将黄鹤仙指目为荀瓌甚至误认"梁任昉记以升仙事乃荀瓌"者。就这条迄今所见最早的黄鹤楼神传，我们应该注意到这样一点，那就是黄鹤楼的出现及其得名似尚早于荀瓌和那位"驾鹤之宾"的出现，亦即要早于梁朝甚至早于南北朝时期。从郦道元《水经注·江水三》的记载来看，北魏以前黄鹤楼当未出现，故相传始建于三国吴黄武年间的说法不足为据。又根据《述异记》，黄鹤楼之名"自南朝已著"当亦不虚妄，所以应可推测黄鹤楼的出现在两晋至南北朝初。《江夏图经》曰：

> （黄鹤山）在县东九里，其山断绝，无连接。旧传云，昔有仙人控黄鹤于山，因以为名。故梁湘东王《晋安寺碑》云"黄鹤从天之夜响"是。①

这里的《江夏图经》大概也是南朝时期的文字，其"昔有仙人控黄鹤于山"即不云仙为谁氏的说法正与《述异记》合拍，并且最先露出黄鹤山"因以为名"的神传消息，从而与《述异记》一起为黄鹤楼神仙传说埋下附会、嬗变与流布的契机。至于所谓"旧传"，尚难明所指；《太平寰宇记》卷一百一十二"鄂州江夏县"条亦采此说而作"耆旧传"。又黄鹤楼是因为山、矶而得名，南朝以至隋唐间的地志图经等史料说法不一，尚难详考。

二、子安

梁萧子显《南齐书》卷十五《州郡志》下记载：

> 郢州，镇夏口……夏口城据黄鹄矶，世传仙人子安乘黄鹄过此上也。②

由此，黄鹤楼的跨鹤神仙又出现了一位叫子安（后世或又谓其姓黄）的。

---

① （宋）李昉等：《太平御览》卷四十八《地部十三》"黄鹤山"条，北京：中华书局，1963年影印本，第1册，第232页。

② 《南齐书》卷十五《州郡志》，北京：中华书局，1972年标点本，第276页。

以萧子显后于任昉三十年而卒，则《南齐书》当比《述异记》晚出。另外，以子安为黄鹤楼神仙的记载，似乎仅见此一家。子安其人，《列仙传》卷下"陵阳子明"条云：

> 陵阳子明者，铚乡人也。好钓鱼于旋溪。钓得白龙，子明惧，解钩拜而放之。复得白鱼，腹中有书，教子明服食之法。子明遂上黄山，采五石脂，沸水服之。三年，龙来迎去，止陵阳山上百余年。山去地千余丈，大呼山下人，令上山半言：溪中子安当来，问子明钓车在否？后二十余年，子安死，人取葬石山下。有黄鹤来，栖其冢边树上，鸣呼子安云。①

这条记载又见《水经注》卷二十九"沔水"条，而事迹略有省减。李白《登敬亭山南望怀古赠窦主簿》诗"白龙降陵阳，黄鹤呼子安"②，用的就是这个典故。故《南齐书》的记载，当是据《列仙传》及《水经注》附会而来。然而"陵阳"在东，夏口在西，相距甚远，且又不见跨鹤飞升事，所以如果不是《南齐书》有意将子安演变成那位"驾鹤之宾"的无名氏的话，则应该是《南齐书》对此事的误传了。也许正由于是误传的缘故，以子安为黄鹤楼神仙的记载才不多见，且后世主子安说者亦少有。

三、费祎

以费祎为黄鹤楼神仙的传说始于唐代，并且不仅在唐宋间广为流传，亦盛说于后世，殆使荀瓌、子安之事为此湮没。阎伯里（原注：石本作"埕"）《黄鹤楼记》云：

> 州城西南隅有黄鹤楼者，《图经》云费祎登仙，尝驾黄鹤返憩于此，遂以名楼。事列《神仙》之传，迹存《述异》之志。……王室载怀，思仲宣之能赋；仙踪可揖，嘉叔伟之芳尘。③

---

① （汉）刘向撰：《列仙传》，钱卫语释，北京：学苑出版社，1998年，第103页。
② （唐）李白著、（清）王琦注：《李太白全集》，北京：中华书局，2011年，上册，第544页。
③ （宋）李昉等：《文苑英华》卷八百十，北京：中华书局，1966年影印本，第4279—4280页。

据《三国志·蜀书·费祎传》及《华阳国志》，知费祎字文伟，江夏人，与董允、蒋琬、诸葛亮同为蜀汉"四相"，有"四英"之誉。因此，尽管《费祎传》中并未有学仙登仙事迹，而凭其字"文伟"同荀瓌字"叔伟"相似，以及其籍贯"江夏"正乃黄鹤楼所在地这两点，终使费祎这个大人物被附会出来，并且是将荀瓌与子安混合地取代了。自此以后，唐宋诗文载记等咏写黄鹤楼事者遂多约定俗成于费祎身上。《太平寰宇记》卷一百一十二《江南西道十》"鄂州江夏县"条云："黄鹤楼，在县西二百八十步。昔费祎登仙，每乘黄鹤于此楼憩驾，故号为黄鹤楼。"① 并引录了崔颢的《登黄鹤楼》诗。宋陆游《入蜀记》卷五亦云："黄鹤楼，旧传费祎飞升于此，后忽乘黄鹤来归，故以名楼，号为天下绝景。"② 显然，这些主费祎之说的滥觞正是阎伯里《黄鹤楼记》所引证的《图经》，而这《图经》盖即《舆地纪胜》卷六十六"鄂州上景物下"所记"《唐图经》又云费祎文伟登仙，驾黄鹤返憩于此"的《唐图经》③，而非前文所提及的不云仙人为谁氏的《江夏图经》。有关费祎为黄鹤楼神仙的传说，附会演变得最为神奇有趣的还属明代王世贞《列仙全传》卷九（补遗）"费文祎"条的记载：

费文祎，字子安，好道得仙。偶过江夏辛氏酒馆而饮焉。辛复饮之巨觞，明日复来，辛不待索而饮之。如是者数载，略无愠意，乃谓辛曰："多负酒钱，今当少酬。"于是取橘皮向壁间画一鹤，曰："客来饮，但令拍手歌之，鹤必下舞。"后客至饮，鹤果蹁跹而舞，回旋宛转，曲中音律，远近莫不集饮而观之。逾十年，辛氏谢曰："赖先生画黄鹤，因获百倍，愿少留谢。"子安笑曰："来诓为此？"取笛数弄，须臾，白云自空而下，画鹤飞至子安前，遂跨鹤乘云而去。辛氏即于飞升处建楼，名黄鹤楼焉。④

① （宋）乐史撰：《太平寰宇记》卷一百一十二，王文楚等校点，北京：中华书局，2007年，第5册，第2279页。

② （宋）陆游：《入蜀记》卷五，台北：文海出版社，1981年，第123页。

③ （宋）王象之：《舆地纪胜》卷六十六，台北：文海出版社，1971年，第1册，第409页。

④ （明）王世贞：《列仙全传》卷九（补遗）"费文祎"条，石家庄：河北美术出版社，1996年，第302页。

可见此时的费文祎已索性将"子安"用作其字了，而明清以后盛传的黄鹤楼神仙故事人物与情节也从此固定完备了下来。虽说宋元明以降抑或有独主一仙及兼采三仙之说者，却毕竟以费祎居了主流，成为黄鹤楼的正统仙主。

四、吕洞宾

明代，黄鹤楼神传仙主竟又冒出个吕洞宾，使得作为"正经"的费祎与作为"异端"的吕洞宾对立起来。说吕洞宾是"异端"，是因为他根本缺乏做黄鹤楼仙主的深远资历，他的附会瓜葛大致是凭借了这样三个条件：一是八仙的形象与神传已红极于民俗；二是吕洞宾既为道家教主又为八仙首席；三是神魔小说正盛行于当时。把吕洞宾异变成黄鹤楼仙主的恰是晚明时期描写八仙故事的神魔小说《东游记》[①]，所述故事乃至细节多与前举《列仙全传》"费文祎"条同，唯仙主姓名互异。经过比勘钩稽，我们发现《列仙全传》与《东游记》所记此事乃同出一源，即金代王朋寿《增广类林杂说》卷十二"神仙下篇"。大概因《增广类林杂说》所记画鹤飞升的神仙乃是无名道人，宜其为《列仙全传》与《东游记》各自附会，一正一变，都顺顺当当而不费心力。但是虽说《列仙全传》与《东游记》晚出，却都不如《增广类林杂说》的故事周详生动，所以迄今所见完美的黄鹤楼神仙故事还应属《增广类林杂说》。当然以吕洞宾做黄鹤楼神仙，仅凭前面提到的三个条件似仍嫌不足，还须向明代以前找寻其渐变的台阶。就笔者所见，大概有这样两重台阶：一是宋代曾有误传认为写"黄鹤楼边吹笛时"诗句的吕先生（实为"吕元圭"）即吕洞宾。这个误传在吴曾《能改斋漫录》卷十五"神仙鬼怪"条虽已指出，但总难免会在民俗中留下影响的。二是元代赵道一《历世真仙体道通鉴》卷四十五《吕嵒传》记载："一云历江州登黄鹤楼，以五月二十日午刻升天去，不知何年。"[②] 尽管还不曾有"画鹤"、"跨鹤"之说，却无疑构就了吕洞宾附会为

---

① （明）余象斗等：《四游记》之《东游记》第二十六回《洞宾斩龙画鹤》，上海：上海古籍出版社，1986年。
② 《正统道藏》，台北：艺文印书馆，1977年，第9册，第6553页。

黄鹤楼神仙的一个渊源递嬗关系。另外，清代褚人获《坚瓠集》辛集卷四"黄鹤楼"条亦主吕洞宾说，从故事情节看显然是袭承了《增广类林杂说》与《东游记》的衣钵而更趋简要。唯一的不同是将传统的橘皮画鹤变异成了西瓜皮画鹤，并自圆其说道："始色瓜皮青，久之变黄，遂为黄鹤。"[①] 亦别有意趣。

原载（《文史知识》1994 年第 1 期）

---

① （清）褚人获辑撰：《坚瓠集》，李梦生校点，上海：上海古籍出版社，2012 年，第 2 册，第 633 页。

八仙考补

　　铁拐李、钟离权、吕洞宾、张果老、蓝采和、韩湘子、何仙姑、曹国舅，这样一个八仙集团，其形成似在明代中叶，到万历时吴元泰的《东游记》则将此演绎为小说。近人研究八仙的文字，自以浦江清先生的《八仙考》最为精核①，但在史料上尚不无可增补之处。因此，我在写了《〈东游记〉的八仙故事和〈列仙全传〉》，考证《东游记》源出王世贞《列仙全传》之后②，再写了这篇补苴浦江清先生《八仙考》的《八仙考补》。

一

　　尽管浦江清先生认为"跛仙难有着落"，还是作出了这样的结论："李铁拐，北宋徽宗时有刘跛子，南岳圣寿观又有跛仙仙迹。此二人至《吕祖志》的编者，已被捏合为一人。岳孔目（元剧）及李玄（《东游记》）之说后起。"这个结论自然是不错的。另外，借尸还魂的故事在元明剧本中已成俗套，亦已为浦先生点破。但这个铁拐借尸还魂的起因，约定俗成的说法并非是"因忤韩魏公而惊死"③，后为妻子焚化，而是"嘱徒守尸"，误为弟子焚化。而这种"嘱徒守尸"的情节，早见于《太平广记》卷六注出《仙传拾遗》的

　　① 浦江清：《八仙考》，《清华学报》1936 年第 1 期，第 89—136 页。以下所引浦氏文字皆出自本文，兹不一一出注，谨此说明。
　　② 周晓薇：《〈东游记〉的八仙故事和〈列仙全传〉》，黄永年主编：《古代文献研究集林》第三集，西安：陕西师范大学出版社，1995 年，第 221—246 页。
　　③ （元）岳伯川编：《吕洞宾度铁拐李岳》杂剧。

"周隐遥"条，原文是：

> 周隐遥，洞庭山道士。……学太阴炼形之道，死于崖窟中。嘱其弟子曰："检视我尸。勿令他物所犯。六年后，若再生，当以衣裳衣我。"弟子视之，初则臭秽虫坏，唯五脏不变。依言闭护之。至六年往看，乃身全却生。弟子备汤沐，以新衣衣之。发鬓而黑，髭粗而直，若兽鬣焉。十六年又死如前，更七年复生。如此三度，已四十年余，近八十岁，状貌如三十许人。①

在从宋代刘跛子等跛仙向元明时的铁拐李过渡并形成"嘱徒守尸"、"借尸还魂"的故事中，"周隐遥"的尸解情节可能是发生了影响的。

二

浦先生说："《太平广记》无钟离权，钟离权的神仙说起于北宋。"又进而说："钟离神仙的传说起于北宋庆历以后，与吕洞宾传说同时。"浦先生的依据是：在郑景璧《蒙斋笔谈》和《宣和书谱》两书中开始有了钟离名权的说法，而在此以前的北宋笔记则甚少提及，或有称钟离及钟离子者，然并无其名，因此"钟离"是地名、法号或姓氏，尚不得而知。按：从无名的钟离到有名的钟离权、无疑是完成钟离权神仙形象的一个重要过渡。由此笔者倒是受了一点启发，即钟离权的履历既然是从几位汉代的钟离氏建设而来，那么钟离在北宋之被传为神仙，会不会在其前曾有某个无名的钟离仙迹供附会？仍检《太平广记》，于卷三百一十三得注出《录异记》的"钟离王祠"条。其事迹是：钟离王因旧祠为水摧损，遂传语于唐村人，为更立新庙，号"唐村神"，凡祷祈皆以验。其像貌是"衣大袖，戴古冠帻"，"初见时如道士状"②。从这个"钟离王"，当然仍不能知道"钟离"二字是地名抑或姓氏、法号，但

---

① （宋）李昉等：《太平广记》卷六《神仙六》"周隐遥"条，北京：中华书局，1961年标点本，第1册，第42页。

② （宋）李昉等：《太平广记》卷三百一十三《神二十三》"钟离王祠"条，北京：中华书局，1961年标点本，第7册，第2478页。

从"如道士状"这点不能不使人把他和神仙钟离权相联系，所以尚不能排除二者之间的关系。

三

蓝仙的来历，浦先生说："最早见于沈汾的《续仙传》。《太平广记》卷二十二袭用其文，元赵道一《历世真仙体道通鉴》卷三十八亦同。"但《云笈七签》卷一百一十三《蓝采和传》亦是袭用《续仙传》而为浦先生所未提及。承赵道一而下，则先是王圻《续通考》卷二百四十二"蓝采和"条，然后是《列仙全传》卷四的《蓝采和传》，再是《东游记》，最后到《历代神仙史》卷三的"唐仙列传蓝真人"条。当然元明剧本还有两出同名的《蓝采和》，惜均已失传。蓝仙的踏踏歌自《续仙传》已有，后亦颇为民俗乐道。然自《东游记》一出，又附会出十二首五言八句体的歌词，这些歌词盖亦有所依本。揣其出处，极有可能采自元明人的《蓝采和》剧，附记于此俟考。

四

浦先生指出：张果"事迹最早见于唐郑处诲《明皇杂录》，《太平广记》卷三十全袭其文，今不具录。其人见于正史，在八仙中时代最早而且比较实在的一人"。可能正因为张果"比较实在"，浦先生文中着墨亦最少，还漏掉了一条唐李德裕的《次柳氏旧闻》①。

张果仙迹中有这样两个情节，究其出处原本是不属张果所专有的。第一则是《明皇杂录》所说张果乘驴日行万里，休则叠如纸，乘则噀水已而复成驴的故事。这在《后汉书·蓟子训传》就这么说过：

> （子训）道过荥阳，止主人舍，而所驾之驴忽然卒僵，蛆虫流出，主遽白之。子训曰："乃尔乎?"方安坐饭，食毕，徐出以杖扣之，驴应声

---

① 此书虽说成书时代稍早于《明皇杂录》，然其真本当已佚失，今本所记事迹多为后人杂采小说旧闻以足成之，所载张果击齿复生事或转采自《明皇杂录》等书，亦未可知。

奋起，行步如初，即复进道。①

这蓟子训之驴和张果之驴当不无渊源。至于《东游记》所写的张果倒骑驴之图之诗，在明中叶当已有流传。如万历元年刊行的田艺蘅《留青日札》，在卷二十八"张果老"条里说："张果老乃唐玄宗时神仙，见《柳氏传闻》。今有张果老倒骑驴图。"② 既有其图，题诗的出现当亦相去不远或同时。另外清翟灏《通俗编》又认为张果倒骑驴的形象当从宋朝诗人潘阆《游华山》所题"昂头吟望倒骑驴"的诗句附会而来，证据不足，亦可聊备一说。又元无名氏《湖海新闻夷坚续志》后集卷二《神明门》有"鲁般造石桥"条说：

> 赵州城南有石桥一座，乃鲁般所造，极坚固，意谓古今无第二手矣。忽其州有神姓张，骑驴而过桥，张神笑曰："此桥石坚而柱壮，如我过能无震动乎？"于是登桥，而桥摇动若倾状。鲁般在下以两手托定，而坚壮如故。至今桥上则有张神所乘驴之头尾及四足痕，桥下则有鲁般两手痕。此古老相传，他文未载，故及之。③

这骑驴的张神当即张果老。所以王圻《续通考》卷二百四十二"张果"条就有"尝过安济桥，迹尚存"之说。这"安济桥"就是"赵州桥"。今赵州一带尚有民谣唱道："赵州桥，鲁般爷爷修，……张果老骑驴桥上走，阎王爷推车压了一道沟。"

第二则是小道士醉酒化榼的故事。其实在稍早于《明皇杂录》的《集异记》中已见记载，只是导演这一神通变化者为叶法善或叶静能而非张果。《太平广记》卷二十六注出《集异记》及《仙传拾遗》的"叶法善"条云：

> 又燕国公张说尝诣观谒。师命酒，说曰："既无他客。"师曰："此有

---

① 《后汉书》卷八十二下《方术·蓟子训传》，北京：中华书局，1965 年标点本，第 2745 页。

② （明）田艺蘅：《留青日札》卷二十八，上海：上海古籍出版社，1992 年标点本，第 528 页。

③ （元）无名氏撰：《湖海新闻夷坚续志》后集卷二《神明门》，金心点校，北京：中华书局，1986 年，第 218 页。

鞠处士者，久隐山林，性谨而讷，颇耽于酒，钟石可也。"说请召之，斯须而至。其形不及三尺，而腰带数围。使坐于下，拜揖之礼，颇亦鲁朴。酒至，杯盂皆尽，而神色不动。燕公将去，师忽奋剑叱鞠生曰："曾无高谈广论，唯沉湎于酒，亦何用哉？"因斩之，乃巨榼而已。[1]

《太平广记》卷七十二注出《河东记》的"叶静能"条说：

> 唐汝阳王好饮，终日不乱。客有至者，莫不留连旦夕。时术士叶静能常过焉，王强之酒，不可。曰："某有一生徒，酒量可为王饮客矣。然虽侏儒，亦有过人者。明日使谒王，王试与之言也。"明旦，有投刺曰："道士常持蒲。"王引入。长二尺，既坐，谈胚浑至道，次三皇五帝，历代兴亡，天时人事，经传子史，历历如指诸掌焉。王呿口不能对，既而以王意未洽，更咨话浅近谐戏之事，王则欢然。谓曰："观师风度，亦常饮酒乎？"持蒲曰："唯所命耳。"王即令左右行酒。已数巡，持蒲曰："此不足为饮也，请移大器中，与王自把而饮之，量止则已，不亦乐乎？"王又如其言，命醇醪数石，置大斛中，以巨觥取而饮之。王饮中醺然，而持蒲固不扰，风韵转高。良久，忽谓王曰："某止此一杯，醉矣。"王曰："观师量殊未可足，请更进之。"持蒲曰："王不知度量有限乎？何必见强。"乃复尽一杯，忽倒。视之则一大酒榼，受五斗焉。[2]

另《太平广记》卷三百七十出自《潇湘录》的"姜修"条所说亦大同小异。可见此种情节确已为当时写神仙故事的俗套，《明皇杂录》无非是借用现成，将人物改换一下而已。

又张果能指鸟鸟落、指花花开、指锁门开、徙移宫殿、入水不溺、入火不焚等仙术，也并非新鲜花样。如《太平广记》卷五十九注出《女仙传》的"太玄女"条，亦有极类似的描写：

---

[1] （宋）李昉等：《太平广记》卷二十六《神仙二十六》"叶法善"条，北京：中华书局，1961年标点本，第1册，第172—173页。按：此条《广记》注"出《集异记》及《仙传拾遗》"。而中华书局1980年版古小说丛刊本《集异记》补编卷则将此条据《广记》全文阑入。

[2] （宋）李昉等：《太平广记》卷七十二《道术二》"叶静能"条，北京：中华书局，1961年标点本，第2册，第450—451页。

太玄女，姓颛，名和，少丧父，或相其母子，皆曰不寿。……洗心求道，得王子之术，行之累年。遂能入水不濡。盛雪寒时，单衣冰上，而颜色不变，身体温暖，可至积日。又能徙官府、宫殿、城市屋宅于他处，视之无异。指之即失其所在。门户棂柜有关钥者，指之即开。指山山摧，指树树折，更指之，即复如故。……①

不过将此情节附会到张果身上的，似仍始于《东游记》。

五

何仙姑的脉络原本有两条：一位是广州人，与吕洞宾无瓜葛；一位是永州人，与吕洞宾有瓜葛。这两位何仙姑大抵是在元代赵道一《历世真仙体道通鉴后集》以后被捏合到一起。从《东游记》看，述其身世则取自广州的何仙姑，而讲其为纯阳弟子则取自永州的何仙姑。后者浦先生已爬梳清楚，前者似尚可补充。此广州何仙姑，最早的记载当是《太平广记》卷六十二注出《广异记》的"何二娘"条，其云：

广州有何二娘者，以织鞋子为业。年二十，与母居，素不修仙术。忽谓母曰："住此闷，意欲行游。"后一日便飞去，上罗浮山寺，山僧问其来由，答云："愿事和尚。"自尔恒留居止。初不饮食，每为寺众采山果充斋，亦不知其所取。罗浮山北是循州，去南海四百里。循州山寺有杨梅树，大数十围，何氏每采其实，及斋而返。后循州山寺僧至罗浮山，说云："某月日有仙女来采杨梅。"验之，果是何氏所采之日也。由此远近知其得仙。后乃不复居寺，或旬月则一来耳。唐开元中，敕令黄门使往广州。求何氏，得之，与使俱入京。中途，黄门使悦其色，意欲挑之而未言。忽云："中使有如此心，不可留矣。"言毕，踊身而去，不知所之，其后绝迹不至人间矣。②

---

① （宋）李昉等：《太平广记》卷五十九《女仙四》"太玄女"条，北京：中华书局，1961年标点本，第2册，第363页。

② （宋）李昉等：《太平广记》卷六十二《女仙七》"何二娘"条，北京：中华书局，1961年标点本，第2册，第390页。

其次是唐白居易原本、宋孔传续撰的《白孔六帖》卷五中所说：

> 增城何氏女有神仙之术，持一石措小石楼之上，远观如画。①

再是南宋王象之《舆地纪胜》卷八十九"何仙"条说：

> 《会仙观记》：昔有何仙居此，食云母。唐景龙中白日升仙。②

这些都是广州何仙姑的神话传说。

六

浦先生说："唐以前的神仙异人，差不多都见于《太平广记》，八仙除张果蓝采和外，余六人不见于《太平广记》，可知此六人的传说皆起于宋。"并由此断定"韩湘度文公的故事是宋人传说出来的"。其实韩湘的故事在《太平广记》中是有的，除卷四百九有出自《酉阳杂俎》的《染牡丹花》篇外，还有一个更丰富完整的故事，即卷五十四注出《仙传拾遗》的"韩愈外甥"条，"蓝关"的故事和"度文公"的说法在其中都已经出现了。

韩湘的言志诗，最早见于北宋刘斧的《青琐高议》前集卷九《韩湘子》篇，为五言排律，凡十四句，押下平声六麻韵，一韵到底。浦先生说："《青琐高议》载通俗文字，都是诗话小说体，远渊源于唐代俗文，与敦煌所出俗文性质极相近。至于是否刘斧书，亦甚难言。"这是对的，如同《韩湘子》篇的开花与蓝关情节是源出《酉阳杂俎》及《仙传拾遗》等唐五代笔记一样，其中新添加入韩湘子言志诗也必是源于唐五代人诗语，而非刘斧所创作。这里可以找个证据，即沈汾《续仙传》卷下"殷文祥"条说："每自醉歌曰：'琴弹碧玉调，药炼白玉砂。解酝逡巡酒，能开顷刻花。'"③ 此与韩湘子言志

---

① （唐）白居易撰、（宋）孔传续撰，《白孔六帖》卷五，上海：上海古籍出版社，1987年影印《文渊阁四库全书》本，第891册，第88页。

② （宋）王象之：《舆地纪胜》卷八十九，台北：文海出版社，1971年，第2册，第521页。

③ 《正统道藏》，台北：艺文印书馆，1977年，第8册，第6159页。

诗的第三联与第六联正相巧合，这样就不能不进而怀疑此诗的另外几联如"宝鼎存金虎，芝田养白鸦。一瓢藏造化，三尺斩妖邪"恐亦有所本而未必刘斧创作。不过，再一点是宋以后的韩湘故事中的"开花"情节（而不是唐五代人所记的"染花"）当也是从这"能开顷刻花"来的。到《列仙全传》卷六《韩湘子传》的"解造逡巡酒，能开顷刻花"和《东游记》第三十回《湘子造酒开花》，在明人的笔下又演化出了"造酒"的故事。

七

吕洞宾的仙迹在八仙中最多。他原是与钟离权一同入了全真派北五祖的领袖，因而他的传说起于宋而盛于元，到明清时还不断地有故事与诗词附会到他的名下。这里仅就与吕仙事迹有瓜葛的一些资料略作补说。

黄粱梦是吕仙传说中最早的一则故事。浦先生已考知此故事是以南朝刘义庆《幽明录》中的"杨林"条为雏形，之后唐沈既济的《枕中记》与《太平广记》卷八十二出自《异闻集》的"吕翁"条演成正脉，到了宋人笔下此吕翁就和吕洞宾混同了，并由吕翁度卢生变为钟离权度吕洞宾了。在这里还可举两个宋人混此两吕的记事。一是两宋间人张邦基《墨庄漫录》记元符初吕道士《书与胡咏之》诗，其中便有"熟了黄粱梦未回"句；二是南宋宗室赵与时《宾退录》卷五引萧东夫《吕公洞》诗云："复此经过三十年，惟应岩石故依然。城南老树朽为土，檐外稚松青拂天。枕上功名只扰扰，指端变化又玄玄。刀圭乞与起衰病，稽首秋空一剑仙。"①都已将"吕翁"与吕洞宾视同一人了。又《列仙全传》卷六《吕岩传》（《东游记》第二十三回《洞宾店遇云房》同）在描写黄粱梦故事的开头，曾提到钟离的三首题壁诗，究此三首诗的出处，第一首出元赵道一《历世真仙体道通鉴》卷三十一《钟离权传》，第二、三首出元秦志安《金莲正宗记》卷一《正阳钟离真人传》，并说明此两首诗是题于"邢州开元寺观音殿后"，为"宋朝刘从广于皇祐四年九月九日立石刊勒"②。笔者认为此说确有依据。一是宋代曾慥《类说》卷十六引《倦游杂录》"钟离二诗"条云："邢州开元寺壁有五代时隐士钟离权二诗曰：

---

① （宋）赵与时：《宾退录》卷五，上海：上海古籍出版社，1983年标点本，第64页。
② 《正统道藏》，台北：艺文印书馆，1977年，第5册，第3427页。

'得道高僧不易逢，几时归去愿相从，自知住处连沧海，别是蓬莱第一峰。'
'莫厌追欢笑语频，寻思杂乱可伤神，闲来屈指从头数，得见升平有几人。'"①《倦游杂录》盖北宋后期作品。二是《宣和书谱》卷十九所记钟离权事亦提及第二诗的前两句。这开元寺题壁诗的落实，似可为浦先生"钟离权与吕洞宾的传说皆起于北宋庆历时"的结论提供证据②。

吕仙故事中有一个钟离十试洞宾的情节，这种辨试人才的故事古已有之。《太平广记》卷八注出《神仙传》的"张道陵"条讲道陵七试赵升，要见辱不争，见色不淫，见金不昧，见虎不恐，见诈不吝，施丐不厌，投崖不惧。其故事情节大同小异③。又《真诰》卷五《甄命授》说："仙道十二试皆过而授此经。"白居易诗亦有"试玉要烧三日满，辨才须待七年期"的句子④，这些都可能影响到后世的神仙度脱故事。

关于吕洞宾酒楼画鹤的情节，疑出《东游记》作者的附会。金王朋寿《增广类林杂说》卷十二神仙下篇所说则似其所本，全文是：

> 江夏郡人辛氏，酤酒为业。一日，有一道人形貌魁伟，衣服蓝缕，掉臂入门就座，殊无礼貌。顾谓辛曰："能以一杯好酒饮吾否？"辛氏子虽年少，雅亦好道举，常与方外之士为友，闻之欣然许诺，即以上尊一杯奉之。道人一举尽之，亦不相谢，拂袖出门去。至来日，如期而来。辛不待其求，即以饮之，饮已辄径去。似此者仅半年。道人初无一言，辛氏子亦无倦色。一日，忽呼辛氏子谓曰："我多负尔酒资也，属此行无钱奉酬。"遂探所携一药篮中，得橘皮少许，于壁画一仙鹤。画毕，指示辛云："以此奉答。但有客饮酒，即唱歌拍手以为节，招此鹤，当为君舞，以佐尊。"言讫遂去。辛亦未甚信之。继而有客三数人来，见所画鹤，问其所以，辛以实告。客于是依其言，唱拍以招之，其鹤倏已蹁跹而舞，回

① 该书收入《北京国家图书馆古籍珍本丛刊》62《子部·杂家类》，北京：书目文献出版社，1988年影印明天启六年（1626）岳钟秀刻本，第287页。

② 浦江清：《八仙考》，《清华学报》1936年第1期，第89—136页。

③ （宋）李昉等：《太平广记》卷八《神仙八》"张道陵"条，北京：中华书局，1961年标点本，第1册，第55—58页。

④ （唐）白居易撰、谢思炜校注：《白居易诗集校注》卷十五《放言五首》其三，北京：中华书局，2006年，第1232页。

翔宛转，良中音节。以其橘皮所画，其毛羽带黄，人莫不惊异。当其舞时，宛然素壁也，舞罢而去，则依然画鹤也。自是人人争欲来观，幸氏遂限之以酤酒之价，非数千不能得观也。十年之间，家赀危累千万。一日，其道人惠然而来，谓幸氏子曰："向时贫道饮公酒，所答薄否？"幸见之拜，且跪谢曰："赖先生所画鹤，今事产方之昔日，何啻百倍。未尝一日敢忘恩德，但恨不知先生所居。今者承蒙不弃凡俗，复此荣过。若能少留，当举家具厮役之职，供备洒扫。先生有意终惠之乎？"先生笑曰："吾岂久此者耶？"于药篮中取一短笛，作数弄，须臾有白云自空而下，垂檐楹间，所画鹤飞下。先生跨鹤乘云，冉冉而去。阖郡望之，杳杳然没于霄汉，犹闻笛声。幸氏于是就其处建一楼，榜之曰黄鹤楼。后崔影题诗云："昔人已乘白云去，此地空余黄鹤楼。"（按："崔影"自为"崔颢"之误）①

这个故事到了《东游记》中，那位无名道人就变成了吕洞宾，那位酒肆主人幸氏则变成了辛氏，以"幸"为"辛"，也可能是因形近而误。论文字，《东游记》也不如《增广类林杂说》描写得周详、生动。不过自《东游记》一出，黄鹤楼的仙人，便又多了一个吕洞宾②。这里需要说明两点：一是《列仙全传》卷九《费文祎传》也写这个故事，并且也将"江夏幸氏"误作"辛氏"，且说"费文祎，字子安"，这就把费文祎与黄子安混为一人了。由此看来，在《东游记》稍前，还有一个将江夏幸氏酒馆画鹤飞升的道人附会成费文祎的传说出现，只是这个传说似乎对《东游记》所记吕仙事迹无甚影响或影响甚微。《东游记》仍是源于王朋寿所记。再则元人《湖海新闻夷坚续志》后集卷一"跨鹤道人"条云："处州龙泉县凤凰山下，旧有小茅庵，一道人居之。桥头有黄婆开酒肆，道人常往来买酒，不取钱，悉与之饮。由是买者无虚日，家由是成。甫阅一载，婆子索酒钱，道人未之偿。越几日，又问，复许之，乃借笔画一纸鹤，以水噀之，飞舞回旋于桥之左右。婆亦不悟，又复索钱，道人于是跨鹤而去。"③ 此与王朋寿所记在情节上有相似之处，只是地点和人物

---

① （金）王鹏寿：《重刊增广分门类林杂说》卷十二，民国七年（1918）刘承幹辑刻《嘉业堂丛书》本，第2页。

② 参详周晓薇、王其祎：《黄鹤楼神仙的嬗变》，《文史知识》1994年第1期，第91—94页。

③ （元）无名氏撰：《湖海新闻夷坚续志》后集卷一《神仙门》，金心点校，北京：中华书局，1986年，第135页。

不同。这说明道人沽酒画鹤飞升故事在当时已成俗套，想来既是热门题材，则将无名道人附会成大名人吕洞宾就是完全可能而顺当的，何况画鹤的故事又以附会黄鹤楼者最有名呢，于是便出现了《东游记》将吕洞宾与黄鹤楼画鹤飞升的故事牵扯到一起的写法。

吕洞宾岳阳度化老妪的情节，当在元代已经产生。《湖海新闻夷坚续志》后集卷一《神仙门》"井化酒泉"条云：

> 常德府城外十五里，地名河洑，有崔婆者，卖茶为活，遇有僧道过往，必施与之。一道人往来凡十余次，崔婆见之，必与茶。道人深感之，与之曰："我欲使汝改业卖酒如何？"崔婆喜。道人以杖拄地，清水迸出，为崔婆言："此可为酒。"崔婆取之以归，味如酒，浓而香，买者如市。若他人汲之归，则常品水也。崔婆大享其利。道人重来，崔婆再三谢之，但云："只恨无糟养猪。"道人怒其贪心不足，再以杖拄泉，则复成水，无复酒味矣。其井至今尚存。①

看来确与《东游记》的描写有一些瓜葛，当然，无姓无名，还不足以断定就是其所从出。又《妙通记》卷六"邵州索饮第九十二化"，亦写吕洞宾度化酒肆老媪一事，若以度化方式及细节比之，则与《东游记》多不相同，显非其所本，但若以人物身份与卖酒致富的基本线索比之，则又不能断然判为《东游记》作者毫无根据的生造。且"岳阳"、"常德"、"邵州"都属湖南，因此元代人所记的这两则故事，或许对《东游记》所记吕仙岳阳度化老妪之事都有影响。另外，《东游记》在此故事末尾记有吕仙所留诗句："朝游蓬岛暮苍梧，袖里青蛇胆气粗，三至岳阳人不识，朗吟飞过洞庭湖。"② 这首诗最早当见于宋郑东璧的《蒙斋笔谈》和宋范致明的《岳阳风土记》，而较其字词，则最近于《妙通记》。

---

① （元）无名氏撰：《湖海新闻夷坚续志》后集卷一《神仙门》，金心点校，北京：中华书局，1986年，第139页。

② （明）余象斗等：《四游记》之《东游记》第二十九回《三至岳阳飞度》，上海：上海古籍出版社，1986年标点本，第29页。

八

曹国舅是最后一位被"引入仙班"而凑足八仙的,原型为宋代国戚曹佾,已成定论。曹佾其人见于《宋史·外戚传》,但并未有成仙之事。最早依《曹佾传》而演义出曹国舅成仙故事的,应是元代苗善时的《妙通记》卷三"度曹国舅第十七化",写的是宋"丞相曹彬之子(按:当为曹彬孙)、曹皇后之弟"曹国舅在黄河渡船上遇吕洞宾,遂为洞宾度脱之事,浦先生即据此作考证。就曹国舅的真实历史和成为吕仙弟子来说,苗善时的记载确为最早的出处(赵道一《真仙通鉴》便无曹国舅),但并未被以后的神仙传记及小说等所继承。也就是说自苗善时以后,直至清代所广为流传的曹国舅事迹,是另外的一个与苗善时所记绝不相类的新情节,形成了一个新的体系。对此浦先生只举出"清康熙间出《历代神仙史》"来作与《妙通记》所记互异的这个新体系的代表,其实是很不够的。《历代神仙史》不过是这一新体系的末流,而其渊源主流应该上溯到明代,有王圻《续通考》卷二百四十三"曹国舅"条,《列仙全传》卷七《曹国舅》传,其次有《仙佛奇踪》、《东游记》,然后才是《历代神仙史》。

原载(《中国典籍与文化论丛》第四辑,中华书局 1997 年版)

古代典籍所见龙王及其文化寓意

　　龙是华夏先民面对最感神秘可畏的天文与自然物象而创造出的一种既抽象又形象的神灵；在充满了神秘可畏的崇拜和对生生不息的祈望中，龙的形象又成为炎黄民族最古老的族标。既是神灵与族标，则其在意义上的无上神圣感，便最终将这"鳞虫之精"——龙的形象在中国古文化乃至东方古文化中演化成最为典型的一种精神象征。当然，这种精神象征是就广义的民族与文化的范畴而言的，其中既烙印着"飞龙在天，利见大人"① 的皇权帝力的政治色彩，又濡染着敬天畏神、愚盲迷信的原始宗教思想，而其最基本的核心，乃是寄托了一个古老而伟大的民族渴望驭龙胜天的心态，这一点是应该肯定的。关于龙的传说，原本是比有文字记载的历史更加广远的，作为中国古代典籍中出现较早、记载较多的一种神灵，龙的基本职司始终体现在它是兴云雨、致雷电，或出为庆云，或发为洪水的物候之主宰，这一点也是毋庸置疑的。

　　然而，令人匪夷所思的是，曾几何时，在龙的正统血脉中竟衍生出一个颇不光彩的形象——龙王，这在中国龙文化的研究范畴中不能不视为一个特异而又尚少引起注重的现象。谓其不光彩，是因为龙王尽管完全承袭了龙的基本职司——呼风唤雨，掌握水脉大权，却根本失去了龙所具有的那种神圣的象征意义。在中国古代文人的笔下，龙王的形象要么被描写得软弱窝囊，要么被描写得贪婪残暴，总之绝无龙的神圣与光彩可言。这种人为的嘲弄与

---

　　① 《周易正义》卷一《乾传第一》，北京：中华书局，1980 年影印清阮元校刻《十三经注疏》本，第 14 页。

贬低，使龙王几乎黯淡了神化的光彩而充满了人格化的性情。有鉴于此，笔者遂翻检正史野乘、历代笔记小说、明代神魔小说，更旁摭佛教经籍，试图对龙文化中的龙王形象之演绎及其文化寓意加以缕析。

一、中国古代典籍中最初出现的龙王皆与佛教相关

在人们的潜意识中，既然龙王是从龙的形象分化而来，它的出现想必也会较早。但是仔细考查一番它的资历，却实在浅薄得多。"龙王"一词在中国古籍中出现的最早时间，大约只能追溯到北魏时期，而且，此时有关龙王的记载又皆与佛教有直接的联系。如北魏杨衒之的《洛阳伽蓝记》有两则记载提到龙王，其中一则云：

> 初，如来在乌场国行化，龙王嗔怒，兴大风雨，佛僧迦梨表里通湿。雨止，佛在石下，东面而坐，晒袈裟。……佛坐处及晒衣所，并有塔记。[1]

北魏正是佛教臻于昌盛的时代，这里将龙王刻画成一位企图兴风作雨来阻止如来佛行化的反面形象，实际上是为了衬托如来佛的无畏及其超脱精神的。另一则云：

> 水西有池，龙王居之。池边有一寺，五十余僧。龙王每作神变，国王祈请，以金玉珍宝投之池中；在后涌出，令僧取之。此寺衣食，待龙而济，世人名曰龙王寺。[2]

这位龙王每作神变，只为求得金玉珍宝，不免给人们留下一个唯利是图的印象。

---

① （北魏）杨衒之撰、范祥雍校注：《洛阳伽蓝记校注》卷五《城北》，上海：上海古籍出版社，1978年，第289—299页。

② （北魏）杨衒之撰、范祥雍校注：《洛阳伽蓝记校注》卷五《城北》，上海：上海古籍出版社，1978年，第299页。

又检正史，《魏书》中也有一条与《洛阳伽蓝记》所记时代大致相近的龙王传说：

> 波知国，在钵和西南。……有三池，传云大池有龙王，次者有龙妇，小者有龙子，行人经之，设祭乃得过，不祭多遇风雪之困。[①]

这位龙王横行霸道，过往行人若不设祭供奉，便要遭遇风雪困扰，可见上了正史的龙王不但没有具备龙的神圣伟大，而且是以不甚光彩的形象被载入史册的。这似乎可以表明，在中国古代文字的记载中，一开始就不曾把龙王视为"敬慎威仪"的神灵。

但是，无论文人与史官怎样描写龙王，龙王与佛教渊源相关的事实则是应该肯定的。在稍后的一些记载中，如《隋书》卷十三《音乐志》记载梁武帝笃信佛法，曾制作了《善哉》等十篇"名为正乐，皆述佛法"的乐章，其中就有一篇名为《龙王》。又有《太平广记》卷一百六注出《报应记》"任自信"条云：

> 任自信，嘉州人。唐贞元十五年，曾往湖南。常持《金刚经》，洁白无点。于洞庭湖中，有异物如云冒舟上，俄顷而散，舟中遂失自信，不知所在。久之，乃凌波而出，云至龙宫，谒龙王，四五人命升殿念《金刚经》，与珠宝数十事，二僧相送出宫。[②]

这位龙王显然是位佞佛者，否则他绝不可能卷任自信入水且命"升殿念《金刚经》"的。《太平广记》卷九十五注出《纪闻》"洪昉禅师"条记载：洪昉是位"幼而出家，遂证道果。志在禅寂，而亦以讲经为事"的僧人。有天夜晚，洪昉被鬼王请到善法堂讲法，经历了"诸天数百千万，兼四天王，各领徒众，同会听法"的盛大场面。值得注意的是，在"阶下左右，则有龙王夜叉诸鬼神非人等，皆合掌而听"。可见，《纪闻》中出现的龙王，也是一位佛教的信

---

① 《魏书》卷一百二《西域传·波知国》，北京：中华书局，1974 年标点本，第 2280 页。
② （宋）李昉等：《太平广记》卷一百六《报应五》"任自信"条，北京：中华书局，1961 年标点本，第 3 册，第 715 页。

奉者①。《旧五代史》卷一百二十八《周书·司徒诩传》的记载更是充满了佛教神话的传奇：

> 诩善谈论，性嗜酒，喜宾客，亦信浮屠之教。汉乾祐中，尝使于吴越，航海而往，至渤澥之中，睹水色如墨，舟人曰："其下龙宫也。"诩因炷香兴念曰："龙宫珍宝无用，俟回棹之日，当以金篆佛书一帙，用伸赞献。"洎复经其所，遂以经一函投于海中。俄闻梵呗丝竹之音，喧于船下，舟人云："此龙王来迎其经矣。"同舟百余人皆闻之，无不叹讶焉。②

为了让司徒诩这个人物更具神异化，史官们发挥了他们尽可能的想象，竭力渲染了一幕龙王隆重迎接佛经的场面。则有意无意间又将龙王与佛教紧紧联系在了一起。

关于龙王一词在中国典籍中的出现，宥于笔者的识见，尚未知有更早的文字否。就目前的史料推断，在汉魏以前，中国典籍似无"龙王"之说，而汉魏数百年间乃是佛教西来、张扬兴盛的时代，同时也是儒道文化与佛教文化的大融合时代。缘此，儒佛两种文化中的龙文化内涵必然也渐趋融合。今见早在晋代已有译本的《法华》、《华严》诸经，多有关于龙王的提法，而前举中国典籍中关于龙王的记载竟还早不过魏晋，且又多属援讲佛教和西域故事，则不能不让人产生一点怀疑，即龙王的缘起许是从佛教经典中播植进中国文化的。这在宋人赵彦卫的笔记中恰好也有反映，他说："自释氏书入，中土有龙王之说而河伯无闻矣。"③ 可见宋代文人也认为龙王是随着佛经的传播而进入中国文化的，而且它很快便进入角色，替代了中国古老传说中掌握水脉大权的河伯的地位。

二、佛典中龙王所充当的角色

检诸《大正大藏经》④，多有载记龙王的文字。那么，佛典中的龙王又充

---

① （宋）李昉等：《太平广记》卷九十五《异僧九》"洪昉禅师"条，北京：中华书局，1961年标点本，第3册，第631—634页。

② 《旧五代史》卷一百二十八《周书·司徒诩传》，北京：中华书局，1976年标点本，第1692页。

③ （宋）赵彦卫：《云麓漫钞》卷十，上海：古典文学出版社，1957年，第146页。

④ 《大正大藏经》，东京：大正一切经刊行会，1922—1933年。

当着何种角色？它与中国古代笔记小说中的龙王是否如出一辙？实际的情形则是大相径庭的。佛典中除了极少数龙王充当着与佛对立的反面角色外，绝大多数龙王则肩负着正统的护法神重任，正所谓"帝释梵王之众，捧玉幢于师子座前，龙王夜叉之徒，执宝幢于菩萨四面"。龙王之所以能够护驾佛祖，似取决于它们能够遵奉佛法和具有神通广大的本领，更兼大智大悲为众生解脱苦难的本性。《大方广佛华严经》卷三列举了一连串颇有法力的龙王：

> 复次毗楼博叉龙王，得消灭一切诸龙趣炽然苦解脱门；娑竭罗龙王，得一念中转自龙形示现无量众生身解脱门；云音幢龙王，得于一切诸有趣中以清净音说佛无边名号海解脱门；焰口龙王，得普现无边佛世界建立差别解脱门；云幢龙王，得开示一切众生大喜乐福德海解脱门；德叉迦龙王，得以清净救护音灭除一切怖畏解脱门；无边步龙王，得示现一切佛色身及住劫次第解脱门；清净色速疾龙王，得出生一切众生大爱乐欢喜海解脱门；普行大音龙王，得示现一切平等悦意无碍音解脱门；无热恼龙王，得以大悲普覆云灭一切世间苦解脱门。①

具备如此神通法力与积德行善的龙王，在佛界的作为恐怕也称得上是功德无量了。其实佛经中还有许多具体的事例，笔者经过爬梳归纳，认为主要体现在如下四个方面。

（一）诚信护法 保卫众生

佛教龙王大多数是忠心耿耿保护世尊，信奉佛法并为众生谋求利益者。如《佛说顶生王因缘经》卷三记载难陀等龙王与"四大王天，同为守护三十三天，若阿修罗来斗战时，即各对敌及为震警"②。《佛说众许摩诃帝经》卷七记载：一天，世尊离开菩提树，前往母唧鳞那龙王宫，并在宫院"一树下跏趺而坐入于禅定"。不巧正赶上这里"七日七夜降霪大雨"，母唧鳞那龙王为了保护佛身不受风雨浸湿，不受蚊蝇叮咬，"自身缠绕七匝卯首上覆，如伞

---

① 《大正大藏经》，东京：大正一切经刊行会，第9册《华严部下》。
② 《大正大藏经》，东京：大正一切经刊行会，第3册《本缘部上》。

盖相，经七昼夜不动不摇"，心甘情愿地为佛充当了七天七夜的保护伞①。在《杂阿含经》卷二十三中则记载了罗摩罗村中的迦梨迦龙王尽心尽责守护和供养佛塔的事迹②。《悲华经》卷九亦云："有一龙王名曰马坚，是大菩萨以本愿故生于龙中，起发悲心，救护诸商，令得安稳过于大海至彼岸边，龙王然后还本住处。"③

（二）普降法雨　润泽周普

龙王最具神通的法力则表现在呼风唤雨的职司上，这与中国古代笔记小说中龙王的职司是一致的，所不同的是这些龙王掌管的是所谓的"甘露大法之雨"。这种"八味"雨水，"清和泽香"，"润泽周普，地无停水，亦无泥洹"，可以使树木繁盛，草木滋长，五谷成熟，牛马肥壮。更令"一切众生皆大欢喜，出生善根，长养正法"④。

（三）深置宝藏　大发慈悲

《大方广佛华严经》卷三十五说大海上有四种宝珠，"悉生海中一切众宝。若无此宝，海中众宝悉皆灭失"。如此珍贵的镇海之宝，是由一位"娑伽罗龙王密置深宝藏"着，可见龙王是拥有权力和财力的。更为重要的是，掌握宝藏的龙王并无贪欲之心，而是利用这些宝藏来大发慈悲，接济贫穷⑤。《贤愚经》卷十一记载：机里毗国王在收取了迦叶的舍利子，准备建造佛塔时，有四位龙王得知消息，特意前去献出宝藏，帮助国王造塔⑥。《生经》卷一还记载：一天，佛在王舍城灵鹫山与大比丘五百人一起讨论经法，有人在讲堂上发表议论，提出要救济国中一切贫穷之人。但如何救济？大家一致认为取大海龙王的如意珠是最便捷的。于是佛恩准并招募五百名愿意入海采求珍宝者，"望风举帆，乘船入海，诣海龙王，从求头上如意之珠。龙王见之，……欲济

① 《大正大藏经》，东京：大正一切经刊行会，第3册《本缘部上》。
② 《大正大藏经》，东京：大正一切经刊行会，第2册《阿含部下》。
③ 《大正大藏经》，东京：大正一切经刊行会，第3册《本缘部上》。
④ 《大正大藏经》，东京：大正一切经刊行会，第10册《华严部下》。
⑤ 《大正大藏经》，东京：大正一切经刊行会，第9册《华严部下》。
⑥ 《大正大藏经》，东京：大正一切经刊行会，第4册《本缘部下》。

穷士，即以珠与。时诸贾客，各各采宝，悉皆具足，乘船来还"①。另有《大方便佛报恩经》卷四说善友太子为使一切众生脱离苦难，历经艰险，"径至大海龙王所止住处"，对大海龙王说："大王，阎浮提一切众生，为衣财饮食故，受无穷之苦。今欲从王乞左耳中如意摩尼宝珠。"龙王听罢，立即答应，将宝珠供奉十七天以后，便无怨无悔地交给了善友太子②。从上述举止来看，这些掌握宝藏的龙王非但没有贪欲之心，将宝藏视为己有，反而以慈悲为怀，处处慷慨仗义地分发宝藏以救助遭受困厄的人们。

（四）临危不惧　化险为夷

每当遇到灾祸时，龙王亦能挺身而出，以勇敢和机智，化险为夷。《菩萨本生鬘论》卷三《慈心龙王消伏怨害缘起第七》记载：龙王住在毗陀山幽邃之处，这里林木华果茂盛，池沼清静可爱。不料突然闯来一只金翅鸟王，欲取诸龙作为食物。这只金翅鸟王力大无比，"当其来时抟风鼓翼，摧山碎石，江河川源，悉皆干竭。时彼诸龙及龙女等，见是事已心大惊怖"，失魂落魄前去向龙王报告。龙王听了，首先安慰诸龙不要害怕，接着"诣金翅所，心无怯弱"，镇静地向金翅鸟王宣讲了如来"非以怨心能解怨结，唯起慈忍可使销除"的道理，竟化解了金翅鸟王的邪念。金翅鸟王心悦诚服地对龙王说："汝今能以慈忍之力息我瞋恚，如汲流泉灭其炎火，使我心地顿得清凉。"从而改恶向善，净修梵行，皈依佛教③。

当然，佛经中也记载了一些所谓的恶龙王。如《旧杂譬喻经》卷下就记载了一位名叫拔抵的龙王，其"志性急憋，数为暴虐，多合龙共为非法风雨霹雳雹，杀人民鸟兽"，但最终被佛制服，"欲加恶终不敢也"④。《增一阿含经》卷二十八记载"如来在阎浮里内四部讲法"，难陀、优槃难陀龙王企图与如来作对，"兴瞋恚，放大火风，使阎浮里内洞然火燃"。于是如来令目连前往须弥山上降服这两名恶龙王。经过几个回合的大战，两位恶龙王领教了目连的威力，不堪共斗。只得拱手告饶："我等今日自归如来。"遂受持五戒，

---

① 《大正大藏经》，东京：大正一切经刊行会，第3册《本缘部下》。
② 《大正大藏经》，东京：大正一切经刊行会，第3册《本缘部上》。
③ 《大正大藏经》，东京：大正一切经刊行会，第3册《本缘部上》。
④ 《大正大藏经》，东京：大正一切经刊行会，第53册《事汇部下》。

听经闻法。这些恶龙王要么被降服，不再为非作歹；要么迷途知返，改邪归正，从善向佛①。正体现了佛教中所谓"苦海无边，回头是岸"的法旨。

从上举种种龙王文字来看，其出现得不仅比中国古代典籍中的记载要早，而且内容也充实丰富许多。佛典中的龙王具有慈悲、向善、正义、无私的胸怀，拥有一定的财宝、地位、权力，是佛教神圣的护法神和坚定不移的信奉者。而我们从中国典籍最初的龙王皆与佛教相关这一点来看，它一定是受到了佛经中龙王故事的影响才滋生发展起来的，诸如龙王的呼风唤雨职能、龙王宫中藏有稀世珍宝等，并在演绎的过程中不断被异化改造，力图使其具备适合于中国古典意识形态与思想文化的新内涵和新形象。因而中国古代笔记小说中的龙王形象尽管有着继承佛典龙王的地方，但更多的是颇具中国本土传统文化思想而经过再创造了的龙王。文人们大胆走出佛教羁绊，塑造了一个充满人格化的神祇，它的事迹虽不及佛典来的系统完整，但它的形象更活泼鲜明，或者说被刻画成了一个备受戏弄嘲笑的窝囊角色。也正是龙王的这一特性，使它在不经意间完成了从佛典龙王向中国古代神话龙王的转换过程。而中国古代典籍中的龙王，又远远不是佛教龙王简单的舶来品和替代物，其中充满着佛教文化与中国古老文化在政治、经济、思想意识、传统观念上的互融因素。因此，关于龙王的缘起时代及其文化根源诸问题，尚不是一个容易理清的课题而有待做更深一步的探究。

三、中国古代典籍中不光彩的龙王形象

中国典籍中有关龙王的记述，在南北朝以后逐渐多了起来，主要出现在一些笔记小说里，并且与最初在中国典籍中出现的龙王有着明显的不同之处，它已经不再沿着佛经故事的老路发展了，而是出脱为中国古老传说中掌握呼风唤雨大权的一位神祇。单就龙王的职司来看，它与古老传说中的龙有些相像，但它又绝没有龙的瑞祥与尊严。同样可以呼风唤雨，但这位神祇在古代文人的笔下却充满人格化的悲剧，特别是在明代神魔小说中，它被描写得可悲可恨，形象十分不光彩。兹将具有代表性的一些故事情节归类举要如下，

---

① 《大正大藏经》，东京：大正一切经刊行会，第2册《阿含部下》。

以便通过龙王的种种表现而揭示出古代文人笔下的龙王形象。

（一）懦弱——胆小无能

柳毅传书的故事固已家喻户晓，讲述的是儒生柳毅应举落第，回家途中，偶遇洞庭龙王小女哭诉不幸，不禁生出恻隐之心，便带信给洞庭龙王的事情。柳毅到了龙宫，向龙王叙述："（毅）昨下第，间驱泾水右涘。见大王爱女，牧羊于野，风环雨鬓，所不忍视。"全因"为夫婿所薄，舅姑不念，以至于此。悲泗淋漓，诚怛人心，遂托书于毅"。龙王听罢，又读了爱女的信函，"以袖掩面而泣"，"又哀咤良久，左右皆流涕"[①]。洞庭龙王出嫁爱女，爱女却被夫婿鄙薄，备受折磨，可见其夫婿根本就没有把龙王老丈人放在眼里。再从龙王读罢爱女信函的表现中，一方面可以窥见龙王同情女儿、怜爱女儿的慈父心肠；另一方面也反映出了龙王的生性懦弱，"男儿有泪不轻弹"，何况身为洞庭湖之主的龙王？见爱女受辱，不能立即拔刀奋起，讨伐那个薄情郎，却一味地流泪哭泣，岂不是显得太软弱无能了吗？

明代小说《杨家府演义》第八卷"宣娘炼出鬼王丹"，说弱水蟹精拐去八仙炼的仙丹，铁拐李怒火冲天，便径直前往弱水，往水中抛下了数十个火葫芦，以此威胁弱水龙王。"巡潮使者见了大惊，急奏弱水龙王。龙王闻奏，惊慌无措"，不但不敢发怒，反而"忙差夜叉出问天仙爷爷因何烧我居宅"？更可悲的是，后来龙王虽然派人捉住了蟹精，但是蟹精"吃了仙丹，变化不测，遂将柳来龙宫柱上一撞，大响一声，河翻海沸，遂不见了。巡海大使急奏龙王，龙王顿足捶胸叫苦……遂将珍珠网衫八件，起死回生珠一颗，竟差巡海大使赍去献上八仙"。龙王听说蟹精不见了，"顿足捶胸叫苦"，生怕八仙怪罪下来，急忙献上礼物赔不是，实在显得胆小怕事得可怜[②]。

明代百回本《西游记》中有关龙王的描写着墨颇多，这里略举几例。如第三回"四海千山皆拱伏，九幽十类尽除名"，说孙悟空去东海龙王处索要兵器：

> 龙王见说，不好推辞，即着鳜都司取出一把大杆刀奉上。悟空道：

---

① （宋）李昉等：《太平广记》卷四百一十九《龙二》"柳毅"条，北京：中华书局，1961年标点本，第9册，第3412页。

② （明）无名氏：《杨家府演义》，上海：上海古籍出版社，1985年，第292、293页。

"老孙不会使刀，乞另赐一件。"龙王又着鲌太尉，领鳝力士，抬出一杆九股叉来。悟空跳下来，接在手中，使了一路，放下道："轻！轻！轻！又不趁手！再乞另赐一件。"龙王笑道："上仙你不曾看这叉，有三千六百斤哩！"悟空道："不趁手！不趁手！"龙王心中恐惧，又着鳊提督、鲤总兵抬出一柄画杆方天戟。那戟有七千二百斤重。悟空见了，跑近前接在手中，丢几个架子，撒两个解数，插在中间道："也还轻！轻！轻！"老龙王一发害怕道："上仙，我宫中只有这根戟重，再没什么兵器了。"悟空笑道："古人云：'愁海龙王没宝哩！'你再去寻寻看。若有可意的，一一奉价。"龙王道："委的再无。"①

后来，悟空取到"如意金箍棒"：

> 你看他弄神通，丢开解数，打转水晶宫里，唬得老龙王胆战心惊，小龙子魂飞魄散；龟鳖鼋鼍皆缩颈，鱼虾鳌蟹尽藏头。②

这里，龙王因悟空的到来而产生的"心中恐惧"，从"一发害怕"到"胆战心惊"，把老龙王的懦弱本性暴露得淋漓尽致。又如第九回"袁守诚妙算无私曲，老龙王拙计犯天条"，说的是泾河龙王自诩为呼风唤雨的主宰，便与卖卦先生赌输赢。龙王为了取胜，竟私自改动了降雨的时辰和点数。不料被卖卦先生识破，说他如此作弊触犯了天条，要被送上"剐龙台"的。龙王听说要上"剐龙台"，立刻感到"心惊胆战，毛骨悚然"，昔日的威风一扫而光，急忙整衣向卖卦先生跪下求救。得到卖卦先生指出的生路后，又"含泪离去"③，这龙王仿佛不是一河之王，倒像个贪生怕死的懦夫，绝无"好汉做事好汉当"的威仪胆气。后来，龙王还是免不了受了一剐，其表现也就更糟了，第十回"二将军宫门镇鬼，唐太宗地府还魂"：

> （唐太宗）正朦胧睡间，又见那泾河龙王，手提一颗血淋淋的首级，

---

① 《西游记》第三回，北京：人民文学出版社，1980年，上册，第32页。
② 《西游记》第三回，北京：人民文学出版社，1980年，上册，第33页。
③ 《西游记》第九回，北京：人民文学出版社，1980年，上册，第121页。

高叫："唐太宗！还我命来！还我命来！你昨夜满口许诺救我，怎么天明时反宣人曹官来斩我？你出来！你出来！我与你到阎君处折辨折辨！"他扯住太宗，再三嚷闹不放。太宗钳口难言，只挣得汗流遍体。正在那难分难解之时，只见正南上香云缭绕，彩雾飘飘，有一个女真人上前，将杨柳枝用手一摆，那没头的龙，悲悲啼啼，径往西北而去。①

泾河龙王被砍了头，却还缠着唐太宗，悲悲啼啼，凄凄惨惨，因为作了"冤鬼"，就要大闹一场，若不是女真人及时赶到，不知闹到几时它才收场，全无一河之王的气度。再如第六十三回"二僧荡怪闹龙宫，群圣除邪获宝贝"，说悟空为夺回金光寺塔上的原宝，将黑鱼、鲶鱼放回报信。此时万圣龙王正与九头驸马饮酒，见黑鱼、鲶鱼失魂落魄地跑来，"即停杯问何祸事"。那两个即告道：孙行者派我们来索要那顶宝贝。谁知"那老龙听说是孙行者齐天大圣，吓得魂不附体，魄散九霄"。可它最终还是逃脱不了厄运，被赶来的孙悟空，"只一下，把个老龙头打得稀烂"②。

（二）贪婪——好吃多占

《梁四公记》讲道，洞庭山南有一深百余尺的洞穴，有位长城乃仰公眦误堕洞中经历一番离奇，出洞后，他对梁武帝述说了他的奇遇，言谈中提到东海龙王第七女掌管龙王的珠藏，并有数千小龙护卫着这些珠宝。梁武帝听了不觉心动，想派使者取几颗东海龙珠。于是长城乃仰公眦又出主意说：龙王一族"畏蜡，爱美玉及空青而嗜燕"。梁武帝便派使者带上于阗美玉、宣州空青、五百烧燕前去：

> 至龙宫，守门小蛟闻蜡气，俯伏不敢动。乃以烧燕百事赂之，令其通问，以其上上者献龙女。龙女食之大嘉。又上玉函青岳，具陈帝旨。……龙女知帝礼之，以大珠三，小珠七，杂珠一石，以报帝。③

---

① 《西游记》第十回，北京：人民文学出版社，1980年，上册，第126页。
② 《西游记》第六十三回，北京：人民文学出版社，1980年，中册，第803页。
③ （宋）李昉等：《太平广记》卷四百一十八《龙一》"震泽洞"条，北京：中华书局，1961年标点本，第9册，第3405页。

只因龙女尝了燕子肉，"食之大嘉"。又意外得到满意的礼品，龙女便监守自盗，将龙王的宝珠当作礼品，送给了武帝。这里虽然只提及了龙女，想必她也是继承了龙王的秉性吧。

唐代段成式在《酉阳杂俎》记载了这么一个故事：大足初年，一位士人去新罗时，被风吹到一个叫作长须国的地方，长须国王即拜他为司风长兼驸马。一日，长须国忽然有难，国王即派士人前去谒见东海龙王解救国难：

> 士人乃前，求谒龙王。……龙王降阶迎，士人齐级升殿。访其来意，士人且说，龙王即令速勘。良久，一人自外白："境内无此国。"士人复哀祈，具言长须国在东海第三汊第七岛。龙王复叱使者细寻勘，速报。经食顷，使者返，曰："此岛虾合供大王此月食料，前日已追到。"龙王笑曰："客固为虾所魅耳。吾虽为王，所食皆禀天符，不得妄食，今为客减食。"乃令引客视之，见铁镬数十如屋，满中是虾。有五六头，色赤，大如臂，见客跳跃，似求救状。引者曰："此虾王也。"士人不觉悲泣，龙王命放虾王一镬，令二使送客归中国。①

这个龙王倒有点君王气度，因为士人的求情，表示能够"为客减食"，但终因有个"吾虽为王，所食皆禀天符，不得妄食"的堂皇理由，仅下令放了虾王一镬，其余的虾族们，只能留作龙王的美食了。

（三）窝囊——备受嘲弄

明代余象斗《南游记》第一回"玉帝起赛通明会"，讲述的是玉皇大帝请各路神仙赛宝的事情，诸仙诸神献宝皆很称旨，顺利而光彩地得到玉帝的赞赏，偏偏轮到龙王时，却出现了这种情况：

> 又有东海铁迹龙王，献上明珠一颗，奏曰："臣此珠挂于宫中，满处光辉，可吞可吐，凡民一见，永无灾难。"又有马耳山王马耳大王献上聚宝珠一颗，奏曰："龙王此宝，不为希罕。臣此珠亦能昼夜光辉，可吞可

---

① （宋）李昉等：《太平广记》卷四百六十九《水族六》"长须国"条，北京：中华书局，1961年标点本，第10册，第3869页。

吐，凡民一见，永无灾难。更添聚金有金，要银便银，一指生花，一发结果，一咒飞腾。"玉帝听毕，笑曰："卿此宝果胜龙王之宝。"①

众多神仙中，唯独选出龙王，让他在玉帝面前献宝不成反而丢了丑，当众受到嘲弄。又有第五回"华光闹天宫烧南天宝得关"，说华光趁东海李龙王贺寿之际，偷了龙宫的聚宝珠。龙王带兵前来向华光索要。华光显然不把龙王放在眼里，嘲弄地说："今拿来了，你便如何？"这个丢宝珠的龙王倒还有些勇气，"手提大刀便砍华光"，可惜本事不济，"战未三十回合，被华光杀得大败"，只讨了个可悲的下场。

明代小说《封神演义》中哪吒闹海的故事，是人们喜闻乐道的精彩片段，这里的龙王形象更是被描写得可怜窝囊之极。在第十三回"太乙真人收石矶"中，讲哪吒打死了东海龙王敖广的三太子后，在南天宝德门与龙王相遇：

> 话说哪吒在宝德门将敖光踏住后心，敖光扭颈回头看时，认得是哪吒，不觉勃然大怒，况又被他打倒，用脚踏住，挣扎不得，乃大骂……哪吒被他骂得性起，恨不得就要一圈打死他，奈太乙真人吩咐，只得按住他道："你叫，你叫，我便打死你这老泥鳅也无甚大事！……"敖光听罢，骂曰："好孽子！打得好！打得好！"哪吒曰："你要打，就打你。"……一气打有一二十拳，打的敖光叫喊。哪吒道："你这老蠢才，乃顽皮；不要打你，你是不怕的。古云：'龙怕揭鳞，虎怕抽筋'。"哪吒将敖光朝服一把扯去半边，左胁下露出鳞甲。哪吒用手连抓数把，抓下四五十片鳞甲，鲜血淋漓，痛伤骨髓。敖光疼痛难忍，只叫"饶命"。②

这里，哪吒根本不把龙王放在眼里，"恨不得就要一圈打死他"，骂他是"老泥鳅"、"老蠢才"，扯他的朝服，揭他的鳞甲，打得他"鲜血淋漓"、"疼痛难忍"，只得高叫"饶命"，把个"兴云步雨的正神"折腾得无地自容，从此贻为千古笑料。

---

① （明）余象斗：《南游记》第一回《玉帝起赛通明会》，上海：上海古籍出版社，1986年，第55页。
② （明）许仲琳：《封神演义》，广州：广东人民出版社，1980年，第116—117页。

（四）残暴——兴灾作难

《太平广记》卷四百二十二注引《博异志》"许汉阳"条，说的是唐贞元中，有个叫许汉阳的人乘船行至洪饶间，天色渐晚，忽见湖岸竹树森茂，乃泊舟。不觉走到一个"亭宇甚盛"的夜明宫里，意外受到"女郎六七人"的款待，弄弦吟咏"欢饮至二更"，"恨恨而别"。至平明，汉阳"观夜来饮所，乃空林树而已"。汉阳解缆，行至昨晚江岸人家：

> 见十数人，似有非常。因泊舟而讯，人曰："江口溺杀四人，至二更后，却捞出。三人已卒，其一人，虽似死而未甚。有巫女以杨柳水洒拂禁咒，久之能言曰：'昨夜水龙王诸女及姨姊妹六七人归过洞庭，宵宴于此，取我辈四人作酒，掾客少，不多饮，所以我却得来。'"汉阳异之，……默然而归舟，觉腹中不安，乃吐出鲜血数升，知悉以人血为酒尔。①

这些龙女为了寻欢作乐，竟用人血作酒，可谓残忍之极。

北宋洪迈《夷坚志》记载郭三雅的妻子陆氏死而复生后，向人们讲述了这样一个故事：

> 姑苏某龙王嬖一妾，遭夫人妒忌，以箠死，鞫讯天狱，累年不能决，上帝命我诘其情，一问而得之，奏牍已上，信宿当就刑，是时必暴风雨，至七月五日，平江大风驾潮，漂溺数百里，田庐皆被其害。②

龙王宠幸小妾，已显得无德无行，其夫人因妒忌杀龙王爱妾，更使龙王的处境显得狼狈不堪。龙王上告天狱，又"累年不能决"，说明了龙王的懦弱无力。最后一经上帝裁决，龙王却要"平江大风驾潮，漂溺数百里，田庐皆被其害"，给人们带来了毁灭性的灾难，实非善类。

---

① （宋）李昉等：《太平广记》卷四百二十二《龙五》"许汉阳"条，北京：中华书局，1961年标点本，第9册，第3434—3435页。

② （宋）洪迈撰：《夷坚志》甲志卷二十《断妒龙狱》，何卓点校，北京：中华书局，2006年标点本，第1册，第182页。

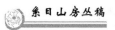

南宋周密在《齐东野语》中也说了一件龙王兴灾作难的事情：

> 又王村芮祭酒烨，初任仁和尉。长河堰有龙王庙，每祭则有小蛇出，或止香炉，或饮于杯，往来者谨事之。堰岁数坏，人以为龙所为，芮疲于修筑之役。一日，焚香设奠，蛇果出炉上。芮端笏数之曰："有功于民者乃得祀，龙，庙食于此，未尝有功，而岁数坏堰，劳民之力，为罪多矣。无功有罪，于国法当杀。"即举笏击之，应手碎。是夕，宿于近地，疾风甚雨，大木尽拔，土人大恐，而芮处之自若。[①]

此龙王已享有人们的祭祀，却不为百姓做好事，每年都发洪水冲坏堤堰，"劳民之力，为罪多矣"，最终落得个害人害己，被县尉击杀的下场。

《南游记》第三回"灵耀分龙为明辅"，说龙王太子因酒醉闹了分龙会，被灵耀赶出南天宝得关。太子无颜回宫见父，摇身一变，变成鲤鱼在扬州江上戏水，不料忽遇水退，不能走脱，被扬州百姓误将其身上的肉"俱皆割尽"，生命垂危，急忙趋回龙宫向父王哭诉了不幸，言罢而死。"老龙王大哭，就点虾精鳖将水族军兵，涌起波浪，杀至扬州，扬州百姓遭其水灾，叫苦连天"[②]。龙王不去追究太子的过失，为报私仇，反而点起水族兵将，淹没了扬州，使扬州百姓遭受了极大的灾害。

四、龙王形象分析

通过以上揭示，似可据以就古代笔记小说中的龙王形象之所以被塑造得懦弱、窝囊、贪婪、残暴的缘由作几点分析。

第一，洪水猛兽是原始先民最感畏惧者，面对大自然的灭顶之灾，人们因无能为力而只能听天由命。从龙到龙王，其兴云雨利万物的责任虽衣钵相承，以致民俗在这一点上往往视为一事，然其资历，尤其是人为赋予的地位却高下悬殊，以致民俗在自觉或不自觉中又往往区别对待，甚至形成对立。

---

① （宋）周密：《齐东野语》卷十一《朱芮杀龙》，北京：中华书局，1983年，第208—209页。
② （明）余象斗：《南游记》第三十回《灵耀分龙为明辅》，上海：上海古籍出版社，1986年，第61—62页。

从而人们无论是遭遇自然中的水旱天灾，还是面对社会上的种种人祸，都把宣泄愤懑的矛头指向了龙王，而避开了龙。于是有了憎恨和诅咒，有了讽刺和嘲弄。其实这种奇特的现象，与其说是巧妙的人为约定，毋宁说是偶然的文化俗成。

第二，承前所言，关于龙王形象的文化根源问题，确有一些外来因素的影响，尽管佛教的传播可能助生了龙王的形象，然而在特质上似乎更为劣化了。佛经有"天龙八部"之说，龙被列为八大护法神的第二位，这里的龙与后来《法苑珠林》中所谓"四海龙王，八部鬼神"中的龙王应该是一回事；另外诸如娑褐罗龙王之女八岁领悟佛法，现成佛之相的故事；诸如"复有无量诸大龙王，所谓毗楼博叉龙王，娑褐罗龙王，云音妙幢龙王，……如是等而为上首，其数无量，莫不勤，兴云布雨，令诸众生，热恼消灭"的宣教等①，都表明佛教文化中的龙王还具备着尊贵、神圣、救世、行善的禀性，这应该是与文化互融以后所诞生并渐趋定性的中国化的龙王在本质上的一大区别。

第三，古代笔记小说的作者，特别是明代神魔小说的作者为什么要把龙王描写成如此无德无行的人格化模样呢？其实，这正是现实生活中人们对当朝皇帝不满情绪的一种表露，一种以龙王来暗喻皇帝不圣明的情感宣泄。因为在"朕即天下"的封建社会里，人们普遍认为国家的升平稳定，百姓的温饱富足，都与皇帝的贤明有着重要的关系。如果皇帝昏庸不明，国家非但得不到治理，老百姓更是要蒙受诸多苦难。比如明中叶以后，就出现了三个昏君，一是荒淫的武宗，二是昏愦的世宗，三是怠荒的神宗。由于三个昏君的执政，使明朝政治处于内忧外患的危机，最终酿成了不可收拾的败局②。人们痛恨昏庸的皇帝，又无力改变现状，因此便用龙王的形象来影射皇帝。明代神魔小说无一例外都将龙王描写成一副软懦无能的可怜相，全无王者的气度。这不仅仅是为了暴露龙王的懦弱无能，无意间还流露了对皇帝昏庸无能行为的痛恨，这样描写，读来似乎让人感到十分解气。③

---

① 《大正大藏经》，东京：大正一切经刊行会，第9册《华严部下》。

② 吕思勉：《中国通史》第四十七章《明朝的盛衰》，上海：华东师范大学出版社，1996年，第455页。

③ 王增斌：《论中国龙文化的演化和分化》，《陕西师范大学学报》（哲学社会科学版）1992年第2期，第50—58页。

第四，中国素以礼仪之大而名世。因此，对于某种文化的透视，还需从特定时代的礼仪制度中去寻找其影响。祭祀，乃是自古国家关系存亡安危的大事。《尚书》卷十二《周书·洪范》所列举的古代国家施政的八个方面，第一为食，第二为货，第三就是祭祀，可见其重要程度。《国语》卷四《鲁语上》云：

> 凡禘、郊、祖、宗、报，此五者国之典祀也。加之以社稷山川之神，皆有功烈于民者也，及前哲令德之人，所以为明质也。及天之三辰，民所以瞻仰也；及地之五行，所以生殖也，及九州名山川泽，所以出财用也。非是，不在祀典。①

也就是说，凡得以享受国家祭祀的神灵，都是于国家民众有功有德有财有用者，得到了国家礼法的认可，便得到了名正言顺的资本。定期举行丰厚的祭飨，备受人们的崇仰和护爱。反之，如果谁在言行上冒犯了这些神灵，恐怕还会受到国法和舆论的制裁。而龙王的可悲之处就在于它始终没能进入国家的祀典。检各朝正史之《礼仪志》，进入祀典的有海神，但未提及龙王。《旧唐书》卷二十一《礼仪志》甚至将掌管呼风唤雨的风伯、雨师都列入了祀典，属于小祀，而龙王无缘。说到龙王连海神的身份也不曾具备的这一事实，这里仅举唐代韩愈《南海神庙碑》一文为例，文章说："海于天地间为物最钜，自三代圣王莫不礼（原注：集本、文粹作'祀'）事。考于传记，而南海神次贵在北东西三神河伯之上，号为祝融。"②对此北宋洪兴祖注释道："《太公金匮》云南海之神曰祝融，东海之神曰勾芒，北海之神曰颛顼，西海之神曰蓐收。今按东海神名阿明，南海祝融，西海巨乘，北海禺强。"由此看来，东西南北之海神各具名称而绝无龙王之说。诚然，龙王倒是入了民间淫祀的，且至少唐宋间已有之，如龙王祠、龙王庙比比皆是，但其终究不曾厕于"国之典祀"。就算偶然有了朝廷敕封的龙王祠，也会遭到非议，如明代郎瑛《七修类稿》卷十六《义理类》"龙象"条就有一则大臣的上书，对朝廷随意敕封龙

---

① 《国语》卷四《鲁语》，上海：上海古籍出版社，1978年，第166—170页。
② （唐）韩愈：《南海神庙碑》，（宋）李昉等：《文苑英华》卷八百七十九《碑》，北京：中华书局，1966年影印本，第4637页。

王祠提出了异议。奏文说："夫人之所以为人，国之所以为国，以其有义礼，而名器存焉。尝见龙王祠而有敕封者，龙虽灵物，亦兽也，……今龙袭之以衣冠，加之以王号，……较之禹驱蛇龙、周公驱虎豹犀象而远之之意不有异乎？贱名器，无义礼甚矣。若太祖于四海四渎，止封某海某渎之神，何其正大？苟为礼官者建议于庙堂可也。"① 这位大臣就是认为封敕龙王祠有违礼法，才坚决要求国家禁毁龙王淫祠。事实上淫祠本身即便在民间时起时衰、时褒时贬，想来也就没有严格的法度约束了。因此，龙王之为神，地位本不高，身份本不贵，充其量是一个不具备正统资格的民间邪神而已。也许正由于这种"名不正"的主要缘故，龙王才演绎成了中国龙文化中一个颇为奇特而有趣的形象。

原载（《陕西师范大学学报》2005 年第 3 期）

---

① （明）郎英：《七修类稿》卷十六《义理类》"龙象"条，上海：上海书店出版社，2001 年，第 166 页。

第二编 名物探赜

古代簪笔制度探微

山东沂南汉墓出土的画像石中，刻画了几位官吏形象，其中一人双膝下跪，腰系小削（刀），两手捧举案牍，仿佛正在奏呈。而最引人注目的是，在这几位官吏的耳旁都不例外地斜插着一杆毛笔。这便是最早的簪笔模式，也是目前所能见到的最明确和最原始的有关簪笔的直观史料（图1）。由此可知，早在汉朝，某种职守的官吏奏事需手捧书写好的文牍，而将毛笔插在耳旁，以备随时记录。这种完全出于实际应用的奏事方法应该就是簪笔制度缘起的雏形。

一、簪笔的出现

画像石中反映的簪笔形象与文献的记载在时间上恰好吻合。虽然汉朝的史籍中并没有簪笔制度的具体条文，但从一些零星的记载中已经反映出簪笔出现伊始的某些情形。有关簪笔的最早记载应是出自《史记·滑稽列传》所述西门豹任邺令时整治河伯娶妇一事中。西门豹为战国时人，目前尚无史料能够说明那时已经出现了簪笔这种形式，因此很可能是司马迁依照汉代的簪笔惯例，对西门豹作了如此描写："西门豹簪笔磬折，向河立待良久。"[①] 身为县令的西门豹，本来没有必要簪笔弯腰站在河边，可他这样做了，无非是想借此向众人表明：第一，用簪笔这样一种礼仪举止，表示自己对河神以及百姓的尊重，以此达到"簪笔听神"的效果，即自己完全是遵奉河神的旨意

---

① 《史记》卷一百二十六《滑稽列传》，北京：中华书局，1959年标点本，第3212页。

图1　汉簪笔奏事官吏石刻画像线描图（山东沂南汉墓出土）

资料来源：沈从文：《中国古代服饰研究》，上海：上海书店出版社，1997年，第145页

而办事的，从而让人们充满敬畏地虔诚相信"民吏不敢两欺"的为官准则。第二，很可能因为汉朝的御史及地方的执法官员在奏事承旨等情况下多要簪笔，遂以西门豹簪笔来表示他正是以法官的身份来奉命公正执法，为其处置巫妪、三老张扬一种威严不可抗拒的氛围。从西门豹簪笔听神的事例中，似又可以推知，汉代官员除了上朝奏事记言时要簪笔外，在其他一些场合，往往也可以根据需要将簪笔作为执法者的象征。

《汉书·昌邑王刘贺传》记载，山阳太守张敞去昌邑王刘贺的居处探视，此时刘贺的昌邑王已被废去，因此，他不能以王的身份会见太守，便"衣短衣大绔，冠惠文冠，佩玉环，簪笔持牍趋谒"①。刘贺头上戴的惠文冠，是古时御史或侍中戴的冠帽，此时的刘贺当然不是御史或侍中，这种装扮大概是出于一种礼仪的需要吧。但同时也反映了这样一个事实，即侍中在汉代也属于可以"簪笔持牍"的官职。这与《史记》中西门豹用"簪笔磬折"的方式来代表执法者的形象正好互为印证。

欲说明汉代簪笔官员的身份问题，还有一条记载，《汉书·赵充国传》云："车骑将军张安世始尝不快上，上欲诛之，卬家将军以为安世本持橐簪笔事孝武帝数十年，见谓忠谨，宜全度之。安世用是得免。""持橐簪笔"，三国张晏注曰："橐，契囊也。近臣负橐簪笔，从备顾问，或有所纪也。"②检《汉书·张安世传》，知张安世"持橐簪笔事孝武帝数十年"所担任的乃是尚书职务，正是"从备顾问，或有所纪"的簪笔近臣。

据上述史料，不但可以证实簪笔最早出现在汉朝，同时也可以略知汉代的簪笔官员应当是皇帝身边的近臣，如尚书、侍中及某些具有法官性质的文官等。

关于簪笔的出现，似还应做一步探究：簪笔一词虽始见出于汉代，却不能够因此而截然断定汉代以前绝无类似于簪笔的性质和形式的事物存在。如周代史官分左史和右史，史官的责任主要是记录帝王的言行。《国语·鲁上》讲"君举必书"，而君王的举止由谁来书记呢？正是史官，故《礼记·玉藻》说天子"动则左史书之，言则右史书之"③。那么，这些如后世起居之官的史

---

① 《汉书》卷六十三《昌邑王刘贺传》，北京：中华书局，1962 年标点本，第 2767 页。
② 《汉书》卷六十九《赵充国传》，北京：中华书局，1962 年标点本，第 2993—2994 页。
③ 《礼记正义》卷二十二《礼运》，北京：中华书局，1980 年影印清阮元校刻《十三经注疏》本，下册，第 1473 页。

臣们想必也是要提笔入朝，以备记事记言了。而那时史臣的笔在不做记录时又是如何搁置的呢？是夹于耳旁，还是插在冠上，抑或只是提在手中？这的确是值得探究的问题。然而，鉴于目前的史料证据，我们只能权且将簪笔的出现从汉代说起。

二、簪笔的嬗变

到了三国时期，簪笔作为一种制度的形成几乎仍无消息。但是，通过一些零星记载却可以窥见簪笔渐趋规范化的发展进程。通过对这个进程的了解，似能发现它已经与汉代的簪笔情况有所不同，我们不妨将这种不同称之为簪笔走向制度化的嬗变。

《三国志·魏书·董卓传》在"宗族内外并列朝廷"句下注引《英雄记》曰：

> （董）卓侍妾怀抱中子，皆封侯，弄以金紫。孙女名白，时尚未笄，封为渭阳君。于郿城东起坛，……使白乘轩金华青盖车，都尉、中郎将、刺史二千石在郿者，各令乘轩簪笔，为白导从，之坛上，使兄子璜为使者授印绶。[1]

由这条记载可以看出，导从董白去到封坛上的都尉、中郎将、刺史等人个个要簪笔，这些导从官员虽然有文官也有武官，但他们的簪笔，似乎均无奏事记言的实际用场，而完全是出于一种礼仪上的象征意义罢了。又《三国志·魏书·陈思王植传》记曹植"上疏请存问亲戚"云："若得……安宅京室，执鞭珥笔，出从华盖，入侍辇毂，承答圣问，拾遗左右，乃臣丹诚之至愿，不离于梦想者也。"[2] 这里的"珥笔"意谓插笔于耳，亦即簪笔，后来又称"白笔"。而"执鞭珥笔"在此则显然是虚指而非实指，比喻随侍左右，供皇帝驱使。

《玄怪录》还记载了这样一件事：梁天监元年（502），武昌小吏顾总因生

---

① 《三国志》卷六《魏书六·董卓传》，北京：中华书局，1959年标点本，第178页。
② 《三国志》卷十九《魏书十九·陈思王植传》，北京：中华书局，1959年标点本，第570页。

性昏憨，不能胜任工作，多次被县令鞭打。顾总郁郁怀愤，不觉逃到墟墓之间，正彷徨惆怅间，忽有二黄衣来到，他们自言是王粲、徐干，说顾总前生是三国时魏国的刘桢，曾任坤明侍中。并从袖中拿出刘桢的文集相示，顾总读后，便觉文思坌涌。其中有一首诗曰："文皇在春宫，蒸孝踰问安。监抚多余暇，园圃恣游观。末臣戴簪笔，翊圣从和銮。……今来坤明国，再顾簪蝉冠。"① 这则故事显然玄怪荒诞不足为取，那首所谓刘桢的诗歌也是附会的。不过，通过这首前代流传下来的诗句，却反映了当时"翊圣从和銮"的侍臣，是要"戴簪笔"和"簪蝉冠"的，也就是说簪笔已经由此成为文臣护驾出游时的一种礼仪了。

上举史料，略可说明三国时期的簪笔已开始由汉代的实用性而转变成为部分官员的礼仪性饰物，这种实质性转变的意义应该正标志了簪笔的趋向制度化。还需注意的一条史料似乎更能说明问题，即唐徐坚《初学记》卷十二《职官部下·侍御史第八》"白笔"条引《魏略》说：

> 帝尝大会，殿中御史簪白笔，侧阶而坐，上问左右，此为何官何主？左右不对。辛毗曰："此谓御史。旧时簪笔，以奏不法，今者直备官，但耗笔耳。"②

这不仅清楚地说明三国时魏国的殿中御史属于簪白笔的官员，并且进一步强调了旧时御史簪笔的目的是"以奏不法"，而"今者直备官，但耗笔耳"，意思就是不过徒具形式罢了。关于"簪白笔"还要解释一下，它仍然是簪笔的意思，而加一"白"字，则已明确说明所簪之笔是无需蘸墨用以书写的，因此笔头当然是白的。既然无需蘸墨，那么簪白笔就更直接地表示了簪笔已完成由实用到象征或礼仪性装饰的嬗变，由此也可以取证南北朝以后多所出现的簪白笔之说的本质意义。

通过以上事例，应当可以推断，到了三国时期，簪笔已经开始演化成为

---

① （宋）李昉等：《太平广记》卷三百二十七《鬼十二》"顾总"条，北京：中华书局，1961年标点本，第2593页。

② （唐）徐坚：《初学记》卷十二《职官部下·侍御史第八》"白笔"条，北京：中华书局，2004年标点本，上册，第292—293页。

皇家导从官员、皇帝侍从以及御史等偏重于文职官员们的特别冠饰了。

三、簪笔制度的确立、发展与消亡

三国以后，簪笔开始约定俗成地定格在某些官员朝参和办理公务时的冠饰上，再往后，就逐渐演变成在官帽上簪白笔，当然仅限于御史等文官才用。簪笔既已趋于规范化，相应地也就被写进了正史的礼志和服志当中，并成为礼仪服饰制度中的一个规格。

（一）两晋南北朝的簪笔制度

西晋崔豹在《古今注》"舆服第一"条说："白笔，古珥笔，示君子有文武之备焉。"① 所谓"示君子有文武之备"，就是将簪笔作为一种象征或一种礼仪来体现，已不具备奏事记言的实际功用了。《晋书·舆服志》记载："笏者，有事则书之，故常簪笔，今之白笔是其遗象。三台五省二品文官簪之，王、公、侯、伯、子、男、卿尹及武官不簪，加内侍位者乃簪之。"② 由此可见，晋代已有了规定：三台五省二品文官以及加内侍者在上朝时要簪笔，而且是簪白笔。无独有偶，南朝的《宋书·礼志》、《南齐书·舆服志》的记载也都与《晋书·舆服志》一致。另外，《隋书·礼仪志六》对梁、陈时期簪笔制度的记载更为细致明确。从中可知：梁、陈时期，朝廷规定要簪笔上朝的官员似乎更多一些，其中有殿中、兰台侍御史，有廷尉律博士，有国子助教，有诸卿尹丞，有诸卿部丞、狱丞，有太子保、傅、詹事丞，有常侍、侍郎、典书、典祠、学官令等文官③。并且与簪笔相配套佩戴的还有法冠、进贤冠

① （晋）崔豹撰：《古今注》"舆服第一"条，焦杰校点，沈阳：辽宁教育出版社，1998 年新世纪万有文库本，第 3 页。

② 《晋书》卷二十五《舆服志》，北京：中华书局，1974 年标点本，第 773 页。

③ 《隋书》卷十一《礼仪志六》云："给事中、黄门侍郎、散骑通直员外、散骑侍郎、奉朝请、太子中庶子、庶子、武卫将军、武骑常侍，朝服，武冠，腰剑。"注云："《陈令》：庶子已上簪笔。其武卫不剑，正直夹御，白布袴褶。"又，"治书侍御史、侍御史，朝服，腰剑，法冠"。注曰："治书侍御史，则有铜印环钮，墨绶。陈又有殿中、兰台侍御史，朝服，法冠，腰剑，簪笔。"又，"廷尉律博士，无佩。并簪笔"；"国子助教，皂朝服，进贤一梁冠，簪笔"；"公府长史，兽头鞶。诸卿尹丞，黄绶，兽爪鞶，簪笔"；"诸卿部丞、狱丞，并皂朝服，一梁冠，黄绶，兽爪鞶，簪笔"；"太子保、傅、詹事丞，皂朝服，一梁冠，簪笔，兽爪鞶，黄绶"。北京：中华书局，1973 年标点本，第 222—224 页。

等首服以及腰剑，等等，而这种搭配无疑又使簪笔具有了一定的身份等级标志。

两晋南北朝时期，制度化了的簪笔已显然具备了普遍意义。甚至南齐宫廷乐舞的编排者，还将簪笔作为表演者的装饰。如《隋书·音乐志上》记载"齐永明中，舞人冠帻并簪笔，帝曰：'笔笏盖以记事受言，舞不受言，何事簪笔？岂有身服朝衣，而足綦谶履？'于是去笔。"① 这条记载一是从侧面说明当时官员簪笔很普遍，就连乐舞者也不免仿效，以趋时尚；二是通过皇帝的反对，说明朝廷对待簪笔制度持一种严肃态度，不允许乐人随意模仿。至于皇帝说的"笔笏盖以记事受言"，不过是一种借古喻今的说辞罢了，实际上当时官员们的簪笔早已不具备"记事受言"的功用了。

另外，我们还可以从河南洛阳宁懋石室出土的南北朝时期画像石中看到一个有趣的画面（图2），据沈从文先生研究，图中两位身穿大袖朝服的文职官员，他们头戴圆顶漆纱笼冠，"且由脑后耸起一个钓竿式东西，由冠顶绕到前额，下垂一缨穗状装饰，似应名叫'垂笔'，本于汉代的簪笔制度。虽本意仍在取法汉代细纱冠子和御史簪笔制度，实得不到本来面目，反而成为北朝特别标志"②。沈从文先生研究的结论亦说明，在南北朝时期，簪笔的实用性状甚至被替换成为纯粹艺术化了的装饰形式，即连笔的模样也被"一缨穗状装饰物"取而代之，这种演化的确是很有意思的，既是身份的标志，又不失礼仪，同时也体现出装饰艺术效果。但是，这种簪笔的形象在后世却十分稀见，其原因大概正是得不到簪笔的本来面目。

（二）隋唐时期的簪笔制度

"方观翠华反，簪笔上云亭"③。隋朝的薛道衡在《从驾幸晋阳》诗中用鲜明的语句描写了皇帝身边的侍从愿簪笔随驾、听奉朝命的情形。有唐三百年，簪笔仍然被朝廷作为冠上的饰物而制度化。前举《史记》中记载"西门豹簪笔磬折"一例，唐张守节在《史记正义》中解释道："簪笔，谓以毛装簪

---

① 《隋书》卷十三《音乐志上》，北京：中华书局，1973年标点本，第291页。

② 沈从文：《中国古代服饰研究》五一《南北朝宁懋石室石刻武卫和贵族》，上海：上海书店出版社，1997年，第197页

③ （宋）李昉等：《文苑英华》卷一百七十《诗二十》"从驾幸晋阳"，北京：中华书局，1966年影印本，第820页。

图 2　北魏贵族石刻画线描（洛阳北朝宁懋石室出土）

资料来源：沈从文：《中国古代服饰研究》，上海：上海书店出版社，**1997** 年，第 **197** 页

头，长五寸，插在冠前，谓之为笔，言插笔备礼也。"① 这显然是结合了唐代的簪笔制度和意义而言的，"毛装簪头"，说明已脱离实用，"插笔备礼"，说明已成为礼仪的象征。《旧唐书·舆服志》更规定除了亲王、散官簪白笔外，又有"诸文官七品以上朝服者，簪白笔，武官及爵则不簪。"②《新唐书·车服志》也说"六品以下去剑、佩、绶，七品以上以白笔代簪，八品、九品去白笔，白纱中单，以履代舄。"③ 可以看出，唐代可以簪笔者主要为亲王、散官及七品以上文官。那么，可以簪白笔的七品以上文官又究竟是指哪些

① 《史记》卷一百二十六《滑稽列传》，北京：中华书局，1959 年标点本，第 3212 页。
② 《旧唐书》卷四十五《舆服志》，北京：中华书局，1975 年标点本，第 1945 页。
③ 《新唐书》卷二十四《车服志》，北京：中华书局，1975 年标点本，第 522 页。

性质的官员呢？我们从唐人的诗篇中找到了不少吟咏"簪笔"的内容，藉此正可以捕捉到某些簪笔官员的职能情况，从而弥补唐书服志中的某些缺憾。

1. 史官

唐代裴迪《南至日太史登台书云物》云："太史新簪笔，高台纪彩云。"[①] 在圜丘展礼时，太史担负着记载国家盛典的重任。徐夤《寄卢瑞公同年仁炯时迁都洛阳新立幼主》云："须簪白笔匡明主，莫许黄瓜博少师。"[②] 查《旧唐书·哀帝纪》可知卢仁炯官任起居舍人一职，所以徐夤在诗中提醒他，作为簪笔官员，不但应当秉笔直书，还要全力扶助皇帝做个开明君主，不要学习北魏的太子少师郭祚，以巴结讨好的方式去博得高官，最终落得个"黄瓜少师"的诨号。李峤《皇帝上礼抚事述怀》云："小臣滥簪笔，无以颂唐风。"旨在发泄对皇帝身边掌起居者的不满，认为这些冒名臣子虽有簪笔之司，却没有颂扬大唐盛德之才能。另外，《嘉话录》也有一条佐证：

> 开成末，韦绚自左补阙为起居舍人。……杨嗣复于殿下先奏曰：左补阙韦绚新除起居舍人，未中谢，奏取进止。帝颔之。李珏招而引之，绚即置笔札于玉墀栏槛之石，遽然趋而致词拜舞焉，左史得中谢。自开成中至武宗即位，随仗而退，无复簪笔之任矣。遇簪笔之际，因得密迩天颜。故时人谓两省为侍从之班。则登选者不为不达矣。[③]

这条记载不但说明唐代的史官属于可以簪笔的官员，而且还透露了唐代自开成中至武宗即位的几年间曾停设簪笔之任的消息，这在新、旧《唐书》上是没有详细记载的。至于簪笔者能够接近皇帝，因而仕途显达，则是人所共知的。由此又似能推及战国秦汉间像"在齐太史简，在晋董狐笔"一类的史官，想必也属于簪笔者，这恐怕是不无道理的。

---

① （清）彭定求等：《全唐诗》卷二百八十八，上海：上海古籍出版社，1986 年影印本，上册，第 289 页。

② （唐）徐夤：《徐正字诗赋》卷二，上海：上海古籍出版社，1987 年影印《四库全书》本，第 1084 册，第 310 页。

③ （宋）李昉等：《太平广记》卷一百八十七《职官》"韦绚"条，北京：中华书局，1961 年标点本，第 1399 页。

2. 御史

张继《送张中丞归使幕》云："独受主恩归，当朝似者稀。……满台簪白笔，捧手恋清辉。"[1] 诗中的"台"指御史台，"满台簪白笔"则说明御史台都是能够簪笔的官员，每当上朝的时候，人人都冠簪白笔，特别醒目。卢纶《陈翊郎中北亭送刘侍御赋得带冰冰流歌》云："主人有客簪白笔，玉壶贮此光如一。"[2] 卢纶诗中的客人就是刘侍御，因其侍御史一职，诗人便用"簪白笔"代指他的官职。李白《赠潘侍御论钱少阳》云："绣衣柱史何昂藏，铁冠白笔横秋霜。"[3] 将执法的御史台官员描写得何等威严肃正！又《赠宣城赵太守悦》云："公为柱下史，脱绣归田园。伊昔簪白笔，幽都逐游魂。"[4] 李白在这两首诗中提到的"柱史"、"柱下史"为周、秦时期的官名，也就是汉以后的御史，因其侍立殿柱之下，故名。皎然《五言奉陪颜使君真卿登岘山送张侍御严归堂》云："烟霞正登览，簪笔限趋谒。"[5] 这是说张严身为侍御史，有簪笔的职责，所以要限时归朝，不能尽兴游览。许浑《李定言自殿院衔命归阙拜员外郎迁右史因寄》云："白笔南征变二毛，越山愁瘴海惊涛。"[6] 从诗题可以看出李定言曾在"殿院"任职。殿院为唐御史台下设立的三院之一（还有台院、察院），其主管官分别为侍御史、殿中侍御史、监察御史，后多用以称殿中侍御史。此诗正是以"白笔"代指李定言的职能。自汉以来，御史簪笔是一成未变的制度。

3. 侍从

李绅《忆春日太液池亭候对》云："簪笔此时方侍从，却思金马笑邹枚。"[7]

---

① （宋）李昉等：《文苑英华》卷二百七十二《诗一百二十二》，北京：中华书局，1966 年影印本，第 1373 页。

② （宋）李昉等：《文苑英华》卷二百八十五《诗一百三十五》，北京：中华书局，1966 年影印本，第 1451 页。

③ （唐）李白著、（清）王琦注：《李太白全集》卷十一，北京：中华书局，2011 年，上册，第 504 页。

④ （唐）李白著、（清）王琦注：《李太白全集》卷十二，北京：中华书局，2011 年，上册，第 527 页。

⑤ （唐）释皎然：《杼山集》卷一，上海：上海古籍出版社，1987 年影印《四库全书》本，第 1071 册，第 807 页。

⑥ （唐）许浑：《丁卯诗集》卷上，上海：上海古籍出版社，1987 年影印《四库全书》本，第 1082 册，第 568 页。

⑦ （唐）李绅著、卢燕平校注：《李绅集校注》，北京：中华书局，2009 年，第 104 页。

是李绅对自己做簪笔侍从时的悠然回忆。

从上述对唐人诗句的枚举中，可知唐代能够簪笔的官员大多数为御史、史官以及皇帝身边的侍从近臣。由于这些簪笔官员担任的都是清要职位，拥有"玉壶贮水光如一"般的清正名誉，所以很具吸引力，许多官员都以能得到簪笔的官职为期望、为荣耀。韩翃《寄雍丘窦明府》云："时辈宁将白笔期，高流竚向丹霄见。"① 正写出时人企盼得到簪笔之官的迫切心情。张南史《同韩侍郎秋朝使院》云："忘情簪白笔，假梦入深山。"② 流露出自己艳羡簪笔的职务。李贺《仁和里杂叙皇甫湜》云："还家白笔未上头，使我清声落人后。"③ 因为没有得到簪笔的官职，竟为清名不如人而深感失意。总之，簪笔制度在唐代已经极尽典型与完备。

（三）五代及宋朝的簪笔制度与宋以后簪笔制度的消亡

进入五代时期，史书上很少留下有关簪笔制度的条文，仅在《旧五代史》卷六十九《张宪传》有这样一条记载："十三年，授监察，赐绯，署魏博推官，自是恒簪笔扈从。"④ 可见张宪是以监察御史的身份"簪笔扈从"的。这说明五代后唐时期，朝中尚存在簪笔制度，只是这个制度似已不十分完善，执行起来也不那么严格了。至于后唐的马缟在《中华古今注》卷上"簪白笔"条写道："古珥笔之遗象也。腰带剑，珥笔，示君子有文武之备焉。"⑤ 则仅为注释，且与前举西晋崔豹《古今注》的语词相类，对了解后唐的簪笔制度应不足为据。

簪笔制度在宋代又被规定进《宋史》的《舆服志》："立笔，古人臣簪笔之遗象。其制削竹为干，裹以绯罗，以黄丝为毫，拓以银镂叶，插于冠后。

---

① （清）彭定求等：《全唐诗》卷二百四十三，上海：上海古籍出版社，1986 年影印本，上册，第 615 页。

② （宋）李昉等：《文苑英华》卷一百九十一《诗四十二》，北京：中华书局，1966 年影印本，第 938 页。

③ （唐）李贺著、（清）王琦等注：《李贺诗歌集注》，上海：上海人民出版社，1977 年，第 127 页。

④ 《旧五代史》卷六十九《张宪传》，北京：中华书局，1976 年标点本，第 911 页。

⑤ （后唐）马缟：《中华古今注》卷上"簪白笔"条，沈阳：辽宁教育出版社，1998 年新世纪万有文库点校本，第 3 页。

旧令，文官七品以上朝服者，簪白笔，武官则否，今文武皆簪焉。"① 这条记载描写得很细致，将制作簪笔的竹、绯罗、黄丝等材料一一作了说明。宋人不但继承了唐代的簪笔制度，似乎还更加热衷，明令规定"今文武皆簪焉"，连武官也要堂而皇之地簪笔上朝了。试举一例说明，宋李廷忠《贺新凉·寿制帅董侍郎》一词中有这样两句："回首太清宫阙杳，是鸣珂簪笔遨游处。"②"太清"即北宋宫内的太清楼，是皇帝宴会近臣宗室的地方。词题中的"制帅"是制置使的别称，制置使在宋代为地方军事长官，多用名将。由此可知"鸣珂簪笔"的"制帅"与《宋史·舆服志》所记武官簪笔之说相一致。另外，宋词中有关文官簪笔的描写也有几处，如无名氏的《醉蓬莱·寿李侍郎》有"凤掖鸾台，荷囊簪笔，久要津历试"③。无名氏的《满朝欢·寿韩尚书出守九月廿五》有"曾曳履、持荷簪笔"④。从词题与内容来看，都是在描写三省六部官员簪笔上朝的情状。宋朝的簪笔制度，特别是"文武皆簪"的规定，无疑是对簪笔制度的一个发展。不过，自宋代以后，有关簪笔的制度在正史的志中便再无文字可寻，这也是一个事实。随着宋王朝的灭亡，簪笔制度竟随之走向终结，这是让人颇感疑惑的，是元朝入主中原后取缔了某些汉制？还是簪笔制度本身有什么弊端而失去了存在的意义？抑或是因服饰、礼仪制度有所演变而随之消失？鉴于史籍中还尚难找到答案，我们只能视之为一个待解的谜。

当然，宋朝以后，也能搜剔出有关"簪笔"一词的零星记载，但全非描述当时的簪笔制度了。比如《全元散曲》卷四十一乔吉《失题》云："青春空过，早两鬓秋霜渐多。运筹帷幄簪笔坐，费心如安乐窝，黄尘黑海万丈波，绿袍槐简千家货。"⑤ 这显然是将簪笔作为典故用在曲文里。《明史》的《黄绍杰传》和《文震孟传》也偶见"簪笔"一词，但都是在奏议中提及，只不过是为求文辞的古雅对仗，取其喻义而已。可见，在元明清时期，簪笔作为制度确已不复存在了。

---

① 《宋史》卷一百五十二《舆服志》，北京：中华书局，1977 年标点本，第 3558 页。
② 唐圭璋编纂：《全宋词》，北京：中华书局，1965 年，第 4 册，第 2266 页。
③ 唐圭璋编纂：《全宋词》，北京：中华书局，1965 年，第 5 册，第 3756 页。
④ 唐圭璋编纂：《全宋词》，北京：中华书局，1965 年，第 5 册，第 3808 页。
⑤ 隋树森编：《全元散曲》，北京：中华书局，1964 年，上册，第 576 页。

四、结 语

　　簪笔是古代礼仪制度与服饰文化中的一个十分有趣的现象，从汉代到宋朝，演绎发展了千余年。应该留意的是，簪笔的功用，最早是官员上朝时用来奏事记言的，有着非常实际的用途。后来却逐渐演化成官员上朝时的一种冠饰，完全成了某种身份与职责的象征性标志，并作为服饰中的一种礼仪文化现象而存续下来。能够簪笔的官员，尽管在各朝的规定中不尽相同，却总是以御史、史官、皇帝身边的侍从等文官为多。于是，簪笔被赋予了非常深刻的含义，即官员簪笔不仅仅只是一种礼仪和一种冠饰，它代表了御史执法时的威严公正，代表了史官记言记事时的秉笔直书，代表了侍臣扈从皇帝的荣耀与责任。唯其如此，簪笔官员莫不以之作为鞭策，时时警戒自己的行为。"簪笔雍容志已虚，不如归去旧蓬庐"①。在其位就要谋其政、办其事，否则不如退官还乡。这种忠于职守的思想意识在簪笔官员的头脑里代代传承，时时自省，于是有许多簪笔官员留下了公正廉洁、不虚美、不隐恶的好名声，而簪笔这一官职也因此成为古代官员努力进取的一个目标。

　　　　　　　　　　原载（《中国典籍与文化》2001 年第 3 期）

---

　　① （清）陆以湉：《冷庐杂识》卷七，"改官诗"条，北京：中华书局，1984 年，第 366 页。

"江州车"和"木牛流马"

　　"江州车"的名称多见于宋代，大约也是在北宋时期就已经有了这种通行于民间的固定说法，故而"江州车"的使用，在当时亦应较为广泛。但是，"江州车"究竟是一种什么形制的车子？又是缘何得名？似乎还一直很少为人注意，也未见专门考证给以肯定的回答。

　　《水浒传》"智取生辰纲"的故事是熟为人知的。今人知道"江州车"，恐怕大多就出自这个故事。其中写道：杨志一行十五人押送着生辰纲，顶着炎天暑日，沿着山僻崎岖的小径，挨到了黄泥冈的松树下，那十四人都已疲惫不堪地睡倒了，杨志赶打不起，正在急躁，却见松林里一个人影探头探脑，杨志赶去看时，只见：

　　　　松林一字儿摆着七辆江州车儿，七个人脱得赤条条的在那里乘凉……①

后来，当杨志等十五人喝了白胜下了蒙汗药的酒，瘫软倒地时：

　　　　那七个客人从松树林里推出这七辆江州车儿，把车子上枣子丢在地上，将这十一担金珠宝贝都装在车子内，遮盖好了，叫声"聒噪"，一直望黄泥冈下推了去。②

---

　　① （明）施耐庵、罗贯中：《水浒传》第十六回，上海：上海人民出版社，1975年，第188页。
　　② （明）施耐庵、罗贯中：《水浒传》第十六回，上海：上海人民出版社，1975年，第192页。

这里两次提到"江州车",并且在第二次提到江州车时运用了"推出"和"推了去"的动词,很明确它是手推车。不过,对"江州车"的形制和它的得名却没有提及。兹据北宋高承《事物纪原》卷八"小车"条载:

> 蜀相诸葛亮之出征,始造木牛流马以运饷。盖巴蜀道阻,便于登陟故耳。木牛,即今小车之有前辕者;流马,即今独推者是,而民间谓之江州车子。按《后汉·郡国志》,巴郡有江州县,是时刘备全有巴蜀之地,疑亮之创始作之于江州县,当时云然,故后人以为名也。①

由此得知,前引《水浒传》中所提及的"江州车",乃是一种独轮推车,其原形是诸葛亮所造的"木牛流马",其名称则疑是得之于始造木牛流马的"江州"。细究这条史料,即便在"江州车"得名和原形的问题上还可能发现牵强附会的地方,然"今独推者是,而民间谓之江州车子"的断语,却是十分肯定的。

北宋李元弼《作邑自箴》拾遗卷十"登途须知"载:

> 大小车行,带斧、凿、锹、钁,以防急用。江州车仍带准备耳子,更须附绳担三五幅,以备般剥。②

这里的"斧"、"凿"是备于修车,"锹"、"钁"是备于修路,都是针对双轮或四轮车而言的。因为双轮或四轮车势必要有一定的轮距,要占据相当幅度的路面,加之载重多,故非比较平坦、宽缓的道路则不便于运行。如《宋史·沈括传》所载:"今之民间辀车重大,日不能三十里,故世谓之太平车。但可施于无事之日尔"就是这一类③。相反,"江州车"之所以被从大小车中单列出来,正是为了强调"江州车"与大小车有着不同的独特之处,而这独特之处又正体现在"江州车"是独轮车这一根本上。至于"耳子",也称车耳,取

---

① (宋)高承撰、(明)李果订:《事物纪原》,金圆、许沛藻点校,北京:中华书局,1989年,第404—405页。

② (宋)李元弼:《作邑自箴》,上海:商务印书馆,民国二十三年(1934)《四部丛刊续编》影印铁琴铜剑楼旧藏影印宋淳熙抄本,第51页。

③ 《宋史》卷三百三十一《沈括传》,北京:中华书局,1977年标点本,第10654页。

左右对称的意思。它与车轴联结，一左一右，起着承固车轴的作用，而双轮车则不须"耳子"。独轮车在运行中，由于车身左右负重而不可能总是很平正，所以车轮也就因为不可能总是垂直受力而容易左右摇晃，车耳也便有时折毁，谓之"打了耳子"。绳担则是指绳索和扁担两物，绳索用来捆绑物体，扁担则可在车上起横栏、担负和稳固的作用。如果车子一旦般剥散毁，难以修复，绳担又可改作肩挑之用。可见，这里的"准备耳子"、"附带绳担"的强调，确实是以独轮车登途者不可疏忽的须知。因为独轮车具有在坎坷、狭窄的山道小径上便利运行的特点，可以从情理上推论出在黄泥冈那山僻崎岖的小径上劫取生辰纲的"江州车"正是独轮车。至于百二十回本《水浒传》中所附明代人绣像插图却将劫取生辰纲的"江州车"画成双轮车的式样，笔者则以为应是明人之误了。另外，据北宋陈师道《后山谈丛》卷四载：

　　　　蜀中有小车独推，载八石，前如牛头，又有大车用四人推，载十石，盖木牛流马也。[1]

又据北宋沈括《梦溪笔谈》卷二十三《讥谑》载：

　　　　信安、沧景之间多蚊虻，夏月牛马皆以泥涂之，不尔多为蚊虻所毙。郊行，不敢乘马，马为蚊虻所毒，则狂逸不可制。行人以独轮小车马鞍蒙之以乘，谓之木马。[2]

再据北宋张择端《清明上河图》，其中明确画有独轮推车的形制。由是当可以推见在当时的蜀中，在信安、沧景两军所辖的河北、山东一带，乃至在北宋京畿并推及相当广阔的地域，被称作"江州车"的独轮推车亦确实为民间所广泛使用着。

　　综合上述史料，笔者认为宋代的"江州车"就是指便于山道小径运输的

---

[1] （宋）陈师道：《后山谈丛》卷四，北京：中华书局，1985年影印《丛书集成初编》本，第31页。

[2] （宋）沈括：《梦溪笔谈》卷二十三《讥谑》，北京：中华书局，1985年影印《丛书集成初编》本，第152页。

独轮推车。

然而，对于宋人所认为的"江州车"就是源于诸葛亮创造的"木牛流马"，而"木牛流马"又是始作于"江州"的推论，笔者却不敢苟同。这个宋人以为是的问题，清人却以为非。如清张澍编刻的《忠武侯诸葛孔明先生全集》故事类卷四载：

> 澍案：杜佑《通典》述云，亮集督运廖立、杜叡、胡忠等，于景谷县西南二十五里白马山，推己意作木牛流马云云。
>
> 武侯作木牛流马在景谷县。景谷，今之广元县地，非江州也。江州水路运粮不必车，且《蜀志》引亮所作木牛流马法甚详，与独轮车制绝不相类。①

《四库全书总目》卷一百三十五《事物纪原》的提要也说："《三国志》注引（诸葛）亮文集载所作木牛流马之法甚详，与今之独轮车制度绝不相类。"②当然，相反的情况也有，如在清初毛宗岗评刻的全图绣像百二十回本《三国演义》通行本中，"木牛流马"便被画成了与宋代"江州车"相类的独轮推车。孰是？孰非？的确是个令人疑惑的问题。

"木牛流马"究竟创制于何地，史书没有明确记载，据《三国志·蜀书·诸葛亮传》：

> 九年，亮复出祁山，以木牛运，……十二年春，亮悉大众由斜谷出，以流马运。③

又据《三国志·蜀书·后主传》：

> 十年，亮休士劝农于黄沙，作流马木牛毕。④

---

① （蜀汉）诸葛亮撰、（清）张澍编刻：《忠武侯诸葛孔明先生全集》卷四"故事类"，同治元年（1862）秋聚珍斋刻印，第5、7页。

② （清）永瑢等：《四库全书总目》，北京：中华书局，1965年，下册，第1146页。

③ 《三国志》卷三十五《蜀书·诸葛亮传》，北京：中华书局，1959年标点本，第925页。

④ 《三国志》卷三十三《蜀书·后主传》，北京：中华书局，1959年标点本，第896页。

可知"木牛流马"的故事是发生在诸葛亮驻军汉中四年之后，况且汉中本是蜀国属地，粮草无疑要在这里搜集，"木牛流马"又正是为了横绝秦岭而创造，因而无论是"景谷"（今四川广元），或者是"黄沙"（今陕西勉县），抑或是其他什么地名，都证明"木牛流马"的制作地点只可能在当时的汉中或其近邻地区，而不可能在偏远的"江州"。为此笔者认为宋人的推论，不过是附会牵强的臆测罢了。至于宋代的"江州车"是否与三国时期的木牛流马"绝不相类"，根据《三国志》裴松之注引诸葛亮集所载，"木牛流马"的形制相当复杂，像是有什么机械运动的原理，今人实在不易想象，而其为独轮？为双轮？抑或为四轮？亦皆不得详确。故而清代人所谓的"绝不相类"，如果作进一步仔细审推，木牛与独轮车的确毫无相通之处，其"载多而行少，宜可大用，不可小使"，"载一岁粮，日行二十里"的说法[1]，倒与前面提到的宋代的"太平车"一类"民间辎车重大"者有些相近。而流马从《三国志》裴注引诸葛亮集所记制作方法看，却似乎是可以左右载物的，而左右载物又只能是独轮车。因此，关于宋代的"江州车"与"木牛流马"究竟有无渊源相承关系，还在两可之间，还有待于作更深入的研究。

原载（《文史知识》1989 年第 5 期）

---

[1] 《三国志》卷三十五《蜀书·诸葛亮传》注引《诸葛亮集》，北京：中华书局，1959 年标点本，第 928 页。

三至九世纪流行的袴褶服所折射的南北文化融合

魏晋南北朝以来，繁衍生息于西北和华北的羌、羯、鲜卑等部族，相继因征伐而将势力范围扩及中原一带，并此起彼伏地绵延了两个多世纪。这不但使中原的社会生产力长期因战乱而遭受极大破坏，同时也使民族矛盾愈加尖锐化。然而从积极的角度分析，则无疑又有其进步意义，那便是在各族人民的大文化层面上，诸如社会生活所赖以为基础的衣食住行乃至意识形态，多得以相互取长补短，日渐融合起来。即以衣服的材料与形制为例，北方民族常用的皮毛或毛织物以及某些式样已渗入了中原人的穿着行列，而北方民族则在后赵的石虎和前秦的苻坚时期，也已接纳了汉式舆服①。特别是北魏孝文帝迁都洛阳后，曾以法令推行汉化，对服饰、语言、文字进行了一系列改革，旨在努力契合中原的习俗，以求统治的便利。到北魏孝明帝时，再次对服制进行鼎新，依照汉晋旧式制订了五时朝服的规格样式，服装汉化的程度远远超过了南朝。永安二年（529），萧衍曾派主书陈庆之出使洛阳，"始知衣冠士族，并在中原"，从而改变了"洛阳为荒土"，"长江以北，尽是夷狄"的看法。嗣后，萧梁王朝，"羽仪服式，悉如魏法，江表士庶，竞相模楷，褒衣博带，被及秣陵"②。由此可见，服饰上的南北文化交流与融合，确已渐深渐广。隋唐时期，朝廷为了团结各部族统治者上层，更采用了任命官职和赐

---

① （晋）陆翙：《邺中记》，上海：商务印书馆，民国二十六年（1937）《丛书集成初编》本，第4页。
② （北魏）杨衒之撰、范祥雍校注：《洛阳伽蓝记校注》卷二《城东》，上海：上海古籍出版社，1978年，第119页。

给在京宅第等一系列做法，使得一些边远部族得以跻身文化最为发达的地区。举《旧唐书》卷一百九十四上《突厥传》为例：太宗时，"颉利之败也，……而来降者甚众"，"几至十万"。太宗采用中书令温彦博的建议，在朔方设置了四州都督府，以统其部众。"其酋首至者皆拜为将军、中郎将等官，布列朝廷，五品以上百余人，因而入居长安者数千家"[①]。蕃客胡人居住长安，与汉人的接触相对增多，则无疑对彼此间在文化差异上的融汇交通起了积极作用。因此，三至九世纪之间，正是南北民族文化相互影响、相互适应、相互渗透、相互交融的重要时期，而服饰更是尤能映见其融合程度的一个多姿多彩的方面。

本文欲要探讨的袴褶服，就是在这一旷久的民族历史文化大融合时期，经过不断改革并体现了北方民族特点与中原传统风习的结合，从而得以较为长久广泛流行的基本服饰。这一服饰因其样式特点是上身服褶，下身缚袴，而合称袴褶。东汉刘熙《释名》卷五"释衣服"说："褶，袭也，覆上之言也。"[②] 汉史游《急就篇》卷二"褶"条颜师古注："褶，谓重衣之最在上者也。其形若袍，短身而广袖，一曰左衽之袍也。"[③] "袴"字在东汉许慎《说文解字》卷十三上归入"系"部作"绔"，并释之为"胫衣"[④]，即穿护在腿部。《释名》卷五"释衣服"则讲得更清楚："袴，跨也，两股各跨别也。"[⑤] 不过汉代以前的袴还是裆部没有缝合的开裆袴，而袴褶服中的袴则是已经缝合了的合裆袴。当汉魏南北朝间，随着民族的大融合，有别于中原传统服饰的上襦下裳、大衫长袍，袴褶服的播入，竟跨越了自汉魏以下迄于隋唐的数个世纪，在中国古代文明史上演绎了一场服饰文化的革命。

一、袴褶服创制于北方与西北方部族

《晋书》卷二十五《舆服志》云："袴褶之制，未详所起。"[⑥] 唐代归崇敬

---

① 《旧唐书》卷一百九十四上《突厥传上》，北京：中华书局，1975年标点本，第5162—5163页。

② （汉）刘熙：《释名》卷五"释衣服"条，台北：商务印书馆，1983年影印《四库全书》本，第221册，第407页。

③ （汉）史游：《急就篇》卷二"褶"条，台北：商务印书馆，1983年影印《四库全书》本，第223册，第27页。

④ （汉）许慎：《说文解字》卷十三上，北京：中华书局，1963年，第275页上。

⑤ （汉）刘熙：《释名》卷五"释衣服"条，台北：商务印书馆，1983年影印《四库全书》本，第221册，第407页。

⑥ 《晋书》卷二十五《舆服志》，北京：中华书局，1974年标点本，第772页。

的上疏也说："按三代典礼，两汉史籍，并无裤褶之制，亦未详所起之由。"①
由是可知，裤褶服不是中原人的传统服装。

其实裤褶服乃创制于北方与西北方的少数民族部族，最初的"所起之
由"，则应是为了适应于马上游牧狩猎或作战的需要。《三国志》卷三十《夫
余传》云："夫余在长城之北，……在国衣尚白，白布大袂，袍、袴。"② 另
有《魏书》卷一百《失韦传》云："失韦国，在勿吉北千里，去洛六千里。路
出和龙北千余里，入契丹国……男女悉衣白鹿皮襦袴。"③ 又有"渴盘陀国，
于阗西小国也。……风俗与于阗相类。衣古贝布，著长身小袖袍、小口袴"④。
这几条史料虽然没有明确地提到"裤褶"一词，但"袍、袴、小口袴"显然
已很接近裤褶的式样了，因为褶原本就是一种"其形若袍"的上衣，而"小
口袴"正是裤褶服的最初形式，皮制襦袴则是裤褶服最早使用的材料。随着
部族发展，战事日增，北方与西北方的游牧民族，为了适应于马上作战的需
要，便在自己本族服装原有的那种"小袖袍，小口袴"的基础上，创造了裤
褶服。比如，蠕蠕国最初是一个"衣锦小袖袍，小口袴，深雍𩎟"⑤的"北
狄"民族，与夫余、渴盘陀国的服装样式比较近似。而在建元三年（481），
"蠕蠕国王遣使欲俱攻魏，献师子皮裤褶"⑥。既然蠕蠕国礼节性地将裤褶献
给南齐，则说明裤褶服已经在蠕蠕国穿着。这从北魏孝文帝在太和十四年
（490）曾给出使高车的两位使者"各赐绣裤褶一具"的记载中⑦，也可以得
到证实。战乱时期，两国互赠裤褶服，以求戮力合心，同仇敌忾，则互赠的
裤褶服，理应是适合作战的戎服。北魏孝明帝在正光二年（521）正月，蠕蠕
国王阿那瓌等辞别回国，魏孝明帝诏赐"绯纳小口裤褶一具，内中宛具；紫
纳大口裤褶一具，内中宛具"，并配有"细明光人马铠二具，铁人马铠六
具"⑧，与裤褶配套赠送的还有马匹、铠甲以及弓、箭、刀、鼓，亦皆为作战
所需，由此可见裤褶服的确是当时较为普遍穿着的戎服。另外，河南洛阳北

① 《旧唐书》卷一百四十九《归崇敬传》，北京：中华书局，1975 年标点本，第 4015 页。
② 《三国志》卷三十《魏书·夫余传》，北京：中华书局，1959 年标点本，第 841 页。
③ 《魏书》卷一百《失韦传》，北京：中华书局，1974 年标点本，第 2221 页。
④ 《南史》卷七十九《夷貊下》，北京：中华书局，1975 年标点本，第 1985 页。
⑤ 《南史》卷七十九《夷貊下》，北京：中华书局，1975 年标点本，第 1987 页。
⑥ 《南史》卷四《齐本纪上》，北京：中华书局，1975 年标点本，第 112 页。
⑦ 《魏书》卷一百三《高车传》，北京：中华书局，1974 年标点本，第 2310 页。
⑧ 《魏书》卷一百三《蠕蠕传》，北京：中华书局，1974 年标点本，第 2300 页。

邙山北魏元邵墓出土的持盾武士俑、持剑武士俑（图 1），以及河北出土的东魏彩绘立盾武士俑（图 2）等，个个都身穿袴褶服，这些出土实物，也无疑是极好的佐证。

图 1 洛阳北魏元邵墓持盾着袴褶武士俑（中国国家博物馆藏）

图 2　河北磁县陈村东魏墓彩绘武士立盾着裤褶俑（磁县文管所藏）

由此可以明晰，裤褶服的确是北方与西北方的少数民族创制的。北方与西北方地广人稀，气候寒冷，民以游牧为生，作战亦多骑射，由于这些客观因素，其服装便形成了上衣为左衽、小袖子、长可到膝的衫或袍，下身为裤腿较瘦的合裆裤，质地多皮革且往往与靴相配的基本样式，并具备了利于骑马、行动便捷的优越性。

二、袴褶服融入中原之时代情形及其因素

既然袴褶服最早由北方与西北方游牧民族创制，那么，它在什么时候，又是怎样融入并成为中原服饰的一部分呢？史载，东汉末年吕范跟随孙策起兵，当时部下有军士两千人，为了整顿军中风纪，身为高级将领的吕范主动请求暂时担任分管军中杂务的都督。他每次"诣阁下启事"，都身"著袴褶"[①]，显得干练威严，于是军中肃睦，威禁大行。由此似可推断，袴褶服至少在东汉末年已经在军中出现了，只是这时的袴褶服还不曾广为流行罢了。

魏晋以来，羌、羯、鲜卑各部族大量进入中原，他们的到来，自然在饮食、服饰等方面与中原人相互影响，日渐融合起来。宽衣博带本是中原人的衣着习惯，当时的各军事首领即使临阵指挥，也不穿甲胄。如《语林》所描述的诸葛亮"葛巾毛扇，指麾三军"的形象[②]，就给人们留下了深刻的印象。南北朝时期的士大夫们更是崇尚传统的服饰，他们喜欢宽衣博带所营造的飘然欲仙的姿容和心态。我们从南京西善桥出土的砖印壁画《竹林七贤与荣启期》中（原物藏南京博物院），就可以看到他们傲岸不驯和蔑视世俗的神情与装束。但是，这一时期战争频繁，紧急情况往往不期而至，为了应付时局突变和马上作战的需要，中原军队便率先接受了北方部族便捷轻快的袴褶服。《晋书》卷二十五《舆服志》规定："车驾亲戎、中外戒严"时服袴褶，这与梁制"袴褶，近代服以从戎。今缵严则文武百官咸服之。车驾亲戎，则缚袴不舒散也"[③] 的说法完全一致。可见战事来临时，文武百官是需要穿着袴褶随驾的。另外《宋书》卷七十《袁淑传》记载，南朝宋文帝的长子刘劭将要逆夺帝位，命令袁淑及萧斌等臣子相助，赐给他们袴褶。刘劭在阴谋篡位时尚不忘赐给手下袴褶，一方面说明事情紧急，穿袴褶服便于随时投入战斗；

---

① 《三国志》卷五十六《吴书·吕范传》裴松之注引《江表传》，北京：中华书局，1959 年标点本，第 1310 页。

② （唐）欧阳询撰：《艺文类聚》卷六十七《衣冠部》"巾帽"条引《语林》，汪绍盈校，上海：上海古籍出版社，1999 年，下册，第 1187 页。

③ 《旧唐书》卷四十五《舆服志》，北京：中华书局，1975 年标点本，第 1954—1955 页。

另一方面则说明裤褶服已经在南朝宋军中广泛使用了。《南齐书》卷十九《五行志》记载永元元年（499）有童谣唱道："洋洋千里流，流霎东城头。乌马乌皮袴，三更相告诉。脚跛不得起，误杀老姥子。"① 说的是遥光深夜举事，垣历生身穿乌皮裤褶往奔遥光。在紧迫的事变中，起事者穿上裤褶服以应付不测。又有《南齐书》卷四十九《王奂传》记载："上以行北诸戍士卒多纟墨缕，送裤褶三千具，令奂分赋之。"② 皇上赐给士卒裤褶服，同样是为了战争的需要，起到了武装和激励士卒斗志的作用（图3）。

综上可知，裤褶服在东汉末年已经作为军服穿在了将士们的身上，亦即首先为军队所接受。随着南北朝时期战事频繁，在紧急情况下，中原人不得不渐趋普遍地接受便捷的裤褶服作为骑马作战的戎服。这一点正是裤褶服融入中原的最主要的时代因素。

三、裤褶服基本形制的改进及其与中原服饰的融合

裤褶服传入中原以后，很快得到普及，而且人们又根据南北方不同的服饰习惯，逐渐对裤褶服作了折中改造。从存世的壁画、画像石、画像砖以及出土的陶俑来看，南北朝时期的裤褶已经不再是北方与西北方民族的那种左衽、小袖子、瘦裤腿的样式了，绝大多数裤褶是右衽，并且以大袖为主，裤腿也很肥大。如我们从河南邓县出土的画像砖上看到的部曲鼓吹仪仗等（图4、图5），上边的人物均穿着裤褶服，这种裤褶服上衣很短，袖口、裤口却极大，是盛行于齐梁的式样。还有前举河南洛阳北邙山北魏元邵墓出土的武士俑，也是大袖大裤口。为了便于骑马作战，人们又将大口裤的膝盖处用绳子扎缚起来。如史书记载刘劭逆夺帝位时，赐给袁淑等人裤褶，并从衣服上取下锦帛，"截三尺为一段，又中破，分斌、淑及左右，使以缚裤"③。这种经过改造了的裤褶，既顺应了中原人喜欢宽衣大袖的传统服饰习惯，又保持了裤褶服原有的行动便捷的特性，因此，它在南北民族服装融合中具有广大的生命力和吸引力（图6）。

① 《南齐书》卷十九《五行志》，北京：中华书局，1972年标点本，第382页。
② 《南齐书》卷四十九《王奂传》，北京：中华书局，1972年标点本，第849页。
③ 《宋书》卷七十《袁淑传》，北京：中华书局，1974年标点本，第1840页。

图 3　敦煌二八五窟壁画线描图（人物局部）

资料来源：沈从文：《中国古代服饰研究》，上海：上海书店出版社，1997 年，第 191 页

图 4　邓县南北朝墓模印彩绘画像砖侍从与部曲鼓吹裤褶服

资料来源：沈从文《中国古代服饰研究》，上海：上海书店出版社，1997 年，第 181 页

图 5　邓县南北朝墓模印彩绘画像砖平肩舆袴褶服

资料来源：沈从文《中国古代服饰研究》，上海：上海书店出版社，1997 年，第 171 页

（一）袴褶服的搭配

由于袴褶服产生的最初目的是骑马作战，出于防卫的考虑，除了上身为短衫或袄，下身为缚袴的形式外，还有其他与之搭配的作战服饰。最基本的大概要数加在衫或袄上的两当铠了。所谓两当铠，是用皮革制成的，分为前后两大片，上边用皮襻连缀，腰部另用皮带束紧，同今天的背心坎肩相似而稍长，主要作用是在作战时护住前胸和后背。除了两当铠，亦有一种革制且在胸部加有铁制镀银护心镜的明光铠，这从河南洛阳北邙山北魏元邵墓出土的穿袴褶服的武士陶俑形象上即可窥其一斑。另外，根据中原人的戴冠习惯，袴褶服传到中原后，也融合了与之相适应的冠帽。如两晋南北朝时穿袴褶服要戴晋式小冠子或北朝箭子帽、漆纱笼巾，最典型者当属河南邓县彩绘画像砖墓门壁画中描绘的头戴小冠，身着袴褶，外加两当铠的执仪剑门官形象（原物藏中国历史博物馆）。进入唐代，则多戴唐朝流行的平巾帻。如《唐六典》在"翼善冠"条下云："若服袴褶，则与平巾帻通著。"[1] 除了铠、冠与袴

---

[1] （唐）李林甫等撰：《唐六典》卷十一，陈仲夫点校，北京：中华书局，1992 年，第 328 页。

图 6　北朝景县封氏墓裤褶俑

资料来源：沈从文：《中国古代服饰研究》线描图，上海：上海书店出版社，1997 年，第 186 页

褶搭配外，有时还根据穿袴褶者的身份和地位，在巾帽络带间装饰不同的彩色标记。再一点就是穿袴褶必须着靴，《旧唐书》卷四十五《舆服志》云："唯褶服以靴。靴，胡履也，取便于事，施于戎服。"① 说明着靴与袴褶服相配套，其目的当然是为了骑马与行军打仗的方便。总之，袴褶服的搭配在两晋南北朝时期已经融入了中原传统穿着的特点，到了唐朝，更是写进了典章制度，细化于唐人的服志当中，并在现实生活中烙印上唐人服饰的形迹与色彩。

（二）袴褶服的颜色与质地

北方与西北方部族首创袴褶服时，并没有对颜色的限制或区别，即使到了两晋南北朝时期，也未见专门的规定，正如《晋书》卷二十五《舆服志》所谓的"服无定色"。《旧唐书》卷四十五《舆服志》也讲北朝人穿袴褶服时，"朱紫玄黄，各任所好"②。可见，在魏晋南北朝时期，袴褶服是五颜六色，样样都有的，这一点大概也是南北朝时期人们对袴褶服易于接受、易于融合和易于普及的缘由之一。不过，据《隋书》卷十一《礼仪志》梁陈时期"中官紫褶，外官绛褶"的记载③，似又说明在南朝的后期，袴褶服已开始有了大致的定色，以区别朝官和外官。这无疑是发展到唐代以官品定袴褶服颜色的一个基本过渡。

至于质地，最初北方与西北方游牧部族的袴褶当以皮、韦为多，因为皮子结实、耐磨，具有一定的防御刀箭和抵抗猛兽伤害的功能。而且皮革保暖性又强，很适合在北方寒冷的季节里南征北战。因此，传入中原的袴褶，首先也应该以皮、韦制作的袴褶为主。刘宋元嘉二十七年（450），北魏太武帝拓跋焘围攻彭城时，守将张畅奉命以总统诸军江夏王刘义恭的名义，借口"北土寒乡，皮袴褶脱是所须"，遂给拓跋焘赠送了皮袴褶。后来，在征讨弑逆者元凶时，张畅也穿着"黄韦绔褶，出射堂简人"④。《魏书》卷五十二《胡叟传》说胡叟"每至贵胜之门，恒乘一牸牛，弊韦袴褶而已"⑤。尽管胡

---

① 《旧唐书》卷四十五《舆服志》，北京：中华书局，1975 年标点本，第 1955 页。
② 《旧唐书》卷四十五《舆服志》，北京：中华书局，1975 年标点本，第 1951 页。
③ 《隋书》卷十一《礼仪志六》，北京：中华书局，1973 年标点本，第 235 页。
④ 《宋书》卷五十九《张畅传》，北京：中华书局，1974 年标点本，第 1601、1606 页。
⑤ 《魏书》卷五十二《胡叟传》，北京：中华书局，1974 年标点本，第 1151 页。

叟不是军旅之人，也同样穿韦袴褶。《南齐书》卷三十一《荀伯玉传》还描写了东宫主管张景真去南涧寺舍身斋时，就随身带着太子赏赐给他的"紫皮袴褶"①。可知，在魏晋南北朝的袴褶服中，用皮、韦制作的袴褶是相当普遍的。不过，在袴褶服的制作中，人们已经开始更多利用中原传统习惯的各种纺织物了。如齐有"赤布袴褶"② 以及东昏侯穿的"织成袴褶"③，陈有"黄布"、"青布"、"白布"袴褶服等④。

到了唐朝，随着袴褶服的纳入朝服，朝廷对袴褶的质地和颜色都有了十分严格的规定。《新唐书》卷二十四《车服志》规定：皇帝、皇太子、三品以上官员穿紫色袴褶。五品以上穿绯色，七品以上穿绿色，九品以上穿碧色。对于面料质地也有规定："五品以上，细绫及罗为之，六品以下，小绫为之。"⑤ 而对宫廷中的一些杂役人员，其规定就更细了，《旧唐书》卷四十五《舆服志》云：尚食局和典膳局主食、太官署和食官署掌膳，戴平巾帻，穿绯褶，大口袴，紫附褠。尚食局主膳、典膳局典食、太官署和食官署供膳，戴平巾绿帻，穿青布袴褶。羊车小史，戴平巾，梳五辫髻，穿青布袴褶。漏刻生与漏童，梳总角髻，穿青布袴褶⑥。这类人中以穿青布袴褶者居多，只是在平巾帻的颜色及发式上有所区别。另外，据《新唐书》卷二十三《仪卫志》的记载，可知在仪仗中穿袴褶者，颜色以绯、青色为主，质地以布为主。

唐代对袴褶服颜色、质地的规定严格，使得不同身份和不同职务的人在穿着袴褶的质地和颜色上是不能够任意取用的，这是唐朝给袴褶服注入的一个新的政治和文化内涵，也是袴褶服在南北融合过程中的一种显著的"汉化"现象。

四、袴褶服的流行

经过南北融合改造后的袴褶，已经渐行渐远地超出了骑马征战、行军打

---

① 《南齐书》卷三十一《荀伯玉传》，北京：中华书局，1972年标点本，第573页。
② 《隋书》卷八《礼仪志三》，北京：中华书局，1973年标点本，第169页。
③ 《南齐书》卷七《东昏侯纪》，北京：中华书局，1972年标点本，第103页。
④ 《隋书》卷十一《礼仪志六》，北京：中华书局，1973年标点本，第233页。
⑤ 《新唐书》卷二十四《车服志》，北京：中华书局，1975年标点本，第521页。
⑥ 《旧唐书》卷四十五《舆服志》，北京：中华书局，1975年标点本，第1946页。

仗的功用范围，袴褶服不但自然而然地融入了人们生活的各个领域，而且得到了社会各阶层人士的喜爱，于是迅速流行开来。

（一）皇帝与太子的袴褶定为服制

前文提到，两晋南北朝时，当皇帝亲征或中外戒严时，文武官员必须身着袴褶。后来发展到皇帝狩猎时，侍从干脆也穿上袴褶陪侍左右，以防不测。如西晋太子太傅杨济，"尝从武帝校猎北芒下，与侍中王济俱著布袴褶，骑马执角弓在辇前"①。既然侍从身穿袴褶显得十分勇猛威武，皇帝看了也跃跃欲试。帝王中最早穿起袴褶的要数南齐的东昏侯了。东昏侯值国家战乱、政局动荡之时，不顾百姓安危，竟"屏逐居民"，"鼓声四出，幡戟横路"地率仪仗队浩荡出游。"拜爱姬潘氏为贵妃，乘卧舆。帝骑马从后，著织成袴褶，金簿帽，执七宝缚稍"，自以为威风八面，不可一世。结果他的无行无义终于激怒了民众，义军揭竿而起，兵临城下，这位名声一向不好的君主，此时却摆出一副事必躬亲的模样："帝乌帽袴褶，备羽仪，登南掖门临望。"只可惜这番举动并没有感动他的军队努力奋战，换来的只是"屡战不捷"的坏消息②。无独有偶，隋炀帝似乎也有穿着袴褶的喜好。《隋书》卷八《礼仪志》就描述了隋炀帝身穿紫袴褶、头戴黑介帻，乘车外出打猎的装束。到了唐朝，太宗也特别钟爱袴褶。《旧唐书》卷四十五《舆服志》说他在"朔望视朝"时，经常"服袴褶"。而且将这身穿戴"著于令"③。《新唐书》卷二十四《车服志》"天子之服"一条叙述得很具体："平巾帻者，乘马之服也。……紫褶，白袴，玉具装，珠宝钿带，有鞾。"④ 是说皇帝在骑马时，要穿这身服装。紫褶白袴的色彩搭配，衬托出皇家典雅庄重的气派。

皇太子的随从穿着袴褶的记载在南朝同样已经出现，如《隋书》卷十一《礼仪志》记载梁、陈时，太子二傅骑吏"常行则袴褶"。那些跟随太子的案轺、小舆、持车、轺车给使等也是一身"平巾帻，黄布袴褶"的装束⑤。唐朝继承了这一服制，《旧唐书》卷一百五十《舒王谊传》说尚父郭子仪病重

---

① 《晋书》卷四十《杨骏传附杨济传》，北京：中华书局，1974 年标点本，第 1181 页。
② 《南齐书》卷七《东昏侯纪》，北京：中华书局，1972 年标点本，第 103—106 页。
③ 《新唐书》卷二十四《车服志》，北京：中华书局，1975 年标点本，第 516 页。
④ 《旧唐书》卷四十五《舆服志》，北京，中华书局，1975 年标点本，第 1937—1938 页。
⑤ 《隋书》卷十一《礼仪志六》，北京：中华书局，1973 年标点本，第 233 页。

时，皇上命舒王谊"持制书省之"。国府之官，全都身穿袴褶骑在马上做前导，太子身后又有骑士三百人跟随[1]，可以想见，这支代表皇上去探视郭子仪的袴褶仪仗，是何等的浩荡威严，气势宏大。

不仅皇太子的侍从身着袴褶，皇太子同样也着袴褶。《旧唐书》卷四十五《舆服志》规定皇太子在乘马时要穿袴褶。《新唐书》卷二十四《车服志》的"皇太子之服"条明确指出："朔日入朝，通服袴褶。"[2] 想来皇帝好尚袴褶，从而推及太子，探究这种好尚的初衷，就唐太宗来说，恐怕不仅仅是为了赏心悦目，还有其自警不忘马上得江山的意图蕴含其中吧。

（二）仪仗中的袴褶服

无论是魏晋南北朝还是隋唐时期，袴褶作为朝廷仪卫或仪仗队的服饰，也出现得相当普遍。《晋书》卷二十五《舆服志》记载了中朝大驾卤簿仪仗队伍中设有"黑袴褶将一人"。《隋书》卷八《礼仪志》记载：南齐朝，每当季冬晦，便选乐人弟子一百二十人，赤布袴褶，执鞞角[3]。梁陈时，太子卤簿中的仪仗队员如廉帅、整阵、禁防及武官问讯、将士给使等人，都是头戴平巾帻，身穿白布袴褶。鞞角五音帅、长麾、都伯等人，都穿青布袴褶或黄布袴褶[4]。而隋朝仪仗队侍从人员的装扮则为"平巾帻，紫衫，大口袴褶，金玳瑁装两裆甲"[5]。唐朝就连宫廷乐工演奏乐舞，也要以平巾帻、绯袴褶作为演出服装。麟德二年（665）十月，皇帝诏令朝廷举行郊庙享宴时，"所奏宫悬，文舞宜用《功成庆善》之乐，皆著履执拂，依旧服袴褶、童子冠"[6]。《新唐书》卷二十三上《仪卫志上》又说每月都要用四十六人立在内廊阁外，号曰内仗。其中"千牛备身冠进德冠，服袴褶"，还有"尚乘直长二人，平巾帻、绯袴褶"[7]。跟随亲王卤簿的，有清道六人为三重，"执者平巾帻、绯袴褶，骑。次青衣十二人，平巾青帻、青布袴褶，执青布仗袋，分左右"[8]。

①《旧唐书》卷一百五十《舒王谊传》，北京：中华书局，1975年标点本，第4042页。
②《新唐书》卷二十四《车服志》，北京：中华书局，1975年标点本，第517页。
③《隋书》卷八《礼仪志三》，北京：中华书局，1973年标点本，第168—169页。
④《隋书》卷十一《礼仪志六》，北京：中华书局，1973年标点本，第233页。
⑤《隋书》卷十二《礼仪志七》，北京：中华书局，1973年标点本，第259页。
⑥《旧唐书》卷二十八《音乐志一》，北京：中华书局，1975年标点本，第1047页。
⑦《新唐书》卷二十三上《仪卫志上》，北京：中华书局，1975年标点本，第482—493页。
⑧《新唐书》卷二十三下《仪卫志下》，北京：中华书局，1975年标点本，第505页。

无论是朝廷的导驾官，还是朝内仪卫、朝廷仪仗、太子卤簿、宫廷乐官，这些身穿不同色泽袴褶的仪仗队员，显得十分威武气派，为仪仗队增添了几分鲜活的光彩。同时也为袴褶服的流行起了推波助澜的形象宣传作用。

（三）百官的袴褶服

《资治通鉴》卷一百三十七《齐纪三》武帝永明九年（491）记"魏旧制，群臣季冬朝贺，服袴褶行事，谓之小岁；丙戌，诏罢之"①。说明在北魏太和十五年（491）十一月之前，袴褶服是北魏朝会与祭祀时的正式服装。南朝梁武帝天监元年（502），进入北魏的褚緭在参加北魏元会看到大臣的服饰时曾作诗加以讥讽："帽上著笼冠，袴上著朱衣，不知是今是，不知非昔非。"②显见孝文帝所制订的朝服样式是在袴褶服的基础上加以改进而成的，因此才有了褚緭带刺的戏诗。北齐官员在上朝时则"有长帽短靴，合袴袄子，……虽谒见君上，出入省寺，若非元正大会，一切通用"③。这所谓的"合袴袄子"，与前边的"袴上著朱衣"的意思大致相同，指的就是经过改造了的袴褶。可知北齐时也以袴褶作为朝服的一种。其实袴褶在梁、陈时早已是文武百官咸服之，且更有"中官紫褶，外官绛褶"之别④。

另外，考古发掘的实物也可以证实这一点。如出土的北朝陶俑中，就有着典型的身穿袴褶的文官、从官、女官形象⑤（图7、图8、图9）。武昌周家大湾隋墓出土的戴介帻、着袴褶、虎皮两当铠、执环刀武官陶俑（图10），则展现了隋朝武官的服饰面貌（图11、图12）。

进入唐朝以后，朝廷更在官制、礼制、服制中对袴褶服进行了种种规定与改造，甚至一度跻身于朝廷冠服的行列，从而使袴褶服的南北融合臻于完善，达到极盛时期。在唐朝，袴褶成了皇帝、皇太子服装之一，并迅速普及成为百官从幸乃至上朝的服装。唐初，《武德令》就详细定立了朝官们着袴褶

---

① （宋）司马光：《资治通鉴》卷一百三十七"武帝永明九年十一月"条，北京：中华书局，1956年标点本，第4315页。
② 《梁书》卷二十《陈伯之传》，北京：中华书局，1973年标点本，第315页。
③ 《旧唐书》卷四十五《舆服志》，北京：中华书局，1975年标点本，第1951页。
④ 《隋书》卷十一《礼仪志六》，北京：中华书局，1973年标点本，第235页。
⑤ 沈从文：《中国古代服饰研究》五三《北齐张肃俗墓出土男女陶俑》，上海：上海书店出版社，1997年，第200页。

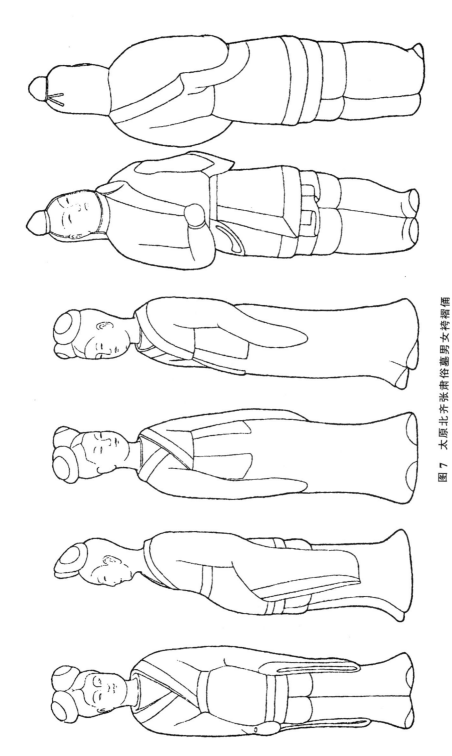

图 7　大原北齐张肃俗墓男女裤褶俑

资料来源：沈从文：《中国古代服饰研究》线描图，上海：上海书店出版社，1997 年，第 200 页

图 8　河北磁县北齐高洋墓出土着袴褶陶俑 1（河北博物院藏）

图 9　河北磁县北齐高洋墓出土着裤褶陶俑 2（河北博物院藏）

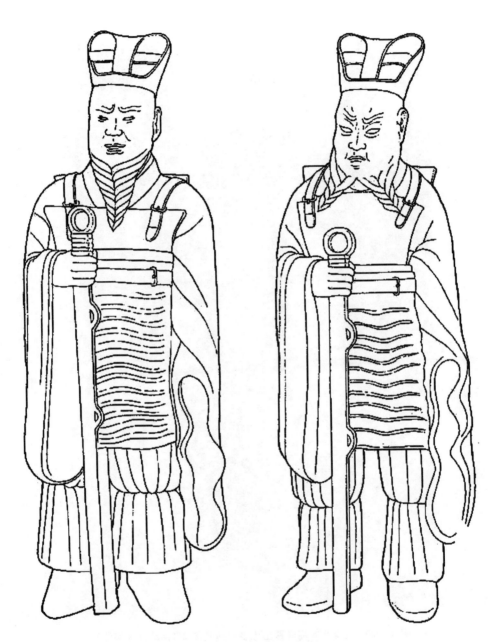

图 10　隋着袴褶两当武官俑

资料来源：沈从文《中国古代服饰研究》，上海：上海书店出版社，**1997** 年，第 **207** 页

图 11　故宫博物院藏隋代青釉陶着袴褶甲士俑

资料来源：沈从文：《中国古代服饰研究》线描图，上海：上海书店出版社，1997 年，第 207 页

图 12　河南安阳隋张盛墓白瓷武士着袴褶俑（河南博物院藏）

的制度。不过此令对着祷褶的规定主要限于武官①。到了唐太宗贞观二十二年（648），又下令百官朔望日上朝都要穿祷褶②。文明元年（684）规定，在京的百官每日入朝要穿祷褶，诸州县长官在公衙时也要穿祷褶③。天宝中，御史中丞吉温建议："京官朔、望朝参，衣朱绔褶。"④ 朝廷也采纳了。《旧唐书》卷四十三《职官志》规定：一些重大的节日，如千秋节，便在"御楼设九部之乐，百官祷褶陪位"⑤。《新唐书》卷二十四《车服志》记载，开元二十五年（737），御史大夫李适之建议："冬至、元日大礼，朝参官及六品清官服朱衣，六品以下通服绔褶。"⑥ 为此，朝廷法定："九品以上，自十月至二月，祷褶以朝。"⑦

由此可见，祷褶服在唐朝特别受到政府的重视。皇帝、太子、百官、仪卫，甚至地方官员在朝会、祭祀、节日和办公等一些正式场合都穿祷褶，并且被列入制令当中，规定了许多细则，执行得十分严格，似乎大有取代公服、朝服的趋势（图13）。

（四）女子的祷褶服

梁朝流传下来的一首诗这样写道："郎著紫祷褶，女著彩夹裙。男女共燕游，黄花生后园。"⑧ 从诗人对青年男女服饰的刻意描写中不难看出，这对恋人的真心倾慕，服饰起了不小的因素。当然，喜欢男子祷褶服的，也绝不仅是这一个女子。不知从何时起，也不知是谁开了个头，女子也穿上了祷褶服。《世说新语》载西晋时王武子家有"婢子百余人，皆绫罗祷褶"⑨。

---

① 《旧唐书》卷四十五《舆服志》，北京：中华书局，1975年标点本，第1945页。

② （宋）王溥：《唐会要》卷二十四"朔望朝参"，北京：中华书局，1990年，第463页。

③ 《旧唐书》卷四十五《舆服志》，北京：中华书局，1975年标点本，第1953页。

④ 《新唐书》卷二十四《车服志》，北京：中华书局，1975年标点本，第531页。

⑤ 《旧唐书》卷四十三《职官志》，北京：中华书局，1975年标点本，第1829页。

⑥ 《新唐书》卷二十四《车服志》，北京：中华书局，1975年标点本，第530—531页。

⑦ 《新唐书》卷四十八《百官志三》，北京：中华书局，1975年标点本，第1236页。

⑧ 逯钦立辑校：《先秦汉魏晋南北朝诗》梁诗卷二十九《幽州马客吟歌辞》，北京：中华书局，1983年，第2159页。

⑨ （隋）虞世南：《北堂书钞》卷一百二十九"祷褶"条注引《世说新语》，清光绪十四年（1888）南海孔氏刊本，第二函第十五册，第17页。清光绪十七年（1891）思贤讲舍本《世说新语》卷下之下"汰侈"条作"绫罗绔襦"上海：上海古籍出版社，1982年影印本，上册，第456页，本文不从。

图 13 唐龙朔三年《道因法师碑》龟趺左右侧线刻胡人将领着袴褶图

（西安碑林博物馆藏石）

《邺中记》又讲"石虎皇后出，以女骑一千为卤簿，令冬月皆著紫纶巾，蜀锦袴褶"[①]。另外，在山西太原出土的北齐张肃俗墓的陶俑（图 14）和河南邓县出土的南北朝画像砖中，也可以看到穿着袴褶服的女侍从形象。凡此种种，都说明了当时妇女穿着袴褶的普及程度。"小鬟红粉薄，骑马珮珠长。路指台城迥，罗薰袴褶香。"[②] 唐代诗人李贺用优雅的诗句为我们描绘了一位身着罗薰袴褶、骑在马上的红粉佳丽。诗人原本是为一幅画而赋诗，却从侧面写照了唐朝女子也喜爱用袴褶服来装扮自己的生活现实。

---

① （晋）陆翙：《邺中记》，上海：商务印书馆，民国二十六年（1937）《丛书集成初编》本，第 7 页。

② （唐）李贺：《李贺诗集》卷三《追赋画江潭苑》，北京：人民文学出版社，1959 年，第 178 页。

图 14　北齐张肃俗墓出土灰陶着裤褶服女俑（国家博物馆藏石）

纵观袴褶服从南北朝到隋唐间的广远流布，无论是皇帝、太子，还是皇帝的侍从，无论是百官、仪仗队，还是年轻女子，袴褶服显然成了人们十分喜爱的一种服装，这当然包含有帝王好尚影响的因素，而更重要的还是袴褶服本身所具备的精干、便捷的特点，以及袴褶服在与中原服装融合后所展示出的一种新的时尚和新的风貌，在现实生活中起到了非常深广的移化作用。

五、袴褶服的消亡

袴褶服的发展确实在唐朝达到了鼎盛，除军队和仪仗外，百官也在诸多正式场合穿着袴褶，且被规定于制令，颇有取代朝服的势头。但是，正当袴褶服在唐代成功地完成了南北服饰的融合之后，却又出乎意料地走了下坡路。究其主要原因，应该还是传统的观念意识在作梗，由于袴褶不是中原固有的传统服装，所以，伴随着袴褶的流行，始终都有人予以抵触，甚至加以反对，以致最终没能成为中原服饰的主流而逐渐走向消亡。

据《魏书》卷七十《傅竖眼传》记载，傅灵越去叔父傅乾爱的郡衙时，乾爱令左右从匣中拿出乌皮袴褶，请灵越换上。"灵越言不须。乾爱云：'汝岂可著体上衣服见垣公也？'时垣护之为刺史。①灵越奋声言：'垣公！垣公！著此当见南方国主，岂垣公也。'竟不肯著"。灵越的这番话表明自己根本看不上袴褶，始终认为那是胡人才穿的服装。《晋书》卷九十四《郭文传》说余杭令顾飏送给郭文"韦袴褶一具，文不纳，辞归山中。飏追遣使者置衣室中而去，文亦无言，韦衣乃至烂于户内，竟不服用"。②作为隐士的郭文，一方面表明了不恋官场之心，另一方面也透露了不愿穿北胡传来的服饰之意。另外前文所举参加北魏元会的褚緭竟然当众以戏诗讽刺袴褶作为朝服，说明褚緭心里所尊奉的只是传统的中原服饰习俗，而把袴褶视为奇装异服，认为它根本不能与正统服饰同日而语。这些都是以不穿袴褶服为抵触的典型事例和典型人物。

此外，更有竭力反对并请求罢黜袴褶者。如《南齐书》卷五十七《魏虏

① 《魏书》卷七十《傅竖眼传》，北京：中华书局，1974 年标点本，第 1556 页。
② 《晋书》卷九十四《郭文传》，北京：中华书局，1974 年标点本，第 2440 页。

列传》记述，永明九年（491），拓跋宏曾下诏曰："季冬朝贺，典无成文，以裤褶事非礼敬之谓，若置寒朝服，徒成烦渎，自今罢小岁贺，岁初一贺。"① 拓跋宏作为北朝的帝王，已经意识到"裤褶事非礼敬"、"典无成文"，要求罢去，可见伴随着裤褶的流行，人们对裤褶的偏见还是存在的。特别是到了唐代宗宝应元年（762），这件事又被归崇敬以"百官朔望朝服裤褶非古"的理由提了出来，并说"事不师古，伏请停罢"②。他的这一提议竟立即被皇帝所采纳。这标志着裤褶服发展到此时，已经开始走向渐趋消亡的末路了。析其缘故，似可归为如下几点。

（1）正如归崇敬所指出的那样，"三代典礼，两汉史籍，并无裤褶之制"，所以它不可能替代朝服，也没有理由继续流行下去，因为它不具备正统的资历。古代礼法，唯此唯大，如不遵循古代礼法，便是大逆不道，唐代宗也许是不愿意背上这个不好的名声，于是才接纳了归崇敬的上疏。

（2）裤褶是北方、西北方部族为了马上作战而创制的服装，起初它在中原的流行也只是因为它符合马上作战的需要。进入唐代之后，其发展虽说达到了高峰，但除了皇帝、太子以及随从侍卫在骑马时穿着外，百官则只是在朝会、祭祀、节日等一些正式场合才穿裤褶。这样一来，裤褶服已经失去了原本是用来马上作战的实际意义。既然失去了实用价值，又非正统朝服，当然就处于可有可无的地位了。皇帝喜欢时，一道制令，百官就穿，不喜欢了，有人提出异议，也就下令罢除了。

（3）自隋朝以来，出现了一种常服。这种常服也是受到北朝影响而发展起来的，主要是由幞头、袍衫、靴带组成的。由于它与传统的中原袍服比较接近，并且比原先的朝服便于行事，又不像裤褶那样有明显的胡服特征，所以普及很快。上自皇帝、朝官，下至庶民，都逐渐穿起了这种服装。到了唐朝，这种常服被继承下来。《旧唐书》卷四十五《舆服志》说："其常服，赤黄袍衫，折上头巾，九环带，六合靴。……自贞观以后，非元日冬至受朝及大祭祀，皆常服而已。"③《唐会要》卷三十一说上元元年（674），高宗再次下诏完善常服服色等级规定，常服在朝廷很快普及起来。常服比起裤褶来，

---

① 《南齐书》卷五十七《魏虏列传》，北京：中华书局，1972 年标点本，第 991 页。
② 《旧唐书》卷一百四十九《归崇敬传》，北京：中华书局，1975 年标点本，第 4015 页。
③ 《旧唐书》卷四十五《舆服志》，北京：中华书局，1975 年标点本，第 1938 页。

当然显得更合乎中原服饰的传统，朝官们穿着它，既显得正统又很方便，所以袴褶服最终未能替代朝服、公服乃至常服而逐渐走向消亡。

　　的确，自归崇敬上疏以后，袴褶虽然还偶见史书记载，但已经远远没有以前的堂皇地位了。《旧五代史》卷四十一《唐明宗纪》记载，明宗时，有关部门上奏："皇帝致斋于明堂，按旧服通天冠、绛纱袍，文武五品已上著袴褶，近例只著朝服。"[1] 明宗采纳了。这证明，至少从五代开始，官员在上朝时就不再着袴褶，而"只著朝服"了。另外，《宋史》卷一百五十二《舆服志》又载，建隆四年（963），范质等礼官在一起商议，想要按照唐代《开元杂礼》上的袴褶制度来研定本朝的袴褶服制，皇上同意了。但是，不知什么原因，却"造成而未用"。到乾德六年（968）郊禋时，又曾穿过一阵，但只是昙花一现。[2] 宋朝以后，有关袴褶服的记载便很难见到了。似可这样推断，随着宋代的衰落，袴褶服也随之完成了它数百年来融合南北民族文化的历史使命而划上了消亡的句号。

　　有着五千年文明历史的华夏古国，素以礼仪之大与服章之美而名世，而服章的美则充分体现于民族服饰相互融合、取长补短的多彩多姿和传承久远，袴褶服正是其中的一枝奇葩。这枝奇葩在创制、变革与流行的过程中，对推动服饰制度的发展与进步无疑产生了积极的作用，如上衣下袴、其外不复加袍衫而成为常服并庶几乎成为朝服的地位，如与中原服饰融合而成为适合中原人穿着并行动便捷的改新形式，又如在色泽与质地上的丰富实用和配之于礼仪而纳之于制度，特别是由开裆袴而变革为合裆袴，更是中国古代服饰制度中最富有转折意义的进步，而这个进步竟依然不衰地利益于今天，并且还将久远地利益于未来。

原载（《浙江社会科学》2011年第1期）

---

① 《旧五代史》卷四十一《唐明宗纪》，北京：中华书局，1976年标点本，第560页。
② 《宋史》卷一百五十二《舆服志》，北京：中华书局，1977年标点本，第3550—3551页。

第三编 往事钩沉

兰蕙俱摧：陈朝妃子入隋后的蹇促命运
——以隋大业五年《施太妃志》为中心

"人事有代谢，往来成古今"。王朝的更替兴衰，总要影响到人事的命运历程，特别是与政治统治生死依附者，如皇家子嗣、嫔妃宫娥，乃至王公大臣。而身为嫔妃宫娥，又往往只是寄生于政治王权而又不能自主其命运的牺牲品。公元 589 年正月，是杨隋政权建立国祚的第九个年头，南朝陈后主为隋军执于井中，晋王杨广入据建邺（今南京），陈国告终。紧接着"三月己巳，后主与王公百司发自建邺，入于长安"①。在这些入于长安的各色人等中，尤以皇家子嗣、嫔妃宫娥、王公大臣以及文人墨客为主要角色，而这些"南人"的入于长安，又显然对于新兴的杨隋王朝在统治特质、政权成分和文化表征上产生了诸多影响。当然这些"南人"入北后的命运也是不尽相同的，本文所欲关注的即是为史传所载较少的施太妃（陈宣帝妃）及其女儿宁远公主、儿媳沅陵王妃沈氏一门三位女性入隋后的命运问题，所据研讨的材料，则是主要围绕《施太妃志》与《沅陵王妃沈氏志》等出土文献展开。

隋大业五年（609）陈宣帝夫人《施太妃志》（图 1），1992 年出土于西安市长安区韦曲镇北原，现藏长安区博物馆。2001 年《文博》第 5 期载董理《〈陈临贺王国太妃墓志铭〉考释》，对该墓志所涉及的内容作了释读与考论，2005 年罗新、叶炜著《新出魏晋南北朝墓志疏证》以《陈宣帝夫人施氏墓志》为名收入此志并再做疏证②，董、罗的研究还利用《前陈沅陵王故陈府君

---

① 《陈书》卷六《后主纪》，北京：中华书局，1972 年标点本，第 117 页。
② 罗新、叶炜：《新出魏晋南北朝墓志疏证》，北京：中华书局，2005 年，第 552—555 页。

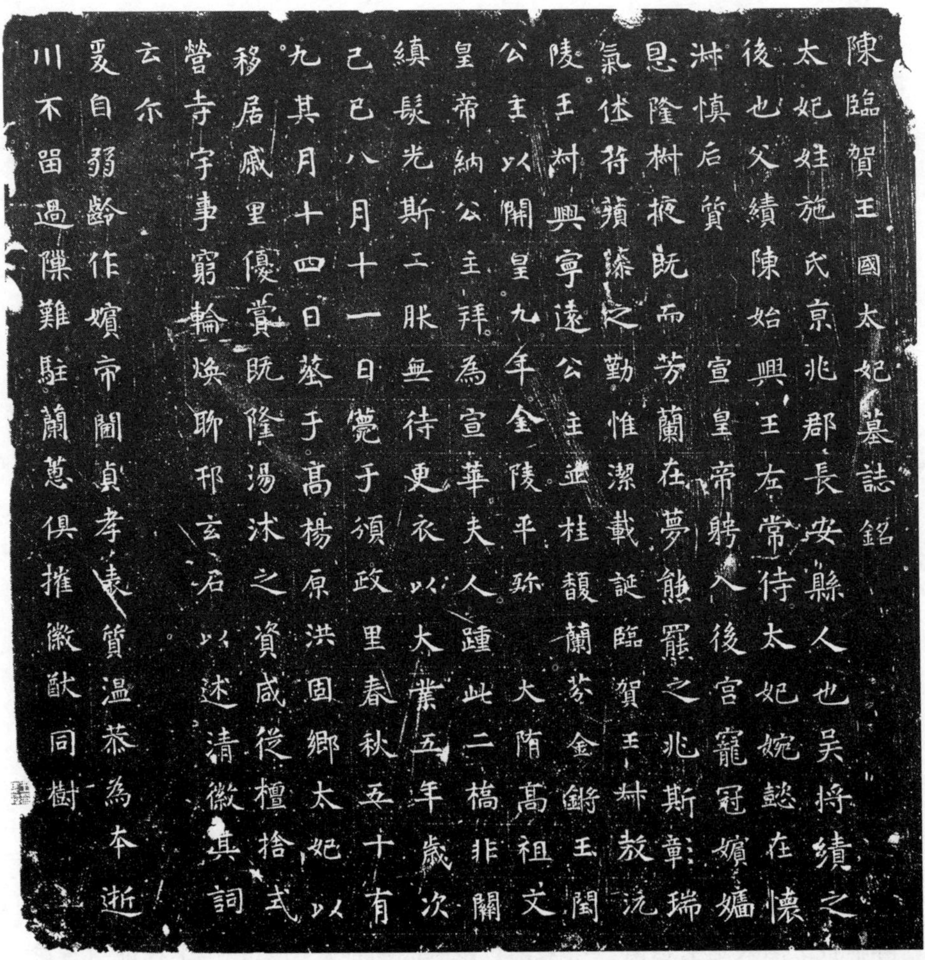

陳臨賀王國太妃墓誌銘

太妃姓施氏京兆郡長安縣人也吳將績之

後也父績陳始興王左常侍太妃婉㜕在懷

淋慎后質旣而宣皇帝躬人後宮寵冠嬪嬙

恩隆樹被蘋藻之勤惟潔載誕臨賀王肻教瑞沆

氣休符蘋亭遠之勤惟桂馥蘭芳金鉦玉閏

陵王以開皇九年金陵平弥大陏高祖文

公主納公主拜為宣華夫人踵此二橋非關

皇帝光斯二胗無待更衣以大業五年歲次

己巳八月十四日薨于高楊原洪固鄉太妃以

續髮光斯二胗無待更衣

九其月十一日窆于高楊原洪固鄉檀捨式以

移居戚里優賞旣隆湯沐之資咸俾述清徽真

營寺宇事窮輪煥聊邢玄石以述清徽真詞曰

云尔

爰自弱齡作嬪帝閨貞孝表質溫恭為本㴉

川不留過陳難駐蘭蕙俱摧徽猷同樹

图1　大业五年施太妃墓志拓本

之墓志》与史籍结合详考了陈、隋相关史事。今长安地区又新出土了大业四年（608）《陈沅陵王妃墓志铭》，适可围绕施太妃一家三位女性即施太妃、施太妃之女宣华公主、施太妃儿媳陈沅陵王妃，以史籍与墓志的记载互为参证，来综合探究陈朝皇室贵族女性进入隋朝后的际遇。

为便于展开讨论，先移录《施太妃志》文字如下：

陈临贺王国太妃墓志铭

太妃姓施氏，京兆郡长安县人也，吴将绩之后也。父绩，陈始兴王左常侍。太妃婉懿在怀，淑慎后质，宣皇帝聘入后宫，宠冠嫔嫱，恩隆椒掖。既而芳兰在梦，熊黑之兆斯彰；瑞气休符，苹藻之勤惟洁。载诞临贺王叔敖、沅陵王叔兴、宁远公主，并桂馥兰芬，金锵玉闰。公主以开皇九年金陵平殄，大隋高祖文皇帝纳公主，拜为宣华夫人。蹑此二桥，非关缜发；光斯二胱，无待更衣。以大业五年岁次己巳八月十一日薨于颁政里，春秋五十有九。其月十四日葬于高杨原洪固乡。太妃以移居戚里，优赏既隆，汤沐之资，咸从檀舍；式营寺宇，事穷轮焕。聊邢玄石，以述清徽。其词云尔：

爰自弱龄，作嫔帝闱。贞孝表质，温恭为本。逝川不留，过隙难驻。兰蕙俱摧，徽猷同树。①

施太妃为陈宣帝夫人，史称施姬。志云太妃为"吴将绩之后"，盖《宋书》卷二十三《天文志一》晋武帝泰始四年（268）"十月，吴将施绩寇江夏"者②。其父亦名绩，史传未载，亦不详其父与其先祖何以名字相重。志云施太妃父任"陈始兴王左常侍"，以时代考之，此始兴王当为世祖第二子陈伯茂，高祖永定三年（559）封王，废帝光大二年（568）卒③。

太建初，施太妃因"婉懿在怀，淑慎后质"而被宣皇帝娉入后宫，"宠冠嫔嫱，恩隆椒掖"，生有两男一女。志云"载诞临贺王叔敖、沅陵王叔兴"，与《陈书》卷二十八《高宗二十九王传》"施姬生临贺王叔敖、沅陵王叔兴"④ 相合。

---

① 王其祎、周晓薇：《隋代墓志铭汇考》，北京：线装书局，2007年，第3册，第364页。

② 《宋书》卷二十三《天文志一》，北京：中华书局，1974年标点本，第693页。

③ 《陈书》卷二十八《世祖九王·始兴王伯茂传》，北京：中华书局，1972年标点本，第357—359页。

④ 《陈书》卷二十八《高宗二十九王传》，北京：中华书局，1972年标点本，第365页；《南史》卷六十五《陈宗室诸王》同，北京：中华书局，1975年标点本，第1582页。

施太妃长子叔敖，《陈书》本传云："临贺王叔敖字子仁，高宗第二十一子也。至德元年，立为临贺王，寻为仁武将军，置佐史。祯明三年入关。隋大业初拜仪同三司。"① 次子叔兴，《陈书》本传云："沅陵王叔兴字子推，高宗第二十六子也。至德元年，立为沅陵王。祯明三年入关。隋大业中为给事中。"② 关于陈朝皇室子弟"入关"之安置，史载："隋文帝以陈氏子弟既多，恐京下为过，皆分置诸州县，每岁赐以衣服以安全之。"③ 这里所说的将陈氏子弟"分置诸州县"，据《陈书》相关记载其实就是西北部偏远州县。如陈伯山长子君范，"及六军败绩，相率出降，因从后主入关。至长安，隋文帝并配于陇右及河西诸州，各给田业以处之"④。又如长沙王陈叔坚，"三年入关，迁于瓜州，更名叔贤"⑤。因而临贺王、沅陵王入隋后极有可能会依例发配至边远州县。1992 年长安区博物馆收藏的大业三年（607）《前陈沅陵王故陈府君墓志》，记其生平事迹较史书甚详，惜未记其入关后发配所在地⑥。还值得注意的是，该志云沅陵王"开皇九年入朝，特蒙荣渥。大业二年，奉敕预参选限，为身染疾，不堪集例，官遂未成"，与《陈书》所载"隋大业中为给事中"殊不相符。以其大业三年（607）五月卒，年仅三十五岁推之［太建五年（573）生］，盖应以志记"为身染疾"，"官遂未成"为确。又据志文可知沅陵王叔兴有子二人，即"长子发、第二子詧"⑦，史书未载。志文亦未述及沅陵王叔兴妃子事迹，而长安区出土的《陈沅陵王妃墓志铭》（图 2）⑧，正弥补了这一缺憾。谨录文如下：

---

① 《陈书》卷二十八《高宗二十九王·临贺王传》，北京：中华书局，1972 年标点本，第 373 页。《南史》卷六十五《陈宗室诸王》同，北京：中华书局，1975 年标点本，第 1590 页。

② 《陈书》卷二十八《高宗二十九王·沅陵王传》，北京：中华书局，1972 年标点本，第 374 页。《南史》卷六十五《陈宗室诸王》同，北京：中华书局，1975 年标点本，第 1590 页。

③ 《南史》卷十《陈本纪下》，北京：中华书局，1975 年标点本，第 311 页。

④ 《陈书》卷二十八《世祖九王·鄱阳王传》，北京：中华书局，1972 年标点本，第 361 页。

⑤ 《陈书》卷二十八《高宗二十九王·长沙王传》，北京：中华书局，1972 年标点本，第 367 页。

⑥ 关于该志的研究，参见董理：《〈陈临贺王国太妃墓志铭〉考释》，2001 年《文博》第 5 期，第 68—71 页；罗新、叶炜：《新出魏晋南北朝墓志疏证》二〇一《陈宣帝夫人施氏墓志》，北京：中华书局，2005 年，第 552—555 页；董理：《陈沅陵王陈叔兴墓志铭考释》，陕西历史博物馆馆刊编辑部编：《陕西历史博物馆馆刊》第八辑，西安：三秦出版社，2001 年，第 258 页。

⑦ 以上断续引文见王其祎、周晓薇：《隋代墓志铭汇考》，北京：线装书局，2007 年，第三册，第 239—240 页。

⑧ 2011 年 7 月获藏拓本。

图 2 大业四年陈沅陵王妃沈氏墓志拓本

陈沅陵王妃墓志铭

妃姓沈，吴郡吴兴人也。父眹，陈金紫光禄大夫，遂安长公主之女，以陈至德四年嫡陈沅陵王，以大业四年六月八日薨于京兆郡长安县颁政里，春秋三十有四，式刊玄石，以播芳猷。①

志云沈妃"父眹，陈金紫光禄大夫"，又云为"遂安长公主之女"，史籍均未见记载。沈妃"陈至德四年嫡陈沅陵王"，以其大业四年（608）卒，年三十四岁推之，可知其出嫡沅陵王时约为十六岁。又，沅陵王去世一年后，沈妃即卒，志文未言卒因，是丈夫去世悲伤过度抑郁而死？抑或染病在身？抑或另有其他事因？甚存疑惑。志云其"薨于京兆郡长安县颁政里"，而《施太妃志》亦云太妃"大业五年岁次己巳八月十一日薨于颁政里"，则可知沈妃生前乃与施太妃在同一坊里居住。

太妃的女儿宁远公主，如《施太妃志》所云"载诞……宁远公主，……公主以开皇九年金陵平殄，大隋高祖文皇帝纳公主，拜为宣华夫人"。"金陵平殄"之"金陵"指陈朝都城建康（即建邺，今南京），意谓隋朝灭陈统一全国。《陈书》、《南史》皆未载施太妃所生宁远公主事，《隋书·后妃传》本传云：

宣华夫人陈氏，陈宣帝之女也。性聪慧，姿貌无双。及陈灭，配掖庭，后选入宫为嫔。时独孤皇后性妒，后宫罕得进御，唯陈氏有宠。晋王广之在藩也，阴有夺宗之计，规为内助，每致礼焉。进金蛇、金驼等物，以取媚于陈氏。皇太子废立之际，颇有力焉。及文献皇后崩，进位为贵人，专房擅宠，主断内事，六宫莫与为比。及上大渐，遗诏拜为宣华夫人。②

宁远公主聪慧而貌美，陈朝灭亡后，被送到长安"配掖庭"，昔日陈朝的公主沦落为隋代的宫娥，而此时的宁远公主只不过十二岁左右③。很可能因

---

① 据西安碑林博物馆王其祎先生藏拓本录文。
② 《隋书》卷三十六《宣华夫人传》，北京：中华书局，1973 年标点本，第 1110 页。
③ 据其大业二年（606）卒，年二十九推之，宁远公主太建十一年（579）出生。

为她的"聪慧"和"姿貌无双"，不久就被选入隋宫为嫔妃，成为隋文帝所宠幸的少数几个嫔妃之一。缘何有此论？这是因为隋文帝时期，对于后妃的选择十分重视。将"君臣之道"与"夫妇之义"相提并论，提出"阴阳和则裁成万物，家道正则化行天下"，后妃"配天作合"，关系到国家兴亡的大事。强调"窈窕淑女，靡有求于瘝寐；铿锵环佩，鲜克嗣于徽音"。如果"后之继体，靡克聿修，甘心柔曼之容，罔念幽闲之操"，终究会酿成国破家亡之祸。于是"高祖思革前弊，大矫其违，唯皇后正位，傍无私宠，妇官称号，未详备矣，开皇二年，著内官之式，略依《周礼》，省减其数"①。表明高祖文帝对待皇后嫔妃的选择曾经有过的严明态度，绝不滥选后宫宠幸。事实上据《隋书·裴肃传》记载，隋文帝曾对裴肃说过："吾贵为天子，富有四海，后宫宠幸，不过数人。"② 说明文帝宠幸的嫔妃的确有限，仅有少数几个。《隋书》卷三十六《文献独孤皇后传》对此略有印证：

> 尉迟迥女孙有美色，先在宫中。上于仁寿宫见而悦之，因此得幸。后伺上听朝，阴杀之。上由是大怒，单骑从苑中而出，不由径路，入山谷间二十余里。高颎、杨素等追及上，扣马苦谏。上太息曰："吾贵为天子，而不得自由！"高颎曰："陛下岂以一妇人而轻天下！"上意少解，驻马良久，中夜方始还宫。……其后，宣华夫人陈氏、容华夫人蔡氏俱有宠，上颇惑之，由是发疾。③

这段记载，一方面表明文帝虽有"思革前弊"，不立"私宠"之决心，但仍难免为美色而倾心动情，以至差点"以一妇人而轻天下"；另一方面则可能因为独孤皇后的妒性，文帝最终在情色上"不得自由"。所宠幸者不过尉迟迥女孙、容华夫人④、宣华夫人三人而已，而尉迟迥女孙则是刚受到宠幸又旋即被杀。

---

① 《隋书》卷三十六《后妃传》，北京：中华书局，1973 年标点本，第 1105—1106 页。
② 《隋书》卷六十二《裴肃传》，北京：中华书局，1973 年标点本，第 1487 页。
③ 《隋书》卷三十六《文献独孤皇后传》，北京：中华书局，1973 年标点本，第 1109 页。
④ 《隋书·后妃传》记载："容华夫人蔡氏，丹阳人也。陈灭之后，以选入宫，为世妇。容仪婉嬺，上甚悦之。以文献皇后故，希得进幸。及后崩，渐见宠遇，拜为贵人，参断宫掖之务，与陈氏相亚。上寝疾，加号容华夫人。上崩后，自请言事，亦为炀帝所烝。"《隋书》卷三十六《后妃传》，北京：中华书局，1973 年标点本，第 1111 页。

宁远公主"性聪慧",有心计,不但能取悦于文帝,而且在独孤皇后严密控制后宫之时,竟能得到独孤皇后的偏爱并允许她服侍文帝。在晋王杨广谋划篡夺太子位时,她收取杨广送来的金宝贿赂,作为"内助",促成了太子杨勇的废黜,亦因此而加倍受到文帝的宠爱和信任,同时也使得杨广对她爱慕不已。独孤皇后崩,宁远公主"进位为贵人,专房擅宠,主断内事,六宫莫与为比",深得文帝赏识,临终"遗诏拜为宣华夫人"。《隋书》又载:

> 初,上寝疾于仁寿宫也,夫人与皇太子同侍疾。平旦出更衣,为太子所逼,夫人拒之得免,归于上所。上怪其神色有异,问其故。夫人泫然曰:"太子无礼。"上恚曰:"畜生何足付大事,独孤诚误我!"意谓献皇后也。[①]

大概因为炀帝在文帝病危时曾经对宣华夫人有过非礼行为,在炀帝继位之后,宣华夫人便"出居仙都宫。寻召入,岁馀而终,时年二十九。帝深悼之,为制《神伤赋》"[②],可见宣华夫人同样受宠于炀帝。虽然她曾拥有享不尽的荣华富贵,然终归只是昙花一现,年仅二十九岁就飘然凋落,实在令人嗟叹。

施太妃为宣帝诸多夫人中的一个,也曾经"宠冠嫔嫱,恩隆椒掖"。然而陈宣帝太建十四年(582)崩,当时施太妃的两个儿子年仅十余岁,女儿年仅三四岁。之后五六年间又面临着陈朝颠覆灭亡的遭遇。入隋之后,施太妃的两个儿子都被隋文帝分置到边远州县。太妃心力交瘁,其艰难境遇可想而知。然而由于宁远公主得宠,施太妃最终得以"移居戚里",留在长安。并且得到文帝"优赏既隆"的待遇,生活上还算优裕。但两儿个子远在外地,长久不得相见。女儿又朝夕陪侍文帝,亦不得时常相会。如何排遣对儿女的思念,根据志文"汤沐之资,咸从檀舍;式营寺宇,事穷轮焕",说明施太妃只有将情感寄托到礼拜佛事方面。大业二年(606)宣华夫人去世,施太妃在京城举目无亲,经历了巨大的悲痛。好在由于"大业二年,隋炀帝以后主第六女婤为贵人,绝爱幸,因召陈氏子弟尽还京师,随才叙用,由是并为守宰,遍于

---

① 《隋书》卷三十六《后妃传》,北京:中华书局,1973年标点本,第1110页。
② 《隋书》卷三十六《后妃传》,北京:中华书局,1973年标点本,第1110页。

天下"①。次子叔兴也因此得以"奉敕预参选限"，回到了京师，母子终于在长安团圆，有了亲情依靠。但是好景不长，叔兴竟不幸身染重病，于大业三年（607）去世。接着儿媳沈妃也于大业四年（608）撒手人寰。失去子女骨肉之痛，无疑对施太妃是沉重的打击，"大业五年岁次己巳八月十一日"，五十九岁的施太妃"薨于颁政里"②，也随着一双儿女以及儿媳而驾鹤西去。

纵观施太妃一家三位女性进入隋朝后的经历：

宁远公主先是沦为隋宫宫娥，再选为后宫嫔妃，又荣为贵人，于是"专房擅宠，主断内事"，最终成为显赫一时的宣华夫人，曾经受到文、炀二帝百般宠爱。然而文帝之薨，最终改变了她曾经拥有的一切。

施太妃进入长安寄人篱下，又饱受与儿子长久离散的煎熬。却因为女儿受宠于皇室，暂且过着"衣食无忧，热心佛事"的生活，单从物质生活的状况来看，"在随例入关的陈朝宗室诸人中，她算是比较幸运的一个"③。而女儿、儿子、儿媳的相继去世，使她的生活骤然间变得异常不幸。

儿媳沈妃极有可能随夫发配到偏远地区生活过一段时间，其艰难处境可想而知。如前举长沙王陈叔坚，"素贵，不知家人生产，至是与妃沈氏酤酒，以佣保为事"④。沅陵王一家在陈朝亦同样过惯了优裕的生活，来到荒蛮偏远之地，也会像陈叔坚一样有许多的不适与艰难。然而经过十多年艰辛生活，就在大业二年（606），沅陵王终于有了"奉敕预参选限"的机会，他立即奔赴长安，不但母子相聚，而且大有欲"调鼎鼐以匡时，坐槐庭而高视"的愿望⑤，孰料官未做成便染病离世，为沈妃留下了无以解脱的心灵创伤。

三位陈朝贵族女性遭际着改朝换代的变迁，经历了宠辱荣贱的翻覆磨难，

① 《陈书》卷二十八《世祖九王·鄱阳王传》，北京：中华书局，1972年标点本，第361页。

② "颁政里"，位于大兴城朱雀门街之西第三街街西从北第三坊，坊内多寺院，隋寺著名者有惠云、澄觉与建法尼寺等。参见（清）徐松撰：《唐两京城坊考》卷四，方严点校，北京：中华书局，1985年，第103—104页。

③ 罗新、叶炜：《新出魏晋南北朝墓志疏证》二〇一《陈宣帝夫人施氏墓志》，北京：中华书局，2005年，第555页。

④ 《陈书》卷二十八《高宗二十九王·长沙王传》，北京：中华书局，1972年标点本，第367—368页。

⑤ 大业三年（607）《陈叔兴志》，王其祎、周晓薇：《隋代墓志铭汇考》，北京：线装书局，2007年，第3册，第238页。

最终皆不能安享长年而多死于短命。尤其是宣华夫人和沈妃，死因记载不明，是史书与墓志均隐讳了其中的政治因素而不能直言其死于非命，还是自然的生老病死所导致的繁华早落天不假其长寿？千年以降，犹然悬疑难决。

其实，何止施太妃一家入隋后命运不济，随着陈亡进入长安的皇后嫔妃，除了高宗柳皇后"大业十一年薨于东都，年八十三，葬洛阳之邙山"①，还算是高寿善终。其余如后主沈皇后婺华，"陈亡，与后主俱入长安。及后主薨，后自为哀辞，文甚酸切。隋炀帝每所巡幸，恒令从驾。及炀帝为宇文化及所害，后自广陵过江还乡里，不知所终"②；后主张贵妃丽华，"爱倾后宫……及隋军陷台城，妃与后主俱入于井，隋军出之，晋王广命斩贵妃，榜于青溪中桥"③。相比于沈皇后的"不知所终"、张贵妃的受斩，施太妃及其女儿、儿媳的际遇或还算幸运，至少入隋后没有立即家破人亡，也没有成为陈朝灭亡时的替罪羔羊。至于《隋书·五行志》所言："陈后主时，有张贵妃、孔贵嫔，并有国色，称为妖艳。后主惑之，宠冠宫掖，每充侍从，诗酒为娱。一入后庭，数旬不出，荒淫侈靡，莫知纪极。……及败亡之际，后主与此姬俱投于井，隋师执张贵妃而戮之，以谢江东。《洪范五行传》曰：'华者，犹荣华容色之象也。以色乱国，故谓华孽。'"④ 恐怕多少有史臣演绎附会以警视听的主观意图。

原载（《唐史论丛》第十六辑，陕西师范大学出版社 2013 年版）

---

① 《陈书》卷七《皇后传》，北京：中华书局，1972 年标点本，第 129 页。
② 《陈书》卷七《皇后传》，北京：中华书局，1972 年标点本，第 130 页。
③ 《陈书》卷七《皇后传》，北京：中华书局，1972 年标点本，第 131 页。
④ 《隋书》卷二十三《五行志下》，北京：中华书局，1973 年标点本，第 657 页。

隋代宫人的膺选标准与社会期许——以隋代宫人墓志铭为基本素材

    隋代宫人的膺选问题，学界尚少专门研讨。笔者在通读隋代宫人墓志铭的基础上，结合《隋书》等相关文献，讨论了隋代宫人膺选的诸方面基本标准。由于墓志铭的描述往往带有较为普遍的社会理念性，代表着当时社会官方乃至世俗的道德风尚观念，故本文试图通过分析隋代选取宫人的标准尺度，藉以考查隋代社会对宫人阶层的一般理想化审视与理想化期许，并为进一步了解隋代社会对女性道德规范与妇德准则的认识提供史料依据。

    隋代墓志铭中记载的宫人主要是指六尚诸司分管皇帝乘舆、饮馔、服饰等日常生活事务的并拥有官职品秩的宫廷女官。

    根据《隋书》卷三十六《后妃传》，可知隋代宫廷女官制度在文帝与炀帝时期各自有所演变，有所不同。隋文帝时期主要采用汉晋旧制，设置了"六尚"、"六司"、"六典"，递相统摄，也就是以六典直属六司，再统管于六尚，以此来执掌宫掖，成为一个有序的行政系统。女官人数不多，约五十四人左右。隋炀帝时"参详典故，自制嘉名，著之于令"，"又增置女官，准尚书省，以六局管二十四司"，人数则达百人之多[①]。对于各类女官的职责，《隋书》亦有较详细记载：

---

① 《资治通鉴》卷一百八十七高祖武德二年正月条云："建德每战胜克城，所得资财，悉以分将士，身无所取。……及破化及，得隋宫人千数，即时散遣之。"此云"得隋宫人千数"，与《隋书》所载相差甚大，盖将普通宫女亦计算在内。北京：中华书局，1956 年标点本，第 5842—5843 页。

一曰尚宫局，管司言，掌宣传奏启；司簿，掌名录计度；司正，掌格式推罚；司闱，掌门合管钥。二曰尚仪局，管司籍，掌经史教学，纸笔几案；司乐，掌音律；司宾，掌宾客；司赞，掌礼仪赞相导引。三曰尚服局，管司玺，掌琮玺符节；司衣，掌衣服；司饰，掌汤沐巾栉玩弄；司仗，掌仗卫戎器。四曰尚食局，管司膳，掌膳羞；司酝，掌酒醴醢醢；司药，掌医巫药剂；司饎，掌廪饩柴炭。五曰尚寝局，管司设，掌床席帷帐，铺设洒扫；司舆，掌舆辇伞扇，执持羽仪；司苑，掌园篽种植，蔬菜瓜果；司灯，掌火烛。六曰尚工局，管司制，掌营造裁缝，司宝，掌金玉珠玑钱货；司彩，掌缯帛；司织，掌织染。六尚二十二司，员各二人，唯司乐、司膳员各四人。每司又置典及掌，以贰其职。六尚十人，品从第五；司二十八人，品从第六；典二十八人，品从第七；掌二十八人，品从第九。女使流外，量局闲剧，多者十人已下，无定员数。联事分职，各有司存焉。①

上述记载无疑是研究隋代女官制度的最基本且最珍贵资料②，然其中对于宫人的膺选标准、各职任宫人在职责范围管理的具体事务、执掌状况及工作态度等问题，均少有涉及。而隋代短促，其他一些存世资料对此方面的记叙更是凤毛麟角，海针难觅。因此对于研究隋代女官，留下了不少的缺憾。而隋代宫人墓志铭的出土和集中公布③，自为研究隋代宫人的相关问题提供了足以补充传世文献的宝贵资料。

一、隋代宫人墓志中的基本素材

目前可得知见的隋代宫人墓志共有 40 方，又有在北周朝担任过宫官入隋

---

① 《隋书》卷三十六《后妃传》，北京：中华书局，1973 年标点本，第 1107—1108 页。

② 关于隋代宫人制度方面已有较系统研究，如蔡幸娟：《北朝女官制度研究》三《隋代女官制度之发展与演变》之（六）《墓志铭文所见隋代女官之实例论证与补益》，《历史学报》1998 年第 20 号，第 200—206 页。故本文不再涉及宫人制度演变方面的问题。

③ 本文所取材的隋代宫人墓志，皆引自王其祎、周晓薇：《隋代墓志铭汇考》，北京：线装书局，2007 年。

仍任宫官者1人（大业十年《马称心志》，共41方。职位与身份也各有所不同。其中列有司职者22人：分别为内副监1人、采女2人、御女1人①、尚宫1人、司言1人、司乐1人、典乐1人、司玺2人、尚寝衣1人、司饰1人、司仗3人、尚食2人、司饎1人、司灯1人、司宝1人、典彩1人、司计1人，品秩大多数为七品到五品之间。无列司职者19人：19人中列有品秩者5人，未列品秩者14人。品秩高者三品，低者六品。

总览这些隋代宫人墓志，大要有三个显著特点：

一是卒葬时间，这41方墓志全部为隋炀帝大业年间卒葬的宫人，因而留给世人的只是清一色炀帝时期撰书的宫人墓志，而全缺隋文帝时期的宫女墓志。或许这是一个历史的偶然，恰巧只有炀帝时期卒葬的宫人墓志得以出土、发现、收藏并留传下来，而文帝时期卒葬的宫人墓志迄今还秘藏于地下？又或许以隋初入宫者年龄大约十六岁推之，到文帝末亦多不超过四十岁，按理很少会有正常死亡，除非文帝有延用旧朝宫人的情况。其实，还应当留意的是：除了北朝有大监刘阿素、女尚书冯迎男等不到十方宫人墓志之外，汉晋南朝似乎没有什么宫人的墓志流传下来，而且北朝这几方墓志的志题也没有出现"宫人"字样，绝不像隋代宫人墓志那样撰写成规范文体的宫人墓志题名②。那么，可不可以再作推测：或许隋代宫人墓志的撰写通行于炀帝时期，而之前的文帝时期还没有形成为宫人撰书墓志的习尚。毕竟各种推测都只能是推测，而所见隋代宫人墓志的卒葬年份全部集中在炀帝时期则终究是个无法否认的事实。

二是卒葬地，这41位隋代宫人的卒所均在东都洛阳，亦即当时的河南郡河南县和洛阳县所辖的宫人患坊或别馆，而葬地则均在北邙山。这就是说迄今所见的隋代宫人皆卒葬在洛阳，不仅其他的离宫别馆所在地没有，就连京师所在的长安地区竟也无一发现，联系到前述宫人墓志皆卒葬于炀帝时期的事实，这实在不能不说是一个十分奇异而又值得探究的谜团，唯此不属于本文讨论范畴而不予赘说。

---

① 《隋书》卷三十六《后妃传》："采女三十七员，品正第七，是为女御。"赵万里先生认为："采女"、"御女"虽跻于嫔御之列，然职位卑下，与"六局"诸司相当。见赵万里：《汉魏南北朝墓志集释》卷十《隋宫人》，北京：科学出版社，1956年，第二册，第111页。此论甚当，采女确实在这里被冠以宫人之称。

② 隋代宫人墓志志题皆诸如《隋故宫人采女田氏墓志铭并序》、《宫人司乐刘氏墓志铭并序》之类。

宫人的卒所表明这 41 位宫人都生活在东都所在的洛阳县或河南县别馆。而据唐代杜宝的《大业杂记》记叙：隋炀帝曾在全国许多地方修建或扩建离宫别馆。比如隋大业元年（605）五月就修建了东都西苑，"其内造十六院，屈曲周绕龙鳞渠。……每院各置一屯，屯即用院名名之。屯别置正一人，副二人，并用宫人为之"。大业二年（606）七月，又"敕于汾州西北四十里，临汾水起汾阳宫"。大业四年（608）二月，"自京师还东都。造天经、仙都二宫"。大业六年（610）十二月，"敕开江南河，自京口至余杭郡，八百余里，水面阔十余丈。又拟通龙舟，并置驿宫"。大业十二年（616）正月，又在毗陵郡"郡东南置宫苑，周十二里，其中有离宫十六所。其流觞曲水，别有凉殿四所，环以清流。……其十六宫亦以殿名名宫。……又欲于禹穴造宫，未就而天下大乱"①。加之原来就有的江都宫、陇川宫，等等，隋炀帝在御宇之年建立起了以洛阳为中心的数十处离宫别馆，供他在巡游驾幸时使用。也正是这个原因使得炀帝在即位的十四年中，大部分时间都不在长安或洛阳，而是频繁地出巡游幸，于是他便把离宫别馆当成办公场所，那些陪侍或服务于皇帝的宫人，当然也就只能生活或随行生活在洛阳城乃至其他的离宫别馆了。只可惜服务于这些离宫别馆的宫人事迹，大多未见记载保留下来，而所能据以了解的，就只能是这 41 方出土于洛阳的宫人墓志了。

至于这些宫人皆葬在北邙山的原因亦很明了，邙山自古便是洛阳北界的天然屏障和军事要冲，而以洛阳作为汉魏帝都和隋唐东都之地，使得邙山也渐次被视为且形成了吉葬之所在的风水宝地，诚所谓"贤愚贵贱同归尽，北邙冢墓高嵯峨"②。

三是出土的隋代宫人墓志与唐代宫人墓志相比有很大不同，主要是记载宫人的事迹较唐代详实而清楚，书撰亦较唐代严谨而认真。

唐代宫人墓志或被认为是"特殊的文章格式"，有学者归纳道："这些墓志中有相当一部分，是按同一种格式'填写'的。这种'填写'与撰写不同，特点是只有简单的几项内容、无需斟酌词句，无需笔墨发挥，当然更无需投

---

① （唐）杜宝撰、辛德勇辑校：《大业杂记辑校》，西安：三秦出版社，2006 年，第 13、14、23、28、49 页。

② （唐）白居易：《白香山诗集》卷十二《伤感四·浩歌行》，上海：国学整理社，民国二十四年（1935），第 113 页。

入情感，抒发真情实感。不管宫女身世如何，都可以援据一种现成的墓志格式，照本抄录就行了。……对宫女的姓名（概称'亡宫'）、籍贯（一般作'不知何许人也'、'莫详其氏族'）、卒地（一般称'终于某所'）、葬地（一般记'葬于某所'）等诸项内容，一概语焉不详，甚至连宫女的寿数，也忽略不书，只以'春秋若干'一语含混带过。这很足以代表唐代宫女墓志在内容上的特点。"① 比之隋代宫人墓志，诸如这种"特殊文章格式"者也有几例，但为数很少，而且墓志中除了籍贯作"不知何许人也"之外，姓名、卒地、葬地、寿数则一应俱全，且保留了一些简明的基本要素。最值得称道的是不少宫人墓志能够依据各自的任职情况来认真描述，虽然笔墨不多，也足够渲染与写真。有些宫人事迹不但描写得翔实生动，而且文采飞扬，精彩之至。

不可否认的是：墓志铭记录人的生平，最容易掩瑕录美，也就是人们所说的"谀墓"之辞。然而由于墓志铭的描述往往带有社会的理念性，着意流露并代表着当时社会的道德风尚观念，尤其是通过宫人墓志足以考查隋代社会对宫人这一社会阶层的一般理想化期许，从而进一步了解史书所少有涉及的宫人入选、宫官职责的执行等一系列相关问题，因此宫人墓志的史料价值是不容忽视的。笔者在通读《隋代墓志铭汇考》收录的 41 方宫人墓志的基础上，加以比对《隋书》等相关史料，进而集中探究隋代膺选宫人的基本标准及从中所折射的社会道德理念与理想期许。

二、隋代宫人膺选标准与社会理念

在隋代社会，女子被选为宫人，无疑意味着一种幸运与荣耀。正所谓"命渐庆灵，遂升椒闱。名高时辈，誉重当官"②，"腾芳戚里，膺选椒庭"、"位光徽众，荣迈华夷"③，不但入选女子的身份骤然显赫光艳，而且待遇十分优越。以隋东都西苑"十六院"宫人的住处为例：

---

① 程章灿：《"填写"出来的人生——由〈亡宫墓志〉谈唐代宫女命运》，《中国典籍与文化》1996年第 1 期，第 87—90 页。

② 大业五年（609）《宫人李氏志》，王其祎、周晓薇：《隋代墓志铭汇考》，北京：线装书局，2007 年，第 3 册，第 373 页。

③ 大业十二年（616）《宫人徐氏志》，王其祎、周晓薇：《隋代墓志铭汇考》，北京：线装书局，2007 年，第 5 册，第 302 页。

其屯内备养乌崒，穿池养鱼，为园种疏，植瓜果，四时肴膳，水陆之产，靡所不有。其外游观之处，复有数十，或泛轻舟画舸，习采菱之歌；或升飞桥阁道，奏春游之曲。苑内造山为海，周十余里，水深数丈。其中有方丈、蓬莱、瀛洲诸山，相去各三百步，山高出水百余尺。上有通真观、集灵台、总仙宫，分在诸山。风亭月观，皆以机成，或起或泛，若有神变。海北有龙鳞渠，屈曲周绕十六院入海。海东有曲水池，其间有曲水殿，上巳祓饮之所。每秋八月月明之夜，帝引宫人三五十骑，人定之后，开间阊门入西苑，歌管达曙，诸府寺，因乃置《清夜游》之曲数十首。①

宫人居住的地方水绕山环，耸立着幽雅的亭阁楼台。轻舟画舸，悠然泛过飞桥阁道。四时的应景瓜果、蔬菜、水陆肴膳，更使得生活富足而雅致。中秋之夜，被选中的宫人还可以奉陪皇帝歌管达曙，这在寻常人看来是如此的尊贵曼妙②。因此当时许多有女子的人家都会萌动心思，希望自家女子能够参选并加入宫人的行列。

关于如何遴选宫人，史书几无记载。《隋书》卷三十六《后妃传》有云："炀帝时，后妃嫔御，无厘妇职，唯端容丽饰，陪从宴游而已。"可知后妃嫔御在职掌上皆"无厘妇职"，但在仪容上却是"唯端容丽饰"为基本要求，因为她们的责任就是"陪从宴游而已"。那么，拥有"妇职"的宫人，究竟有一些怎样的膺选标准呢？是同样"唯端容丽饰"，还是另有多方面的德才要求？通过认真研读隋代宫人墓志，可以发现隋代选择宫人，的确是有其基本准则或者基本条件的。而且大多数隋代宫人墓志都涉及了她是如何被选入宫中任职的情况，因而对这一问题的研究也就提供了相对丰富集中的史料。

（一）是生淑丽 入侍椒房——美丽容貌是遴选宫人的基本标准

大多数情况下，选取宫人的标准都不能不以美貌作为基本尺度。最有代

---

① （唐）杜宝撰、辛德勇辑校：《大业杂记辑校》，西安：三秦出版社，2006年，第14—15页。
② 当然炀帝时宫人也有因直言而被杀头的。（宋）司马光：《资治通鉴》卷一百八十五"高祖武德元年三月"条："有宫人白萧后曰：'外间人人欲反。'后曰：'任汝奏之。'宫人言于帝，帝大怒，以为非所宜言，斩之。其后宫人复白后，后曰：'天下事一朝至此，无可救者，何用言之，徒令帝忧耳！'自是无复言者。"北京：中华书局，1956年标点本，第5777页。

表性的是大业八年（612）《宫人萧氏志》，节录如下：

> 宫人讳字，姓萧氏，兰陵郡兰陵县西乡东里人。……宫人秀则容雅，
> 芳华丽质。美而窈窕，秦女莫以方之；独秀家庭，西施无以等譬。情思
> 礼度，得奉兰闱，绮帐绸缪，华庭逶步。瞻望月丽，必以题诗，得赋吟
> 篇，梁间不绝。蝉飞入鬓，凤口含烟，粟钿流光，珠明耳侧。春秋卅有
> 四。鈆华盛美，花烛丰妍，弄玉未是，年余爱珠，唯当斯日，忽遇秋风，
> 零霜遂落。大业八年七月十九日染疾缠痾，卒于别院。以其月廿五日葬
> 于邙山之北原，以六品礼也。凄歌莫不满路，集鸟云内哀吟，长入青乌，
> 奄离风日。①

撰志者对这位萧氏宫人的美丽渲染到了极致，"蝉飞入鬓，凤口含烟，粟
钿流光，珠明耳侧"，恰到好处地衬托了萧氏的芳华丽质、秀雅容貌。最生动
传神的是"瞻望月丽，必以题诗，得赋吟篇，梁间不绝"。情意浪漫超脱，举
止高雅可人。无怪"秦女莫以方之"、"西施无以等譬"，这样令人心动的美
人，又怎能不被选入宫中任官？又有大业七年（611）《宫人司灯李氏志》：
"宫人容则秀雅，滂心绰态，馥似兰荃，润同琬琰。礼因师传，化渐闺闱，故
得光升九重之壶，荣参百支之曜。"② 秀雅的外貌及兰花美玉般的气质，正是
李氏荣任司灯的前提条件。大业九年（613）《宫人豆卢氏志》铭文云豆卢氏
"是生令美，入奉椒华"，且在志文中强调了她的善歌能舞："歌驻行云，徘徊
仙影；舞疑流雪，飘□丽姿。"③ 大业十年（614）《宫人席氏志》："夫仙姬挺
妙，无劳百氏之宗；佳媛芳姿，可略世家之说。姬以龆年出众，总角光前。
故得幸侍彤宫，预升椒阁。"④ 诸如此类记叙，女子因美貌而被挑选为宫人
者，在宫人墓志中的比例上是占了多数的。正如大业五年（609）《宫人元氏
志》云："都尉女弟，止因歌舞入宫；常从良家，或以妖妍充选。"⑤ 说明选
用宫人的条件，或是因为她们擅长歌舞，或是因为相貌妖妍。这在隋代应当

① 王其祎、周晓薇：《隋代墓志铭汇考》，北京：线装书局，2007年，第4册，第240页。
② 王其祎、周晓薇：《隋代墓志铭汇考》，北京：线装书局，2007年，第4册，第150页。
③ 王其祎、周晓薇：《隋代墓志铭汇考》，北京：线装书局，2007年，第4册，第342页。
④ 王其祎、周晓薇：《隋代墓志铭汇考》，北京：线装书局，2007年，第5册，第45页。
⑤ 王其祎、周晓薇：《隋代墓志铭汇考》，北京：线装书局，2007年，第3册，第371页。

是较为普遍意义的入选宫人的基本标准。

　　然而值得注意的是：尽管以美色入宫任官是一个不争的事实，但单纯以美貌选入宫中的描述却仅有可数的几例。更多的女子则不仅要拥有美貌，而且还需有与美貌相匹配的品性、德行、才识。比如大业二年（606）《宫人刘氏志》："灼似芙渠，华如桃李，挺兹蕙性，入奉丹掖。"既灿若芙蓉，美如桃李，又品质高洁，兰心蕙性，恰如铭文强调的："心如琬琰，气方兰蕙。言容有则，纠组无替。"①说明刘氏正是由于美貌与妇德双重因素入选的。而且墓志对于诸位宫人姿色的描写，除了大业五年（609）《宫人元氏志》在泛指入选宫人之事时用了"妖妍"字眼，其他对宫人美貌的形容则运用了如下描写："秀则容雅，芳华丽质"、"秀容皎洁，丽质芳鲜"、"容则秀雅，端庄淑问"、"严雅为容"、"嫩丽"或"淑丽"等，可谓用词非常工谨妥帖，而绝不出现妖艳妩媚之类的字眼，欲要表达的乃是一种内质与外貌相谐的端雅之美，而这种审美意识又当足以表达社会对宫人容貌的基本的理想化要求，所以宫人的容貌之美丽应该是与其拥有的地位与身份的荣耀相得益彰的。

（二）言容凤备　婉嫕斯彰——柔顺品性是遴选宫人的侧重点

　　前文所举大业五年（609）《宫人元氏志》在描绘普遍意义上的以美色入选宫人之后，又云："幽闲淑性，入侍层城之房；婉嫕令言，来奉披香之殿。"②实际上是在言明：以美貌选取宫人，则不如以女子的优良品性来选取更为重要。因此对宫人元氏入选的主要原因，强调其"幽闲淑性"③、"婉嫕令言"④，也就是柔顺闲静和善的性情品质。能印证这一观念的还有大业五年（609）《宫人李氏志》："典玺言容凤备⑤，婉嫕斯彰，命渐庆灵，遂升椒闱。

---

　　①　王其祎、周晓薇：《隋代墓志铭汇考》，北京：线装书局，2007年，第3册，第187—188页。

　　②　王其祎、周晓薇：《隋代墓志铭汇考》，北京：线装书局，2007年，第3册，第371页。

　　③　幽闲，多用以形容女性品性柔顺闲静。《后汉书》卷八十四《列女传》："赞曰：'端操有踪，幽闲有容。区明风烈，昭我管彤。'"北京：中华书局，1965年标点本，第2803页。《文选》卷二十一，颜延年《秋胡诗》："婉彼幽闲女，作嫔君子室。"北京：中华书局，1977年影印本，上册，第301页。

　　④　婉嫕，谓性情柔顺和善。《文选》卷五十六，张华《女史箴》："婉嫕淑慎，正位居室。"北京：中华书局，1977年影印本，下册，第768页。

　　⑤　司玺一职属尚服局，"掌琮玺符节"。典玺为司玺的下属官员。参见《隋书》卷三十六《后妃传》，北京：中华书局，1973年标点本，第1107页。

名高时辈，誉重当官。"① "言容夙备"，是说李氏容貌姿色与言行举止都具备做宫人的条件，而尤为突出的是具有"婉嬺"的品性，于是方能荣任典玺一职。大业六年（610）《宫人朱氏志》："典彩令淑成德②，柔顺为心，故得入选禁闱，优游紫闼。"③ 担任典彩的朱氏，她的入选也是因为淑德"柔顺"。大业九年（613）《宫人陈氏志》云其"趋侍后庭"的原因是："十年姆教，言容礼典，恪恭婉淑。"铭文又云："幽闲有衮，令范含章。"④ 强调朱氏遵循礼节的举止和婉淑恭顺的品性。大业七年（611）《宫人陈氏志》铭文云陈氏："严雅为容，淑慎成德。"志文更赞赏她"从容阶陛，志节闲雅"⑤。她的美丽被描绘成"严雅"，即庄重典雅，与其内在品质的"志节闲雅"、"淑慎"相辅相成。大业八年（612）《宫人韦氏志》："宫人容则秀雅，端庄淑问。"⑥ 长相秀雅端庄和品性的美善当是她做宫人的优越条件。大业十年（614）《宫人唐氏墓志》铭文云唐氏"是生淑丽，入侍椒房"，又形容她的"淑丽"表现在"含婉嫕之姿，怀淑善之性"⑦，展现出一个婉顺善良女子的形象。大业十年（614）《宫人田氏志》："采女幼而令淑，选入后宫。"⑧ 重在突显田氏自幼就具备了美善的品德，从而成为她得以进入后宫的资本。大业十二年（616）《宫人卜氏志》云："宫人承斯善庆，体以柔闲，□情表于龆年，蕙性彰于笄日。传芳戚里，选入后庭。"⑨ 卜氏被选做宫人的前提，又复如铭文部分所赞誉的"柔闲擅芳"、"言容相映"。更为特别的是大业十年（614）《宫人陈花树志》，云花树是"特以小心见录，非因色幸"⑩，则明确强调她并不是由于美色入宫，竟是以其柔顺谨慎的"小心"而见录。

墓志之所以将宫人描写成端庄秀雅的美貌和柔顺闲雅的品性，乃与中古社会传统的伦理观念与审美意识有很大关系。宫人是女性，也是宫官，她们

① 王其祎、周晓薇：《隋代墓志铭汇考》，北京：线装书局，2007年，第3册，第374页。
② 典彩一职属尚工局，为司彩的下属，"掌缯帛"。参见《隋书》卷三十六《后妃传》，北京：中华书局，1973年标点本，第1107页。
③ 王其祎、周晓薇：《隋代墓志铭汇考》，北京：线装书局，2007年，第4册，第129页。
④ 王其祎、周晓薇：《隋代墓志铭汇考》，北京：线装书局，2007年，第4册，第286页。
⑤ 王其祎、周晓薇：《隋代墓志铭汇考》，北京：线装书局，2007年，第4册，第147页。
⑥ 王其祎、周晓薇：《隋代墓志铭汇考》，北京：线装书局，2007年，第4册，第234页。
⑦ 王其祎、周晓薇：《隋代墓志铭汇考》，北京：线装书局，2007年，第5册，第70页。
⑧ 王其祎、周晓薇：《隋代墓志铭汇考》，北京：线装书局，2007年，第5册，第49页。
⑨ 王其祎、周晓薇：《隋代墓志铭汇考》，北京：线装书局，2007年，第5册，第300页。
⑩ 王其祎、周晓薇：《隋代墓志铭汇考》，北京：线装书局，2007年，第5册，第55页。

承担着为皇帝、皇族服务的职责。长相美丽,完全是为了统治阶层的赏心悦目;品性柔顺、举止闲雅,更是为了能够顺从尽心地服务于皇室阶层,使得宫内秩序和谐安定。这与魏晋以来要求女史"妇德尚柔,含章贞吉。婉嫕淑慎,正位居室"①的观念全然相符。将选择宫人的条件规约为美丽端庄与温顺柔和相结合,其所流露出来的褒扬意识正是隋代宫人墓志意欲表达的社会理念。

(三)弘训妇德 文妙工巧——德才兼备是遴选宫人的理想尺度

前述宫人墓志记叙选取宫人是以女子的美貌及柔顺品性作为衡量标准的,还有一些宫人墓志则反映出:女子个人的妇德修养与才能巧艺也是选取宫人的尺度。这一标尺合乎封建社会的伦理道德,当然也同样代表了隋代社会对宫人品德才能的理想化期望。

1. 长宣妇礼 女德斯备

《隋书》卷七十五《儒林传》序云:

> 高祖膺期纂历,平一寰宇,……天子乃整万乘,率百僚,遵问道之仪,观释奠之礼。……于是超擢奇隽,厚赏诸儒,京邑达乎四方,皆启黉校。齐、鲁、赵、魏,学者尤多,负笈追师,不远千里,讲诵之声,道路不绝。中州儒雅之盛,自汉、魏以来,一时而已。……炀帝即位,复开庠序,国子郡县之学,盛于开皇之初。②

儒学统治地位在隋王朝郑重确立之后,儒家伦理道德规范对女性的要求更加严格,隋代社会对女性理想化期许也被打上了儒家伦理规范的烙印,并且以儒家"三从四德"和"女正位乎内"等观念规范女性的言行举止、品德修养。比如《隋书·经籍志》就列举了多部女教之书,有《女篇》、《女鉴》、《妇人训诫集》、《娣姒训》、《曹大家女诫》、《贞顺志》等③,仅从书名就能看

---

① (晋)张华:《女史箴》,《文选》卷五十六,北京:中华书局,1977年影印本,下册,第768页。

② 《隋书》卷七十五《儒林传》,北京:中华书局,1973年标点本,第1706—1707页。

③ 《隋书》卷三十四《经籍志三》,北京:中华书局,1973年标点本,第999页。

出全是一些宣扬封建传统观念的妇德教育文字，而且此类书籍的撰写者大多出自皇后或女史名流，她们进一步阐发了儒家伦理观念所规定的女性言行规范，使其成为社会的主流意识形态而渗透到社会各个阶层。这些女教书的整齐出笼，亦说明隋代社会对妇德教育的重视。炀帝萧皇后的《述志赋》更是声情并茂地谈论妇德妇志，要求女子做到："荡嚣烦之俗虑，乃伏膺于经史。综箴诫以训心，观女图而作轨。遵古贤之令范，冀福禄之能绥。"① 隋代宫人墓志在描写选用宫人的条件时，自然与此种道德理念浑然天成。

以所谓"幼承女德，长宣妇礼"② 入选的宫人还有诸如大业八年（612）《宫人沈氏志》："端庄早著，聪敏夙彰，咸盥无违，罄丝有礼。挺兹七行，来升九重。"③ 一个女孩天生美丽聪明远远不够，还要接受一系列女德方面的训练，做到"咸盥无违，罄丝有礼"，如此在参选宫人时方能够"挺兹七行"，因德、才、貌俱佳而"来升九重"。又如大业五年（609）《宫人元氏志》："笄褵从礼，宿承阃则，环佩习容，动依闺训。"④ 元氏只缘接受了妇礼闺训方面的严格训练，长成后便能顺利成为循规蹈矩的出色宫人。这与《礼记·内则》所云"女子十年不出，姆教婉娩听从"⑤ 的观念如出一辙。

"动合规矩，言由礼则"⑥，"内仪可轨，女德斯备"⑦，能够遵循这些仪范箴诫而入选的宫人，有大业十一年（615）《宫人姜氏志》："诞兹令淑，节操

---

① 《隋书》卷三十六《炀帝萧皇后传》，北京：中华书局，1973 年标点本，第 1112 页。
② 王其祎、周晓薇：《隋代墓志铭汇考》，北京：线装书局，2007 年，第 5 册，第 340 页。
③ 王其祎、周晓薇：《隋代墓志铭汇考》，北京：线装书局，2007 年，第 4 册，第 237 页。
④ 王其祎、周晓薇：《隋代墓志铭汇考》，北京：线装书局，2007 年，第 3 册，第 237 页。
⑤ 《礼记正义》卷二十八《内则》，北京：中华书局，1980 年影印清阮元校刻《十三经注疏》本，下册，第 1471 页。
⑥ 大业七年（611）《宫人陈氏志》："动合规矩，言由礼则"，有"女仪夙备"的称誉。另有大业六年（610）《宫人贾氏志》："蹈仁义而摄卫，循典章以取则。"大业八年（612）《宫人何氏志》："宫人能循法度，无思犯礼。"大业十年（614）《宫人元氏志》："体四德之令仪，践七诫之弘训。"大业十年（614）《宫人鲍氏志》："肃穆内仪，幽闲女则，明敏赋咏，规鉴图史。"大业十二年（616）《宫人常泰夫人房氏志》："女史斯镜，内仪可范。"铭文："图史规镜，箴诫肃成。"大业十三年（617）《宫人唐氏志》铭文："是称丽淑，入奉椒房"，且具有"内仪有则，女德惟良。图史该备，箴诫有方"的德行品质。大业十三年（617）《宫人刘氏志》："令仪可则，镜佩有礼，图史惟恭。"大业十三年（617）《宫人□氏志》铭文："箴规有则，图史斯通。"上举这些墓志记载，皆为此类事例。
⑦ 大业九年（613）《宫人豆卢氏志》："内仪可轨，女德斯备。"大业十年（614）《宫人侯氏志》："内仪可轨，女德斯备，妍明有性，慎美兼姿。"

冰清，四行匪亏，七德无爽。故得入奉椒殿，承恩桂宫。"① 突出的是姜氏的冰清节操与所谓的"四行"、"七德"。又有大业十一年（615）《宫人丁氏志》："宫人以国华入选，邦媛推妍，仪范可嘉，箴诫有则，故得厕影椒房，编名永巷。"② 丁氏以天华国色入选，又有"可嘉"的"仪范"、"有则"的"箴诫"，当然可得荣任女官。

2. 文丽三秋　声和四时

隋代统治者重用和选拔博涉经书者及文学之士到中央任职，极大地鼓舞了儒学雅士的学习热忱③。

> 开皇中。李谔论之于文帝曰："魏之三祖，更好文辞，世俗以此相高，朝廷以兹擢士。故文章日烦，其政日乱。"帝纳李谔之策，由是下制，禁断文笔浮辞。其年，泗州刺史司马幼之以表不典实得罪，于是风俗改励，政化大行。炀帝嗣兴。又变前法，置进士等科。④

隋代采用"试策"的考试方式取士，从而打破了以往因门第取才的限制，用知识与学识拓展仕途前景。社会浓郁的学风使得更多家庭重视子女的文化教育，女子除了诵习妇德女则之外，有了更多的机会接触到经典、史籍、诗赋，从而提高了女子的文化修养。因此，隋代社会对女子才能方面的要求也随之提高了，不但要求她们品性上的柔顺贤惠，还希望她们有一定的才学修养，能够知书达理，阅读文史，并有述作诗文的文学水平。这些观念无疑也影响到选择宫人的理念。隋代宫人墓志中所反映出的女子文学才能表现在如下几个方面：

（1）研习诗礼，披阅风骚。古代官宦人家或富足家庭之女子，从小就要接受女训教育并学习《诗》、《礼》等经书。如大业十二年（616）《宫人徐氏志》："爰自妙年，习《礼》明《诗》，彰于绮日。"并且因此"腾芳戚里，膺

---

① 王其祎、周晓薇：《隋代墓志铭汇考》，北京：线装书局，2007年，第5册，第98页。

② 王其祎、周晓薇：《隋代墓志铭汇考》，北京：线装书局，2007年，第5册，第235页。

③ 如《隋书》卷三《炀帝纪上》有大业三年（607）四月甲午的"求贤诏"："学业优敏，文才美秀，并为廊庙之用，实乃瑚琏之资。"北京：中华书局，1973年标点本，第68页。

④ （宋）王溥：《唐会要》卷七十六《贡举中》"制科举"条，上海：上海古籍出版社，1991年，第1647页。

选椒庭"①。这是由于从小研习诗书而得以入选宫人的事例。大业二年（606）《宫人刘氏志》云：刘氏"《国风》遍览，偏观芼荇之诗；《商书》②，并读曲美之句。"③ 说明她不但能够遍览《诗经》中的《国风》，还能研读《尚书》中的《商书》，具有相当的文史水平。尤其是大业六年（610）《宫人程氏志》，云程氏在宫中任职时，"居高年而习《诗》、《礼》，训后进而阅《风》、《骚》。故得曳此绿衣，佩兹花绶"④。由于程氏的好学，还得到了曳绿衣、佩花绶的待遇和地位，并作为典型事例写进墓志铭而流芳百世，这更从侧面说明隋代对宫人学识的重视程度。又如大业八年（612）《宫人陈氏志》："宫人教于宗室，久闻诗礼，擢影椒房，仍芬令问。"⑤ 也是一位在陈朝宗室家族"久闻诗礼"从而入隋后"擢影椒房"的模范。

（2）诗裁秋扇，赋美春莺。隋代女子不但涉猎《诗》、《礼》，而且还广泛阅读其他诗、文、赋等文学作品。许多女子不仅能吟会诵，而且能够作诗写赋。如丁六娘《十索四首》、李月素《赠情人诗》、罗爱爱《闺思诗》、秦玉鸾《寄情人诗》、苏蝉翼《因故人归作诗》、张碧兰《寄阮郎诗》，还有炀帝时宫女侯夫人《自感诗三首》、《妆成诗》、《自遣诗》、《春日看梅诗二首》等⑥，虽然皆为宫女寂寞悲思之作，却也成为见证隋代女性文学才干的不朽诗章。宫人墓志对此亦有专门描述，如大业六年（610）《宫人刘氏志》："诗工团扇，赋巧芙蕖，言出兰闺，光升椒掖。"⑦ 大业八年（612）《宫人沈氏志》："焰梁比丽，迥雪方妍，落妙藻于芳蕖，洒花笺于高帐。"⑧ 大业八年（612）《宫人萧氏志》："瞻望月丽，必以题诗，得赋吟篇，梁间不绝。"⑨ 大业十年（614）《宫人樊氏志》："文丽三秋之扇，声和四时之柱。"⑩ 皆足以说明隋代女性习诗作赋是展示女子尤其是宫人才华的一个重要方面。

---

① 王其祎、周晓薇：《隋代墓志铭汇考》，北京：线装书局，2007 年，第 5 册，第 303 页。
② 原墓志文"商书"后漏刻两字，不成对文。
③ 王其祎、周晓薇：《隋代墓志铭汇考》，北京：线装书局，2007 年，第 3 册，第 187 页。
④ 王其祎、周晓薇：《隋代墓志铭汇考》，北京：线装书局，2007 年，第 4 册，第 81 页。
⑤ 王其祎、周晓薇：《隋代墓志铭汇考》，北京：线装书局，2007 年，第 4 册，第 219 页。
⑥ 逯钦立辑校：《先秦汉魏晋南北朝诗》隋诗卷七，北京：中华书局，1983 年，下册，第 2736—2739 页。
⑦ 王其祎、周晓薇：《隋代墓志铭汇考》，北京：线装书局，2007 年，第 4 册，第 22 页。
⑧ 王其祎、周晓薇：《隋代墓志铭汇考》，北京：线装书局，2007 年，第 4 册，第 237 页。
⑨ 王其祎、周晓薇：《隋代墓志铭汇考》，北京：线装书局，2007 年，第 4 册，第 240 页。
⑩ 王其祎、周晓薇：《隋代墓志铭汇考》，北京：线装书局，2007 年，第 5 册，第 78 页。

（3）巧艺兼便，妙纤组功。大业七年（611）《宫人魏氏志》："四德咸宣，妇功尤妙。"① 所谓妇功，在古代社会主要包括"成丝麻、布帛之事"②，当然除了会纺织、缝纫外，还有酿酒、炊事、侍奉姑舅、相夫教子等主内之事。一个女子的"妇功尤妙"，也代表着她的妇德教养优良，妇功方面的聪颖灵巧。大业十年（614）《宫人席氏志》誉之为"才情绮靡，巧艺兼便"③，既有绮靡的"才情"，又兼有许多"巧艺"，这也正是隋代社会期许的那种德才兼备、心灵手巧的女子形象，更遑论对身为宫官之人的高标准、严要求了。

以上宫人墓志是要强调入选宫人的标准在于女子的德行品质以及才能巧艺。这一理念应更能体现传统意识中对女性的理想化期许与要求。

（四）爱自良家　是称邦媛——良家出身是遴选宫人的前提条件

良家出身对膺选宫人而言是不次于美貌品德的一个最为基本的前提条件。何为"良家"，古代大约有如下几层意思：一是善于经营而致富的人家；二是指家境富足的人家；三是世家大族；四是指医、巫、商贾、百工以外的人家，因此"良家"也统称清白人家。

隋代宫人墓志中有关良家女子膺选宫人的记载有好多几例：大业五年（609）《宫人元氏志》，除了前文提到她入选宫人是因为"幽闲淑性"、"婉嫕令言"的品性之外，还有一个缘由如铭文所云："爱自良家，寔由德选。"④ 大业七年（611）《宫人郭氏志》："爱自良家，驰名永巷。"⑤ 大业十二年（616）《宫人杨氏志》铭文云："言尸其任，实俟良家。"⑥ 大业九年（613）《宫人陈氏志》："言容礼典，恪恭婉淑。良家入选，趁侍后庭。"⑦ 大业九年（613）《宫人豆卢氏志》："三秦世胄，四姓良家。"⑧ 大业十年（614）《宫人

---

① 王其祎、周晓薇：《隋代墓志铭汇考》，北京：线装书局，2007年，第4册，第194页。

② 《礼记正义》卷六十一《昏义》，北京：中华书局，1980年影印清阮元校刻《十三经注疏》本，下册，第1681页。

③ 王其祎、周晓薇：《隋代墓志铭汇考》，北京：线装书局，2007年，第5册，第46页。

④ 王其祎、周晓薇：《隋代墓志铭汇考》，北京：线装书局，2007年，第3册，第372页。

⑤ 王其祎、周晓薇：《隋代墓志铭汇考》，北京：线装书局，2007年，第4册，第134页。

⑥ 王其祎、周晓薇：《隋代墓志铭汇考》，北京：线装书局，2007年，第5册，第340页。

⑦ 王其祎、周晓薇：《隋代墓志铭汇考》，北京：线装书局，2007年，第4册，第286页。

⑧ 王其祎、周晓薇：《隋代墓志铭汇考》，北京：线装书局，2007年，第4册，第342页。

鲍氏志》："出自良家，是称邦媛。入奉椒华，寔惟德选。"① 大业十年（614）《宫人侯氏志》："若夫入侍兰宫，推五陵之望族；倍游甲观，本六郡之良家。"② 大业十二年（616）《宫人徐氏志》："膺图令淑，驰誉良家。允光四姓，来承九华。"③ 大业十二年（616）《宫人常泰夫人房氏志》："夫人诞兹邦淑，选自良家，蕴采琼秘，传芳兰馥。故得入奉后庭，编名永巷。"④

根据隋代宫人墓志的描述，良家的观念具体反映在世家大族方面。良家主要指出自望族高门或家族历任官职、传承显赫之家庭。如志文中所谓"源出济阳，英贤相继"⑤、"家传礼秩，世载衣缨"⑥、"原其滥觞，姚墟置胡公之祀；语其世系，颍川有陈寔之碑"⑦、"宗流鼎望，世胄英贤"⑧、"冠冕高门，衣缨相踵"⑨、"五陵华望"⑩、"家传旧戚，族擅新丰"⑪ 等，说明当时人们很注重南北朝以来的世家大族及门第，挑选宫人时，自然也就十分注重门第出身。

隋文帝统一全国后，已经采取措施对南北朝时期的名门大姓进行过抑制，并于开皇十八年（598）正式下令废除了门阀政治赖以生存发展的九品中正制，并"诏京官五品已上，总管、刺史，以志行修谨、清平干济二科举人"⑫。以科举取士，剥夺了士族阶层垄断把持官吏选拔的特权，不再以门第、谱牒为资，而更注重待选官员的品德才能。这无疑使得门阀阶层、门第观念受到抑制和打击。但是在当时人们的意识和观念中，门第的影响依然存在。比如《隋书》卷七十六《崔儦传》记载："崔儦字岐叔，清河武城人也。祖休，魏青州刺史。父仲文，齐高阳太守。世为著姓。……越国公杨素时方贵倖，重儦门地，为子玄纵娶其女为妻。"⑬ 崔儦家族出自有名的清河崔氏，

① 王其祎、周晓薇：《隋代墓志铭汇考》，北京：线装书局，2007 年，第 5 册，第 95 页。
② 王其祎、周晓薇：《隋代墓志铭汇考》，北京：线装书局，2007 年，第 5 册，第 75 页。
③ 王其祎、周晓薇：《隋代墓志铭汇考》，北京：线装书局，2007 年，第 5 册，第 303 页。
④ 王其祎、周晓薇：《隋代墓志铭汇考》，北京：线装书局，2007 年，第 5 册，第 375 页。
⑤ 王其祎、周晓薇：《隋代墓志铭汇考》，北京：线装书局，2007 年，第 5 册，第 235 页。
⑥ 王其祎、周晓薇：《隋代墓志铭汇考》，北京：线装书局，2007 年，第 4 册，第 147 页。
⑦ 王其祎、周晓薇：《隋代墓志铭汇考》，北京：线装书局，2007 年，第 4 册，第 219 页。
⑧ 王其祎、周晓薇：《隋代墓志铭汇考》，北京：线装书局，2007 年，第 4 册，第 342 页。
⑨ 王其祎、周晓薇：《隋代墓志铭汇考》，北京：线装书局，2007 年，第 5 册，第 303 页。
⑩ 王其祎、周晓薇：《隋代墓志铭汇考》，北京：线装书局，2007 年，第 5 册，第 375 页。
⑪ 王其祎、周晓薇：《隋代墓志铭汇考》，北京：线装书局，2007 年，第 5 册，第 405 页。
⑫ 《隋书》卷二《高祖纪下》，北京：中华书局，1973 年标点本，第 43 页。
⑬ 《隋书》卷七十六《崔儦传》，北京：中华书局，1973 年标点本，第 1733 页。

杨素身居宰相之职，位高权重，但在儿子的婚事上，仍然选择"世为著姓"的员外散骑郎崔儦为联姻对象，究其原因，还是受当时注重门第的观念影响。又《隋书》卷八十《赵元楷妻传》记载："赵元楷妻者，清河崔氏之女也。父儦，在《文学传》。家有素范，子女皆遵礼度。元楷父为仆射，家富于财，重其门望，厚礼以聘之。"[1] 皆说明当时官宦富家在婚姻观念上十分重视与名门望族联姻，以显赫和提升家族地位。上述隋代宫人墓志中标榜和夸耀出身名家望族的文字，无疑也是这种现象和观念的最好证明。而遴选宫人讲求出身，自然也就以推崇世家大族、名门望姓为"良家"之标志。

通过举说因为出身良家而膺选宫人的事例，值得注意的是：大凡讲到她们出身良家，往往还有下文做补充，如《宫人侯氏志》还强调侯氏有"内仪可轨，女德斯备，妍明有性，慎美兼姿"等诸多嘉好品性；《宫人常泰夫人房氏志》则进一步肯定房氏有"簪佩惟恭，衿褵是肃，女史斯镜，内仪可范"的德行，所以才能"身陪甲馆，位参上列"。可见"良家"出身，的确是隋代选择宫人几乎带有根本性的前提条件，而不可忽视的是在这个前提条件下仍然要突出女子个人品质的基本社会趋向之好尚，当然几方面的标准都是互相辅成的，唯其如此，良家出身的女子才有可能接受良好的教育，有了良好的教育，也才可能具备良好的女德修养。

三、结　语

隋代宫人墓志尽管对每个宫人个体的膺选标准略有不同说明，对宫人事迹的表述与侧重亦有所互异，但经过认真对比分析，可以看出一个明显趋向：即隋代选取宫人的标准是要求外在的美貌与内在的品质相互结合，有时甚至更追求内在的品质。而在要求貌美德淑的同时，还要考量文采与能力。内在的品质表现为品性柔顺、仪态闲淑、恪守女训妇德；文采与能力则表现在"明敏赋咏"、"强识多智"、"妇工尤妙"等方面。至于隋代在遴选宫人时，是否真能选到如此集内在与外在之美于一身的女子？我们只能如此理解：相貌固然是无法培养的，但对美貌女子施之女德品性方面的培养则是完全有可能

---

① 《隋书》卷八十《赵元楷妻传》，北京：中华书局，1973年标点本，第1811页。

进行的，因为这终究贯穿着封建社会对女德教育传统的继承与实践。另一方面，撰志者难免会夸大或美化这些女性的德行品性，但不会有悖于隋代遴选宫人的基本理念与理想化标准，并且还有可能使这个标准通过对宫人的完美叙述而上升到完美的尺度，同时也为我们的研究提供了可资分析利用的信息，即隋代遴选宫人最理想的标准是：既具有普遍意义的选择美人丽姬，又十分注重女性个人的品德才识，这无疑是宫人墓志中透露出来的最多和最直接的观念。如此分析起来，其与中国古代社会对女性的普遍要求尤其是对处于中上层女性的基本要求其实是一脉相承的。《北史·列女传》论曰："妇人主织纤中馈之事，其德以柔顺为先，斯乃举其中庸，未臻其极者也。"[1] 作为妇女，除了主事家务外，最重要的就是要具有"其德以柔顺为先"的品质。这也与《隋书》卷八十《列女传》所云"温柔，仁之本也"[2]，"妇人之德，皆以柔顺为先"的观念相辅相成[3]。而要达到"臻其极者"，除了贞妇列女而外，就必须如同对膺选宫人的要求一般：相貌、品德、仪行、学养、才智、妇工，集众美于一身了。

最后，我们谨选取大业十年（614）《宫人鲍氏志》作为典型来归结本文的旨趣，因为该墓志对隋代宫人的膺选标准有一个较为全面的罗列，其略云：

> 夫厕身永巷，编名禁掖，必须才淑柔美，戚望高华，肃穆内仪，幽闲女则，明敏赋咏，规鉴图史。宫人训范兼该，故允兹德选。[4]

又其铭文部分更反复提及："出自良家，是称邦媛。入奉椒华，寔惟德选。肃以衿褵，响兹环瑱。仪容有则，图史斯擅。"从中将宫人能够入选的标准可以解析为如下方面：相貌美丽，品性柔顺，仪行有则，出身高贵，能读图史，会做诗赋，肃穆明敏，德才兼备，其综合起来便是"训范兼该"而能够"允兹德选"者。这诚然是一个较全面反映入选宫人标准的尺度，而实际的情形却又不是能够简单划一的，因为墓志所述标准往往因为撰者对宫人入选标准

---

① 《北史》卷七十一《列女传·论曰》，北京：中华书局，1974 年标点本，第 3013 页。
② 《隋书》卷八十《列女传·序》，北京：中华书局，1973 年标点本，第 1797 页。
③ 《隋书》卷八十《列女传·史臣曰》，北京：中华书局，1973 年标点本，第 1811 页。
④ 王其祎、周晓薇：《隋代墓志铭汇考》，北京：线装书局，2007 年，第 5 册，第 95 页。

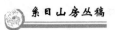

的理解不同而有所发挥，亦会因为每个宫人入选的情形不一样而对某些方面的品质略有偏重，还会因为宫人实际承担的职责而有所突出某方面的能力。总的来说，标准虽然没有超出上述《宫人鲍氏志》中的林林总总，但人人都能如此"训范兼该"，也实属不易。每位宫人入选标准的求大同而存小异，实际上正反映了隋代社会对膺选宫人的诸多理想化期许，而在这些期许中当然也包括了隋代社会对女性的普遍道德规范与妇德标准。

原载（《陕西师范大学学报》2011 年第 2 期）

隋代宫人制度研究——围绕《隋书》相关志传与隋代宫人墓志铭展开

引 论

"宫人"一词有一般意义的（亦即广义的）和特殊意义的（亦即狭义的）两种解释，前者指凡在后宫内廷中供役使的女性皆可称作宫人，抑或等同于"宫女"的通称；后者则专指为后宫内廷服务且在宫掖管理机构中担任职务的女官。本文所欲讨论的隋代"宫人"即为后者，亦即服务于宫掖机构中的管理君主后妃等日常生活事务的女官，只是在史传中，"宫人"又或被称之为"女职"、"宫官"（即有别于皇后嫔妃等位居后宫的"内官"）等，殊未一致。就本文的取材对象而言，隋代的宫掖女官，反映在《隋书》等正史和隋代墓志铭中的身份名称则主要是名之为"宫人"的群体，故本文在题名上多一仍"宫人"之称，而不予特别强调为"女官"。

针对隋代宫人制度的研究，目前学界尚少见有专门的讨论文字。唯有所集中涉及者当首推赵万里先生依照《隋书·后妃传》"六尚"、"六局"制度而对 39 方隋代宫人墓志中的宫人司职所进行的简要归类和考释[①]，而拙文《隋代宫人的膺选标准与社会期许》，亦尝试通过检讨隋代宫人墓志来分析归纳出隋代宫人的膺选标准主要表现在容貌美丽、品性柔顺、出身良家、德才兼备

---

① 赵万里：《汉魏南北朝墓志集释》卷十《隋宫人》，北京：科学出版社，1956 年，第 2 册，第111 页。

等诸项，并藉以探研和考查隋代社会对宫人阶层的一般意义的理想化审视①。此外，尤值得关注的是台湾蔡幸娟先生《北朝女官制度研究》一文中的《隋代女官制度之发展与演变》一节②，主要对隋文帝时期"六尚"和隋炀帝时期"六局"之女官系统进行了梳理与比较，并做了"墓志铭文所见隋代女官之实例论证与补益"等工作，从而使得隋代宫人制度的研究初有路径与框架，故其研究也自然具有趋近专门的开拓价值和意义。然蔡文在利用《汉魏南北朝墓志集释》中的宫人墓志时，忽略了大业十年（614）《马称心志》所记其任尚宫的资料③，另有 20 世纪 80 年代末于西安市长安区洪固乡少陵原出土的仁寿二年（602）《鲁钟馗志》和洛阳出土的大业三年（607）《宫人内副监元氏志》，亦皆是可以佐证隋代宫人任职的实例与新资料，而均为蔡文研究中所未加留意利用。此外蔡文的论证主要侧重在对史书记载的隋代女官系统的探究，而利用隋代宫人墓志亦仅仅是用于佐证史书中女官职司的确实存在与否等问题。其实，通过隋代宫人墓志铭所传达的史料信息，第一，可以进一步佐证史文所见隋文帝"六尚"与隋炀帝"六局"所未能详解的女官职司体系，并进而可以顺藤摸瓜，寻绎其依循的是前朝旧制还是隋代创建诸问题；第二，诸如隋代宫人担任女官应具备的基本素质、其执行职司的情况、达到怎样的标准方能称职等问题，目前仍然近乎未知，通过隋代宫人墓志铭适可对部分宫人职任得到较为清楚的认识和了解；第三，除了隋代女官制度规定的职责范围，宫人还参与了其他一些宫廷活动，这些活动为史家记录者甚少且散见于传世文献中，将其搜讨集合，正可以充实隋代宫人制度的多样化与关联性研究。缘此，则本文拟围绕这样三个主要方面而结合《隋书》相关志传与隋代宫人墓志铭展开研讨。

一、隋代宫人制度的设置与演变

有关隋代宫人制度的文字适与前朝诸代相同，照例不载在正史的《百官

---

① 周晓薇：《隋代宫人的膺选标准与社会期许》，《陕西师范大学学报》（哲学社会科学版）2011年第 2 期，第 56—63 页。
② 蔡幸娟：《北朝女官制度研究》，《历史学报》1998 年第 24 号，第 192—207 页。
③ 赵万里：《汉魏南北朝墓志集释》卷九，北京：科学出版社，1956 年，第 2 册，第 102 页上。

志》或《职官志》，而只是附于《皇后传》或《后妃传》中①。《隋书·后妃传》的序尝对隋前的南北朝宫人制度有所简要批评，大要认为："齐、梁以降，历魏暨周，废置益损，参差不一。周宣嗣位，不率典章，衣袆翟、称中宫者，凡有五。夫人以下，略无定数。"于是"高祖思革前弊，大矫其违"，在"开皇二年，著内官之式，略依周礼，省减其数"。其时，高祖主要是革除前朝后宫嫔妃过多的弊端，试图做到"唯皇后正位，傍无私宠"罢了②。而对于宫人系统的建设，则基本沿袭北周制度做了制置与调整，亦即隋代宫人职官机构的核心由六尚组成，分三级管理制度，即六尚、六司、六典。炀帝时期沿袭文帝时的六尚制度，并将六尚改称为六局，职司亦略有调整，同样分三级管理制度，即六局、二十四司、女史。唯此，隋文帝、隋炀帝两朝的宫人制度之基本状况及其异同，乃至隋代宫人的公服制度之一般情形，则是本节所欲检讨与考察的问题。

（一）隋文帝时期的宫人制度

《隋书·后妃传》的"序"记载了文帝在开皇二年（582）"思革前弊，大矫其违"的宫人制度：

> 又采汉、晋旧仪，置六尚、六司、六典，递相统摄，以掌宫掖之政。一曰尚宫，掌导引皇后及闺合廪赐。管司令三人，掌图籍法式，纠察宣奏；典琮三人，掌琮玺器玩。二曰尚仪，掌礼仪教学。管司乐三人，掌音律之事；典赞三人，掌导引内外命妇朝见。三曰尚服，掌服章宝藏。

---

① 如北魏宫官制度载在《魏书·皇后传》与《北史·后妃传》且云"汉因秦制，魏晋相因"、南朝宋的宫官制度载在《宋书·后妃传》与《南史·后妃传》且云"采汉魏之制"，《南齐书》、《陈书》亦皆略见于《皇后传》中，这大概都是缘于《汉书》载内官制度在《外戚传》，《后汉书》载内官制度在《皇后纪》，《三国志·魏书》载内官制度在《后妃传》的惯例。只是《隋书》在《后妃传》中更纳入了《北齐书》与《周书》皆不载的北齐与北周的宫官制度，且较前如《魏书》所载宫人女官制度，在新的三省六部职官系统影响下又更趋细化、整饬和扩展，实属对于隋代所创置的以六尚为标志的堪称完备的宫人女官组织架构体系的照应。也就是说，宫人女官之制固然始置于北魏，而其制度之臻于完善且得比拟于外廷百官组织品秩的建设，当在隋代。另外，尽管《周礼·天官》已将男女职官同载于天官之官属，然而事实是自《汉书》以降，无不将内官乃至女官制度的文字附在后妃传中，这"恐怕是与女官（职）作为女性之事实有关"而"终究还是被历代正史作者所忽视"了。参见蔡幸娟：《北朝女官制度研究》—《前言》，《历史学报》1998年第24号，第177页。

② 《隋书》卷三十六《后妃传》，北京：中华书局，1973年标点本，第1106页。

管司饰三人，掌簪珥花严；典栉三人，掌巾栉膏沐。四日尚食，掌进膳先尝。管司医三人，掌方药卜筮；典器三人，掌樽彝器皿。五日尚寝，掌帏帐床褥。管司筵三人，掌铺设洒扫；典执三人，掌扇伞灯烛。六日尚工，掌营造百役。管司制三人，掌衣服裁缝；典会三人，掌财帛出入。六尚各三员，视从九品，六司视勋品，六典视流外二品。①

由以上记载可以看出：隋文帝时期之宫人系统以六典直属六司，再统辖于六尚，即所谓"置六尚、六司、六典，递相统摄，以掌宫掖之政"，宫人的司职分工与执掌十分清楚，人数则大约在 54 人左右，正符合所谓"省减其数"的改革。

那么，隋文帝时期较为完善整齐的宫人制度是否如上所述是渊源于汉晋旧仪或汉魏旧制，抑或是借鉴于其他更为便捷时代诸如北周的宫人制度模式与体系？

首先，它的直接源头并非是"采汉、晋旧仪"或"采汉魏旧制"而来的宫人制度。因为"史传并无相关史征可以互相证论"，"汉晋之'六尚'、'六司'、'六典'都是士人百官群僚之属，无关于女官也。显然地，隋文帝亦拟士人百官系统以制定女官之职序"②。也就是说，"采汉、晋旧仪"实际是指的隋代比拟于外官系统而创置了六尚体系的宫人职官秩序。另外，据《宋书·后妃传》，又知刘宋一朝亦尝"拟外百官，备位置内职"③，然其所制女官体系仅体现出名品秩序，职司名目更迥然相异，实与隋代的六尚体系全不相合。

其次，它不同于北魏的宫人制度。因为北朝仅有北魏的宫人制度史载灿然，在《魏书·皇后传》与《北史·后妃传》中，皆记有"以典内事"的后宫"女职"系统，谨录《魏书》卷十三《皇后传》序之相关记载如下：

> 高祖改定内官，左右昭仪位视大司马，三夫人视三公，三嫔视三卿，六嫔视六卿，世妇视中大夫，御女视元士。后置女职，以典内事。内司

---

① 《隋书》卷三十六《后妃传》，北京：中华书局，1973 年标点本，第 1106 页。
② 详见蔡幸娟：《北朝女官制度研究》，《历史学报》1998 年第 24 号，第 195—196 页。
③ 《宋书》卷四十一《后妃传》，北京：中华书局，1974 年标点本，第 1270 页。

视尚书令、仆。作司、大监、女侍中三官视二品。监，女尚书，美人，女史、女贤人、书史、书女、小书女五官，视三品。中才人、供人、中使女生、才人、恭使宫人视四品，春衣、女酒、女缫、女食、奚官女奴视五品。①

其后宫女职系统与隋文帝时期六尚女官系统的差异较大，职司执掌也不如"六尚"系统的三级管理制度清楚明确，因此完全可以看出二者并没有嬗递关系。又，北齐亦当有女官制度，且与北魏略同，盖同样采自汉晋旧仪②，此不赘说。

最后，史载虽阙佚北周宫人制度，但根据《隋书·礼仪志》描述北周"中宫六尚，缎衣"之记载③，似说明北周故有所谓的中宫六尚制度，只是其规模与组织细节缺失不详，故实不能肯定六尚制度必定源出于北周。不过新出隋仁寿元年（601）《鲁钟馗志》或可以为北周宫人制度提供一点新的佐证，志文云鲁钟馗"周天和元年，入宫即治正宫事"，与志题中"周右正宫治尚宫平昌长乐郡国夫人鲁氏"之官职一致④，说明鲁钟馗所"治正宫事"，即指其任尚宫一职。据此或又可以稍事证明《隋书》记载北周时期的"中宫六尚"确属北周之宫人系统。另外，北周官制，多远拟于周代，故创置"中宫六尚"体系也不是没有其可能性的。唯北周时期的六尚系统实在不能详确，故其到底为隋文帝所继承、借鉴、改革的情况与程度如何，终究还难以清楚勾勒。

（二）隋炀帝时期的宫人制度

炀帝时期，对于宫人制度的建设，"又参详典故，自制嘉名，著之于令"。

① 《魏书》卷十三《皇后传》，北京：中华书局，1974 年标点本，第 321—322 页。《北史》卷十三《后妃传》的相应记载略有不同："后置女职，以典内事：内司视尚书令、仆；作司、大监、女侍中三官视二品；监、女尚书，美人，女史，女贤人，女书史、书女、小书女五官视三品；中才人、供人、中使、女生才人、恭使宫人视四品；青衣、女酒、女缫、女食、奚官女奴视五品。"北京：中华书局，1974 年标点本，第 486 页。

② 参见蔡幸娟：《北朝女官制度研究》四《北齐与北周女官制度之发展与演变》，《历史学报》1998 年第 24 号，第 207—209 页。

③ 《隋书》卷十一《礼仪志六》，北京：中华书局，1973 年标点本，第 249 页。

④ 王其祎、周晓薇：《隋代墓志铭汇考》，北京：线装书局，2007 年，第 3 册，第 17 页。本文所涉及的隋代宫人墓志，均见载于此书。

"时又增置女官,准尚书省,以六局管二十四司":

> 一曰尚宫局,管司言,掌宣传奏启;司簿,掌名录计度;司正,掌格式推罚;司闱,掌门合管钥。二曰尚仪局,管司籍,掌经史教学,纸笔几案;司乐,掌音律;司宾,掌宾客;司赞,掌礼仪赞相导引。三曰尚服局,管司玺,掌琮玺符节;司衣,掌衣服;司饰,掌汤沐巾栉玩弄;司仗,掌仗卫戎器。四曰尚食局,管司膳,掌膳羞;司酝,掌酒醴醯醢;司药,掌医巫药剂;司饎,掌廪饩柴炭。五曰尚寝局,管司设,掌床席帷帐,铺设洒扫;司舆,掌舆辇伞扇,执持羽仪;司苑,掌园籞种植,蔬菜瓜果;司灯,掌火烛。六曰尚工局,管司制,掌营造裁缝,司宝,掌金玉珠玑钱货;司彩,掌缯帛;司织,掌织染。六尚二十二司,员各二人,唯司乐、司膳员各四人。每司又置典及掌,以贰其职。六尚十人,品从第五;司二十八人,品从第六;典二十八人,品从第七;掌二十八人,品从第九。女使、流外,量局闲剧,多者十人已下,无定员数。联事分职,各有司存焉。[1]

所谓的炀帝时期"准尚书省,以六局管二十四司",检《隋书》卷二十八《百官志下》,"六局"的设置并不在尚书省而在"殿内省",统管的是"尚食、尚药、尚衣、尚舍、尚乘、尚辇"六局[2],亦与前引宫掖女官六局之名称不尽相同。因此炀帝时期的宫掖六局主要还是依据文帝时期的宫人"六尚"制度,只是"六尚"所属有所改置和调整。至于六局所管的二十四司的职掌,则又比之文帝时期显得更加整齐而细化,并且宫掖女官的数量更较文帝时期扩展了一倍,至少达110人之多。

炀帝时期的宫人除了在长安都城宫掖中执行职司,还有一部分则服务于离宫别馆。正如唐高祖诏令中所言:"大业已来,巡幸过度,宿止之处,好依山水。经兹胜地,每起离宫,峻宇雕墙,亟成壮丽。良家子女,充仞其间,怨旷感于幽明,糜费极于民产。替否迭进,将何纠遏?"[3] 炀帝时建造离宫别

① 《隋书》卷三十六《后妃传》,北京:中华书局,1973年标点本,第1107—1108页。
② 《隋书》卷二十八《百官志下》,北京:中华书局,1973年标点本,第795页。
③ (唐)温大雅撰:《大唐创业起居注》卷二,李季平、李锡厚点校,上海:上海古籍出版社,1983年,第35页。

馆的情况，唐代杜宝《大业杂记》更有多条记叙：大业元年（605）五月修建东都西苑，"其内造十六院，屈曲周绕龙鳞渠。……每院各置一屯，屯即用院名名之。屯别置正一人，副二人，并用宫人为之"。大业二年（606）七月，又"敕于汾州西北四十里，临汾水起汾阳宫"。大业四年（608）二月，"自京师还东都。造天经、仙都二宫"。大业六年（610）十二月，"敕开江南河，自京口至余杭郡，八百余里，水面阔十余丈。又拟通龙舟，并置驿宫"。大业十二年（616）正月，又在毗陵郡"郡东南置宫苑，周十二里，其中有离宫十六所。其流觞曲水，别有凉殿四所，环以清流。……其十六宫亦以殿名名宫。……又欲于禹穴造宫，未就而天下大乱"①。加之原来就有的江都宫、陇川宫等，隋炀帝在御宇之年就建立起了以洛阳为中心的数十处离宫别馆，供他在巡游驾幸时使用。也正是这个原因使得炀帝在即位的十四年中，大部分时间都不在长安或洛阳，而是频繁地出巡游幸，于是他便把离宫别馆当成办公场所，而那些陪侍或服务于皇帝的宫人们，当然也就只能长期生活工作或随行生活工作在离宫别馆了。

（三）隋代宫人公服制度考察

服制是封建皇权体制中最具有等级表征意义的礼仪制度之一，因此特别将宫人的公服制度问题单辟出来予以考察。根据《隋书·礼仪志》，可以追溯北齐皇后及内外命妇、宫人女官的公服制度：北齐时期的宫人女官服制与前代一样，有着严格的等级制度，皇后在不同场合服袆衣、褕狄、阙狄、展衣、褖衣等，并在此基础上很细致地规定了内外命妇不同品级所插戴的首饰及不同名称、款式、质地的服饰，以及印绶、佩玉（四品、五品无佩）等。其中"宫人女官"则是在"内命妇"服饰的基础上，依照宫人女官的品秩，对宫人的首饰、发式、衣着样式、纹饰、质地等作了具体规定：

> 宫人女官服制，第二品七钿蔽髻，服阙翟；三品五钿，鞠衣；四品三钿，展衣；五品一钿，褖衣；六品褖衣；七品青纱公服。俱大首髻。

---

① （唐）杜宝撰、辛德勇辑校：《大业杂记辑校》，西安：三秦出版社，2006年，第13、14、23、28、38、49页。

八品、九品，俱青纱公服，偏髻髻。①

宫人与内命妇服制最大的不同之处是她们皆无印绶及佩玉。

其次，《隋书·礼仪志》亦记载了北周"皇后衣十二等"，不但详述十二等服饰之名目，且对其穿着的用途亦有非常细致的描述。而"诸公夫人九服"，则主要对各等服饰的样式及纹饰、花色作了系统说明。唯对宫人女官服制的记述至简："中宫六尚，缌衣。（原注：其色赤而微玄）"② 从整体来看与北齐服制差异稍大。

至于《隋书·礼仪志》对隋代皇后及内外命妇服饰的记载，与北齐、北周相比同样有较大不同，特别表现在将首饰与衣饰分为两个独立部分记述。

首饰的记载较为细致，涉及不同等级、不同角色的上层女性，从皇后到女御，范围很大。对不同人等首饰的级别也规定得较清楚明确③，所惜其中没有关于宫人女官首饰的记载，未详是否不曾规定或者失载。

在服饰方面，《隋书·礼仪志》的记述又是以皇后为详，分为袆衣、鞠衣、青衣、朱衣等几类描写，每类服制对其质地、花色、配饰、佩、组绶、革带等进行了逐一说明，并且将皇后穿服各类服饰的活动也作了明文规定，如袆衣"祭及朝会，凡大事则服之"；鞠衣"亲蚕则服之"；青衣"以礼见皇帝，则服之"；朱衣"宴见宾客则服之"等④。公主、王妃和三师、三公、公、侯、伯夫人及相关人等的服饰，较之皇后服制的记述相对简略⑤。嫔妃、命妇、女御等人的服饰从名称上看大多数与皇后服饰不同，这与北齐内外命妇公服大多同于皇后的服饰名称相较，当已在制度上有所细化和专门，亦即与皇后有了严格的区别。

而对于隋代宫人的服制，《隋书·礼仪志》的记载竟显得更加简略：

① 《隋书》卷十一《礼仪志六》，北京：中华书局，1973 年标点本，第 243 页。
② 《隋书》卷十一《礼仪志六》，北京：中华书局，1973 年标点本，第 249 页。
③ 《隋书》卷十二《礼仪志七》云："皇后首饰，花十二树。皇太子妃，公主，王妃，三师、三公及公夫人，一品命妇，并九树。侯夫人，二品命妇，并八树。伯夫人，三品命妇，并七树。子夫人，世妇及皇太子昭训，四品已上官命妇，并六树。男夫人，五品命妇，五树。女御及皇太子良娣，三树。（原注：自皇后已下，小花并如大花之数，并两博鬓也）"北京：中华书局，1973 年标点本，第 260 页。
④ 《隋书》卷十二《礼仪志七》，北京：中华书局，1973 年标点本，第 260 页。
⑤ 《隋书》卷十二《礼仪志七》，北京：中华书局，1973 年标点本，第 261—262 页。

> 六尚，朱丝布公服。助祭从蚕朝会，凡大事则服之。
>
> 六司、六典及皇太子三司、三典、三掌，青纱公服。助祭从蚕朝会，凡大事则服之。①

隋代宫人在进行"助祭从蚕朝会"等朝廷大事时穿着的公服，六尚统一为"朱丝布公服"，六司、六典统一为"青纱公服"。这个制度只规定了六尚与六司、六典两级区别，未见按照品秩等级细分，更没有对宫人首饰、发饰、衣着样式、纹饰作任何明确的规定。

另外，隋代还对宫人乘马时的服装有所规定，《旧唐书·舆服志》云：

> 武德、贞观之时，宫人骑马者，依齐、隋旧制，多著羃䍦。虽发自戎夷，而全身障蔽，不欲途路窥之。王公之家，亦同此制。②

虽然此为唐代武德贞观年间宫人骑马著羃䍦的规定，但文中明确记载"依齐、隋旧制"，则可以看作是对隋代宫人服制的补充。羃䍦这种服饰的确"发自戎夷"，在西域地区十分流行③。其形制"全身障蔽"原本是为了御寒与防止沙尘，而用做宫人骑马的服饰，则是为了起到"不欲途路窥之"的效果。唐代不仅规定宫人骑马服羃䍦，且令王公之家的妇人骑马皆服之，以免贵妇人在道路上抛头露面。然从传世绘画、墓室壁画、唐三彩女性人物形象来看，贵妇人骑马着羃䍦的例子甚少，故其是否有效实行过，后文将予论述。不过，这则史料却给了我们一个很好的启示：既然隋代宫人服制的记载因阙佚而不够具体，那么顺着唐承隋制的思路，可以通过考察唐代宫人服制的记载，以较多了解其中是否存在有承继的关系。

通过《旧唐书》卷四十五《舆服志》记载可以看出，唐代的皇后服为袆衣、鞠衣、钿钗礼衣三等，既不同于北齐的六等、北周的十二等、也不同于隋代的四等。袆衣和鞠衣都是头上饰花十二株。袆衣为青色，上有十二行翚

---

① 《隋书》卷十二《礼仪志七》，北京：中华书局，1973年标点本，第262页。
② 《旧唐书》卷四十五《舆服志》，北京：中华书局，1975年标点本，第1957页。
③ 《隋书》卷八十三《西域·吐谷浑传》："其王公贵人多戴羃䍦"。北京：中华书局，1973年标点本，第1842页；《旧唐书》卷一百九十八《西戎·吐谷浑传》："男子通服长裙缯帽，或戴羃䍦。"北京：中华书局，1975年标点本，第5297页。

翟图饰，腰系蔽膝，大带，悬挂白玉佩，脚穿青袜与有金饰物的舄，皆皇后在参加受册、助祭、朝会等大事时穿用。鞠衣为黄色，无雉纹，皇后亲蚕时穿用。细钗礼衣是头上饰十二钿，服色无定，无雉纹无佩饰，皇后宴见宾客时穿用。皇后以下的皇太妃等与皇后同而降等。内外命妇则有所不同。内命妇五品以上着翟衣，首饰与翟数各依品秩有所不同，在参加受册、从蚕、朝会、婚嫁时穿用。钿钗礼衣仍为杂色，钿数有别，无雉纹，外命妇在参加朝参、辞见时穿用，同时也用于内命妇的参见活动。对于六尚宫人女官的服制规定有礼衣与公服两种。礼衣"通用杂色"，是七品以上宫人在参加受册、从蚕、朝会等重要活动时的服装，服制与"内外命妇"略同，"唯无首饰"。七品以下则在参加重大活动时穿用平时的公服。公服为宫人"寻常供奉"即日常在宫廷服务时穿用的服装，样式简捷，没有素纱中单、蔽膝、大带等配套服饰①。

如此看来，唐代皇后以至内外命妇的服饰虽然与隋代存在某些嬗递关系，然异同之迹也赫然可见。而在宫人服饰上的差别则主要为：隋代六尚宫人参加助祭从蚕朝会等大事时穿用"朱丝布"或"青纱"公服，唐代宫人则穿礼衣（七品以下的宫人穿公服）；隋代宫人日常侍奉穿用何种公服未知，唐人宫人则穿用公服。并且两者对"公服"的描述也不甚相同，以致似乎看不到递相传承的踪迹。其中固然有史官记载过于简略或阙佚的因素，然而如果将北齐、北周、隋、唐宫人的服制综合起来观察，显然各不相同，甚少共通之处。唯记载较详的北齐与唐代宫人服制皆建立在其内外命妇服制的基础上而有所损益，但这两朝服制本身差异较大，因而似无法从中探索宫人服制在时代上的前后承袭关系。

宫人女官属于侍奉皇族和为朝廷办事之阶层，其服饰的款式、纹饰、质地、配饰等当然不能僭越皇后嫔妃甚至内外命妇，简捷的服饰更符合她们的身份地位而且便于工作。因而她们的服饰往往可以有所变通，尤其表现在与时代服饰元素同步，具有强烈的时代色彩。比如北齐对八九品宫人发式所规

① 参见《旧唐书》卷四十五《舆服志》，北京：中华书局，1975 年标点本，第 1956 页。又见《新唐书》卷二十四《车服志》命妇之服六："礼衣者，六尚、宝林、御女、采女、女官七品以上大事之服也。通用杂色，制如钿钗礼衣，唯无首饰、佩、绶。公服者，常供奉之服也。去中单、蔽膝、大带，九品以上大事、常供奉亦如之。"北京：中华书局，1975 年标点本，第 523 页。

定的"偏髾髻",就是汉魏以来非常流行的时尚发髻。如果留意一下汉至两晋南北朝的陶俑、铜器、壁画等人物形象,不难发现许多女子正梳有这种发髻,如满城汉墓出土的长信宫灯女像、晋《女史箴图》临镜化妆的女子形象、嘉峪关魏晋间墓葬彩绘画像砖上的妇女形象等①,因此将偏髾髻写入北齐服饰制度,则多少表明其时已考虑到了时代流行元素及社会的审美取向之影响。又如唐代规定东宫"女史则半袖裙襦"②,这在唐代壁画、唐三彩人物中的女子穿着上更是不胜枚举,其中最具代表性是唐永泰公主墓壁画中的诸多穿半袖的时尚女子③,恰恰说明带有时代色彩的服饰审美已被及时采纳到王朝宫人服制当中了。从这个意义上说,各朝宫人服饰互不相同,正是因为每个朝代在规定宫人服制时,都会在继承传统的基础上有所创新,着意增加了服饰的时代元素色彩,以使宫人公服更具有时代性。

说到服饰的演化正与各时代人们不断追求服饰适时出新的审美情趣相关,还有西晋葛洪的一段议论值得注意:

> 丧乱以来,事物屡变:冠履衣服,袖袂财制,日月改易,无复一定。乍长乍短,一广一狭,忽高忽卑,或粗或细。所饰无常,以同为快。其好事者,朝夕放效,所谓京辇贵大眉,远方皆半额也。④

这段文字揭示出彼时衣服样式变化极快,甚至是"日月改易,无复一定",以致"好事者"为了赶上时尚潮流,不得不"朝夕放效"。由知衣饰最能体现和代表社会的时尚潮流,衣饰的翻新在任何时期都从未停息过。《旧唐书·舆服志》亦记载:内外命妇,"既不在公庭,而风俗奢靡,不依格令,绮罗锦绣,随所好尚。上自宫掖,下至匹庶,递相仿效,贵贱无别。"⑤唐代的内外命妇面对华丽讲究的翟衣、礼服,早已十分厌倦,原因就是这些翟衣礼服千篇一

---

① 以上参见沈从文:《中国古代服饰研究》,上海:上海书店出版社,1997 年,第 88、173、175 页。

② 《旧唐书》卷四十五《舆服志》,北京:中华书局,1975 年标点本,第 1956 页。

③ 参见沈从文:《中国古代服饰研究》,上海:上海书店出版社,1997 年,第 246—247 页。

④ (晋)葛洪著、杨照明校笺:《抱朴子外篇校笺》卷二十六《讥惑》,北京:中华书局,1991年,下册,第 11 页。

⑤ 《旧唐书》卷四十五《舆服志》,北京:中华书局,1975 年标点本,第 1957 页。

律，一旦成为服制，就长时间难以更新。因而她们一旦出了"公庭"，便会立即穿上自己"好尚"的服装，为追求新美时尚而置规章制度于不顾。再如前所述唐武德、贞观时就曾规定：

> 妇人施幂䍦以蔽身。永徽中，始用帷冒，施裙及颈，坐檐以代乘车。命妇朝谒，则以驼驾车。数下诏禁而不止。武后时，帷冒益盛，中宗后乃无复幂䍦矣。宫人从驾，皆胡冒乘马，海内效之，至露髻驰骋，而帷冒亦废。[①]

这是一个极好的事例，唐代规定宫人和王公贵妇骑马时穿幂䍦，而幂䍦由北齐和隋沿袭而来，全身都被遮蔽，毫无美感可言。于是妇人脱下幂䍦而戴上了当时流行的帷帽[②]。朝廷对这种有伤风化的举动屡禁不止，终于在武后时，约定成俗，"帷帽益盛"，幂䍦之制也就渐次不存了。就在流行帷帽之时，胡帽又成为社会时尚，于是"宫人从驾，皆胡帽乘马"，并成为"海内效之"的风潮。由此引发的是后来妇人出门便"露髻驰骋"，完全抛开制度规定。说明人们追求服饰变化出新的审美情趣，在某种意义上亦有可能或者在一定程度上影响着舆服制度的演化。

从这样的角度去思考古代服制特别是北朝宫人公服制度问题，或许可以如此认知：一方面北朝的宫人公服制度随着时代的进步和审美旨趣而不断改造出新，故并未刻意地全盘沿袭旧时代传承的服制；另一方面各朝代的宫人公服都会直接而同步反映该时代服饰的色彩音符诸元素，具有强烈鲜明且独特的社会时代风尚。以故，隋代的宫人公服制度也无疑担承了由北齐、北周到唐代之间嬗变的桥梁，而同时又呈现着彼时代独特的公服元素。

---

① 《新唐书》卷二十四《车服志》，北京：中华书局，1975 年标点本，第 531 页。又，《旧唐书》卷四十五《舆服志》亦载："永徽之后，皆用帷帽，拖裙到颈，渐为浅露。寻下敕禁断，初虽暂息，旋又仍旧。咸亨二年又下敕曰：'百官家口，咸预士流，至于衢路之间，岂可全无障蔽。比来多著帷帽，遂弃幂䍦，曾不乘车，别坐檐子。递相仿效，浸成风俗，过为轻率，深失礼容。前者已令渐改，如闻犹未止息。又命妇朝谒，或将驰驾车，既入禁门，有亏肃敬。此并乖于仪式，理须禁断，自今已后，勿使更然。'则天之后，帷帽大行，幂䍦渐息。中宗即位，宫禁宽弛，公私妇人，无复幂䍦之制。"较《新唐书·车服志》之记载更见具体又略有不同，因录于此，以便对照。北京：中华书局，1975 年标点本，第 1957 页。

② 帷帽形制参见唐画《明皇幸蜀图》、唐初戴帷帽骑马女俑、唐戴帷帽骑马泥女俑等。参见沈从文：《中国古代服饰研究》，上海：上海书店出版社，1997 年，第 242—244 页。

二、隋代宫人墓志所记职司等基本素材之综合分析

目前所见冠以隋代"宫人"名称的墓志有 40 方，又有曾担任过宫官者 2 人（前举大业十年《马称心志》和仁寿二年《鲁钟馗志》），一共 42 方。综合分析这些宫人墓志内容的基本要素，存在两种情况：一是明确记载宫人职司者 23 人，其中列有品秩者 6 人，品秩在七品至五品之间；二是未记载司职者 19 人，19 人中列有品秩者 5 人；未列品秩者 14 人，品秩在六品至三品之间。鉴于上述 19 位未列职司的宫人墓志恐不足以作为引征资料进行下列研究，因而本文仅能利用 23 方有明确记载职司要素的宫人墓志展开研讨，特此说明。

这 23 位宫人的任职身份与数量分别为：采女 2 人、御女 1 人、内副监 1 人、尚宫 2 人、司言 1 人、司乐 1 人、典乐 1 人、司玺 2 人、尚寝衣 1 人、司饰 1 人、司仗 3 人、尚食 2 人、司饎 1 人、司灯 1 人、司宝 1 人、典彩 1 人、司计 1 人。以下分三个方面予以解析。

（一）隋代宫人墓志记载之女官名称与六尚、六尚局相符者

隋代宫人墓志所见 23 位有司职的宫人中，有 17 位宫人的任职名称与隋代宫掖女官系统的六尚或六尚局相符，正因为此类名称的清楚明确，故完全可以用来佐证史籍中隋代宫掖女官制度记载之不谬。为免繁琐叙述，径以列表示意（表1）。

表 1　隋代宫人墓志所见女官名称与六尚、六尚局相符情况

六尚或六尚局	女官职务	宫人墓志出处	品秩
尚宫	司言	大业十二年《宫人杨氏志》（第 5 册，第 339 页）	—
	尚宫	仁寿元年《鲁钟馗志》（第 3 册，第 17 页）	—
	尚宫	大业十年《马称心志》（第 5 册，第 57 页）	—
尚仪	司乐	大业六年《宫人刘氏志》（第 4 册，第 21 页）	—
	典乐	大业十一年《宫人姜氏志》（第 5 册，第 97 页）	七品
尚服	司玺	大业五年《宫人元氏志》（第 3 册，第 370 页）	—
	典玺	大业五年《宫人李氏志》（第 3 册，第 373 页）	—
	司饰（饰）	大业十一年《宫人丁氏志》（第 5 册，第 234 页）	—
	司仗	大业六年《宫人冯氏志》（第 4 册，第 83 页）	五品
	司仗	大业六年《宫人程氏志》（第 4 册，第 80 页）	五品
	司仗	大业七年《宫人郭氏志》（第 4 册，第 133 页）	六品

续表

六尚或六尚局	女官职务	宫人墓志出处	品秩
尚食	尚食	大业二年《宫人刘氏志》（第 3 册，第 185 页）	—
	尚食	大业十年《宫人侯氏志》（第 5 册，第 74 页）	—
	司饎	大业六年《宫人贾氏志》（第 4 册，第 118 页）	六品
尚寝	司灯	大业七年《宫人李氏志》（第 4 册，第 149 页）	—
尚工	司宝	大业十年《宫人陈花村志》（第 5 册，第 54 页）	—
	典彩	大业六年《宫人朱氏志》（第 4 册，第 128 页）	六品

资料来源：王其祎、周晓薇：《隋代墓志铭汇考》，北京：线装书局，2007 年

（二）隋代宫人墓志与《隋书》所载宫人职司互异者

23 位有司职的隋代宫人墓志中有 6 位与六尚、六尚局司职记载不甚相符，或属于内官而冠以"宫人"之名称；或在前代任官入隋后在官职上沿袭旧名；或疑为隋代设置其官而史书未载；或墓志记载可能有误等，均需要通过墓志记述与史载北朝女官制度相互印证予以解析。

1. 内副监

大业三年（607）《宫人元氏志》①，志题云"隋故宫人内副监元氏墓志铭并序"，而志文中则未述及元氏之职任。

隋代的六尚与六尚局均未设有监或副监职司。前引《魏书·皇后传》记北魏有"视三品"名曰"监"的女职，故理推内副监或为监之副职。又据墓志记载元氏卒于大业三年（607），"春秋五十有一"，可推知元氏或在元魏时任过内副监，而入隋后又因袭原职遂有是称。唯其即便尝以此职入隋宫掖任女官，而其司职所在的六尚或六尚局之某机构亦不能知详，故阙疑待考。

2. 采女、御女

隋代宫人墓志中有两方采女墓志：一为大业十年（614）《宫人田氏志》②，志题"隋故宫人采女田氏墓志铭并序"，志文云"采女田氏，东海丹塗人也"；一为大业十一年（615）《宫人田氏志》③，志题"大隋故宫人采女田氏墓志铭并序"，志文云"维大隋宫人采女田氏卒"。御女墓志一方：大业十三年（617）《宫人唐氏志》④，志题"大隋故宫人六品御女唐氏墓志铭并

① 王其祎、周晓薇：《隋代墓志铭汇考》，北京：线装书局，2007 年，第 3 册，第 302 页。

② 王其祎、周晓薇：《隋代墓志铭汇考》，北京：线装书局，2007 年，第 5 册，第 48 页。

③ 王其祎、周晓薇：《隋代墓志铭汇考》，北京：线装书局，2007 年，第 5 册，第 192 页。

④ 王其祎、周晓薇：《隋代墓志铭汇考》，北京：线装书局，2007 年，第 5 册，第 401 页。

序"，志文云"大隋大业十三年二月一日宫人六品御女唐氏卒"。

采女、御女在隋宫掖女官中位于嫔御之列。《隋书》卷三十六《后妃传》记载炀帝时期有"御女二十四员，品正第六；采女三十七员，品正第七，是为女御"[①]。上引两方采女志、一方御女志分别冠以"宫人"之衔，正说明"'采女'、'御女'跻于嫔御之列，然职位卑下，与'六局'诸司相当，故卒后亦与六局诸司同葬。至三夫人九嫔辈，当别有园寝在京师，非'采女'、'御女'可比矣"[②]。笔者以为赵万里先生此论甚当，因引以为据。

3. 司计

大业十三年（617）《宫人刘氏志》[③]，志题"大隋故宫人司计刘氏铭并序"，志文云"唯大隋大业十三年六月廿五日宫人司计刘氏卒"。

隋代的六尚与六尚局均未见设有"司计"之职。而《旧唐书》卷四十四《职官志》"宫官"尚功（同尚工）局有司计，正六品，"掌支度衣服、饮食、薪炭"[④]。又据《唐六典》云"皇朝内职多依隋制"[⑤]，则司计或可能为隋所创而为史所阙载。

4. 尚寝衣

大业七年（611）《宫人魏氏志》[⑥]，志题"隋故宫人尚寝衣魏氏墓志铭并序"，云宫人魏氏任职为尚寝衣。

尚寝衣一职存在疑问[⑦]，据《北史》、《隋书》之《后妃传》对女官制度的叙述，隋文帝时期六尚中有"尚寝"："掌帏帐床褥。管司筵三人，掌铺设洒扫；典执三人，掌扇伞灯烛。"其下属有司筵与典执二职。隋炀帝时期六局有"尚寝局"："管司设，掌床席帷帐，铺设洒扫；司舆，掌舆辇伞扇，执持

---

① 《隋书》卷三十六《后妃传》，北京：中华书局，1973 年标点本，第 1107 页。

② 赵万里：《汉魏南北朝墓志集释》卷十《隋宫人》，北京：科学出版社，1956 年，第 2 册，第 111 页。

③ 王其祎、周晓薇：《隋代墓志铭汇考》，北京：线装书局，2007 年，第 5 册，第 407 页。

④ 《旧唐书》卷四十四《职官志三》，北京：中华书局，1975 年标点本，第 1869 页。

⑤ （唐）李林甫撰：《唐六典》卷十二《宫官》原注，陈仲夫点校，北京：中华书局，1992 年，第 349 页。

⑥ 王其祎、周晓薇：《隋代墓志铭汇考》，北京：线装书局，2007 年，第 4 册，第 193 页。

⑦ 关于尚寝衣一职，赵万里先生在《汉魏南北朝墓志集释》卷十将其归入尚寝局北京：科学出版社，1956 年，第 110 页。而蔡幸娟《北朝女官制度研究》三《隋代女官制度之发展与演变》之（六）《墓志铭文所见隋代女官之实例论与补益》，论述中将这"尚寝衣"改成"司寝衣"后复云可能是"司衣"。见《历史学报》1998 年第 24 号，第 201 页。唯不知因何根据而径改，甚为疑惑。

羽仪；司苑，掌园麓种植，蔬菜瓜果；司灯，掌火烛。"其下属有司舆、司苑、司灯三职。由此可知文帝、炀帝时期皆无"尚寝衣"职名。而据志文描述："宫人三秋巧制，赞菊偏新；四德咸宣，妇功尤妙。"特意提到魏氏善于"巧制"而"妇功尤妙"，并且称赞她"宠亚菓棠，荣司宴服"，隐约透露出她掌管宴服的职务。因而似乎又与六尚局中尚服局的"司衣"一职接近，司衣的职责是"掌衣服"。若其职务确为司衣，那么通过志文可知任职"司衣"的宫人，不仅仅要掌管衣物，还要擅长妇功，有"巧制"的本领。不过，这里仍存在一个疑问，炀帝时还设有尚工局，其中有"司制"一职，正是"掌营造裁缝"。如此则担任司制的女官更应具备"巧制"的本领①，而"司衣"一职却是不涉及营造裁缝一类工作的。聊备一说，容再考之。

（三）隋代宫人墓志对隋代宫掖女官职责的佐证

隋代宫人墓志中记载宫人职司的 23 人中，有 12 位宫人的志文还对其职司的情况有所描述。虽然文字较为简略含蓄，但比之《北史》、《隋书》的《后妃传》所记载的隋代宫掖女官制度的简单条文，已经颇显生动具体，弥足珍贵，且可以据此而诠释和补充史书记载之不足。其中又有描述宫人工作态度、忠于职责等方面的内容，亦可藉以考察担任宫掖女官的宫人在品行素质等方面的要求。下面谨按隋代六宫司职排列顺序，逐一叙述：

1. 尚宫

隋代墓志中有两方司职尚宫的宫人墓志，这两位尚宫都曾经在北周和隋文帝两朝任职宫人。大业十年（614）《马称心志》②，云其"开皇初，征召清贤，用充内职，即任尚宫"。尚宫居隋文帝时期宫掖女官系统的六尚之首："一曰尚宫，掌导引皇后及闺合廪赐。"据志文可知马称心曾在北周朝"入选王宫"，"位极人臣"。入隋后任职尚宫。开皇十九年（599），南阳公主出降宇

---

① 司制一职，唐代因袭隋制。如唐贞观五年（631）《宫人司制何氏墓志》也谈到何氏司制执掌："褕翟之饰，黼黻之仪，五采章明，六服差品。内司裁制，罔不取则。"铭曰："博通体制，妙闲仪饰"。参见赵力光主编：《西安碑林博物馆新藏墓志汇编》017《宫人何氏墓志》，北京：线装书局，2007 年，第 59 页。何氏卒年为 76 岁，推之当曾任过隋代宫人，因引以为证。又，初唐宫人墓志的撰写尚承隋代之风，记述内容较详。盛唐之后宫人墓志则多程式化，即为"填写"出来的格式，多无实质内容。

② 王其祎、周晓薇：《隋代墓志铭汇考》，北京：线装书局，2007 年，第 5 册，第 57 页。

文士及时，"妙择女师，精搜保姆"，"以夫人闲能妇礼，堪任匡侍"而做了南阳公主的女师。马称心做女师虽然不属于尚宫职司范围，而其任尚宫却是在皇朝选其侍奉南阳公主之前。对于马称心的任职态度，志文描写其"性宽恕，意含和，慎言语，无猜忌"。奉行公务的表现为"坐则同宴绮席，行则共乘香车。毁誉弗改于情，喜怒不变于色，贱宝轻财，钦贤重义"。随时奉侍公主左右，做到言行谨慎，宽和仁义，方能"名显内官"，"位标女史"。

仁寿元年（601）《鲁钟馗志》云其"周天和元年，入宫即治正宫事。……建德四年，治上宫事。宣正元年，治正宫事"，与志题中"周右正宫治尚宫平昌长乐郡国夫人鲁氏"官职相合，说明鲁钟馗所"治正宫事"，即指其任尚宫一职，侍奉皇太后事。志文云："大隋开皇元年，夫人出事周皇太后"，"陪侍九重，曾无谴咎；来游甲第，未有失疑"，（此则又涉及其入隋后的公务活动亦符合文帝时期尚宫职司的职责范围，只是没有明确其任尚宫而已），旨在强调她处事谨慎，因此从未受到皇太后的谴责。

上举两方宫人墓志在研究隋代宫人制度方面颇具史料价值和意义。

第一，两方墓志的志主皆为北周时期的宫人，马称心入隋后继续做宫人并担任尚宫一职，相对于其他 40 方宫人墓志所反映的职司大多数为炀帝时期六尚局的任职情况，《马称心志》的内容则反映的是开皇年间文帝时期六尚职官情况。同时说明隋代宫人制度很可能是在北周女官系统的基础上建立的。

第二，《马称心志》与《鲁钟馗志》揭示的北周任尚宫的记载，弥补了北周有关"六尚"制度记载的阙失，佐证了《隋书·礼仪志》所载北周"中宫六尚"的确实存在。

第三，两方墓志文对宫人职司的描述，生动揭示了女官尚宫的具体日常事务和主要活动，是值得留意的宝贵资料。

2. 司言

大业十二年（616）《宫人杨氏志》[①]，志题"宫人司言杨氏墓志"，志文亦有"司言姓杨"云云。司言属尚宫局，主要"掌宣传奏启"。志文称杨氏"幼承女德，长宣妇礼。辞韵韶美，辩对如流，声擅彤闱，誉驰椒阃。王言斯密，纶缍攸司，宠命惟新，累功寔旧"，旨在说明服务于宫掖的女官，应具有

---

① 王其祎、周晓薇：《隋代墓志铭汇考》，北京：线装书局，2007 年，第 5 册，第 339 页。

女德修养及遵循妇礼的品行。司言的主要职责是宣传奏启，日常工作少不了书写奏章文书和宣传讲解。而杨氏则做到"辞韵韶美，辩对如流，声擅彤闱，誉驰椒阃。"可见书写奏章文启，不仅要求文从字顺，还十分注重文辞的工丽、应答的流畅。因而墓志铭文又称赞道："惟此女师，是宣是纳。尚兹辩问，工斯敏答。"这应是对一位称职司言的最高赞誉，如此出类拔萃，也自然会得到"宠命惟新，累功寡旧"的荣耀。

3. 典乐

大业十一年（615）《宫人姜氏志》①，志题"故宫人典乐姜氏墓志铭并序"，志文有"宫人典乐"云云。典乐属尚仪局，是司乐的下属官员或副职②，"司乐，掌音律"，则典乐亦应是掌管音律的女官。掌管音律者自然应该懂得音律，于是志文称她"妙善声律，伶官斯掌"。可见宫人姜氏不仅仅懂得音律，而且达到"妙善"精通的地步。或许志文亦旨在说明只有达到妙善的音乐水平和悟性，方能尽到执掌的职责。《隋书》卷十五《音乐志下》记载隋代宫廷有房内乐，"主为王后弦歌讽诵而事君子，故以房室为名"③。并且"命妇人并登歌上寿并用之。职在宫内，女人教习之"④。亦即让宫内掌管音律的女官来教王后嫔妃学习这首乐曲，而这首房内乐的歌词是："至顺垂典，正内弘风。母仪万国，训范六宫。求贤启化，进善宣功。家邦载存，道业斯融。"⑤说明演奏这支乐曲不仅仅是为了享受音律带给听觉的快感，还有着极其深刻的教化意义。因此掌管音律的宫人自身的品质修养也很重要，除了要"妙善音律"，还要品行贞洁。正如志文称赞宫人姜氏"诞兹令淑，节操冰清，四行匪亏，七德无爽"，似乎具有了所谓"四行"、"七德"的"冰清"、"节操"，才能理解与诠释音乐中的教化意义。

4. 司玺、典玺

大业五年（609）《宫人元氏志》⑥，志云元氏"拜为司玺"。司玺属尚服

---

① 王其祎、周晓薇：《隋代墓志铭汇考》，北京：线装书局，2007年，第5册，第97页。

② 如此解释典乐一职，根据则为《隋书·后妃传》："每司又置典及掌，以贰其职"。北京：中华书局，1973年标点本，第1107页。

③ 《隋书》卷十五《音乐志下》，北京：线装书局，1973年标点本，第374页。

④ 《隋书》卷十五《音乐志下》，北京：线装书局，1973年标点本，第354页。

⑤ 《隋书》卷十五《音乐志下》，北京：线装书局，1973年标点本，第372页。

⑥ 王其祎、周晓薇：《隋代墓志铭汇考》，北京：线装书局，2007年，第3册，第370页。

局，"掌琼玺符节"。在隋文帝时，尚宫有"典琼三人，掌琼玺器玩"，与此相类。又有大业五年（609）《宫人李氏志》①，志题"隋故宫人典玺姓李氏墓志铭并序"，志文有"典玺李氏"云云。典玺为司玺的副职，职责仍为掌琼玺符节。《唐六典》云："凡大朝会，则捧宝（玺）以进于御座；车驾行幸，则奉宝以从于黄钺之内。""凡国有大事则出纳符节，辨其左右之异，藏其左而班其右，以合中外之契焉。"② 这里指的是唐代门下省职官符宝郎（按：隋称符玺郎）或主宝、主节所履行的职责。遇大朝会等事他们要捧玺出奉皇帝。若国家有大事，还要出纳符节。这些活动当然与隋代宫掖中的司玺女官无关，她们掌管的琼玺当属皇后、皇太后专用的玉玺宝器。《隋书》记载皇后"有金玺，盘螭钮，文曰'皇后之玺'。冬正大朝，则并黄琼，各以筒贮，进于座隅"③。那么，在冬正大朝这一天，司玺或典玺女官就要捧起装有皇后金玺和黄琼的筒贮，到皇后的座位后面奉侍。史书又载："皇太后玺，不行用，若封令书，则用宫官之印。皇后玺，不行用，若封令书，则用内侍之印。"④ 则说明当皇太后与皇后不用金玺而"封令书"时，则要启用宫官、内侍之印。而什么情况下用玺、用印，大概也属于司玺或典玺宫人的职责范围。由此看来其职司非同小可，关乎皇后、皇太后权力的行使和命令发布。正如《宫人李氏志》志文所称"符玺任隆，事归淑慎"，责任非常重大，不仅要小心谨慎，而且要"夙夜勤劳"，尽职尽责地掌管好琼玺符节。

5. 司仗

隋墓志中有大业六年（610）的两方担任司仗的宫人墓志，分别为《宫人程氏志》⑤，志题"后宫人五品司仗程氏墓志铭"；《宫人冯氏志》⑥，志题"后宫人五品司仗冯氏墓志铭"。

司仗属尚服局，"掌仗卫戎器"⑦。《新唐书》记载唐代皇后亲蚕时的致斋

---

① 王其祎、周晓薇：《隋代墓志铭汇考》，北京：线装书局，2007年，第3册，第373页。
② （唐）李林甫撰：《唐六典》卷八"门下省"条，陈仲夫点校，北京：中华书局，1992年，第252—253页。
③ 《隋书》卷十二《礼仪志七》，北京：中华书局，1973年标点本，第276页。
④ 《隋书》卷十二《礼仪志七》，北京：中华书局，1973年标点本，第261页。
⑤ 王其祎、周晓薇：《隋代墓志铭汇考》，北京：线装书局，2007年，第4册，第80页。
⑥ 王其祎、周晓薇：《隋代墓志铭汇考》，北京：线装书局，2007年，第4册，第83页。
⑦ 《隋书》卷三十六《后妃传》，北京：中华书局，1973年标点本，第1107页。

之日，"尚服帅司仗布侍卫，司宾引内命妇陪位"①。以此或可推测隋代司仗也当在皇后亲蚕时在尚服的率领下承担部署侍卫工作。

《宫人程氏志》描述司仗是"武仪是司，在公凤夜"，宫廷举行大的活动少不了仪仗队伍，因而在宫廷活动频繁时，司仗需要不分昼夜地努力工作。志文赞扬程氏"恭事后庭，小心饰让"，尤其是"居高年而习《诗》、《礼》，训后进而阅《风》、《骚》。故得曳此绿衣，佩兹花绶"，在宫掖女官中树力了勤奋学习、"芳徽可尚"的榜样，因而得到了绿衣花绶的荣光。

冯氏志文则讲到"司仗雄气圆备，高明独远"，高大雄伟，见识卓越，非常具备掌管"仗卫戎器"的气质，亦正是担任司仗职务所应具备的"名实兼厚"的标准。

6. 尚食

大业二年（606）《宫人刘氏志》②，志题"故刘尚食墓志铭"。尚食为尚食局女官，"管司膳，掌膳羞"。志文盛赞刘氏具有文化素养："《国风》遍览，偏观苯苔之诗；《商书》□□，并读曲美之句。"因此能够"端操有礼，威仪靡忒"。刘氏深知"尚食任重"，柴米油盐等日常琐事不可小视，故对待主持的膳食之事十分尽责，不但以"躬虔和齐"的态度认真工作，而且精通厨艺，能够"合和五饮，姜桂八珍，妙辩盐米之味，巧别淄渑之水"。更兼"灼似芙蕖，华如桃李"，可谓是古代社会理想化的集美丽、节操和才能于一身的尚食女官。另有大业十年（614）《宫人侯氏墓志》③，侯氏也是一位尚食局女官，志文简略，没有其职司记载，着重描写侯氏"内仪可轨，女德斯备"，正与尚食刘氏"端操有礼"等突出女教妇德的描写相合。志文还描写侯氏"妍明有性，慎美兼姿。乱個雪之轻傩，驻行云之妙曲"，则又试图将美食、美人结合在一起。究其原因，似与文帝时期尚食女职"掌进膳先尝"有关，唯有"先尝"膳食者人美，才会使食膳食者心悦。而尚食刘氏能够"妙辩盐米之味"与"巧别淄渑之水"，也应该是通过无数次"先尝"而心领神会的吧。

7. 司馔

大业六年（610）《宫人贾氏志》④，志题"隋宫人司馔六品贾氏墓志铭"，

---

① 《新唐书》卷十五《礼乐志五》，北京：中华书局，1975年标点本，第367页。
② 王其祎、周晓薇：《隋代墓志铭汇考》，北京：线装书局，2007年，第3册，第185页。
③ 王其祎、周晓薇：《隋代墓志铭汇考》，北京：线装书局，2007年，第5册，第74页。
④ 王其祎、周晓薇：《隋代墓志铭汇考》，北京：线装书局，2007年，第4册，第118页。

志文有"宫人司饎贾氏"云云。司饎为尚食局女官："掌廪饩柴炭"①。志文亦论及贾氏"能盐梅庶绩，管辖侪伦"，可见贾氏乃履行着掌管宫掖粮米柴炭等生活用品的职责。志文还述及贾氏在执行公务时能够"蹈仁义而摄卫，循典章以取则"。能够照章行事，竭力保护宫廪中的财物不受损失。不仅如此，她还举止优美可人："言辞研雅，则芬馥春兰；瞻顾徘徊，则光华夜月。"一言一辞美丽幽雅如春兰芬芳；一瞻一顾清澈光彩似明月照人。很可能是撰者有意突出宫人的美丽高洁，以回避柴米油盐菜炭之事的烦庸。

8. 司灯

大业七年（611）《宫人李氏志》②，志题"隋故宫人司灯李氏墓志铭并序"。司灯一职属尚寝局："掌火烛"。志文赞誉司灯李氏"光升九重之壶，荣参百支之曜"，实际上是衬托司灯职责的神圣。夜幕中趋侍掖庭的宫女，经过司灯的传达施令，立刻就有"银烛起曜，兰镫散光"，宫寝中银烛闪烁，不啻百支，那种景致又是何等灿烂辉煌。

9. 司宝

大业十年（614）《宫人陈花树志》③，志题"故宫人司宝陈氏墓志铭并序"。司宝一职属尚工局："掌金玉珠玑钱货"。铭文云"司宝贵职，简在多能"，是说掌管宫掖的金玉珠宝，看似简单而事项繁多，责任重大，必须具备小心谨慎的品性。按照这个膺选标准，陈花树是"特以小心见录"，方承担"司宝贵职"的。除了"小心"之外，她还具有"明敏"的思维，能够"强识多智"，忠于本职，"审对明密"，"掌守慎密，牍不滥开"，"执玉不趋，奉酬惟敬"。这些都应该是身为司宝所应具有的职业质素和责任态度，同时也披露和展现了司宝女官的具体职责。

通过对上举9类12方隋代宫人墓志的逐一分析研究，揭示了宫人尚宫、司言、典乐、司玺、司仗、尚食、司饎、司灯、司宝等九种宫人职务的执掌责任、职司范围、执行态度等方面的信息，也为我们生动勾勒了担任上述职务的宫人应该具备的道德品质、业务素质、办事能力等方面的基本情状，既

---

① "廪饩"此指宫掖粮食之类的生活物资。如《南史》卷五十一《萧正德传》："敕所在给汝廪饩。"北京：中华书局，1975年标点本，第1281页。
② 王其祎、周晓薇：《隋代墓志铭汇考》，北京：线装书局，2007年，第4册，第149页。
③ 王其祎、周晓薇：《隋代墓志铭汇考》，北京：线装书局，2007年，第5册，第54页。

弥补了史书相关记载语焉不详的缺憾，亦为嗣后更进一步研究隋代宫人制度诸细节提供了真实依据。

三、隋代宫人所参与的其他事务与活动

（一）在宫廷政治中扮演微不足道的角色

宫人的职司中有专门陪侍皇后嫔妃的角色，因而时常有机会与皇朝高层人物接触，耳闻目睹一些与政治相关的密事，甚或有不知不觉而卷入政治斗争的漩涡中者。如仁寿四年（604）四月，隋文帝病重，太子杨广、宣华夫人陈氏、兵部尚书柳述、黄门侍郎元岩等人一起服侍文帝，一日：

> （文帝）因呼兵部尚书柳述、黄门侍郎元岩曰："召我儿！"述等将呼太子，上曰："勇也。"述、岩出阁为敕书讫，示左仆射杨素。素以其事白太子，太子遣张衡入寝殿，遂令夫人及后宫同侍疾者，并出就别室。俄闻上崩，而未发丧也。夫人与诸后宫相顾曰："事变矣！"皆色动股慄。晡后，太子遣使者赍金合子，帖纸于际，亲署封字，以赐夫人。夫人见之惶惧，以为鸩毒，不敢发。使者促之，于是乃发，见合中有同心结数枚。诸宫人咸悦，相谓曰："得免死矣！"陈氏恚而却坐，不肯致谢。诸宫人共逼之，乃拜使者。①

尽管《隋书》在记载这一段史实时，对文帝病重及驾崩的经过"颇有异论"②，当今隋唐研究者对上述记载亦产生诸多怀疑而另有立论或各抒高见③。然一些宫人当时经历和参与其中，却是不争的事实。当宣华夫人陈氏与宫人们看到太子赐给自己的金合里装有"同心结数枚"而不是鸩毒时，"宫人咸悦"而"陈氏恚而却坐，不肯致谢"，多少有些做戏的成分或史官的掩饰之笔。而其时宫人为保全性命，接下来"共逼"陈氏"拜使者"，似乎也在情理

---

① 《隋书》卷三十六《宣华夫人传》，北京：中华书局，1973年标点本，第1110页。
② 《隋书》卷四十八《杨素传》，北京：中华书局，1973年标点本，第1288页。
③ 韩昇：《隋文帝传》，北京：人民出版社，1998年，第487—492页。

之中。何况宫人此前也为杨素等人做过密信的传递工作。如《隋书·杨素传》记载：

> 及上不豫，素与兵部尚书柳述、黄门侍郎元岩等入阁侍疾。时皇太子入居大宝殿，虑上有不讳，须豫防拟，乃手自为书，封出问素，素录出事状以报太子。宫人误送上所，上览而大恚。所宠陈贵人，又言太子无礼。上遂发怒，欲召庶人勇。①

不知是哪位大意的宫人将杨素报告太子杨广的密信误送给皇上，"上览而大恚"，于是才有了上述文帝召杨勇之事。面对文帝病危准备重立杨勇为太子的紧急事态，时为皇太子的杨广"谋之于素"，并且当机立断撤换宫中卫士，矫诏将柳述等逮捕入狱，并把宣华夫人及宫人一概逐出。不久，文帝驾崩，宣华夫人与宫人相顾失色曰："事变矣！"不过侥幸的是，在这场争夺皇权继承的斗争中，宫人"得免死矣"。而大多数情况下，宫人参与政治斗争，往往会成为替罪羊，要付出血的代价。如"开皇十八年，河南八州大水。是时独孤皇后干预政事，滥杀宫人，放黜宰相"②，被"滥杀"的宫人中多数当是无辜的。炀帝时也有宫人因直言而被杀头。《资治通鉴》卷一百八十五"高祖武德元年三月"条载：

> 有宫人白萧后曰："外间人人欲反。"后曰："任汝奏之。"宫人言于帝，帝大怒，以为非所宜言，斩之。其后宫人复白后，后曰："天下事一朝至此，无可救者，何用言之，徒令帝忧耳！"自是无复言者。③

试图参与或议论政治的宫人往往遭遇被杀的结局，虽然她们是在国难中担忧，希望能建言皇上，扭转乾坤，但基于她们的宫人身份，其言行显然僭越了职责范围。于是，炀帝便以"非所宜言"而冠冕堂皇地立了斩杀的

---

① 《隋书》卷四十八《杨素传》，北京：中华书局，1973 年标点本，第 1288 页。
② 《隋书》卷二十二《五行志上》，北京：中华书局，1973 年标点本，第 622 页。
③ （宋）司马光：《资治通鉴》卷一百八十五"高祖武德元年三月"条，北京：中华书局，1956 年标点本，第 5777 页。

罪名。

（二）宫人参与太史局与观文殿之事务

1. 在太史局识习天象、参占星气的宫人

《隋书》卷十九《天文志上》记载：高祖平陈之后，"得善天官者周坟，并得宋氏浑仪之器"，又任命庾季才等人参校周、齐、梁、陈官私旧图，"依准三家星位，以为盖图"，从而使"悬象著明，缠离攸次，星之隐显，天汉昭回，宛若穹苍，将为正范"。于是任周坟为太史令，周坟博考经书，勤于教习，"自此太史观生，始能识天官"。炀帝十分注重天象星占，"又遣宫人四十人，就太史局，别诏袁充，教以星气，业成者进内，以参占验云"①。可知其时有 40 位宫人进了太史局，在袁充等天官的教授下，学习参占星气。究竟这批宫人"业成者"几人？"参占验"的结果又如何？史书未加详载，但由此记述则可知隋代宫内亦有一些"进内"参占星气的宫人，只是这些宫人的身份能否纳入六尚局的女官职司还需悬疑。

除了太史局，史载当时任起居舍人的蔡允恭也曾被"炀帝遣教宫人"，但他却"允恭贞介，每以为辱，因称气疾，不时应命，于后稍被疏绝"②。其被疏绝的缘由，看似称疾而未能应命，实则在骨子里因为鄙视女性而不欲奉行。炀帝当时派蔡允恭教习宫人什么方面的知识，史书阙载而不得知详，但或可说明炀帝要求宫人在承担女官职司之前或之后，还要学习和掌握各方面的知识与技能，以便能真正尽责称职。

2. 在观文殿导从辇驾、践触机关的宫人

隋炀帝时下令修造观文殿，专门用于藏书。观文殿的布局非常讲究，其中的堂、床、窗、宝厨、机关、飞仙等事物的设计制造，无不费尽心机，精思巧构。且看《大业杂记》中的精彩描写：

---

① 《隋书》卷十九《天文志上》，北京：中华书局，1973 年标点本，第 504—505 页。无独有偶，教宫人星占之事，前朝亦有辙迹可寻，如《晋书》卷一百六《石季龙载记上》记载石季龙于襄国："又起灵风台九殿于显阳殿后，选士庶之女以充之。后庭服绮縠、玩珍奇者万余人，内置女官十有八等，教宫人星占及马步射。置女太史于灵台，仰观灾祥，以考外太史之虚实。"北京：中华书局，1974 年标点本，第 2765 页。

② （宋）王钦若等：《册府元龟》卷七百八十一《总录部·节操》，北京：中华书局，1989 年影印本，第 3 册，第 2854 页。

前两厢为书堂，各十二间，堂前为阁道，承殿。每一间十二宝厨，前后方五香重床，亦装以金玉。春夏铺九曲象簟，秋设凤纹绫花褥，冬则加绵装须弥毡。……其十二间内，南北通为闪电窗，零笼相望，雕刻之工，穷奇极之妙。金铺玉题，绮井华栱，辉映溢目。每三间开一方户，户垂锦幔，上有二飞仙，当户地口施机。

而这一切极尽豪华的妙巧设置，都是为了"帝幸书堂，或观书"。每当炀帝前来观文殿时：

辇驾将至，则有宫人擎香炉，在辇前行。去户一丈，脚践机发，仙人乃下阁，捧幔而升，阁扇即开，书厨亦启，若自然，皆一机之力。辇驾出，垂闭复常。诸房入户，式样如一。

这位擎香炉导引炀帝辇驾前行的宫人，在行进中还要"脚践机发"，于是便有仙人下阁捧幔飞升，阁门开，书厨启。当如此曼幻的步骤完成后，炀帝便开始浏览和阅读书籍了。这样的阅览，真是何其雅致。

炀帝修建如此豪华的观文殿藏书堂厨，其图书乃是大业元年（605）"敕柳顾言等入嘉则殿简次"出来的，并在此基础上"制成新书凡三十一部，总一万七千馀卷，入观文殿宝厨"收藏。这批收入宝厨的新编书籍：

属辞比事，条贯有序，文略理畅，互相明发。及抄写真正，文字之间无点窜之误。装翦华净，可谓冠绝今古，旷世之名宝，自汉已来讫乎梁，文人才子诸所撰著无能及者。其新书之名，多是帝自制，每进一书，必加赏赐。①

由知观文殿宝厨所藏皆为内容精湛、校勘精审、写本精良的图书。所谓"宝厨新书者，并大业所祕之书也"，更兼炀帝"爱惜书史，虽积如山丘，然一字

---

① 以上所引皆出自（唐）杜宝撰、辛德勇辑校：《大业杂记辑校》，西安：三秦出版社，2006年，第46—47页。

不许外出"①。因而每进一书，炀帝都会亲笔签题，十分珍爱，时常光顾。
《隋书·经籍志》有"隋大业《正御书目录》九卷"②，著录的大约正是这批
图书。关于观文殿中的藏书情况，《隋书》亦有记述："炀帝即位，秘阁之书，
限写五十副本，分为三品：上品红琉璃轴，中品绀琉璃轴，下品漆轴。于东
都观文殿东西厢构屋以贮之，东屋藏甲乙，西屋藏丙丁。"③炀帝修建观文殿
并进行大规模的古籍搜集整理工作，对古代文化的传承无疑起了积极作用。
史官尝赞道："及隋氏建邦，寰区一统，炀皇好学，喜聚逸书，而隋世简编，
最为博洽。"④恰说明隋代保存与著述典籍图书的建设工程大有胜于前代之
处。与之相关联的当然还有服务于观文殿的宫人们，不能忘记她们擎香炉、
导辇驾、践机关的曼妙与优雅，适为隋代传承典籍文化的事功留下了一段美
丽佳话。

另外，不能排除宫人在当时也会被委派承担某些分外的临时性事务，谨
据史载举说两例。

一例为："隋（窦）抗，字道生。父荣定，尚隋文帝姊万安长公主，官至
洛州总管，封陈国公。抗在隋以帝甥之故，甚见崇宠，释褐千牛备身。属其
父寝疾，抗躬亲侍，扶衣不解带者五十余日。及居丧，哀毁过礼。后为梁州
刺史，丁母忧，号恸绝而复苏者数焉。文帝令宫人至第，节其哭泣。"⑤在窦
抗居丧期间，宫人竟能受命于皇帝去劝导安慰朝廷宠臣节哀顺变，此等宫人
的身份地位恐非一般，或可能即长期侍候长公主的亲近宫人。

另一例为：炀帝"车驾幸江都宫……，行次洛口，御龙舟，皇后御翔螭
舟。……又有小水殿九，名浮景舟……诸嫔妃所乘。……又有青凫舸十艘，
凌波舸十艘"，宫人习水者乘之，往来供脚（脚，原校：一作奉）。"⑥习水的
宫人要在陪驾出幸乘船之时，承担着"往来供脚（奉）"的护航安全任务，这

---

① （唐）杜宝撰、辛德勇辑校：《大业杂记辑校》，西安：三秦出版社，2006年，第58页。

② 《隋书》卷三十三《经籍志二》，北京：中华书局，1973年标点本，第991页

③ 《隋书》卷三十二《经籍志·序》，北京：中华书局，1973年标点本，第908页。

④ 《旧唐书》卷四十六《经籍志·序》，北京：中华书局，1975年标点本，第1961—1962页。

⑤ （宋）王钦若等：《册府元龟》卷七百五十六《总录部·孝第六》，北京：中华书局，1989年
影印本，第3册，第2698页。案："尚隋文帝姊万安长公主"句，《隋书·窦荣定传》："其妻则高祖
姊安成长公主也。"《隋书·高祖纪》亦载：开皇二年春正月"庚申，幸安成长公主第"，是知《册府
元龟》之"万安长公主"当为"安成长公主"之误。

⑥ （唐）杜宝撰、辛德勇辑校：《大业杂记辑校》，西安：三秦出版社，2006年，第19页。

也是一则有趣的话题。

（三）与宫人有关的风流韵事

传世文献中偶有隋宫人遭受骚扰的记述，一则是文帝朝发生的故事：

> 隋文帝开皇中，掖庭宫每有人来挑宫人。宫司以闻，帝曰："门卫甚严，人何从而入？当妖精耳。"因戒宫人曰："若来，但砍之。"其后夜来登床，宫人抽刀砍之，若中枯骨，其物走落。宫人逐之，因入池而没。明日，帝令涸池，得一龟尺馀，其上有刀痕。杀之遂绝。①

这本是一则荒诞不经的精怪故事，固不足道，然其事与掖庭宫人有联系，应该反映了两种情况：第一，表明宫人节操贞明，发现有不轨事情降临，立即报告皇上，并很快做了"杀之遂绝"的处理；第二，大概反映在社会现实中，宫人中确有一些与外界有染的不轨行为，因而才衍生出这类神异之事以为矫饰。

还有一则出自《隋书》卷五十《宇文晶传》：

> 晶，字婆罗门，大业之世，少养宫中。后为千牛左右，炀帝甚亲昵之。每有游宴，晶必侍从，至于出入卧内，伺察六宫，往来不限门禁，其恩幸如此。时人号曰宇文三郎。晶与宫人淫乱，至于妃嫔公主，亦有丑声。萧后言于帝，晶闻而惧，数日不敢见。②

这正说明宫人与一些"伺察六宫"而怀有不轨企图者发生"淫乱"的事情确实存在。《隋书》还记载炀帝时期，与嫔妃、宫人往来甚密者还有柳晉、诸葛颖等人，虽未明确记载其不端行为，而言辞似有指摘之意③。

许多宫人正是以美貌标准被膺选担任宫掖女官，因而这个群体很容易被

---

① （宋）李昉等：《太平广记》卷四百六十九《水族六》"隋文帝"条，上海：上海古籍出版社，1961 年标点本，第 3868 页。

② 《隋书》卷五十《宇文晶传》，北京：中华书局，1973 年标点本，第 1315 页。

③ 《隋书》卷五十八《柳晉》、卷七十六《诸葛颖传》，北京：中华书局，1973 年标点本，第 1424、1734 页。

心怀不轨者"伺察",也最容易被人们编造出一些风流韵事流布于街巷闾里,以助茶余饭后之闲谈。然而,如果通过隋代宫人墓志来考察隋代社会对宫人在品德方面寄予的期望,那么诸多志文中所谓"令仪有轨"、"节操冰清"、"内仪有则,女德惟良"、"内仪可轨,女德斯备"、"女史斯镜,内仪可范"的描述,无疑旨在强调隋代社会不仅要求宫人拥有美貌,而且还应具备与美貌相匹配的"内仪可轨"的品性德行,这也是历代相沿的主流观念。而以此反观那些不多的史载逸闻,其实只是难以掩蔽地反映出了宫人生活的另一个人性侧面或关乎宫人品行的一个真实细节。

四、结　语

归结本文对于隋代宫人制度的三方面研讨:

第一,有关隋代宫人制度的设置与演变,诸如隋文帝时期六尚、六司、六典递相统摄和炀帝时期六局统二十四司、典、掌的宫人女官系统的演变发展,主要根据史书的记载,分析探讨六尚与前代女官制度的渊源嬗递关系。特别指出六尚的体系或可能导源于北周的"中宫六尚",但隋代的建制则无疑更加整饬完善。对于隋代宫人的公服制度问题的研究,则是在史志记载的基础上,通过分析比对北齐、北周、隋、唐舆服制度的同时,探讨了隋代宫人公服制度的一般承启之情状或可能性。并且指出宫人公服的基本特征是:一方面北朝的宫人公服制度随着时代的进步和审美旨趣而不断改造出新;另一方面各朝代的宫人公服都会直接而同步反映该时代服饰的色彩音符诸元素,具有强烈鲜明且独特的社会时代风尚。以故,隋代的宫人公服制度也无疑担承了由北齐北周到唐代之间嬗变的桥梁,而同时又呈现着彼时代独特的公服元素。

第二,有关隋代宫人墓志所记职司等基本素材之综合分析,则对目前所见41方宫人墓志内容的基本要素进行了全面梳理,并利用其中23方明确载有职司的宫人墓志进行研讨,这其中又有17位宫人的任职名称与隋代宫掖女官系统的六尚或六尚局相符,完全可以用以佐证史载隋代宫掖女官制度之不谬。另有6位与六尚、六尚局司职记载不甚相符的宫人,则通过墓志记述与史载北朝女官制度相互印证做了初步的解析和推断。尤其值得注意的是，其中 12 位宫人的志文还对其职司的情况有更多信息的记述，涉及到宫人的品行素质、工作态度、职责范围等方面的基本情状，据此亦能够诠释和补充史书记载之不足，并为嗣后更进一步研究隋代宫人制度诸细节提供了真实依据。

第三，有关隋代宫人所参与的其他事务与活动，则主要将史书所记载的宫人活动片断还原到历史事件之背景中予以辑考，通过她们在参与宫廷政治中的举动，参与太史局参占星气与观文殿导从侍书之事务，以及传闻中的宫人风流韵事等，生动揭示了隋代宫人鲜活而真实的工作与生活内涵，从而在一定意义上也应该是对宫人女官在宫廷中所发挥的积极作用的肯定。

当然，本文还仅仅是对隋代宫人制度的专门但犹属初步的研究，作为引玉之砖，自然还有诸多问题有待于嗣后更进一步的发微探幽。《旧唐书·后妃传》记载："唐因隋制，皇后之下，有贵妃、淑妃、德妃、贤妃各一人，为夫人，正一品……其余六尚诸司，分典乘舆服御。龙朔二年，官名改易，内职皆更旧号。咸亨二年复旧。开元中……尚宫、尚仪、尚服各二人，为正五品；自六品至九品，即诸司诸典职员品第而序之，后亦参用前号。"① 《唐六典·宫官》所记载的六尚局亦与隋代炀帝时期的六尚局名称一致，说明隋代宫人制度基本被唐代所继承和发展。因此，研究隋代宫人制度也将对唐代的宫人制度的研究有积极的促进作用，诸如唐代宫人制度继承和演变、改革和完善、发展与传递等问题，也需要在研究隋代宫人制度的基础上方能做出更深入细致的探讨与创获。

原载（《陕西师范大学学报》2012 年第 3 期）

---

① 《旧唐书》卷五十一《后妃传上》，北京：中华书局，1975 年标点本，第 2161—2162 页。

唐太宗与琵琶乐曲

一

我国封建时代的帝王中对音乐感兴趣者颇有其人，以"贞观之治"流誉后世的唐太宗李世民便是一位，而且他对音乐的兴趣尤其表现在偏爱琵琶乐曲。

《旧唐书》卷二十八《音乐志上》记载，贞观元年（627），唐太宗在欣赏了《秦王破阵》舞曲之后曾经说过："朕虽以武功定天下，终当以文德绥海内。"① 后来太宗又令魏徵等人改制歌词，目的是用盛大的歌舞来表现出大唐的盖世武功和宽厚文德，以使四夷臣服。可见唐太宗是把音乐视作其"文德"治国的一个重要内容。唐人张鷟《朝野金载》卷五有这样一段记述：

> 太宗时，西国进一胡，善弹琵琶。作一曲，琵琶弦拨倍麤。上每不欲番人胜中国，乃置酒高会，使罗黑黑隔帷听之，一遍而得。谓胡人曰："此曲吾宫人能之。"取大琵琶，遂于帷下令黑黑弹之，不遗一字。胡人谓是宫女也，惊叹辞去。西国闻之，降者数十国。②

一首琵琶曲，招降数十国，此故实颇可以为唐太宗初登帝基时的国策作一条绝好注脚。国策云何？怀柔绥抚。具强烈感化力的音乐，显然是一个不

---

① 《旧唐书》卷二十八《音乐志上》，北京：中华书局，1975 年标点本，第 1045 页。
② （唐）张鷟撰：《朝野金载》卷五，赵守俨点校，北京：中华书局，1979 年，第 113 页。

可缺少的重要方面。

琵琶出于西域，而善弹者在中国，并且因为技压西域而使其数十国闻而归降，这不免含有夸张的成分，然而唐太宗喜爱琵琶曲，却是实实在在的。一些善弹琵琶的人，也因唐太宗的偏爱而被重用。《唐会要》记载：

> 贞观末，有裴神符者，妙解琵琶，作《胜蛮奴》、《火凤》、《倾盃乐》三曲，声度清美，太宗深爱之。[1]

关于裴神符的事迹，《新唐书》卷二十一《礼乐志》也说：

> 五弦，如琵琶而小，北国所出，旧以木拨弹，乐工裴神符初以手弹，太宗悦甚，后人习为拨琵琶。[2]

由此不仅可知当时有一位"妙解琵琶"、善作新声的高手裴神符为太宗深爱，其所作三曲已成为当时宴娱中经常演奏的名曲，而且还可知琵琶用手拨这种新的弹奏方法也是产生于唐太宗时期。

又，宋刘克庄《后村诗话》续集卷三云："太宗时，罗黑能弹琵琶，遂阉为给使，以教宫人。"[3] 说到琵琶艺人授官，在太宗朝并非罗黑一例。据《旧唐书·马周传》、《新唐书·马周传》与《唐会要》卷三十四《论乐》记载，当时因娴于琵琶而为太宗所赏爱的乐工还有白明达、王长通等人，并且都以此一技之长而得到了"音声博士"等官爵，这种有悖正统之举，在当时就颇为官僚士大夫们反对。贞观六年（632），身为监察御史的马周上疏说这些乐工与"朝贤君子，比肩而立，同坐而食，臣窃耻之"[4]。宰相岑文本也认为马周的疏奏是"会文切理"的。伶优之人在封建时代如何能"列在士流，超授官爵"呢？因此，这件事从小的方面看是由于唐太宗对琵琶音乐的偏爱，而从大的方面看则又体现出唐太宗不拘一格、唯才是用的用人之道。

---

[1] （宋）王溥：《唐会要》卷三十三《雅乐下》"燕乐"条，上海：上海古籍出版社，1991年，第711页。

[2] 《新唐书》卷二十一《礼乐志十一》，北京：中华书局，1975年标点本，第471页。

[3] （宋）刘克庄撰：《后村诗话》，王秀梅点校，北京：中华书局，1983年，第124页。

[4] （宋）王溥：《唐会要》卷三十四《论乐》，上海：上海古籍出版社，1991年，第728页。

二

唐太宗不仅喜爱琵琶曲，亲自演奏琵琶曲，而且对于琵琶乐曲的见解也颇有见地。

《旧唐书》卷二十八《音乐志》记载：

> 太宗曰："礼乐之作，盖圣人缘物设教，以为撙节，治之隆替，岂此之由？"御史大夫杜淹对曰："前代兴亡，实由于乐。陈将亡也，为《玉树后庭花》；齐将亡也，而为《伴侣曲》，行路闻之，莫不悲泣，所谓亡国之音也。以是观之，盖乐之由也。"太宗曰："不然。夫音声能感人，自然之道也，故欢者闻之则悦，忧者听之则悲。悲欢之情，在于人心，非由乐也。将亡之政，其民必苦，然苦心所感，故闻之则悲耳。何有乐声哀怨，能使悦者悲乎？今《玉树》、《伴侣》之曲，其声具存，朕当为公奏之，知公必不悲矣。"尚书右丞魏徵进曰："古人称：'礼云礼云，玉帛云乎哉！乐云乐云，钟鼓云乎哉？'乐在人和，不由音调。"太宗然之。①

《玉树后庭花》与《伴侣曲》，均乃古代著名琵琶曲。太宗以此说明"悲欢之情，在于人心，非由乐也"，很有说服力。

《金石萃编》卷五十四《许洛仁碑》中讲了这样一则故事：

> 文皇尝于琵琶中度曲忖声以示群下，上因顾问曰："诸臣有识此曲者乎？"群臣离席将对而未□所说。②

既然群臣皆不能识得，则唐太宗度忖琵琶曲声的本领之高超精熟便可想而知。唐太宗还兴之所至地写过一首名为《琵琶》的五言古诗，借以言明心中的情致。诗曰：

---

① 《旧唐书》卷二十八《音乐志一》，北京：中华书局，1975 年标点本，第 1041 页。
② （清）王昶：《金石萃编》，北京：中国书店，1985 年影印本，第 2 册，第 217 页。

半月无双影，金花有四时。摧藏千里态，掩抑几重悲。促节萦红袖，清音满翠帷，驶弹风响急，缓曲钏声迟。空遗关陇恨，因此代相思。①

"无情未必真豪杰"，即使是从疆场马上、剑影刀光中参与创立并稳固了大唐江山的李世民，也同样是一位有着丰富情感的大丈夫。

三

如果进一步推究唐太宗何以独钟琵琶曲的外在影响的话，想来大致有这样两方面。一方面是受其父李渊喜好的感染。《唐会要》卷三十四《杂录》载：

> 武德元年，相国参军卢牟子献琵琶，万年县法曹孙伏伽上疏曰："陛下贵为天子，富有四海，动则左史书之，言则右史书之，既为竹帛所拘，何可恣情不慎。卢牟子所献，频蒙赏劳，但'普天之下，莫非王土；率土之滨，莫非王臣'，陛下必有所欲，何求不得，陛下少者，岂此物哉。"②

此事两《唐书》的《孙伏伽传》亦提及。既然是想得赏劳，则所献之物就势必要投李渊之所好。而父辈的好恶，又最容易影响到子女，所以李世民喜好琵琶乐曲，恐怕多少是受了其父李渊的影响的。说到李渊对琵琶音乐的喜好之深及对子女教习琴艺的重视，还可以从李渊第十二女淮南大长公主李澄霞的事迹中得到印证。1978年陕西省富平县献陵陪葬区出土的武周天授二年（691）封言道撰《大唐故淮南大长公主墓志铭》记述了这样一段故事：

> 公主性持聪敏，精彩尤异，年三、四岁，见弹昆琶，即于扇上拨成

---

① （宋）李昉等：《文苑英华》卷二百十二《诗六十二》，北京：中华书局，1966 年影印本，第1054 页。

② （宋）王溥：《唐会要》卷三十四《杂录》，上海：上海古籍出版社，1991 年，第 732—733页。

小曲。至年五岁，指小仍未及柱，乃令人捻弦，遂弹得《达摩支》、《无愁》等曲。神尧皇帝闻知，大加惊异。才至七岁，渐能弹曲，乃令王长通教钵乐背当，二日便了。神尧皇帝对妃嫔等看弹，一无错□，□□□叹，特蒙爱赏，赍杂彩及物数百段，长通亦得赐焉。又七月十四日宫内欲迎佛盆，十三日敕令长通入内，教公主龟□〔兹〕佛曲。十四日迎佛盆处，公主即弹，大蒙赏异，特踢紫檀槽金环昆琶一，并锦彩等。此后每受琵琶并五弦，三两遍合便得，□〔不〕须续上，其于挡弹知音，实为绝妙。又常云："音声一解，闻即自知，蔡琰夜别断弦，何足书之史籍。"①

这则故事不仅为初唐时期皇室对琵琶音乐的喜爱及当时流行的曲目、名贵的品种等保存了珍贵史料，而且"挡弹知音"一语还为"挡弹法"产生于太宗贞观初添一佐证。这里所提到的紫檀槽琵琶尚可从今天日本东大寺正仓院所藏螺钿琵琶（图1）而见其真实面目。此种琵琶盖为当时最贵重之品种。孟浩然《凉州词二首》之一云："浑成紫檀金屑文，作得琵琶声入云。"②张籍《宫词》又云："黄金捍拨紫檀槽，弦索初张调更高。"③故琵琶以紫檀为槽，似于音调上有很大关系。其施以金环、金屑文或螺钿文，殆为唐代一时之风尚。

另一方面的影响，应该说是来自琵琶在当时乐器中所处的地位及应用的程度。琵琶先是西北民族中的流行乐器，自汉及唐，逐渐成为南北通行、应用最广的乐器之一，这在古诗中特别是唐诗中是不乏证明的。唐太宗是一位文武双全、多才多艺的皇帝，自幼有着优越的生活条件和良好的传统教育，所以琵琶也必然成为他所具备的众艺之一。又比如，《旧唐书》、《新唐书》的《张文收传》和《旧唐书·音乐志》载：贞观初，掌管调乐作曲的协律郎"张文收采古《朱雁》、《天马》之义，制《景云河清曲》，名曰燕乐，奏之管弦"，不仅冲击了《雅乐》的独尊地位，而且还被冠以"诸乐（即唐之十部乐）之

① 石存富平县文管会。
② （唐）孟浩然著、徐鹏校注：《孟浩然集校注》卷四，北京：人民文学出版社，1998年，第298页
③ （唐）张籍：《张籍诗集》卷六，北京：中华书局，1959年，第75页。

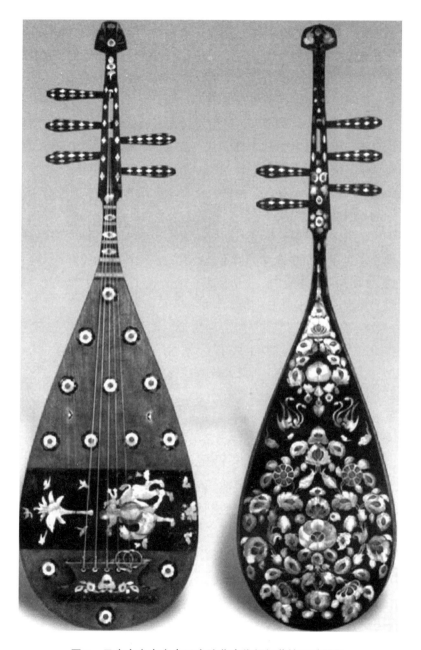

图1　日本奈良东大寺正仓院藏唐代螺钿紫檀五弦琵琶

资料来源：傅芸子：《正仓院考古记》，上海：上海书画出版社，2014年，第24、25页

首"①，成为元旦朝会第一曲。《新唐书》卷二十一《礼乐志》载，在《燕乐》所使用的二十二种乐器中，琵琶竟用了四种之多，即大、小琵琶各一，大、小五弦琵琶各一②。即便是其他九部乐中，琵琶也仍然占据着弹奏乐器的主导地位。在敦煌莫高窟的唐代壁画中，几乎每组伎乐以及飞天的手中都持有琵琶。琵琶在当时应用程度的广泛，地位的重要，于此可窥一斑。纵览李唐一代，琵琶真可以称得上是最盛行的国乐。由于琵琶的普及，势必一定程度地影响了朝野的好尚。而反过来，又由于唐太宗的偏爱，更抬高了琵琶的声价，以至更进一步地影响到其子孙后代（如玄宗、德宗）以及国人的喜好。如《乐府杂录》中所记玄宗朝有马仙期、李龟年、贺怀智、杨贵妃等，德宗朝有康昆仑、段善本、王芬、曹保保、曹善才、曹纲、裴兴奴等，文宗朝有郑中垂、刘二郎等众多琵琶高手。

至于唐太宗之所以偏爱琵琶曲的内在因素，想来除了可以笼统地臆测为生性喜爱外，实在是很难窥知的。不过，有一点应该引起注意：《释名》上说："批把（即琵琶）本胡中马上所鼓也，推手前曰批，引手却曰把，象其鼓时，因以为名也。"③《旧唐书》卷二十九《音乐志》说："琵琶，四弦，汉乐也。……及汉武帝嫁宗女于乌孙，乃裁筝、筑为马上乐，以慰其乡国之思。"④ 如此说来，琵琶是"马上之乐"，是用以解慰思念之情的。当年唐太宗初践国祚，在观赏了《秦王破阵》乐舞后曾感慨道：

> 朕昔在藩，屡有征讨，世间遂有此乐，岂意今日登于雅乐。然其发扬蹈厉，虽异文容，功业由之，致有今日，所以被于乐章，示不忘于本也。⑤

以此推之，唐太宗的偏爱琵琶曲，似乎也是受了他不愿忘记，不愿忘记马上得天下的经历，遂常常以琵琶慰其思旧之怀这种心理的影响。"以古为镜，可以知兴替"，这是唐太宗的名言。不忘隋唐兴替的历史，正是能够出现"贞观之治"的重要缘故。因此，唐太宗对琵琶乐曲的偏爱，也可以看作是他借以缅怀历史，"不忘于本"的一种特殊律己方式吧。

原载（《中国典籍与文化》1995 年第 4 期）

---

① 《旧唐书》卷二十八《音乐志一》，北京：中华书局，1975 年标点本，第 1046 页。
② 《新唐书》卷二十一《礼乐志十一》，北京：中华书局，1975 年标点本，第 471 页。
③ （汉）刘熙：《释名》卷七《释用器第二十一》，北京：中华书局，1985 年，第 107 页。
④ 《旧唐书》卷二十九《音乐志二》，北京：中华书局，1975 年标点本，第 1076 页。
⑤ 《旧唐书》卷二十八《音乐志一》，北京：中华书局，1975 年标点本，第 1045 页。

徐霞客与僧人的交往

对于明代伟大的地理学家徐霞客及其《徐霞客游记》的研究已日渐深入和广泛，被誉为"异书"的《徐霞客游记》，其内涵的渊博与丰富，绝不仅仅限于自然科学的范畴，许多社会科学研究者也往往倾注了极大的关注，并藉以探讨当时的历史、文化、经济等宏观主题，乃至窥寻徐霞客这位"奇人"的言行准则、思想内核和精神境界等微观现象。毋庸置疑，徐霞客毕生致力于地理探索的精神与成就是极其伟大的，他弃绝百事，无所畏惧，一筇一笠，万里孤行，足迹几乎走遍了大半个中国，成功地完成了行万里路的志愿。这除了他自身有着坚强的信念与超人的毅力外，还有一个重要因素也不能不加以关注和肯定，那就是普种善根、广结禅缘，始终依靠了僧人朋友的鼎力支持与帮助。诚如陈垣先生说的那样："所与游者莫非僧，所居止者莫非寺，其由元谋至大姚也，必候僧为伴，其游剑川金华内峡也，必约僧为导。"① 考察整部《徐霞客游记》，徐霞客在他不计里程、不计年月、旅泊岩栖、探幽凌险的日子里，之所以与许多僧人交往频繁，并因此与佛教和僧人们结下禅缘，既有着客观的原因，也有着主观的因素。而对这一贯穿《徐霞客游记》始终且与徐霞客游历有着极为重要关系的事实及其文化意义，迄今研究徐学者似尚少专门论述，本文谨试图对这一现象予以探析。

一、以僧为伴　以寺为住

徐霞客游历与探索的目标，往往不限于已成为游览胜地的名山大川。他

---

① 陈垣：《明季滇黔佛教考》，北京：科学出版社，1957年，第191页。

的足迹所至之处，常常在深山危谷、偏荒僻远、渺无人烟的地方，而这种近乎与世隔绝的地方则往往只有那些离尘拔俗，不求声色货利，忘形死心，不恋恩爱名位的僧人生活和居住在这里。因此徐霞客要完成考察和探险，必须依靠熟悉这里地貌地形乃至风土人情的僧人们的指点和帮助。"探险一事，惟僧有此精神；行脚一事，惟僧有此习惯，兼以滇黔新辟，交通梗阻，人迹罕至，舍僧因无引路之人，舍寺更无栖托之地，其不能不以僧为伴，以寺为住者，势也。"① 正是这个十分现实而客观的原由，徐霞客不仅吃住要依靠山里的僧人，更需要熟悉地形的僧人引导协助他游历山中险要绝胜之处，因为除了僧人，别人是帮不了这个忙的。在《徐霞客游记》卷九下《滇游日记》乙卯七月十二日日记中，记述徐霞客欲前往石城探险：

> 既饭，以一人引余往中台寺。余欲其人竟引探石城，不必由中台。其人言："喧中人俱不识石城路，惟中台僧能识之；且路必由中台往，无他道也。"余不信，复还。遍徵之喧中，其言合，遂与同向中台。……乃入庵。……昨所晤老僧（原注：号沧海，四川人）已先至，即为余具饭。余告以欲登石城。僧曰："必俟明日，今已无及矣。此路惟僧能导之，即喧中人亦不能知也。"余始信喧人之言不谬，遂停其茅中。②

翌日，徐霞客才得以"惟随老僧，僧攀亦攀，僧挂亦挂，僧匍匐亦匍匐"，"如蛇游伏莽"，披荆斩棘登上了"不可不谓险之极也"的石城，从而完成了对这一带山地的地理考察。

《徐霞客游记》卷七下《滇游日记七》己卯二月十四日日记又写道：

> 余凭揽久之，四顾无路，将由前道下栈，忽有一僧至，曰："此间有小径可入内峡，不必下行。"余随之，……从内峡三清阁前，下坠峡底，共一里而至峡门内方池上，就岩穴僧栖，敲火沸泉，以所携饭，投而共啖之。乃与僧同出峡门，循左崖东行，僧指右峡壁间突崖之下，石裂而成门，下临绝壑，中嵌巉岩，其内直逼山后莽歇。峡中从来皆虎豹盘踞，

① 陈垣：《明季滇黔佛教考》，北京：科学出版社，1957年，第191—192页。
② （明）徐弘祖：《徐霞客游记》，上海：上海古籍出版社，1993年，下册，第1053—1054页。

无敢入者，余欲南向悬崖下，僧曰："既无路而有虎，君何苦必欲以身试也。且外阻危崖，内无火炬，即不遇虎，亦不能人入。"……乃随之东北下山。①

多亏了僧人的及时指点，徐霞客才没有误入歧路，更没有落入虎口。还有《徐霞客游记》卷七下《滇游日记七》乙卯二月十五日日记云：

> 由此攀西崖，捱石磴，有僧嵌一阁于崖隙。……前闻磬声遥递，即此阁僧。其师为南都人，茹淡阐幽，栖此有年，昨以禅诵赴崖场，而守庐者乃其徒也。……余问僧："此处有路通金华山否？"僧言："金华尚在东南，隔大脊一重，箐中无路上；东向直蹑东崖，乃南趋逾顶而东下之。盖东崖至是匪石而土，但峭削之极，直列如屏，其上为难。"余时已神往，即仍下玉皇阁，遂东向攀岭上，时有游人在玉皇阁者，交呼'此处险极难阶。'余不顾，愈上愈峻。②

得到僧人的热情导引，徐霞客终于顺利地登上了为之神往的金华山。《徐霞客游记》中还在许多地方都提及僧人为徐霞客指点迷津或热心为他导游的事例，如卷一下《游天台山日记》记僧人带领霞客探石笋之奇、览北台之幽；卷三下《粤西游日记》记霞客藉僧人提示得以观赏山后瀑布；卷十上《滇游日记十三》记慧心僧人因夜深"暗不可行"，热心陪伴霞客盘桓山中，"曳杖为指迷"，使霞客安全到达住宿的禅院。这类例子还有许多，不胜枚举。此外，徐霞客还时常受到僧人的关爱与热情款待，使他在茫茫的异乡旅程中，倍感人世间的真情。如卷四上《粤西游日记三》写道：初七日"雨色霏霏，酿寒殊甚。菜斋师见余衣单，为解夹衣衣我，始可出而见风。"③菜斋师寒雨中送给徐霞客夹衣，使霞客感到十分温暖。卷四上《粤西游日记四》三月初一日日记描写徐霞客"又从岭东随穴中出水北行，而抵黄村庵，则悒一瀹茶

---

① （明）徐弘祖：《徐霞客游记》，上海：上海古籍出版社，1993年，下册，第899—900页。
② （明）徐弘祖：《徐霞客游记》，上海：上海古籍出版社，1993年，下册，第896—897页。
③ （明）徐弘祖：《徐霞客游记》，上海：上海古籍出版社，1993年，上册，第486页。

煮笋以待余。以足伤，姑憩而不行"。初二日"别惺一，惺一送余以笋脯"①。
最令徐霞客感动的是他在云南护国寺与大乘师、总持师的邂逅相遇。徐霞客
在卷五《滇游日记三》九月十二日日记中写道：

> 还饭旧寺（护国旧寺），即欲登顶为行计，见炊饭僧殷勤整饷，虽瓶无
> 余粟，豆无余蔬，殊有割指啖客之意，心异之。及饭，则已箸不沾蔬，而止
> 以蔬奉客，始知即为淡斋师也。先是横山屯老妪为余言："山中有一僧，损
> 口苦体，以供大众。有予衣者，辄复予人，有饷食者，己不盐不油，惟恐众
> 口弗适。"余初至此讯之，师不对；余肉眼不知即师也。师号大乘，年甫四
> 十，幼为川人，长于姚安，寄锡于此，已期年矣。发愿淡斋供众，欲于此静
> 修三年，百日始一下山。其形短小，而目有疯痒之疾。苦行勤修，世所未
> 有。余见之，方不忍去，而饭未毕，大雨如注，其势不已。师留止宿，余遂
> 停憩焉。是夜寒甚，余宿前楹，师独留正殿，无具无龛，彻夜禅那不休。
>
> 　十三日达旦雨不止，大乘师复留憩。余见其瓶粟将尽，为炊粥为晨
> 餐，师复即另爨为饭。上午雨止，恐余行，复强余餐。忽有一头陀入视，
> 即昨朝阳入庵时曳杖而出者，见余曰："君尚在此，何不过我？我犹可为
> 君一日供，不必啜此也。"遂挟余过朝阳，共煨火具餐。师号总持，马龙
> 人，为曲靖东山寺住持，避嚣于此，亦非此庵主僧也。……大乘精进而
> 无余赀，总持静修而能撙节，亦空山中两胜侣也。已而自言其先世为姑
> 苏吴县籍，与余同姓。昔年朝海过吴门，山塘徐氏欲留之放生池，师不
> 果而归。今年已六十三矣。是夜宿其西楼，寒更甚，而夜雨复潺潺。②

大乘师割指啖客的心意，总持师热情好客的举动，都令身在异乡的徐霞
客感慨万分，永生难忘。这些事例当足以说明，无论是在江南的名山大川还
是在西南的远僻山角，徐霞客正是依靠了无数知名或不知名的僧人的指点帮
助，才得以成就他对万里行程中山川形胜和地质地貌的探索考察，也正是僧
人们的热心帮助，才使得徐霞客与僧人们结下了不解的禅缘，并对其禅学情
感与倾向产生了潜移默化的影响。

---

① （明）徐弘祖：《徐霞客游记》，上海：上海古籍出版社，1993 年，上册，第 577 页。
② （明）徐弘祖：《徐霞客游记》，上海：上海古籍出版社，1993 年，下册，第 731—732 页。

二、以诚相待　广结善缘

徐霞客尊敬长老，善待僧徒，他每游历一个地方，都要到山间的寺院或僧庵中去拜访修行的僧人。《徐霞客游记》卷七上《滇游日记六》乙卯正月初四日日记云："又北半里，入大觉寺，叩遍周老师。师为无心法嗣，今年届七十，齿德两高，为山中之耆宿。余前与之期以新旦往祝，而狮林迟下，又空手而前，殊觉怏怏，师留餐于东轩。"① 道出了霞客因"狮林迟下"，没有如期与遍周师相会而"殊觉怏怏"的内疚心情。紧接着在十二日日记中又提到徐霞客与山中四长老一同上九重崖时，路过河南师静室，"余令众静侣先上一纳轩，而独往探之。师为河南人，至山即栖此庐，而曾无旁出。余前从九重崖登顶，不知而过其上，后从狮林欲横过野愚东点头峰下，又不得路，踌躇至今，恰得所怀。比入庐见师，人言其独栖，而见其一室三侣。人言其不语，而见其条答有叙；人言其不出，而见其把臂入林，亦非块然者。九重崖静室得师，可与狮林、罗汉鼎足矣。坐少定，一纳轩僧来邀，雨阵大至，既而雪霏，师挽留，稍霁乃别"②。徐霞客十分尊重僧人，既表现出了一个儒者的有礼有节，又表现出了自身修养的谦虚善良。此外，徐霞客还积极为一些不曾相识的僧人们出谋划策，解忧排难。《徐霞客游记》卷二上《江右游日记》十一月二十一日日记就记了这么一件事：当徐霞客来到玉泉山时，看到"僧守原叠级凿崖，架庐峰侧一悬峰上，三面凭空，后复离大山石崖者丈许，下隔深崖峡。时庐新构，三面俱半壁，而寂不见人，余方赏其虚圆无碍，凭半壁而看后崖。久之，一人运土至，询之，曰：'僧以后壁未全，将甃而塞之也。'问僧何在？曰：'业从山下跻级登矣。'因坐候其至，为之画曰：'汝虑北风吹神像，何不以木为龛，坐护置室中？而空其后壁，正可透引山色，造物之悬设此峰，与尔之绾架此屋，皆此意也。必甃而塞之，失此初心矣。'僧颔之。"③ 徐霞客为了给一个不曾相识的僧人出谋划策，不惜花费时间坐等山僧的到来，体现出他对僧人的关爱心怀。

① （明）徐弘祖：《徐霞客游记》，上海：上海古籍出版社，1993年，下册，第841页。
② （明）徐弘祖：《徐霞客游记》，上海：上海古籍出版社，1993年，下册，第852页。
③ （明）徐弘祖：《徐霞客游记》，上海：上海古籍出版社，1993年，上册，第142—143页。

尤其值得称道的是，从万历四十一年（1613）起，就有江阴迎福寺僧人莲舟随同徐霞客出游。而莲舟的弟子静闻，曾刺血写《法华经》，愿供之于鸡足山。因此在崇祯九年（1636），徐霞客将要出游鸡足山，道经南京迎福寺时，静闻便向徐霞客表达了自己仰慕鸡足山圣地的心情，想要和徐霞客一同去鸡足山，徐霞客便欣然答应了静闻的要求，带着他一同出行。可是到达广西后，静闻生了重病，即将死去，留下遗言云："我志往，不得达，若死，可以骨往。"徐霞客"为之哀悼，终夜不寐"①，决意一定实现静闻的遗愿。霞客火化了静闻的尸体，将他的骨灰放在木匣里，背着静闻的骨灰，"泛洞庭，上衡岳，穷七十二峰。再登峨嵋，北抵岷山，极于松潘。又南过大渡河，至黎、雅，登瓦屋、嚼经诸山。复寻金沙江，极于犛牛徼外。由金沙南泛澜苍、由澜沧北寻盘江，大约在西南诸彝境，而贵筑、滇南之观，亦几尽矣。过丽江，憩点苍、鸡足，瘗静闻骨于迦叶道场，从宿愿也"②。徐霞客一共用了一年零二天的时间，才到达鸡足山。徐霞客在悉檀寺与寺僧商量，想要在山中乞地安葬静闻，以了却静闻的游山之志。寺僧仙陀很敬佩徐霞客的这一义举，也同情静闻的心愿，便积极为静闻选择地方，将静闻的骨灰安葬在文笔山之阴，并修建了骨塔。徐霞客还写了哭静闻诗共六首。徐霞客与静闻的这一段生离死别，表露了他心地善良，重许诺更重情义，与僧人有着至深的禅缘。徐霞客不远万里，负灰骨以实现静闻遗愿的真诚行为，也感动了鸡足山的僧人们，僧人们不但尊重徐霞客，而且对徐霞客的游历与考察提供了诸多的帮助。如《滇游日记六下》中就多处提到了徐霞客受到当地众僧侣热情款待的事。戊寅十二月二十八日日记云：

> 又二里余，入悉檀。具餐后，知沈公（原注：莘野乃翁）来叩，尚留待寺间，亟下楼而沈公至，各道倾慕之意。时已暮，寺中具池汤候浴。遂与四长老及沈公就浴池中。池以砖甃，长丈五，阔八尺，汤深四尺，炊从隔壁釜中，竟日乃温。浴者先从池外，挽水涤体，然后入池，坐水中浸一时，复出池外，擦而涤之，再浸再擦。浸时不一动，恐垢落池中

---

① （明）徐弘祖：《徐霞客游记》，上海：上海古籍出版社，1993年，上册，第469页。
② （明）徐弘祖：《徐霞客游记》，上海：上海古籍出版社，1993年，下册，第1200页。

也。余自三里盘浴后，入滇只澡于温泉，如此番之浴，遇亦罕矣。①

当时洗浴为一种不易享受到的奢侈事情，因徐霞客的到来，而在"寺中具池汤候浴"，可见僧人将徐霞客作为上宾对待。徐霞客时常与僧人们坐啸精舍，清谈沦茗，既了解到山中"兰若缘起"、"古德遗迹"，又经僧人陪伴"竟山中未竟之旨"、"遍征山中故迹"，每去一处静室，都受到僧侣们的真心关照，有"若并州故乡焉"，不但使考察的日子过得十分充实十分惬意，而且在僧人的热忱导引下，完成了自己对鸡足山一带的地理、人文、佛寺等方面的考查。值得一提的是，徐霞客还曾应木知府之约，修撰《鸡足山志》，在撰写《鸡足山志》的过程中，野池和尚将自己所录的《清凉通传》借给了霞客，从而给霞客修志以很大帮助。虽然后来由于霞客身体欠佳，未能修成全志，但他所写的《鸡山志目》，仍然具有很高的史料价值。徐霞客在鸡足山备受僧人爱助，使得他在这里游历颇久，与僧人的往来也十分密切，并依靠僧人的帮助，遍览鸡足山名胜，对这里的地形山势一一了如指掌，从而能轻松自如地驾驭素材，对鸡足山一带的人文地理及僧人寺院，描写得生动而翔实，为后人研究这里的地理、风俗、寺院、僧徒等，留下了十分丰富可信的资料。

三、外服儒风　内宗梵行

明朝的开国皇帝朱元璋曾入过佛门，当过佛家弟子。明朝建立后，朱元璋更是利用佛教的影响大做文章，宣扬大明王朝的建立是佛的意旨，他在立国初期每年都举行法会，以佛教慈悲、戒杀等教义教育子孙，以防内哄和造反。既然皇帝都尊奉佛教，效仿的人自然很多，江南一带，几乎家家有佛堂，人人都礼佛。就是在遥远的滇、黔一带，信奉佛法的人们也是趋之若鹜。如徐霞客在《徐霞客游记》卷六下《滇游日记五》十二月二十五日日记就记载了这样的情景："半里，得碧云寺。寺乃北京师诸徒所建，香火杂沓，以慕师而来者众也。师所栖真武阁，尚在后崖悬嵌处。乃从寺后取道，宛转上之，半里，入阁，参叩男女满阁中而不见师。余见阁东有台颇幽，独探之。一老

---

① （明）徐弘祖：《徐霞客游记》，上海：上海古籍出版社，1993 年，下册，第 831—832 页。

僧方濯足其上，余心知为师也，拱而待之。师即跃而起，把臂呼：'同声相应，同气相求。'且诠解之。手持二袜未穿，且指其胸曰：'余为此中忙甚，袜垢二十年未涤。'方持袜示余，而男妇闻声涌至，膜拜不休；台小莫容，则分番迭换。师与语，言人人殊，及念佛修果，娓娓不竭。时以道远，余先辞出。"① 从徐霞客生动而逼真的描写中，我们似乎看到那群在香火杂沓中蜂拥而至的信男信女，以及他们诚惶诚恐参叩膜拜北京师的景象。

在明朝一派尊崇佛教的时代氛围里，徐霞客少年时期就曾接触过一些佛学著作，踏上出游的旅途后，又广泛接触僧人，因此在他的思想深处，渐渐对禅学有了新的理解和认识，在言论和行动上也往往流露出自己对禅学的信仰和崇敬。《徐霞客游记》里就有多处记载了他自己上香礼佛和抽签乞求佛佑助的事情。并在卷七上《滇游日记六》通过记载佛僧大力、白云、兰宗师在狮林最高处"剜石得泉"的事例，感慨"乃知天神供养之事，佛无诳语，而昔之所称卓越锡、虎跑，于此得其征矣"②，表明了他对佛法神灵的虔敬感情。

到明代中期以后，佛教的发展又呈现出欣欣向上的复兴景象，特别是一种新的参禅悟道的佛学内涵，开始占据主流，并产生了深远影响。那便是佛学著作和佛学理论已出现了佛儒交相融合的趋势。比如明中后期的四大高僧真可、袾宏、德清、智旭都是儒学出身的僧人，他们极力主张佛儒结合。在袾宏著述的《竹窗随笔》中，就阐述了《儒佛交非》的论点③，对佛学界有很大的影响。还有智旭的《四书蕅益解》，其在自序中说："解《论语》曰《点睛》，开出世光明也；解《庸》、《学》曰《直指》，变不二心源也；解《孟子》曰《择乳》，饮其醇，存其水也。佛祖圣贤皆在无实法缀人，但为人解粘去缚，今亦不过用楔出楔，助发圣贤心印而已。"④ 看来当时用佛学来解释儒学，在佛学界已经较为普遍。诚如陈垣先生所说："明季心学盛而考证兴，宗门昌而义学起，人皆知空言面壁，不立语文，不足以相慑也，故儒释之学，同时丕变，问学与德性并重，相反而实相成焉。"⑤ 由此带来的影响是僧人们

① （明）徐弘祖：《徐霞客游记》，上海：上海古籍出版社，1993年，下册，第824—825页。
② （明）徐弘祖：《徐霞客游记》，上海：上海古籍出版社，1993年，下册，第835—836页。
③ （明）莲池大师：《竹窗随笔》，台北：财团法人佛陀教育基金会，1994年，第106页。
④ （明）蕅益大师：《蕅益全集》，台北：佛教书局，1989年，第11098页。
⑤ 陈垣：《明季滇黔佛教考》，北京：科学出版社，1957年，第86页。

对儒学也有一定的研究和了解。而且禅风逐渐兴盛，士大夫无不谈禅，僧人也很愿意与士大夫结纳。徐霞客习儒出身，知识渊博，又信奉佛教，与僧人的交流自然十分融洽。如《徐霞客游记》卷六下《滇游日记五》十二月二十五日日记中记载，徐霞客到了野愚静室后："室中诸老宿具在，野愚出迎。余入询，则兰宗、影空及罗汉壁慧心诸静侣也。是日，野愚设供招诸静侣，遂留余饭。饭后，见余携书箧，因取箧中书各传观之。兰宗独津津不置，盖曾云游过吾地，而潜心文教者。"① 僧人兰宗对霞客所携书籍"津津不置"，且能"潜心文教者"，正说明了僧人并不排斥佛学以外的儒学。相反，他们还很乐意接受和了解一些儒学的东西，力图将两者的学说交融起来。弘辨、安仁出示给徐霞客的是他们师傅著述的《禅宗赞颂》与《老子玄览》等，单从书名上我们就可以看出这里的僧人也注重用儒家或道家的学问来解释佛学了，这就使得儒学出身的徐霞客在思想上更容易与僧人们接近，在感情上也往往能与僧人们神契意合，有着共同的语言了。

从《徐霞客游记》的描述中还可以看出，徐霞客与僧人的交往十分自然真切，与僧人的相知相处也是心心相印、灵犀相通的。如卷二上《江右游日记》十一月二十二日日记写道："观心，宜黄人，向驻锡丰城，通儒、释之渊微，兼诗文之玄著，余一至，即有针芥之合，设供篝灯，谈至丙夜，犹不肯就寝，曰：'恨相见之晚也。'先是，余午至，留饭后即谓余曰：'知君志在烟霞，此中尚有异境，曹山旧迹，不足观也。'"② 初次相见，观心便深知徐霞客"志在烟霞"，随即指点他去游览山中的"异境"。难怪徐霞客称观心同自己有"针芥之合"，观心亦"恨相见之晚也"。再如卷四下《黔游日记》四月十五日日记云：

是日下午，抵白云庵。主僧自然供餐后，即导余登潜龙阁，憩流米洞。命阁中僧导余北逾脊，观南京井。北京老僧迎客坐。庐前艺地种蔬，有蓬蒿菜，黄花满畦，罂粟花殷红千叶，簇朵甚巨而密，丰艳不减丹药也；四望乔木环翳，如在深壑，不知为众山之顶，幽旷交擅，亦山中一

---

① （明）徐弘祖：《徐霞客游记》，上海：上海古籍出版社，1993年，上册，第144页。
② （明）徐弘祖：《徐霞客游记》，上海：上海古籍出版社，1993年，上册，第144页。

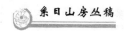

胜绝处也。对谈久之，薄暮乃返。①

　　徐霞客趁着参观南京井的时候，与北京老僧一见如故，"对谈久之，薄暮乃返"。两人的共同话题一定很多。当徐霞客告别北京老僧，返回白云庵寺时，却发现自然僧正"供茗炉旁"，等待着他的归来。于是两人"篝灯夜话，半晌乃卧"，无所不谈、无话不说，想必是相逢到了知己。又如徐霞客来到鸡足山时，正值"李元阳创建放光寺，木增创建悉檀寺，兴复各刹之后，为鸡山极盛时代；霞客又盘旋独久，与僧侣往还独密，计其所与游之僧，有名可籍者凡五六十人，莳花艺菊，煮茗谈诗，别有天地非人间矣"②。与僧人有着共同的信仰和投机的话题，当是徐霞客取得僧人信任与帮助并与之结下禅缘的重要原因。

　　关于徐霞客的佛学思想，近现代学者已有论及，不再赘述。这里想要进一步说明的是徐霞客的佛学思想，实际上是一种外服儒风、内宗梵行的封建士大夫禅学思想，这在《徐霞客游记》中多有流露。例如《徐霞客游记》卷一下《游嵩山日记》二十一日记云：

　　　　五里，得法皇寺。寺有金莲花，为特产，他处所无。山雨忽来，遂借榻僧寮。其东石峰夹峙，每月初生，正从峡中出，所称"嵩门待月"也。计余所下之峡，即在其上，今坐对之，只觉云气出没，安知身自此中来也？③

卷二上《浙游日记》十月初九日日记云：

　　　　甫至峰头，适当落日沉渊，其下恰有水光一片，承之滉漾不定，想即衢江西所来一曲，正当其处也。夕阳已坠，皓魄继辉，万籁尽收，一碧如洗，真是濯骨玉壶，觉我两人形影俱异，回念下界碌碌，谁复有此清光？即有登楼舒啸，酾酒临江，其视余辈独蹑万山之巅，径穷路绝，

　　① （明）徐弘祖：《徐霞客游记》，上海：上海古籍出版社，1993 年，上册，第 636 页。
　　② 陈垣：《明季滇黔佛教考》，北京：科学出版社，1957 年，第 69 页。
　　③ （明）徐弘祖：《徐霞客游记》，上海：上海古籍出版社，1993 年，上册，第 42 页。

回然尘界之表，不啻霄壤矣。唯山精怪兽群而狎我，亦不足为惧，而况寂然不动，与太虚同游也耶！①

同卷十月十四日日记又云：

> 江清月皎，水天一空，觉此时万虑俱净，一身与村树人烟俱熔，彻成水晶一块，直是肤里无间，渣滓不留，满前皆飞跃也。②

以上几段文字，与其说是对景物的描写，不如说是徐霞客对自己心态和性灵的一种表露，由此让我们感受到的是一种参禅入室般的宁静淡泊！"江清月皎，水天一空，觉此时万虑俱净，一身与村树人烟俱熔，彻成水晶一块"。"回念下界碌碌，谁复有此清光？"字里行间透露着佛教超然物外的精神和禅学养心修身的态度：一种对世态宽容的精神，一种不与喧嚣尘世同流合污的心境，一种随遇而安的随缘态度，一种超然洒脱、融合大自然的情怀。徐霞客从自己的妙觉慧解中终于证悟到了菩提的永恒智慧和回归到一方净土的宁静。也正是由于徐霞客的这一超脱凡俗的禅学境界，才使他毅然踏上征途，"万卷劫灰，一身旅泊，一意抛弃世事，皈心空门；世间声名文句，都如尘沙劫事，不复料理"③。

通过对徐霞客禅缘本质的探寻，不难发现，其禅学境界正是一种时代风尚的代表，而绝不是如出家人恪守戒律般的纯粹宗教信仰，因此他的禅学境界毕竟是入世而有为的，《徐霞客游记》的风赡性和科学性就是最好的说明。

通过对徐霞客广结禅缘及其禅学境界的初步探析，我们当能得到这样一个结论：若要稽考明代僧侣生活，《徐霞客游记》应该是一部不可多得的最佳史料。通常的游记，多记山水，既就是记一些寺宇，也大多是记寺宇匾额楹联等一些人云亦云的东西，很少去写僧侣生活。或者涉及僧侣生活，也只是提到僧人如何苦行修炼，如何不贪色利，等等。只有《徐霞客游记》，认真地记述

---

① （明）徐弘祖：《徐霞客游记》，上海：上海古籍出版社，1993年，上册，第103—104页。
② （明）徐弘祖：《徐霞客游记》，上海：上海古籍出版社，1993年，上册，第109页。
③ （清）钱谦益：《嘱徐仲昭刻游记书》，（明）徐弘祖：《徐霞客游记》卷十下，上海：上海古籍出版社，1993年，下册，第1186页。

了许多僧人的日常生活，乃至细事琐节，"如曲靖翠峰山大乘之苦行，永平万佛寺了凡之禅机，形容批评，非霞客不能适当。僻远如顺宁龙泉寺，竟有讲经之会，僧俗杂遝，喧动一时，犹可见当年盛况。惜其于黔所经仅由桂入滇之道，又未尝久住，故黔僧史料尚少。然其写贵阳白云山静室一段，及普安丹霞山影修一段，山蔬岭豆，亦足见黔南静室及黔僧生活一斑。"① 因此要了解僧家生活，《徐霞客游记》的确是最清楚生动，最贴近真实的了，这当然得益于徐霞客与僧人的密切交往，广结禅缘，并藉此得来了最直接最完善的第一手资料。

那么，归结本文，可以认为，在当时的历史文化背景下，以僧为伴，以寺为住，是徐霞客能够因势利导，最终成其游历必不可少的客观条件；外服儒风，内宗梵行，是徐霞客能够顺应时流，每每助其游兴的十分有利的主观因素；而以诚相待，广结善缘，则是徐霞客很好地结合了客观条件与主观因素，并在此基础上终于获益良多地完成了自己的事业。从而以《徐霞客游记》的丰富内涵，不仅向世人揭示出它在佛学研究领域的弥足珍贵的史料价值，而且在文化意义上更透视了徐霞客思想意识形态中的超脱而有为的禅学境界。不忽视这一点，对全面研究和评价徐霞客及其游记的思想内核与科学地位，应该是十分必要而且也是十分重要的。

原载（《陕西师范大学学报》2002 年第 1 期）

---

① 陈垣：《明季滇黔佛教考》，北京：科学出版社，1957 年，第 70 页。

第四编　溯流穷源

豐都与酆都的演变及其地理影像

　　"豐都"与"酆都"是两个不同的地理概念，并附丽于不同的历史文化背景，而对应于这两种名称的地理概念其实是一为实地，一为虚指。豐都是自古传说中的仙都道观，有其确切的所在地；酆都则是传闻中一处关押众鬼怪的地方，也就是人们常说的阴司地狱之类，当然是虚无缥缈的乌有之地。既然两者的地理概念与人们认知观念上的差异甚大，笔者又缘何将不相干的二者合在一起论述，其原因就是随着时代的变迁，"豐都"与"酆都"的名称与概念内涵逐渐被人们瓜葛纠缠，以致在文献记载中不仅出现了历史地理观念上的混淆错杂，亦在历史的演化轨迹与人文意义上相悖甚远。本文旨在缕析文献之错综，梳理载记之复杂，以期为"豐都"与"酆都"的演变正本清源，并阐释其地理影像与文化理念。

一、豐都——传说中的仙都

　　关于豐都是仙都道观的传说，在古代早有传闻记载，而目前所能印证的主要是唐宋人的一些记载。唐代杜牧就曾写道："忠州豐都县有仙都观，后汉时仙人阴长生于此白日升天。"[1] 可见人们早已将后汉仙人阴长生"白日升天"的地理位置附会在忠州豐都县仙都观了。此后，有关忠州豐都仙都观的记载遂渐次多见。北宋苏轼《仙都山鹿》诗及序写道：

---

　　① （唐）杜牧：《樊川文集》卷十六《上宰相求湖州第二启》，陈允吉校点，上海：上海古籍出版社，1978年，第246页。

老泉诗序云：至丰都县，将游仙都观，见知县李长官。云："固知君之将至也，此山有鹿甚老，而猛兽猎人，终莫能害。将有客来游，鹿辄夜鸣，故常以此候之，而未尝失。"余闻而异之，乃为作诗：日月何促促，尘世苦局束。仙子去无踪，故山遗白鹿。仙人已去鹿无家，孤栖怅望层城霞。至今闻有游洞客，夜来江市叫平沙。长松千树风萧瑟，仙宫去人无咫尺。夜鸣白鹿安在哉，满山秋草无行迹。①

苏轼这段序文及诗作，洋溢着仙都观的神秘气氛。客至鹿鸣的通灵传说，更使人们对丰都增添了神异的遐想，虽然此时已是"仙子去无踪"的时代，然而年迈的神奇老鹿仍然吟传着丰都的道影仙风。

南宋范成大也作有《丰都观》诗，诗题下的小注详细叙述了有关丰都观的沿革："旧名仙都观。相传前汉王方平、后汉阴长生得道处。阴君上升时，五云从地涌出，丹灶古柏皆其故物。晋、隋殿宇无恙，壁画悉是当时遗迹。内王母朝元队仗尤奇，道士云，此地即所谓北都罗丰所住，又名平都福地也。"②范成大的另一部著作《吴船录》也记载此地"有阴君丹炉及两君祠堂皆存，祠堂唐李吉甫所作，……有晋、隋、唐三殿"③。可知丰都县的平都山曾是一所"仙都道观"，两汉时期的王方平、阴长生曾在此地"得道仙去"，到宋代还遗存着晋隋唐三代修造的祠堂，并保留着阴长生所植的古柏，是道家所谓的七十二福地之一，亦即神仙窟宅所在。

两宋时期还有一些文人在游览丰都时即兴写了丰都道观的优美诗句，主要描述这里江山俊奇与古观遗迹，感叹二仙驾云仙去的追忆之情。如北宋韦骧《留题忠州丰都景德观》诗云："丰都县北岷江侧，古观峥嵘耀金碧。层峦秀拔异群山，乔木侵云竞千尺。二仙去久丹灶冷，空载遗文在碑刻。俗士纷纷徒叹嗟，曾有何人继真迹？"④北宋冯山的《丰都观》诗云："横江耸孤峰，

---

① （宋）苏轼：《东坡全集》卷三十，上海：上海古籍出版社，1987年影印《四库全书》本，第1107册，第438页。

② （宋）范成大撰：《范石湖集》卷十九，富寿荪点校，上海：上海古籍出版社，1981年，第269页。

③ （宋）范成大撰：《吴船录》卷下，孔凡礼点校，北京：中华书局，2002年，第215页。

④ （宋）韦骧：《钱塘集》卷一，上海：上海古籍出版社，1987年影印《四库全书》本，第1097册，第392页。

陟巘访山境。修廊转空曲，古殿冠绝顶。汉柏抚骨立，唐碑独孤挺。高踞自轩
豁，遐追若俄顷。长生尽室来，避世或箕颖。逍遥奚所适，遗事传缑岭。……"①
又有南宋郑刚中《出峡题舟中》诗序并诗云："忠州豊都观乃阴长生之地，山
最高处栏槛围一古井，谓是真人丹成乘云仙去之遗迹，道士云时有云气出井
中。过而赋之：莫向山头觅古人，青山之外已为尘，弹圆朱橘怀中物，云气
有无何足询?"② 以上诗句均为世人留下了豊都为"古观峥嵘耀金碧"的仙都
福地印象。然而，也就是在这一时期甚至更早，文人在描写豊都的字句里，
出现了以下两个问题。

一是有人曾不经意地将"豊都"误写成了"酆都"（抑或是传抄刻印时有
误）。如南宋郭印《游酆都观二首》，其一曰："两汉神仙宅，（原注：前汉王
方平、后汉阴长生于此山炼丹飞升）千年道德乡，祥云连野润，巨柏亘天长。
陈迹遗萧爽，高风接混茫，凝情丹灶冷，无处问真方?"③ 南宋袁说友《过忠
州酆都观》云："古柏修篁万木颠，盘山百折叩真仙。便疑脚踏如来地，已觉
身游洞府天。空翠遐观浮海日，偃云时汲濯缨泉。我来只恨无仙骨，未必丹
炉不再燃。"④ 这两首诗与前举诗人游览忠州豊都观的地点与意境相当，只是
将"豊都"写成了"酆都"。

二是就在人们传颂仙境豊都的同时，也出现了不少有关鬼域酆都的记载。
由于"豊都"与"酆都"在读音上一致，在字形上又只有一个邑旁之差，十
分相近，不少人便将二者混为一谈。如石刻文献中，仅以隋朝为例就有：开
皇三年（583）《寇遵考墓志》："一下豊京，光华谁且？长辞人世，永即山
阿。"⑤ 开皇十七年（597）《梁寂墓志》："既而朝露几何，夜舟不待，一践阴
堂之奥，莫返豊京之魂。"⑥ 开皇十七年（597）《刘绍墓志》："豊城双剑，定

① （宋）冯山：《安岳集》卷二，上海：上海古籍出版社，1987 年影印《四库全书》本，第
1098 册，第 298 页。

② （宋）郑刚中：《北山文集》卷二十三，上海：商务印书馆，1935 年《丛书集成初编》本，第
323 页。

③ （宋）郭印：《云溪集》卷九，上海：上海古籍出版社，1987 年影印《四库全书》本，第
1134 册，第 62 页。

④ （宋）袁说友：《东塘集》卷五，上海：上海古籍出版社，1987 年影印《四库全书》本，第
1154 册，第 202 页。

⑤ 张宁等主编：《隋唐五代墓志汇编》洛阳卷，天津：天津古籍出版社，1991 年，第 1 册，第
2 页。

⑥ 吴纲主编：《全唐文补遗》（千唐志斋新藏专辑），西安：三秦出版社，2006 年，第 451 页。

是追飞；明镜孤鸾，便无独僚。"① 这里的"豐京"、"豐城"即指"豐都"，文中均包含着豐都为鬼域冥界的观念。另外还有仁寿二年（602）《裴凯墓志》："何悟星间宝剑，重奄酆泉；海壑明珠，再沈幽滓。"② 大业九年（613）《杨文思墓志》："大业元年，皇帝继圣重光，姒启盛均台之业；承乾踵武，姬发纂酆都之运。"③ 这两方墓志中的"酆泉"、"酆都"与开皇年间几方墓志中的"豐京"、"豐城"同指鬼域，已出现了"豐"、"酆"二字的混淆。又如宋代范成大在《豐都观》诗中咏道："峡山逼仄岷江萦，洞宫福地古所铭。云有北阴神帝庭，太阴黑簿囚鬼灵。自从仙都启岩扃，明霞流电飞阳晶。……"④ 这首诗当然没错，他很明确将豐都福地仙境与"北阴""囚鬼灵"之地区分开来。可是他在《吴船录》里却又说："百二十里至忠州酆都县，去县三里有平都山仙都道观，本朝更名。"不但将"豐都"错写成"酆都"，而且之后又写了"道家以冥狱所寓为酆都宫，羽流云此地或是"一句，⑤ 似乎又在说明道家已将这里作为"冥狱所寓"的酆都宫了。大约是想要提示，这地方本是王、阴二真君的升仙之处，又何以成为道家所认为的地狱之所呢？将此自相矛盾的地方举出已引起人们注意。

以上记载似能说明"豐都"与"酆都"早在隋代开始已经逐渐有了混淆的迹象，而到了宋代似乎更加混乱。正如清代俞樾在《茶香室丛钞》中曾对豐都从福地到地府的蜕变有一个推测，说是因为阴长生的缘故，由于古人皆称阴长生为阴君，而豐都又是阴君生活居住的地方，于是人们又简称此处为阴居。有了阴居，便有了传讹，时间一长，人们不知阴君即指后汉阴长生，而以为是幽冥之主。⑥ 此说虽有一些牵强，亦不无一定的道理，如上举隋墓志中就有"一践阴堂之奥，莫返豐京之魂"地描写，"阴堂"与"豐京"相对，恰好暗含了上述意思。

---

① 据西安碑林博物馆藏石录文。

② 据河南洛阳新出土墓志拓片录文，自藏拓片。

③ 吴钢主编：《全唐文补遗》（千唐志斋新藏专辑），西安：三秦出版社，2006年，第461页。

④ （宋）范成大撰：《范石湖集》卷十九，富寿荪点校，上海：上海古籍出版社，1981年，第269页。

⑤ （宋）范成大撰：《吴船录》卷下，孔凡礼点校，北京：中华书局，2002年，第215、216页。

⑥ （清）俞樾：《茶香室丛钞》卷十六《酆都阴君》，《春在堂全书》第11函，清光绪二十五年（1899）刻本，第5册，第1页。

为了更清楚地阐明"豐都"与"酆都"的不同，还需从考核其地理位置入手。

二、地理载记中的豐都与酆都

正史《地理志》以"酆都"作为实有地名的记载，晚至明代方有出现。《明史》卷四十三《地理志》重庆府忠州辖县有酆都，小注云："元曰豐都。洪武十年五月省入涪州。十三年十一月复置，曰酆都。"① 而这个明代的"忠州酆都"，其实正是自古以来"豐都"名实的延续。以下以正史《地理志》及其他文献的有关记载为证。

正史中最早出现的"豐都"见于《晋书》卷十五《地理志》"安成郡"条，其云："时蜀乱，又割南郡之华容、州陵、监利三县别立豐都，合四县置成都郡，为成都王颖国，居华容县。愍帝建兴中，并还南郡，亦并豐都于监利。"那么豐都此时的方位在蜀属成都郡，在晋属安成郡②。《旧唐书》卷三十九《地理志》江陵府江陵郡"忠州"条下记载："隋巴东郡之临江县，义宁二年，置临州，又分置豐都县。……贞观八年，改临州为忠州。""豐都"下注云："汉枳县地，属巴郡。后汉置平都县。义宁二年（618），分临江置豐都县。"此注已将忠州豐都县从后汉到唐的沿革大体作了交代，知豐都县在后汉时曾属巴郡，义宁二年（618）又分临州置豐都县③。《宋史》卷八十九《地理志》夔州路"咸淳府"条云："本忠州，南宾郡，军事。……县三，临江、垫江、南宾。南渡后，增县二，豐都、龙渠。"④ 随后《元史》卷六十《地理志》记载的豐都仍隶属于忠州。《资治通鉴》卷二百六十胡三省注"豐都"

① 《明史》卷四十三《地理志》，北京：中华书局，1974 年标点本，第 1033 页。

② 《晋书》卷十五《地理志》"安成郡"条，北京：中华书局，1974 年标点本，第 458 页。《隋书》卷二十八《百官志下》记载："太府寺既分为少府监，而但管京都市五署及平准、左右藏等，凡八署。京师东市曰都会，西市曰利人。东都东市曰豐都，南市曰大同，北市曰通远。及改诸令为监，唯市署曰令。"北京：中华书局，1973 年标点本，第 798 页。此豐都为东都东市名，与本文主题无涉，乃是"豐都"名称之另一说耳。

③ 《旧唐书》卷三十九《地理志二》，北京：中华书局，1975 年标点本，第 1557 页。又，《新唐书》卷八十九《地理志》亦记忠州豐都县。另《元丰九域志》卷八、《舆地广记》卷三十三、《太平寰宇记》卷一百四十九所记略同。

④ 《宋史》卷八十九《地理志五》，北京：中华书局，1977 年标点本，第 2227 页。

云："丰都，汉巴郡枳县地，后汉置平都县，因山以名县也。梁置临江郡，隋废郡为县。义宁二年，分临江置丰都县。唐属忠州。《九域志》：在州西九十里。"① 此条注释则将丰都的沿革叙述得更加清晰明白。又有马端临《文献通考》卷三百二十一《舆地考七》也考定丰都隶属忠州。由此可见，直到元代，以"丰都"为名称的地名，其地理区域一直未有大的改变。然而，诚如前文列举，从宋代开始，已有一些文字记载将"忠州丰都"改换为"忠州酆都"的，尤其是一些道家书籍不断制造酆都是鬼都的舆论。不知出于什么原因，《明史·地理志》竟不沿革古之"丰都"的名称与地理区划概念而写作了"酆都"这样一个容易造成误会的名字。

不过，有了《明史》记载的"忠州酆都"，倒更可以肯定的是，"丰都"与"酆都"在古代地理概念上确指同一方地域。正如《蜀中广记》所言，酆都县"本巴郡枳地也。汉永元二年分枳置平都县，盖山名云。改平为丰，自隋始。丰傍加邑，国初始。废南宾县，唐武德置以属南宾郡者，郡并忠州而县并酆都也。今县治前有南宾渡"②。可以说明丰都地名在沿革过程中出现的一些变化，这些变化虽然不能造成丰都在地理位置上有大的变化，但却非常容易与鬼域"酆都"发生概念上的混淆。

三、酆都——传说中的鬼都

早在隋唐时代，民俗观念中已有将"酆都"与鬼域联系在一起的，除了前举隋大业九年（613）《杨文思墓志》，又有皮日休的《伤进士严子重诗》写道："十哭都门榜上尘，盖棺终是五湖人。生前有敌唯丹桂，没后无家柢白蘋。箸下斩新醒处月，江南依旧咏来春。知君精爽应无尽，必在酆都颂帝晨。"③ 陆龟蒙《和袭美悼鹤》诗亦云："酆都香稻字重思，遥想飞魂

---

① （宋）司马光：《资治通鉴》卷二百六十"昭宗乾宁三年五月"条记："武泰节度使王建肇弃黔州，收余众保丰都。"胡三省即在此"丰都"下注释。北京：中华书局，1956 年标点本，第 8487 页。

② （明）曹学佺：《蜀中广记》卷五十三"忠州酆都县"，上海：上海古籍出版社，1987 年影印《四库全书》本，第 591 册，第 724 页。

③ （唐）皮日休：《皮子文薮》附录一《皮子休诗文》，上海：上海古籍出版社，1981 年，第198 页。

去未饥。"① 两位唐代诗人虽然一为悼念诗友，一为悼念飞鹤，却都将酆都作为逝者灵魂的归宿。大约此类有关酆都即阴间的传说甚盛，唐朝著名画家吴道子还画过一幅酆都变为地狱的图画，图画当然不可能流传下来，据北宋苏轼的《地狱变相偈》云："我闻吴道子，初作《酆都变》，都人惧罪业，两月罢屠宰。此画无实相，笔墨假合成，譬如说食饱，何从生怖汗？乃知法界性，一切惟心造，若人了此言，地狱自破碎。"② 可以看出吴道子画的《酆都变》，一定与魔城鬼狱有关，否则人们是不会"惧罪业"而"罢屠宰"的，有谁不害怕下地狱呢？五代孙光宪《北梦琐言》"天帝召棋客"条说：唐僖宗朝有位滑姓翰林待诏，因棋品高超而被北帝请去，"此鬼都北帝，又号鬼帝。世人有大功德者，北帝得以辟请。四明公之流是也。召棋之命，乃酆宫帝君乎？"③作者虽然用了不大肯定的语句，然视酆宫（即酆都）为鬼都却是无疑的。宋代则更有诸多将酆都描写为地狱的文字。如洪迈《夷坚志》就有两个故事涉及酆都，一则是《金山庙巫》：

> 华亭金山庙濒海，乃汉霍将军祠。相传云：当钱武肃霸吴越时，常以阴兵致助，故崇建灵宫。淳熙末，县人因时节竞集，一巫方焚香启祝，唱说福渗，钱寺正家干沈晖者，独不生信心，语谑玩侮。所善交相劝止，恐其撝祸。巫宣言詈责甚苦，晖正与争辨，俄跟蹒仆地，涎流于外，若蹶晕然。从仆奔告其家。妻子来视，拜巫乞命。巫曰："悔谢不早，神已盛怒，既执录精魄付北酆，死在顷刻，不可救矣。"妻子彷徨无计，但拊尸泣守。晖忽奋身起，傍人惊散，谓为强魂所驱。沈笑曰："我故戏诸人耳，初无所睹也。"巫悚然潜出，阖庙之人亦舍去。④

---

① （唐）陆龟蒙、皮日休：《陆龟蒙皮日休诗全集》卷八，海口：海南出版社，1992年，第33页。笔者按：唐段成式《酉阳杂俎》卷二"玉格"云："酆都稻名重思，其米如石榴子，粒稍大，味如菱。"诗作者似据此传说附会酆都事。北京：中华书局，1981年，第13页。

② （宋）苏轼：《东坡全集》卷九十九"祝文六十八首"，（宋）苏轼撰：《苏轼文集》卷二十二《偈》，孔凡礼点校，北京：中华书局，1986年，第644—645页。

③ （五代）孙光宪撰：《北梦琐言》卷十，贾二强点校，北京：中华书局，2002年，第213—214页。

④ （宋）洪迈撰：《夷坚志》支戊卷三，何卓点校，北京：中华书局，2006年标点本，第3册，第1075页。

另一则是《李巷小宅》：

> 饶州城内北边李郎中巷有小宅，素为鬼物雄据，居者不能安。每召
> 会亲宾，肆筵设席，客未至，已见奇形异状者，分坐饮啄。绍兴中，历
> 梁氏、管氏两家，最后董仪判官居之，董亡，厥子售于东邻王季光使君。
> 季光为人胆勇，不畏妖厉。得屋之初，遣一仆守宿，遭其恼乱，终夕不
> 得寝。明夜，易以两兵，亦复然。王尤弗深信，亲往验之，大声咄之曰：
> "吾闻此地多鬼，若果有之，宜即露现。"少顷，飒飒如持帚扫壁上尘土，
> 王不为动。俄又为骤马驰逐之声。王曰："汝造妖只尔，何足怕，更须呈
> 身向我！"便隐隐从柳阴下出，伫立不移步。王起，即而语之曰："汝若
> 是横死伏尸者，今已岁久，难于寻觅，何不自营受生处？如要从我求酒
> 馔醮福愿荐拔，亦无闲钱可办，苟冥顽不去，当令师巫尽法解汝于东岳
> 酆都，是时勿悔！"其物随言而没，宅自是平宁。①

此外人们还将下地狱者视为恶人，元代《钱塘遗事》的"东窗事发"条
就提到秦桧被关押在酆都，其云：

> 秦桧欲杀岳飞，于东窗下谋。其妻王夫人曰："擒虎易放虎难"，其
> 意遂决。后桧游西湖，舟中得疾，见一人被发厉声曰："汝误国害民，我
> 已诉于天，得请于帝矣。"桧遂死，未几子熺亦死。夫人思之，设醮。方
> 士伏章见熺荷铁枷，因问："秦太师所在？"熺曰："吾父见在酆都。"方
> 士如其言而往，果见桧与万俟卨俱荷铁枷，备受诸苦。桧曰："可烦传语
> 夫人，东窗事发矣。"②

以上所举，无论是诗歌或笔记小说，都将酆都写成阴司地狱，但只要留
心注意，除了《李巷小宅》一条写明酆都在东岳外，其他几条均未描写酆都
的具体位置，不过可以肯定的是，此地狱酆都与前述道家福地的丰都绝不是

---

① （宋）洪迈撰：《夷坚志》支戊卷三，何卓点校，北京：中华书局，2006 年标点本，第 3 册，
第 1076 页。
② （元）刘一清：《钱塘遗事》卷二，上海：上海古籍出版社，1985 年，第 42—43 页。

一回事，因为没有任何记载提及这个地方。

由于酆都的传说十分广泛而深入人心，道教的一些著作便妄自附会将其归入自己的体系而做了更多的渲染，酆都便成为名副其实的鬼都了。比如《太平御览》的《道部·仙经》引道教著作云：

> 《太微黄书经》曰：……上帝校定神仙图箓，政天分度，安国息民，摄制酆都，降魔伏鬼，敕命水帝，召龙上云……①

又有：

> 酆都六宫下制北帝文曰：人之死生，玉帝刻石隐铭。……又云酆都山洞中，玉帝隐铭凡九十一言，刻石书酆都山洞天六宫北壁，六宫，万神之灵也。②

以上两条均旨在说明酆都是降魔伏鬼之地。《云笈七签》卷四引《玄都九真盟科九品传经录》有"受者不依盟科，皆失明形残，七祖父母被受酆都之责，万劫还生，非人之道，学者慎之"的描述③，这里的"酆都之责"虽不大清楚是何种责罚，但紧接的"万劫还生，非人之道"，似乎隐约透露了地狱的气息。而卷四十五引《寝卧时祝第二十三》还记载了教人辟诸鬼邪气的方法："《真诰》云：世人有知酆都六天宫名者，则百鬼不敢害，欲卧时，常先向北祝之三遍，微其音也。祝曰……毕，叩齿六下仍卧，辟诸鬼邪之气。如此凡三过也。此法亦出《酆都记》。"念动酆都六宫的宫名便可以辟鬼，这大概是非常简捷的辟鬼之法，因此信奉此道者大概首先得记住酆都六宫名称④。卷八十四引《辛玄子》和卷九十六《赞颂部·赞颂歌》则分别讲述了陇西定谷

---

① （宋）李昉等：《太平御览》卷六百七十三《道部十五·仙经下》，石家庄：河北教育出版社，1994年，第6册，第271页。

② （宋）李昉等：《太平御览》卷六百七十二《道部十四·仙经上》，石家庄：河北教育出版社，1994年，第6册，第266页。

③ （宋）张君房：《云笈七签》卷四《道教经法传授部》，上海：上海古籍出版社，1987年影印《四库全书》本，第1060册，第636页。

④ （宋）张君房：《云笈七签》卷四十五《秘要诀法部》，上海：上海古籍出版社，1987年影印《四库全书》本，第1060册，第492页。

人辛玄子"好道，遵奉法戒"，不幸于"秦川长梁溺死"，"酆都北帝愍之，敕三官摄取骸还魄，复得成人，度命南宫。今正差领东海候补禁元中郎将，为吴越鬼神之司"①。酆都北帝可以使辛玄子还魄重新做人，并指任他"为吴越鬼神之司"，可见这酆都北帝统管鬼怪的权力还不小呢，虽说北帝不能决定人的生杀大权，却可以决定人们的再生命运。卷一百一十九引《崔公辅取宝经不还验》记载崔公辅一事更加奇异，兹录如下：

> 崔公辅，明经及第，历官至雅州刺史。至官一年，忽觉精神恍惚，多悲恚狷急，往往忽忘，举家异之。一旦无疾而终，心上犹暖，三日再苏，亦即平复。谓其寮佐曰：昨为冥使赍帖见追，随行三五十里，甚为困惫，至城阙，入门数重，追者引到曹署之门，立于屏外，逡巡有官人，著绯执版，至屏迎之先拜，公辅惊曰：某为帖所追，乃罪人也，官人见迎致拜，深所不安。官人曰：使君固应忘之矣，某是华阴县押司录事巨简，使君初官，曾获伏事庭庑。近奉天符，得酆都掾地司所奏，使君任酆都县令之日，于仙都观中，取《真人阴君宝经》四卷，至今不还。天符令追生魂勘责，使君一魂，日夕在此对会，恐使君不知，故欲面见，具此谂述，以报往日之恩耳。使君颇觉近日忿怒悲愁，精神遗忘否？此是生魂被执系故也。于是引至厅中，良久言曰：此有茶饭，不可与使君食，食之不得复归人间矣。但修一状，请置黄箓道场，忏悔所犯，兼请送经却归本山，即生魂释放矣。命本司检使君年禄远近，逡巡有吏执案云：崔公辅自此犹有三任刺史，二十三年寿。言讫，公辅留手状，官人差吏送还。乃于成都及雅州紫极宫、忠州仙都山三处，修黄箓道场，赍送经还本观。公辅平复如常。其后历官、年寿皆如所说。此事是开成年中任雅州刺史也。②

故事编得十分离奇，酆都不但管理鬼怪，而且还可以随时摄人魂魄，甚或对人拥有生杀大权。如此一来，酆都的故事愈传愈盛，酆都为阴司鬼都也仿佛

---

① （宋）张君房：《云笈七签》卷八十四《尸解部》，上海：上海古籍出版社，1987年影印《四库全书》本，第1061册，第30页。

② （宋）张君房：《云笈七签》卷一百一十九《道教灵验记》，上海：上海古籍出版社，1987年影印《四库全书》本，第1061册，第394页。

成了事实并被涂上了愈来愈神异的色彩。元代编写的杂剧，只要描写到地狱，则大多称其为酆都，而且利用场景的演出，将酆都展现在人们的眼前，给人以更加深刻的印象。比如反映佛家内容的杂剧，郑廷玉《布袋和尚忍字记》阿难尊者的台词云："有上方贪狼星，乃是第十三尊罗汉，不听我佛讲经说法，起一念思凡之心。本要罚往酆都受罪，我佛发大慈悲，罚往下方汴梁刘氏门中，投胎托化为人，乃刘均佐是也。"① 郑廷玉《崔府君断冤家债主》有阎罗王命令鬼力打开酆都城寻找张善友的浑家的剧情。另有孔文卿《地藏王证东窗事犯》、无名氏《朱砂担滴水浮沤记》、无名氏《二郎神醉射锁魔镜》等都有酆都的描写。反映道家故事的杂剧，同样也有地狱酆都，如无名氏《瘸李岳诗酒玩江亭》中东华仙云："贫道因赴天斋以回，为西池王母殿下金童、玉女，有一念思凡，本当罚往酆都受罪，上帝好生之德，着此二人往下方酆州托化为人。"② 而且，此时"酆都"与"丰都"仍有杂混起来通用的现象，如元代杨景贤编《西游记》杂剧就有"发你在丰都地府，永不轮回"的台词③，无名氏编《萨真人夜断碧桃花》杂剧亦有"说的不是罚往丰都，永为饿鬼也"的话语④。杂剧以它特有的演出形式所传播的故事，具有更大的感染力和宣传力。其后出现在明代小说中鬼域酆都被描写得更加精彩，如《南游记》中华光三下酆都的故事其影响力又远远超过了元代杂剧。

但是元代杂剧将地狱鬼都直接写成"丰都"或"酆都"，所造成的影响是使"丰都"地名与鬼域世界的联系更加纠缠不清了。

四、酆都与罗酆山

论说至此，又需回溯前边的问题，即洪迈曾记："忠州酆都县五里外有酆都观，其山曰盘龙山之趾即道家所称北极地狱之所。旧传王、阴二真君自彼

---

① 王季思编：《全元戏曲》第四卷《布袋和尚忍字记·楔子》，北京：人民文学出版社，1999年，第59页。

② 王季思编：《全元戏曲》第七卷《瘸李岳诗酒玩江亭·第一折》，北京：人民文学出版社，1999年，第2页。

③ 隋树森编：《元曲选外编·西游记》，北京：中华书局，1980年，第665页。

④ 王季思编：《全元戏曲》第六卷《萨真人夜断碧桃花·第三折》，北京：人民文学出版社，1999年，第653页。

仙去。"关于忠州丰都（酆都）县，本文第二个问题已经论述清楚，其地域的方位绝不在北方，既然不在北方，怎么可以称作"北极地狱"呢？可见借此附会的人是并没有考虑到地理概念的。

不过，古代文献记载中又有"罗酆山"的名字，并且与鬼神有些联系。晋朝葛洪的《抱朴子·内篇》卷一"对俗"条针对"先鬼有知，其不饿乎？"的提问，回答道："先鬼有知，将蒙我荣，或可以翼亮五帝，或可以监御百灵，位可以不求而自致，膳可以咀茹华璃，势可以总摄罗酆，威可以叱咤梁成，诚如其道，罔识其妙，亦无饿之者。"① 这里"势可以总摄罗酆"一句，显然表明"罗酆"是个地名。明陶宗仪的《说郛》提到罗酆山，并说"张衡、杨子云为北方鬼帝，治罗酆山"②。很明确地讲了鬼帝的治所在罗酆山。梁陶弘景《真灵位业图》"第七中位"有"酆都北阴大帝"，其小注又说："炎帝大庭氏，讳庆甲，天下鬼神之宗，治罗酆山，三千年而一替。"③ 不仅将酆都大帝名讳、职司作了交代，而且也说这"鬼神之宗"，"统管着罗酆山"。那么，罗酆究竟是什么地方呢？又检陶弘景《真诰》卷十五《阐幽微第一》云：

> 罗酆山在北方癸地（原注：此癸地未必以六合为言，当是于中国指
> 向也，则当正对幽州辽东之北北海之中，不知去岸几万里耳），山高二千
> 六百里，周回三万里，其山下有洞天，在山之周回一万五千里。其上其
> 下并有鬼神宫室。山上有宫，洞中有宫，辄周回千里，是为六天鬼神之
> 宫也。（原注：周回一万五千五百为宫，周回一千里者三百二十五所。今
> 此六宫止得六所，尔其余空尚三百一十九所，计不容顿耳，恐所言或有
> 舛漏处也）山上为外宫，洞中为内宫，制度等耳。（原注：此山既非人迹
> 所及，故山上可以得立宫，不知山复有几洞门也）第一宫名为纣绝阴天
> 宫，以次东行，（原注：以周回论之，洞中直东西有三千七百五十里，今
> 一宫周回二里是径二百五十里，六宫若并列，合居千五百里耳。其两边

① （晋）葛洪：《抱朴子·内篇》卷一，上海：上海古籍出版社，1987 年影印《四库全书》本，第 1059 册，第 13 页。

② （明）陶宗仪：《说郛》卷七下，上海：上海古籍出版社，1987 年影印《四库全书》本，第 876 册，第 344 页。

③ （明）陶宗仪：《说郛》卷五十七上，上海：上海古籍出版社，1987 年影印《四库全书》本，第 879 册，第 126 页。

各余二十余里，南北有殊远，悉悉当为藩屏故也，不尔莫测所以也）第二宫名为泰煞谅事宗天宫，第三宫名为明晨耐犯武城天宫，第四宫名为恬昭罪气天宫，第五宫名为宗灵七非天宫，第六宫名为敢司连宛屡天宫，（原注：凡此六天宫亦皆应有义旨，乃粗可领解，自不容轻说）凡六天宫是为鬼神六天之治也，洞中六天宫亦同名相像如一也。（原注：此即应是北酆鬼王决断罪人住处，其神即应是经呼为阎罗王所住处也。其王即今北大帝也，但不知五道大神当是何者尔。凡生生之类，其死莫不隶之。至于地狱所在尽有，不尽一处，泰山河海亦各有焉。……）世人有知酆都六天宫门名则百鬼不敢为害，欲卧时常北向祝之三遍微其音也，祝曰：吾是太上弟子，下统六天。六天之宫是吾所部，不但所部，乃太上之所主。吾知六天之宫名，故得长生。敢有犯者，太上当斩汝形。……①

通过上述原文及原注，可以捕捉到以下几点信息。一是罗酆山在"北方癸地"，具体方位"正对幽州辽东之北北海之中"。二是山上有六天宫。三是此处为"北酆鬼王决断罪人住处"，属地狱之类。此种地狱"不尽一处，泰山河海亦各有焉"。又据"北酆鬼王"一词可知"北酆"当是罗酆山之别称，盖因罗酆山地处北方而云焉。如此一来，罗酆山或北酆的方位有了一条线索，它地处"辽东之北北海之中"，只是这个方位实在有些笼统，落不到实处。那么又要寻绎的是：历史上曾经有过这样一个真实的地理名称吗？检诸史籍，有"北丰"而无"北酆"，为县制。倘若"丰"、"酆"二字通用，则此北丰也确实地处古代辽东一带。《三国志》的《魏书》就有记载："正始元年春二月，……丙戌，以辽东汶、北丰县民流徙渡海，规齐郡之西安、临菑、昌国县界为新汶、南丰县，以居流民。"② 到了南北朝时期，此辽东之北丰已变为高句丽（骊）之国土。如《宋书》的《夷蛮传》"东夷高骊国"开篇便云："东夷高句骊国，今治汉之辽东郡。"③《魏书》的《冯跋传》谈及其少弟冯文通在高丽的经历时云："文通至辽东，……高丽乃处之于平郭，寻徙北丰。"④ 而《南

---

① （梁）陶弘景：《真诰》卷十五，上海：上海古籍出版社，1987 影印《四库全书》本，第1059 册，第 456 页。
② 《三国志》卷四《魏书·少帝纪》，北京：中华书局，1982 年标点本，第 119 页。
③ 《宋书》卷九十七《东夷高句骊国传》，北京：中华书局，1974 年标点本，第 2392 页。
④ 《魏书》卷九十七《海夷冯跋附传》，北京：中华书局，1974 年标点本，第 2128 页。

史》的《夷貊传》"高句丽国"，对其民族的居地、人民、习俗、好尚、祭祠等均有较为细致的描述：

> 高句丽，在辽东之东千里。……地方可二千里，中有辽山，辽水所出。……其王都于丸都山下，地多大山深谷，无原泽，百姓依之以居，食涧水。虽土著，无良田，故其俗节食，好修宫室。于所居之左立大屋，祭鬼神，又祠零星、社稷。人性凶急，喜寇钞。其官有相加、对卢、沛者、古邹加、主簿、优台、使者、皂衣、先人，尊卑各有等级。①

上述记载使得人们对高句丽人产生这样的印象：远在辽东的深山辽水之间，有一个民族在这里生存，此地多为大山深谷而无平原，百姓依山而居，因无良田而有节食习俗，喜好修建宫室祠庙，祭祀鬼神。如此认识，似乎可以理解古代文献将鬼都附会在辽东的原因：这里地远山多，而且山上修建了许多的宫室，加之此地的人们时常祭祀鬼神。于是有传统的大汉族主义思想的文人便大笔一挥，竟将这一东夷国土臆造为鬼域了，而在某些文字中，略收锋芒所指，将"北豊"改写为"北酆"，盖亦试图与道教流传的北方罗酆山相吻合。

唐人李白的《访道安陵遇盖寰为余造真箓，临别留赠》诗就写道："黄金满高堂，答荷难克充，下笑世上士，沉魂北罗酆。"② 将传说中神秘的罗酆作为"沉魂"的归宿。其另一首诗《草创大还赠柳官迪》亦云"北酆落死名，南斗上生籍。"③ 崔致远《桂苑笔耕集》卷十五有《下元斋词二首之二》云："虽慎抚绥于南兖，尚多愆咎于北酆"④。宋代葛长庚《鹤林赋》有云："左扶桑兮右广寒，入天谷兮出太渊。此心兮秋鹏，吾身兮冬蝉。草罗酆下元之牒兮，束精爽于华漠。"⑤ 另有南宋葛胜仲《祭刘尚书文》有"北酆三府寒灵不

---

① 《南史》卷七十九《高句丽传》，北京：中华书局，1975 年标点本，第 1969—1970 页。

② （唐）李白撰，瞿蜕园、朱金城校注：《李白集校注》卷十，上海：上海古籍出版社，1980年，第 673 页。

③ （唐）李白撰，瞿蜕园、朱金城校注：《李白集校注》，上海：上海古籍出版社，1980 年，第 691 页。

④ （新罗）崔致远：《桂苑笔耕集》卷十五，北京：中华书局，1985 年影印《丛书集成初编》本，第 143 页。

⑤ 《御定历代赋汇》卷一百六，上海：上海古籍出版社，1987 年影印《四库全书》本，第 1421册，第 314 页。

可人"①，真德秀《太乙青词》有"能拔北酆之幽苦"②的描写，另外《夷坚志》支乙卷五《谭真人》也有"则当堕北酆无间狱，永无脱期"的说法③。

至此，是否可以这样推断，古代相传鬼神所居的地方叫作"罗酆"，渐渐讹传为"丰都"或"酆都"。而"酆都"与"罗酆"只有一字之差，再加上酆都所谓"阴居"的误会，人们便误将酆都说成鬼域之地并有鬼神宫室了。其实笔者也完全可以为这一误会的推论提供一条佐证，段成式《酉阳杂俎》据陶弘景《真诰》写了罗酆山为"六天鬼神之宫"之后，紧接着又说：

> 项梁城《酆都宫颂》曰："纣绝标帝晨，谅事构重阿。炎如霄汉烟，勃如景耀华。武阳带神锋，怙照吞清河。开阊临丹井，云门郁嵯峨。七非通奇灵，连苑亦敷魔。六天横北道，此是鬼神家。"凡有二万言。④

《酆都宫颂》提到的"六天横北道"指的就是罗酆山的"洞天六宫"亦即"六天鬼神之宫"，值得注意的是此诗的内容是描绘罗酆山洞天六宫，可诗题却为《酆都宫颂》，可见至少在唐代已有人将北酆山与酆都视为一事了。另外，五代孙光宪《北梦琐言》卷七"李学士赋谶"条写道："世传云，人之正直，死为冥官。道书云，酆都阴府官属，乃人间有德者卿相为之，亦号阴仙。"是说有正直德行的人死后仍可在酆都做冥官，"号阴仙"⑤。因此元明间出现的《搜神大全》卷五的"孟元帅"条⑥与明代神魔小说《北游记》第二十回"孟山放囚入仙道"⑦写了一个相同的故事，因为孟山有"舍一命而救八百残生"的善举，玉帝即封孟山为酆都孟元帅。将孟山与酆都联系在一起，是因为孟山原本是禁狱，行使管理罪犯的职司，而酆都又是决断罪人处，任孟山为酆

---

① （宋）葛胜仲：《丹阳集》卷十五《祭刘尚书文》，上海：上海古籍出版社，1987年影印《四库全书》本，第1127册，第553页。

② （宋）真德秀：《西山文集》卷四十九，上海：上海古籍出版社，1987年影印《四库全书》本，第1174册，第804页。

③ （宋）洪迈撰：《夷坚志》支乙卷五，何卓点校，北京：中华书局，2006年标点本，第2册，第832页。

④ （唐）段成式：《酉阳杂俎》卷二"玉格"，北京：中华书局，1981年，第12页。

⑤ （五代）孙光宪撰：《北梦琐言》卷七，贾二强点校，北京：中华书局，2002年，第152页。

⑥ 佚名编著：《搜神谱》，赵望秦、贾二强校注，西安：三秦出版社，1989年，第123页。

⑦ （明）余象斗：《北方真武祖师玄天上帝出身志传》，收入《明清善本小说丛刊初编》，台北：天一出版社，1985年影印明刻本。

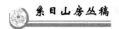

都元帅，就能行使管理鬼域罪人的职责了。

五、结　语

　　豐都县在后汉时曾隶属巴郡，之后历经两晋南北朝隋唐宋直至明代（明代改"豐都"为"酆都"），各朝沿袭，地理位置虽稍有改变，但大体方位仍属古代忠州。而另一鬼域之地名为"酆都"，又与道教传说中的罗酆山混为一体，罗酆山本为虚拟之地，所谓地处"北方癸地"，唯道家著作又说它"正对幽州辽东之北北海之中"，恰与名为北豐的东夷国方位相同，于是"罗酆"因"北豐"附会为"北酆"，而"北酆"又是人们对酆都的别称。曾几何时，文献中出现的"豐都"、"酆都"、"罗酆山"、"北豐"等几乎成了鬼都的别称，不仅造成了地理名称上的混淆错杂，亦在实际意义上相悖甚远。本文旨在厘清上述问题，走出文献记载造成的地理影像以及文化理念上的误区。

原载（《中国历史地理论丛》2007年第3期）

宋元明时期真武庙的地域分布中心及其历史因素

真武庙是宋元明三朝为祭祀真武而修建的庙宇。真武即玄武，它与青龙、白虎、朱雀组合在一起，被古人称为"四神"。从出土实物诸如汉代瓦当及汉魏南北朝隋唐墓碑墓志上所绘的四神图像来看，其中青龙、白虎、朱雀的形象十分明显，可见它们是远古时代几种动物的艺术化身。唯有玄武的形象被绘作龟蛇缠绕的样子，因而不能确定它是一种什么物种，但能进入四神而与其他三种动物同时显现，则应说明玄武也是远古时代的某种动物的艺术化身。

上古时候，人们观察星空，将群星依照方位划分为许多组合，这样就有了二十八星宿和东西南北四个方位，并根据四个方位星宿排列的形状，以其象形地上的青龙、白虎、朱雀、玄武，便借用它们的名称来命名天上的神秘星，即东方苍龙，西方白虎，南方朱雀，北方玄武。所以古人又称四神为四象，四象的实际意义是星宿的分划，每象相当于二十八宿里的七宿①。又因为古人对星宿的神秘莫测而无限敬畏，便将星宿奉为神灵，于是从南北朝到隋唐时期的朝廷祭典中，几乎都能看到玄武等四神神名。由于玄武星宿位在北方，人们便将玄武尊奉为北方之神。有宋一代，人们尊奉玄武的热情犹炽。到了真宗皇帝时，因为避始祖讳的缘故，遂将玄武改称为"真武"，从此真武的名称一直流传至今。宋代的道教不失时机地利用了人们崇奉真武的心理，经过道士们的策划和鼓吹宣扬，将武当山附会为真武的出生地，真武的声望

---

① 见《史记·天官书》和《汉书》《后汉书》《隋书》天文志及《魏书》天象志。

就更高了，文献典籍记载亦留下了大量的真武显现和灵验的传说，不仅许多地方修建了真武庙祭祀真武，就连代表着玄武艺术化身的龟蛇的形象也成了祥瑞的征兆，被描绘在服饰或朝廷仪仗队的旗帜上。《铁围山丛谈》记载了政和年间，"真武见于云间，神吏左右俨然，万众皆睹"的壮观场面①。《宋史》卷六十三《五行志二上》记载：天禧元年（1017）"十二月庚午，内出芝草如真武像。"② 纯属牵强附会的无稽之谈，但是史官能把真武作为祥瑞写在正史中，可见其影响甚大甚广。如此一来，玄武便逐渐脱离了星宿崇拜而演化为真武北帝这样一位神祇。元代统治者从蒙古入主中原，自言得到了北方神祇真武的护佑，又一次在武当山上大兴土木修建真武庙宇，并敕令刻碑记载真武的瑞应。明朝继承前代，朝野皆信奉真武，当时京城为祭祀而建立的"京师九庙"中，排在第一位的是真武庙，其次才是东岳泰山庙、都城城隍庙、关公庙等。宋代在建康、临安，明代在南京、武当山等地建立了真武神庙，规定"两京岁时朔望各遣官致祭"③，并设有专职官员督促祭祀真武的事务。朝廷的重视，无疑助长了民间对真武北帝的狂热信奉，于是普天之下，率土之滨，莫不建庙而祀北帝。真武的香火更加神圣地弥漫开来，遍及大江南北的真武庙，不知几千万数。

一、宋元时期真武庙分布的三个中心

检读宋元明清时期的方志、文集、笔记及相关文献，纵观宋元明三朝真武庙的分布，考察其历史的沿革性及其逐步形成的祭祀和崇奉真武的区域，则武当山、南京（宋代建康）、北京，实际上成为这一时期的三个中心。围绕这三个中心，朝廷、道教或民间进行了多种崇祀活动。而这三个区域之所以成为中心，则因为它或者被附会为真武的发祥地，或者为皇帝行在所，或者是当朝都城，或者是经济文化的发展中心，具有凝聚封建王朝的向心力和举足轻重的地理位置。另外，从宋代发展到明代的真武庙几乎已经遍布全国各地，如果仅仅从各地真武庙的数量去分析说明，是远远不够的。笔者认为，

---

① （宋）蔡絛：《铁围山丛谈》卷五，北京：中华书局，1983年，第90页。
② 《宋史》卷六十三《五行志二上》，北京：中华书局，1977年标点本，第1392页。
③ 《明史》卷五十《礼志四》，北京：中华书局，1974年标点本，第1305、1308页。

除了上述几个原因外，这三个地区成为中心的还具备了下列因素：第一，这一地区的真武庙是由国家出资修建或重建、改建、增修的，真武庙的规模盛大；第二，这一地区有皇帝派官员专程前往朝拜或皇帝御笔为庙宇题字等活动，从而造成很大影响，祭祀者盛多；第三，这一地区有关真武的神异传说及民间崇祭真武的风俗浓厚，影响甚大。以下逐一说明。

（一）真武的"发祥地"——均州武当山地区

真武原本是天上的玄武星宿，用以代表北方的方位。经过长久的演义附会，到了唐代，文人的记载已将它大大地神圣化了，除了笔记小说根据民间传说编造的一些有关玄武灵验的故事外，司马贞为《史记》作《索隐》时，称玄武为"北宫黑帝，其精玄武"，张守节为《史记》作《正义》时，称玄武为"黑帝北方叶光纪之神"①，把汉代谶纬书中的五帝座星之一黑帝引作对玄武的注释，从而使玄武与传说中统摄北方的黑帝逐渐联系在一起了。由于宋代朝野皆信奉真武，道教便趁机为真武蒙上了一层更加神圣的色彩，并竭力进行宣扬和推崇。宋代的道教已经在均州武当山建立了中心，声势颇为宏大。借助民间信奉真武的波澜，道教徒们便顺势将武当山附会成真武的出生发祥地，以便使武当山上的道教声势造得更响，学道求仙的香火弥漫得更浓。于是，道士们将传说中的北方黑帝与真武努力渲染、传播、撮合在一起，作为北方真武玄天大帝的原形。清代叶封《嵩阳石刻集记》卷下"真武经"条收有北宋元符二年（1099）正月二十八日刊刻的《元始天尊说北方真武经》，其云：

> 元（玄）天大圣者，北方壬癸至灵神，金阙真尊应化身，无上将军号真武，威容赫然太阴君，列宿虚危分秀气，双睛掣电伏群魔，万骑如云成九地，紫袍金带佩神锋，苍龟巨蛇捧圣足，六丁玉女左右随，八杀将军前后卫，消灾降福不思议，归命一心今奉请。②

值得注意的是，这里的真武已经被称为"玄天大圣"，具有"双睛掣电伏

---

① 以上两条均见《史记》卷二十七《天官书》，北京：中华书局，1982 年标点本，第 1308 页。
② （清）叶封：《嵩阳石刻集记》，台北：商务印书馆，1986 年影印《文渊阁四库全书》本，第684 册，第 136 页。

群魔"的威容，肩负着"消灾降福"的重任。接着，碑文以元始天尊的口吻叙述了真武的出身，其云："昔有净乐国王与善信皇后梦吞日光，觉而有娠，怀胎一十四月，于开皇元年甲辰之岁三月建辰初三日午时诞于王宫。生而神灵，长而勇猛，不统王位，惟务修行。"立志要辅助玉帝，除尽天下妖魔。"遂舍家辞父母，入武当山中修道，四十二年功成果满，白日登天。玉帝闻其勇猛，敕镇北方，统摄真武之位"。之后，真武又奉天尊令，凡遇甲子庚申，每三月七日下降人间，受人之醮祭，察人之善恶，降魔消邪，救护众生。于是，"真武神将再奉天尊敕，永镇北方"。真武的前身已摆脱了星宿，只是将它表示北方方位的意义改变为统摄北方的涵义。另有南宋祝穆的《方舆胜览》卷三十三"武当山"条引《图经》的一段文字，亦写了真武出身的故事，与上引《真武经》碑刻大同小异，只是文约字简，远不如碑文记载得生动具体。还有元人编写的《三教搜神大全》"玄天上帝"条云：元始天尊在玉清圣境说法，见天下恶气弥塞，便命玉皇上帝派人"阳则以周武伐纣，平治社稷；阴则以玄帝收魔，间分人鬼。当斯时也，上赐玄帝被发跣足、金甲玄袍、皂纛玄旗，下降凡世，与六天魔王战于洞阴之野"并取得成功，册封他为"玉虚师相玄天上帝"[1]。从上述几种道家著作可以看出，在宋代，真武已经逐渐演变成为修道于武当山的所谓北方玄天上帝了。

真武一旦被宣扬为武当山上修炼出来的统摄北方的玄天上帝，他的声望就仰之弥高了，有关真武灵验的事迹也随之四处传扬开来。如张端义《贵耳集》卷下"均州武当山"云："真武上升之地，其灵应如响。均州未变之前，辄至，圣降笔曰：'北方黑煞来，吾当避之。'继而真武在大松顶现身三日，民皆见之。"[2]鼓吹真武对世事预见的灵验。

接踵而来的元代，对武当山上的真武更是尊奉有加。陶宗仪《南村辍耕录》"武当山降笔"条云："至元十三年，江南初内附。民间盛传武当山真武降笔书长短句曰《西江月》者，镂刻于梓，黄纸模印，贴壁间。"[3]尽管明代郎英在《七修类稿》卷二十七《辩证类》考证出此词并非出自真武，然而当

---

① 佚名编著：《搜神谱》，赵望秦、贾二强校注，西安：三秦出版社，1989年，第19页。
② （宋）庄绰、张端义撰：《鸡肋编·贵耳集》，李保民校点，上海：上海古籍出版社，2012年，第133页。
③ （明）陶宗仪：《南村辍耕录》卷二十六，沈阳：辽宁教育出版社，1998年，第2册，第313页。

时元人诚信不疑，并以四处张贴武当山真武诗词的举动，昭示了民间百姓信赖和乞求真武护佑的心态。元代政府还在武当山五龙宫前立了石碑，陶宗仪《说郛》云："殿之右，出山坎大林下，六石碑在焉，皆元物也。一为崇封真武诰碑，一为揭傒斯所撰宫碑，一为揭傒斯所撰瑞应碑。……"①《崇封真武诰碑》摆在六石碑中的第一位，可见元政府对祭祀真武的重视程度。

有了宋元人信奉真武北帝的基础，到了明代，武当山上真武的声威就更加神异而响亮。清代姚之骃《元明事类钞》卷十九"释道门"引《元武金殿卓异记》云："靖难兵起，南军遥见空中'真武'二字旗帜，皆攻后以北。既正大统，遣使于武当山营元武宫殿。……明成祖御制太和山碑。"② 太和山即武当山③，皇帝遣使营建真武殿并御制太和山碑，从而营造了武当山真武庙的隆兴。《徐霞客游记》卷一《游太和山日记》，写他游历武当山北天门时看到的物景，其云："滴水、仙侣二岩，俱在路左，飞崖上突，泉滴沥于中，中可容室，皆祠真武。"④ 可知武当山上随处可见到真武祠。另有明代王士贞《弇州四部稿》卷六十九《闫道人希言传》云："道人……颇好作有为功德，于太和之均江建真武宫，弘丽甚又。"⑤ 如果说武当山下均江旁的真武宫"弘丽甚又"，只是对武当山周边真武庙的规模作了个笼统的概括，那么明代顾璘《凭几集续编》卷二《游太和山前记》，对武当山上的真武庙的描绘就颇费笔墨了：

> 曩昔闻客谈太和山高且奇，宫观伟丽，皆天下所无有，窃疑未信。嘉靖戊戌冬，余以台务巡方至襄，乃谋观其胜。……十月四日入山，将至遇真宫，则童冠羽人数十，提香、鸣乐、持旛旆来导，悠悠然度灌木

---

① （明）陶宗仪：《说郛》卷六十四下，台北：商务印书馆，1986 年影印《文渊阁四库全书》本，第 879 册，第 480 页。

② （清）姚之骃：《元明事类钞》卷十九"释道门"，台北：商务印书馆，1986 年影印《文渊阁四库全书》本，第 884 册，第 322 页。

③ 按《明史》卷四十四《地理志》"均州"下注云："南有武当山，永乐中，尊为太岳太和山。"北京：中华书局，1974 年标点本，第 1084 页。

④ （明）徐弘祖：《徐霞客游记》卷一《游太和山日记》，上海：上海古籍出版社，1980 年，第 54 页。

⑤ （明）王士贞：《弇州四部稿》卷六十九《闫道人希言传》，台北：商务印书馆，1986 年影印《文渊阁四库全书》本，第 1283 册，第 32 页。

溪桥之间，恍陟仙界。自是凡过一宫观皆然。……六日乃登天柱峰谒真武君金殿，历路门者四，皆金榜。石蹬曲折不可计，旁皆有石栏镂锁，人攀援以升。[①]

这位顾官员进了武当山，便恍若步入仙界，感慨之余，始信武当山宫观伟丽，果然名不虚传。而真武庙又在武当山最高的天柱峰之上，极尽显赫之势。对此，明代彭大翼《山堂肆考》"武当山"条亦可予以印证。其云："武当山……又名太岳山，真武奉元君游览至此，改名太和。其一峰最高，旧名天柱峰，因栖止修炼。后人谓非玄武不足以当此山，改名武当。"[②] 由于武当山几次更名，文人便不失时机地在武当山的名称上做起了文章，说"非玄武不足以当此山"，分明是说只有真武才是武当山的正神。王世贞的《弇州四部稿·说部》还叙述了政府修建武当山真武庙的情况，其云：

> 今天下所最崇重者太岳太和山真武及岱岳碧霞元君。当永乐中建真武庙于太和，几竭天子之府库，设大珰及藩司守之。而二庙岁入香银亦以万计。每至春时，中国焚香者倾动郡邑。[③]

明政府花费人力物力在武当山大建真武庙，"几竭天子之府库"，岁纳香银"亦以万计"，每年春天，"焚香者倾动郡邑"，足见万民崇拜北方真武大帝的影响之大、效应之广。

综上所述，从宋代起武当山被附会为真武的降生之地，香火隆盛。又经过元明两代的大兴土木，推陈出新推波助澜，于是形成崇祭真武的一个中心地区。

（二）以宋代建康、临安及明代南京为中心的江南地区

武当山成为修行求仙者的荟萃之地，崇奉真武的香火自宋以来长盛不衰，

---

① （明）顾璘：《凭几集续编》卷二《游太和山前记》，台北：商务印书馆，1986年影印《文渊阁四库全书》本，第1263册，第325页。

② （明）彭大翼：《山堂肆考》卷十八"地理"类"武当山"条，台北：商务印书馆，1986年影印《文渊阁四库全书》本，第974册，第297页。

③ （明）王世贞：《弇州四部稿》卷一百七十四《说部》，台北：商务印书馆，1986年影印《文渊阁四库全书》本，第1280册，第750页。

有关真武灵验的传说在民间不胫而走，人们不再满足于在武当山供奉真武了，各地相继建起了真武庙。由于皇帝的提倡、支持、参与，信奉真武的风气在皇都及行在所浓郁起来，民间与政府不约而同地建起许多真武庙宇，这些地区的真武庙便相对集中，不但在数量上多，而且影响很大。

宋代的建康曾为皇帝的行宫，据《宋史》卷八十五《地理志一》记载："建炎三年闰八月，高宗自建康如临安，以州治为行宫。"① 建康与临安成为宋朝这一时期皇权所在之地，也成为当时人文荟萃之中心。明朝开国伊始就将应天府称为南京，洪武十一年（1378）曾改南京为京师，永乐中仍称南京。② 可见其地理位置的举足轻重。而就在这一地区，宋元明三朝修建的真武庙为数颇多。

首先是有关宋代建康一带真武庙的记载：宋代周应谷《景定建康志》云："真武庙在宫城西北清化市东，国朝太平兴国二年置。"又记："后湖真武庙，本吴赤乌玄武观，后毁于兵。国朝嘉泰中王运使补之，亲即其地祷雨而应，遂建真武庙。……建炎四年金人烧建康，凡官舍民居寺观神祠无不荡尽，惟此庙独存。"③ 这段史料不但描述了当地官员修建、增创、祈祷真武庙的情况，也反映了真武庙在战火中独存的神异事实，试图说明真武的神圣超过了其他一切神祇。

明代于南京应天府一带修建真武庙，其目的更加明确。"太祖高皇帝定鼎之初，大正祀典，而金陵所存者十庙，真武之神居其一。"④ 可见明代在开国之初，就首先将真武神列在国家的祀典当中。明代罗钦顺《整庵存稿》卷一《北极玄天真武庙重修记》则叙述了在南京设真武庙情况："南京乃国家根本重地，内外守备实惟重臣。凡南京祀典神祇与夫军民百万之众，皆守备重臣所当尽心焉者。北极玄天真武庙，国朝洪武中所建，在钦天山之阳，当十庙之中而势特高峻。"⑤ 可知明代不但在"国家根本重地"南京建立了真武庙，

---

① 《宋史》卷八十五《地理志一》，北京：中华书局，1977年标点本，第2105页。

② 《明史》卷四十《地理志一》"南京"条，北京：中华书局，1974年标点本，第910页。

③ （宋）周应谷：《景定建康志》卷四十四，台北：商务印书馆，1986年影印《文渊阁四库全书》本，第489册，第563页。

④ （明）程敏政：《篁墩文集》卷十三《河间府真武庙记》，上海：上海古籍出版社，1987年影印《四库全书》本，第1252册，第223页。

⑤ （明）罗钦顺：《整庵存稿》卷一《北极玄天真武庙重修记》，台北：商务印书馆，1986年影印《文渊阁四库全书》本，第1261册，第11页。

而且在国家钦定祭祀的众庙宇中"势特高峻",表明了政府对真武祭祀的重视。另有明代宋讷《西隐集》卷五《敕建北极玄天真武祠记》亦详细描述了当时在钦山修建真武庙的事实。特别值得注意的是,明成祖朱棣靖难,从北京起兵南下,要夺取侄儿的帝位,便乞求北方真武玄天上帝的保佑,于是真武"有显相助",使朱棣战事顺利,取得帝位。朱棣自然热心于在北京、南京等地修建真武庙了。况且他抬出一个暗中帮他成就大事的真武来,岂不正好体现了"君权神授"的意旨,也顺便为自己起兵夺得天下寻找了一个极好不过的借口。《大明会典》卷二百十五"南京太常寺"条:"真武庙二祭。"①《明一统志》卷六"南京·应天府·北极真武庙"条云:"在鸡鸣山,洪武二十年建二庙,俱国子祭酒宋讷奉敕撰记。"② 又前引《西隐集》之《敕建北极玄天真武祠记》云:"洪武戊辰,都城旧庙灾,冬官奉旨改造于钦山之阳,地位亢爽,庭宇穆清,缭以周垣,松竹茂翳。神宅既安,都人以悦。"③ 凡此,皆南京真武庙之状况。

另外,明代南京统府辖境,修有不少真武庙,其中亦有继承前代的。如元张弦《至大金陵新志》卷十"兵防志"记载,应天府江宁县县北有真武庙。又据元徐硕《至元嘉禾志》卷十二"松江府"条的记载,知元代在松江府亦建有真武道院。清赵宏恩等监修《江南通志》卷四十五《舆地志·寺观》"松江府"条则讲得更具体:"崑山塔院即今小崑山泗州塔院。宋乾道元年建,明时又建观音殿、真武殿、西方藏殿三圣阁"④。《江南通志》卷四十四《舆地志·寺观》"苏州一府",则分别记载了苏州真武庵和真武阁的情况,其云:"真武庵在吴江县三里桥。"⑤ "真武阁在吴江县南门外。明嘉靖中建。"⑥ 明王鏊《姑苏

---

① (明)李东阳撰、申时行修:《大明会典》卷二百十五"南京太常寺"条,台北:新文丰出版公司,1976年,第5册,第2882页。又,《明会典》卷八十五"祭祀六"云:"北极真武,祭物用素,三月三日、九月九日遣南京太常寺官祭。"台北:商务印书馆,1986年影印《文渊阁四库全书》本,第617册,第800页。

② (明)李贤等:《大明一统志》,西安:三秦出版社,1990年影印本,上册,第118页。按:《明史》卷四十《地理志》,鸡鸣山在应天府上元县西北。北京:中华书局,1974年标点本,第911页。

③ (明)宋讷:《西隐集》,台北:商务印书馆,1986年影印《文渊阁四库全书》本,第1225册,第856页。

④ (清)赵宏恩等监修:《江南通志》卷四十五《舆地志·寺观》,台北:商务印书馆,1986年影印《文渊阁四库全书》本,第508册,第423页。

⑤ (清)赵宏恩等监修:《江南通志》卷四十四《舆地志·寺观》,台北:商务印书馆,1986年影印《文渊阁四库全书》本,第508册,第410页。

⑥ (清)赵宏恩等监修:《江南通志》卷四十四《舆地志·寺观》,台北:商务印书馆,1986年影印《文渊阁四库全书》本,第508册,第414页。

志》卷五十九《记异》亦云苏州府的吴县姑苏有"石浦真武殿"①。《江南通志》卷四十六《舆地志·寺观》"徐州府"条载：明永乐初年在"府城东南隅"及明万历七年（1579）在萧县三仙台南建立的真武观②。《江南通志》卷四十八记载，宋元祐年间在庐江县西门外修建真武观③。《嘉靖江阴县志》卷八《秩祀记》第六"祠庙"条云："真武庙在君山之巅，嘉靖十七年建。来昭坊周桥东、昭闻乡、东望桥、北荼镇、龙津桥东、石牌港西并有庙，其制差小。"④明王直《抑庵文后集》卷五《宁国府重修府治记》说宁国府的真武庙建立在"仪门外之东"⑤。《明一统志》卷十八"滁州"条："真武观在州城东南隅，宣德初建。"⑥ 又记"真武观：在州城东门内。宋咸淳中建，本朝洪武、永乐中俱重修。"⑦ 以上史料，应可佐证宋建康、明南京一带真武庙的兴盛情况。

其次是有关临安真武庙的记载。据《宋史·地理志》，临安为宋代的行在所。临安府在宋为大都督府。宋代潜说友撰《咸淳临安志》卷十三"佑圣观"条云：淳熙三年（1176），皇帝下诏将佑圣观改为道宫以奉真武。绍定间重建门曰"佑圣之观"，殿曰"佑圣之殿"，藏殿在西庑曰"琼章宝藏"，皆理宗皇帝御书，并御制《真武赞》，赞中表示了宋王朝对真武"累朝钦奉，显号徽章，佑我宗社，万億无疆"的意旨⑧。宋代吴自牧《梦粱录》卷十五"城内外诸宫观"亦记："贞（真）武观，在太和寺后。"⑨

另外，可以纳入这个中心区域的还有洪迈《夷坚志》支丁卷三"卞山佑圣宫"条提到的："绍兴初，湖州卞山之西，有沈崇贞道人者，得真武灵

① （明）王鏊：《姑苏志》卷五十九《记异》，台北：商务印书馆，1986年影印《文渊阁四库全书》本，第493册，第453页。

② （清）赵宏恩等监修：《江南通志》卷四十六《舆地志·寺观》，台北：商务印书馆，1986年影印《文渊阁四库全书》本，第508册，第453页。

③ （清）赵宏恩等监修：《江南通志》卷四十八《舆地志·寺观》，台北：商务印书馆，1986年影印《文渊阁四库全书》本，第508册，第487页。

④ （明）赵锦修，（明）张衮纂，刘徐昌点校：《嘉靖江阴县志》卷八《秩祀记》，上海：上海古籍出版社，2011年，第147页。

⑤ （明）王直：《抑庵文后集》卷五《宁国府重修府治记》，台北：商务印书馆，1986年影印《文渊阁四库全书》本，第1241册，第416页。

⑥ （明）李贤等：《大明一统志》，西安：三秦出版社，1990年影印本，上册，第273页。

⑦ （明）李贤等：《大明一统志》，西安：三秦出版社，1990年影印本，上册，第278页。

⑧ （宋）潜说友撰：《咸淳临安志》卷十三，台北：商务印书馆，1986年影印《文渊阁四库全书》本，第490册，第160页。

⑨ （宋）吴自牧：《梦粱录》卷十五，杭州：浙江人民出版社，1984年，第135页。

应圣像,因结庵于彼奉事之。"①《浙江通志》卷二百二十九《寺观》"湖州府"条所载:"真武宫,《归安县志》在县南菱湖镇。明成化十一年敕建,俗名南圣堂。"② 余不一一。这也能反映宋明两朝这一地区祭祀真武的普遍程度。

由于宋朝的建康、临安分别是当时的行在所,明朝的应天府又是南京,并由此形成了江南一带的政治、经济和人文的集萃之地,对于真武的崇奉,因为有统治者的重视与提倡,所以在这一地区形成中心也是一个必然。

(三)北京及其附近州府

称为北京及其附近州府的这一地区,当指元明两代。然宋代于这一地区亦建有真武庙,并为元明两代所继承,为行文方便,且一起叙述。

元代的统治者是从北方蒙古进入中原的,为了制造政治舆论,他们编造了一些受到北方真武神助而统一天下的故事。如元朝魏初《青崖集》卷三收有《敕建真武庙碑记》,其云元得天下后,召群臣商议,定都于燕。工程伊始,"既役之年十二月庚寅,城之西高梁河有蛇出焉,长尺有奇,首金色,观者以闭藏之候,非所宜出,乃今见之,其为灵惠也。昭昭矣!咸奉香迎拜,蛇驯而近人,引颈顾眄,领其诚意而去。"并认定其蛇是"玄武神现"。于是皇后"即命于所现之地构祠而像设焉"。皇帝:"乃诏大其栋宇,以行工部尚书段某董其役。仍以词臣文其石"③。于是词臣将上述神异传说记载下来,说明玄武神灵下凡相助大元的意义,赞扬元朝统治者"神慈威武,子育亿兆,沉畿开阖,旋乾转坤"的伟大绩业。事实上是想借真武的神灵,证实自己入主中原得到了神的庇护和指引,是"上应乎天纲,下应乎坤轴"的。

而明代的统治者在取得全国政权以后,也有借助神明正名和护佑的心态。这在明人程敏政《篁墩文集》卷十三《河间府真武庙记》得到证明,其云:"我太宗文皇帝潜龙于燕,入正大统,而真武之祠在武当者尤盛。盖燕之境北方,

---

① (宋)洪迈撰:《夷坚志》支丁卷三,何卓点校,北京:中华书局,1981年,第989页。

② (明)薛应旂:《浙江通志》,上海:商务印书馆,民国二十三年(1934)影印本,第3册,第3913页。

③ (元)魏初:《青崖集》卷三,台北:商务印书馆,1986年影印《文渊阁四库全书》本,第1198册,第737—738页。

而真武北方之神，所以阴翊我文皇者，其功甚大，宜真武之显有庙于今日也与。"① 可见抬出一个神灵来为自己所谓的大业正名，是统治者喜好做的事情。本着"（真武）神既有功于国，则累朝崇奉之礼因不可废"的原则②，崇祭真武就十分名正言顺了。

明代北京一带祭祠真武的情况，《明史》卷五十《礼志四》"京师九庙"中有所记载："真武庙，永乐十三年建，以祀北极佑圣真君。正德二年改为灵明显佑宫，在海子桥之东，祭日同南京。"③ 同卷稍后又详细记载了真武的事迹，并记载了靖康初年为真武加号、两京岁时朔望各遣官员致祭的情况及在"京城艮隅"，"重建庙宇"的情况。惜这些庙宇的状貌，《明史》并未详记，好在借助于其他记载略有补充。《明一统志》卷一"顺天府"条记载："真武庙，在府西海子桥东，永乐十三年建。"④ 《钦定日下旧闻考》卷四十一"皇城"载："织女桥南真武庙中有明万历八年《重修宝钞司内真武庙碑记》，则真武庙即宝钞司故址也。"⑤ 《钦定日下旧闻考》卷五十四"城市内城、北城"记载了两处真武庙。其一，地安门："显佑宫在地安门东北。……显佑宫中奉真武，明永乐十三年创建，成化十五年修，俱有碑。本朝雍正九年重修，乾隆二十八年又修。"其二，拈花寺："拈花寺东旧有真武庙，明景泰三年扩而新之，赐名妙缘观。"卷五十五"城市外城、中城"载"真武庙在先农坛西"等。⑥ 以上这些均为京城中的真武庙记载，另据明沈应文《顺天府志》卷二《营建类》"寺观"条记载，顺天府辖境的大兴县、宛平县、固安县、三河县、武清县、密云县、永田县、平谷县都建有真武庙⑦。

又据《万历通州志》卷五记载："真武庙三：一在州治北城上，宋政和中知州郭凝建；一在州西南隅，旧名真庆观，宋太平兴国五年建；一在石港镇，

① （明）程敏政：《篁墩文集》卷十三《河间府真武庙记》，台北：商务印书馆，1986 年影印《文渊阁四库全书》本，第 1252 册，第 223 页。

② （明）孙承泽：《春明梦余录》卷三十九《礼部一》"大祀"条，上海：上海古籍出版社，1987 年影印《四库全书》本，第 868 册，第 619 页。

③ 《明史》卷五十《礼志四》，北京：中华书局，1974 年标点本，第 1305 页。

④ （明）李贤：《大明一统志》，西安：三秦出版社，1990 年影印本，上册，第 13 页。

⑤ （清）于敏中：《钦定日下旧闻考》，北京：北京古籍出版社，1981 年，第 643 页。

⑥ （清）于敏中：《钦定日下旧闻考》，北京：北京古籍出版社，1981 年，第 864、877、890 页。

⑦ （明）沈应文：《顺天府志》卷二《营建类》"寺观"条，北京：中国书店，1959 年影印明万历廿一年（1593）刊本，第 3 册。

宋咸淳中建。"① 依据此志记述，这三座真武庙最初都是宋朝建立的，一直延续到明代。宋代建立的真武庙还有王安中《初寮集》卷六《北京深州安平县真府灵应真君庙碑》的记载："道京师而北三万家之邑，今独深之安平而地则定州也。……夫惟邑之胜，宜有喜事者，崇成佛祠神居，以为城郭壮丽之观。岁时祈祷，庇其氓倪，于是有真武灵应真君祠。"② 上述记载可以看出，宋代深州安平县修建真武祠称得上是当地的一桩喜事，人们修建真武祠，正是为了"岁时祈祷"，从而达到"庇其氓倪"的目的。《嘉靖河间府志》卷三《建置》云：河间府的兴济县有一座崇真宫，立有"御制崇真宫碑，宫名崇真，祀真武也"③。御制的崇真宫碑，则表明皇朝对真武的崇奉。同卷还记载："真武庙，旧为天王台，后更为真武庙。詹士兼翰林院学士郡人程敏政撰。"④ 明代程敏政《篁墩文集》卷十三《河间府真武庙记》记载："河间为北方大郡，而真武以其方之神庙食其土而福其人事。"并据此记可知，明河间府的真武庙是在元大德中所建造的真武庙旧址上重建的。

通过上述记载可知，明代的北京附近府州所建真武庙颇多。这对朝廷来说，有"太宗皇帝昭示灵贶，建庙两京"，"以为常制"，"神其有灵，既庙食于此矣"⑤。祭祀真武成为理所应当的事情。对民间来说，真武所产生的影响，则是深远的，正因如此，才能"祭享之礼，殆遍天下"。而明代的北京及京畿地区于是成为崇祀真武的中心，也是势所必然的。

二、宋元明时期崇奉真武的历史因素

（一）历史继承性

宋元明三代尊奉真武北帝，其实有着历史的渊源可寻，而这个渊源仍然

---

① （明）沈明臣纂修：《万历通州志》卷五，上海：上海古籍书店，1964 年据宁波天一阁藏明嘉靖本影印，第 2 册。

② （宋）王安中：《初寮集》卷六《北京深州安平县真府灵应真君庙碑》，台北：商务印书馆，1986 年影印《文渊阁四库全书》本，第 1127 册，第 117—118 页。

③ （明）樊深：《嘉靖河间府志》卷三，上海：上海古籍书店，1964 年据宁波天一阁藏明嘉靖本影印，第 19 页上。

④ （明）樊深：《嘉靖河间府志》卷三，上海：上海古籍书店，1964 年据宁波天一阁藏明嘉靖本影印，第 4 页上。

⑤ （明）樊深：《嘉靖河间府志》卷三，上海：上海古籍书店，1964 年据宁波天一阁藏明嘉靖本影印，第 2 册。

要追溯到古人对玄武星宿的崇拜。自从玄武被命名为天上的星宿，人们一方面将它视作北方天际中神秘莫测的星体；一方面把它奉为统摄北方天地的神灵。于是乎就连玄武的名称也显得非常吉祥了。古人以玄武命名的官职、地名、山名、湖名、门阙、殿名、服饰、旗帜、传符、仪仗队等在文献记载中比比皆是。正史里的天文志统统要记玄武星宿自不待说，从《礼记·曲礼》到《周礼·考工记》；从《吴子·治兵》到董仲舒的《春秋繁露》；从屈原的《离骚》到张衡的《思玄赋》；从魏晋南北朝的诗歌到唐人的异文杂记；从《全唐诗》到《全宋词》，均有神圣玄武的字句。随着玄武名称越来越多地出现在诸多方面，人们对玄武的崇拜也不断上升，有些地方建立了祠观来祭祀玄武，陈朝的皇帝就曾驾幸玄武观①。隋朝的段君彦作过一首《过故邺诗》，其中有一句云："虽临玄武观，不识紫微宫。"② 说明当时的故城邺地亦修建了玄武观。而从南北朝到隋唐时期的朝廷祭典中，几乎都要祭祀玄武。如《隋书》卷七《礼仪志二》记载，后周常在十一月，祭神农氏、伊耆氏、后稷氏等，其中就有玄武③。唐代冬寅日在南郊祭百神，凡一百八十七座神祇，亦有玄武④。由此可见，玄武已堂皇地跻入百神之中，受到万众崇拜和朝廷祭祀，俨然成为国家尊奉的正神之一。有宋一代，玄武改称真武，同样受到包括道教在内的朝野推崇，正式进入国家的祀典。朝廷在腊前一日蜡百神，百神当中就有真武⑤。自从宋代道士将武当山附会为真武的出生地，真武便成为降妖伏魔、为民除害的象征，祭祀真武的香火立即从武当山弥漫开来，许多地方都相继建造了真武殿或真武庙。如当时杭州西湖一带，每年三月三日的殿司真武会，便是人潮如海，场面极为宏大壮观⑥。洪迈《夷坚志》戊部卷六"婺州两会首"条说婺州地区乡俗是在三月三日真武生辰日，"阖郭共建黄箓醮，禳灾请福"⑦。另有明代文震亨《长物志》卷五"悬画"条说：

① 《陈书》卷十六《蔡景历传》，北京：中华书局，1972 年标点本，第 228 页。
② 逯钦立辑校：《先秦汉魏晋南北朝诗》隋诗卷七《过故邺诗》，北京：中华书局，1983 年，下册，第 2733 页。
③ 《隋书》卷七《礼仪志二》，北京：中华书局，1973 年标点本，第 148 页。
④ 《旧唐书》卷二十四《礼仪志》，北京：中华书局，1975 年标点本，第 911 页。
⑤ 《宋史》卷一百三《礼志六》，北京：中华书局，1977 年标点本，第 2521 页。
⑥ （宋）周密：《武林旧事》卷三"社会"条，北京：中国商业出版社，1982 年，第 45 页。
⑦ （宋）洪迈撰：《夷坚志》戊部卷六，何卓点校，北京：中华书局，1981 年，第 1100 页。

"月令岁朝宜宋画福神及古名贤像。……三月三日宜宋画真武像。"① 可见在三月三日画真武像的风俗也是由宋代开始的。到了元代，人们对于真武的崇祀仍在继续。元人戴表元《剡源文集》卷四《竹溪道院真武祠记》就说竹溪翁曾"绘画真武像，展礼无怠"，于是真武常常显灵。以此证明"气盛而鬼神辅，道胜而助之者多"②。尤其是元代皇帝宣扬自己得到了北方真武神的庇护，供奉真武的庙宇就更多了。明代对真武的崇拜，主要建立在宋明两代的基础上，又不断发扬光大，真武在民间不但享有更多的祭祀，并在社会上产生了很大的影响。

（二）祈求护佑

真武之所以受到万众崇拜，当与真武所担负的职司有关，因为传说中的真武既是水神又能降妖伏魔，顺应了百姓祈求神灵保佑、渴愿如意安康的心态。在民以食为天的封建农业社会，乞求风调雨顺、五谷丰登，成为人们祭祀真武的主要企望。如宋代张方平《乐全集》卷三十五《祭真武灵应真君文》就是希冀通过祈祷真武而结束"霪雨不止"的坏天气。宋陈造《江湖长翁集》卷三十九《真武殿祈雪疏》及《真武殿乞雨疏》则记载了人们祈盼真武降雪降雨的愿望。《嘉靖河间府志》的崇真庙碑文上也赫然写有希望真武能够"以时降福"，"风雨调节"，"民物丰豫"，达到"百世绵宗社于亿万年"的祈祷。正因为人们相信真武会带来和风顺雨的好年景，所以一旦"有遇龟蛇集者，皆以谓真武降，必焚香罄诚恳祷"③。明代韩邦奇《苑洛集》卷八《嘉议大夫总督漕运兼巡抚淮扬等处地方都察院左副都御史西溪屈公传》更记载了发生在淮扬地区的一则神异事迹，当屈公统辖的境内遇到干旱，庄稼枯槁，百姓焦灼的时刻，屈公亲自上山祈祷真武，"既而果大雨如注，岁则大熟"④。

真武能够降妖伏魔当是人们祈求真武的另一重要方面，由于道家的竭力

---

① （明）文震亨：《长物志》，北京：中华书局，2012 年，第 137 页。
② （元）戴表元：《剡源文集》卷四《竹溪道院真武祠记》，台北：商务印书馆，1986 年影印《文渊阁四库全书》本，第 1194 册，第 63 页。
③ （宋）彭乘：《墨客挥犀》卷三，上海：上海古籍出版社，1987 年影印《四库全书》本，第 1037 册，第 681 页。
④ （明）韩邦奇：《韩苑洛文集》卷八，乾隆十六年（1751）刻本，第 20 页。

宣扬，真武最大的功德便是为天下铲除一切妖魔鬼怪和救助众生，前举宋代刊刻的《元始天尊统北方真武经》及《贵耳集》之"均州武当山条"等，均说明了这个问题，兹不复述。真武的降妖伏魔进而也被附会到一些有名的军事首领身上，如"百战百胜"的狄青大将军，就被人们宣传成"世言青真武神也"①。如此一来，一些军事将领在打仗时便对真武十分依赖了，耿福在元朝任镇国上将军、安定军节度使，行元帅府事，太祖九年秋天，"武仙悉众来攻，福逆击之，仙不能克，乃以火炮攻北门。城中火起，福祷于真武庙，反风灭火，大雨如注"。"是夜，分兵三队，攻贼。仙弃营走，福追击，斩首数千级，仙仅以身免"。由于耿福"祷于真武庙"，真武果然暗中相助，一举击溃了武仙的进攻，取得了战役的胜利②。明代叶盛《水东日记》卷七引《辽阳新志》曰：广宁伯刘江，少有大抱负，战胜攻取，累拜中军都督，总东辽戎政。永乐己亥间，倭贼屡为边患，江乃驻兵金州备之。既而贼至埚下，江"如真武披发状"，举旗鸣炮，"贼众大败"③。刘江在指挥战斗中扮作真武的模样，一方面是想威慑倭贼，另一方面则起到了鼓舞士气的作用，士兵在作战中看到长官如神降临，自然信心百倍，英勇作战了。

（三）皇帝的提倡

随着祭祀真武庙宇的兴起，人们对真武逐步脱离了星宿意义上的崇拜，而使其演化成为一位形象具体的神祇，正如宋代赵彦卫《云麓漫钞》卷九所说："玄武本北方之神，祥符间，避讳改真武，后兴醴泉观，得龟蛇，道士以为真武现，自后奉事益谨。其绘像披发、黑衣、仗剑，踏龟蛇，从者执黑旗焉。"④而披发、仗剑、踏龟蛇等，果真被后代文人信手拈去，稍加发挥想象，便成为真武北帝的模样。由于真武受到民间百姓的祀拜，又有道教士徒的宣扬鼓吹，终于引起了宋王朝的关注。天禧二年（1018）六月，真宗皇帝下诏加"真武号曰真武灵应真君"⑤。钦宗靖康元年（1126）"诏佑真武灵应

---

① （宋）刘延世：《孙公谈圃》卷上，上海：上海古籍出版社，1987年影印《四库全书》本，第1037册，第102页。

② 《新元史》卷一百四十三《耿福传》，北京：中国书店，1988年，第3册，第610页。

③ （明）叶盛撰：《水东日记》，魏中平点校，北京：中华书局，1980年，361—362页。

④ （宋）赵彦卫撰：《云麓漫钞》，张国星校点，沈阳：辽宁教育出版社，1998年，第90页。

⑤ （宋）高承：《事物纪原》卷二《公式姓讳部》，北京：中华书局，1989年，第81页。

真君加号'佑圣助顺真武灵应真君'"①。皇帝为真武加号,无疑为全民信奉起了推波助澜的作用。"逮太宗肇兴观宇,累圣相承,隆名遝阙,像设有严,四方翕翕骏奔。"②正由于两宋几朝皇帝的提倡推崇,形成了天下皆崇信真武的趋势。人们认为真武圣灵于国家福佑最显,海内莫不知所敬仰。到了元代,尊奉真武的风气依然炽盛,据陶宗仪《南村辍耕录》卷二十六"武当山降笔"条记载,人们四处张贴真武手书诗词,以乞求真武护佑。就连元代统治者也鼓吹自己是受到了北方真武大帝的护佑,才得以入主中原。因此,不但下令在真武显形的地方修建真武祠,祭祀真武,在元成宗时,又加封真武为圣仁威玄天上帝③。明代皇帝同样是信服真武的,明代倪明《青溪漫稿》卷十一《北极佑圣真君》云:"再考国朝御制碑文,太祖高皇帝平定天下,兵戈所向,神阴佑为多,及定鼎金陵,乃于鸡鸣山建庙以崇祀。事载在祀典。太宗文皇帝肃靖内难,以神有显相,又于京城艮隅并武当山重建庙宇。"明朝还规定:"而两京岁时春秋及京师每月朔望,各遣官致祭武当山,则命内外官员专一在彼提督,列圣崇奉之意,可谓至矣。"宪宗朝,继续做了"赍真武像,建醮武当山"等一系列活动④。《明史》卷四十九《礼志三》还规定:"诸王来朝还藩,祭真武等神于端门,用豕九、羊九、制帛等物。"⑤皇帝的竭力提倡,促使明代的真武信奉达到了极盛时期。从明代府、州、县地方志记载的当地真武庙的情况来看,真武祠庙的确达到了普天之下,不知几千万数的地步。

原载(《中国历史地理论丛》2004 年第 3 期)

① (元)马端临:《文献通考》卷九十《郊社考二十三·杂祠淫祠》,北京:中华书局,1986 年,第 824 页。

② (宋)魏了翁:《鹤山集》卷三十八《成都府灵应观赐额记》,上海:上海古籍出版社,1987 年影印《四库全书》本,第 1172 册,第 442 页。

③ 《元史》卷二十一《成宗本纪》,北京:中华书局,1976 年标点本,第 456 页。

④ (明)倪岳:《青溪漫稿》卷十一"北极佑圣真君"条,上海:上海古籍出版社,1987 年影印《四库全书》本,第 1251 册,第 124 页。

⑤ 《明史》卷四十九《礼志三》,北京:中华书局,1974 年标点本,第 1277 页。

《东游记》天门阵故事抄袭《杨家府演义》考辨

宋辽大战天门阵的故事，在明代章回小说中多见之，所述战阵情节盖最早形成于《水浒传》一书，稍后，在《杨家府演义》与《东游记》这两种大约成书于明代中晚期之间的小说中演义得更为丰满且颇富神奇色彩。虽说《杨家府演义》、《东游记》二书的描写就其阵势排列与破阵方法乃至时代背景来看，很可能与《水浒传》的描写有着一定的启发借鉴甚至嬗变关系，但其人物已截然不同，故事细节与某些名称也往往有异，唯其已超出本文的论述范围，故不赘言。比较《杨家府演义》、《东游记》二书所述天门阵故事，显而易见，《杨家府演义》一书所述繁细，《东游记》一书所述简略，然其基本故事情节，乃至文字、专名等，几乎重叠一致。有鉴于此，笔者认为：《杨家府演义》、《东游记》二书所共述的天门阵故事，雷同的程度是十分令人怀疑的，其必有孰先孰后、某抄袭某之嫌。又因两书目前所见最早刊本均在万历中后期之间，而其编成时间迄今难以考断，也未见有专文论及，所以解决《杨家府演义》、《东游记》二书所述天门阵故事的相互袭承问题，对考证两书的成书先后也会提供一个很有力的证据。今见台湾天一出版社1985年影印有余象斗序的《新刊八仙出处东游记》，当为目前最能保存明万历间初刊面目的善本，遂据以与上海古籍出版社1984年铅排秦淮墨客序的嘉庆重刊本（以万历本校勘）《杨家府演义》详加比读，得以从检出七事考辨如下①。

---

① 本文所引两书内容，主要比对两书所述情节及故事间的逻辑关系，又均在文中列出回目，为避免繁琐，因不一一注出页码，特此说明。

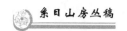

一、天门阵故事与整个小说情节之联系

天门阵故事在《杨家府演义》中完全是一个有机而严密的组成部分，它体现着作者的精心构思。小说主要编演杨家一门英雄豪杰抗击辽、夏的事迹，而天门阵之战正是抗辽战争中的一场重大战役。这场战役不仅在以后的故事情节中多次得到照应，而且其中的不少情节还与以前的故事发生着密切联系。试举两例说明：

第二十七回"孟良入辽求发"讲道：六郎因天门阵布备齐全、无隙可攻而急昏倒地，钟道士为医治六郎，使人密往辽国求取萧太后的头发以入药。杨令婆说："闻萧后将女招赘我四郎为婿，若有以信通之，此发毕竟求得。"后孟良果然利用了杨四郎为驸马的条件才顺利得到了萧后的头发。这里关于杨四郎为辽国驸马之事，并非是突然说来，而是在前文已经作了交代的。第六回"太宗驾幸昊天寺"即讲杨四郎为辽兵所擒，威武不屈，后为萧后看中，最终招赘于琼娥公主之事。可见这一细节在前后故事中是有着密切联系的。

天门阵之战结束于第三十二回"钟离救回吕洞宾"，但作者仍注意在后来的情节中反复给以照应。第三十七回"六郎回兵救朝臣"讲六郎破了飞虎谷之围，救出十大朝臣。有诗为证："昔破天门阵，今清虎谷尘。贼尸横紫塞，救出宋朝臣。"第三十九回"真宗封征辽功臣"讲道："真宗亲拟封职，宣六郎进殿面谕之曰：'卿父子破天门阵，建立大功，未及升职。今又平定幽州之勋，朕将旌表以酬卿也。'"第四十三回"宗保领兵征智高"讲宗保与侬王天子对阵，宗保曰："汝曾闻曩者破天门七十二阵、擒萧太后之人名否？"可见天门阵故事与后来的情节亦有着严密的照应。

再来看《东游记》的情况，在全书五十六回中，天门阵故事竟占了十三回，是最长的一个故事。小说本是讲八仙得道及共渡东海之事，而天门阵却只牵涉到钟离与吕洞宾两位仙人，至于其中的"铁拐大怒洞宾"与"湘子设筵和好"两回，显然出自作者的杜撰而硬添进天门阵故事，以期使其余仙人亦和他们相联系，结果游离之迹豁然，明眼人一看便知。再说天门阵故事在小说中所编排的位置，既不在钟离事迹中，亦不在吕洞宾事迹中，而是被排在了韩湘与曹国舅的事迹之间，不伦不类。由此可见，一是天门阵故事在

《东游记》中比重过大，竟比重要的八仙过海故事还长出四回，以致淡化了小说本应表现的八仙出处与东游过海的主旨。二是天门阵故事与整个小说情节甚不粘合，基本游离于主要情节之外，可以有也可以无，因为它与小说中其他故事都未发生丝毫细节上的照应和联系。也以上面提到的两个例子来看，孟良求发的情节，在《东游记》第三十八回"钟离医疾调兵"中已被删成"命孟良细往求之"和"孟良至番，数日果干三事而回"这么两句，如此的干瘪乏味！且又不言三事中"盗马"、"塞井"二事之所以然，使人莫名其妙。而天门阵一事也在自第四十三回"钟吕对阵回天"以后的情节中再未有一语提及。这样，我们从天门阵故事与整个小说情节的关联上，乃至从文气上，先就产生了《东游记》的天门阵故事盖从《杨家府演义》中所出的怀疑，因为精心安排结构与抄撮拼凑毕竟是有区别的。

二、人物的出场与结局

小说是写人物的，人物因何出场，又因何结局，都要交代清楚，尤其是主要人物。因此，人物塑造得完整与否，直接影响着小说情节结构的完整性与严密性。以此亦可见《杨家府演义》、《东游记》二书的先后袭承关系。

萧霸贞是流沙国的公主、苏何庆之妻，她在天门阵中的出场与结局据《杨家府演义》是这样的。第二十回"椿精变化揭榜"讲吕洞宾做了萧太后的军师，向五国各借精兵五万来助战。其中有"流沙国王差驸马苏何庆与公主萧霸为帅"，并在天门阵中镇守白虎阵。这是萧霸贞的出场。第三十回"黄琼女反辽投宋"讲杨六郎破白虎阵一战，木桂英射杀苏何庆，"霸贞公主见夫落马，急来救应，不防后面黄琼女杀到，将铜锏从背脊心一打，霸贞公主口吐鲜血，单马走归本国去了"。这是萧霸贞的结局。而在《东游记》第三十四回"萧后吕岩谈兵"中，萧霸贞的出场却被删落了，到了第四十回"钟离令破白虎阵"则写道："霸贞见夫有失，急来报仇，不防阵后黄琼女一骑杀至，手舞铁鞭，从背后打落，霸贞口吐鲜血，逃归本国。"这里萧霸贞的突然出现，因脱夺了其夫苏何庆同掌帅印助战天门阵的伏笔而显得有果无因，不能完整；苏何庆为流沙国的驸马，萧霸贞为流沙国公主的身份亦不得而知。若是原作者，当不致如此糊涂地推出这种突兀而无照应的人物来。

韩延寿在天门阵之战中，被任命为监军都部署，是地位仅次于吕洞宾的辽国兵马总指挥。似这样一员辽国大将，早在天门阵故事发生以前就已屡见之。《杨家府演义》第六回"太宗驾幸昊天寺"讲辽兵攻陷幽州一战中，已写道韩延寿引一军拦住太宗去路，后为六郎杀退。这是韩延寿的出场，其后又于几次战斗中出现。直到第三十二回"钟离救回吕洞宾"讲天门阵被宋军攻破时，韩延寿才落得为焦赞生擒，后为杨宗保斩首的结局。可见在《杨家府演义》中韩延寿是一个描写得相当完整的人物形象；但是《东游记》中，韩延寿的出场前就显得突兀不明。第三十五回"洞宾大排天阵"中仅以"吕军师乃提椿岩、韩延寿等出军"，天门阵排列完毕，吕军师又"使椿精、韩延寿督战"这么二句把韩延寿不清不白地交代出来。结果呢？当每一个排入天门阵的敌将都安排或毙命、或归降、或逃回本国而各有结局时，唯有韩延寿这位天门阵的督战者，却不知是死是活。在第四十三回"钟吕对阵回天"中有这样一句："韩延寿见天阵十破八九，急见吕军师问计。军师亦觉惭愧，乃怒曰：'汝去，吾当自往擒之。'"之后，韩延寿就再也没有踪迹了。若是原作者，恐怕绝不可能将这样的大人物给遗忘掉，而留下一个有始无终的半截子形象和一个令人费解的疑问。其实，《杨家府演义》是在写完钟离领吕洞宾回天以后，才写韩延寿被生擒斩首的结局的。而《东游记》的作者只顾及钟、吕二仙回天的完整，认为天门阵的尾声部分，似与钟、吕本身已无关系，遂信手删夺去。结果不仅韩延寿的结局没有了，就是前来观战天门阵的萧太后的结局，以及交战双方各自发现钟、吕二人失踪，后得知原是钟、吕二位大仙的完满结局也没有了。这一点，无疑为《东游记》抄袭《杨家府演义》留下了一个明显痕迹。

除以上例举的两个人物外，还有像战死于天门阵的辽将耶律沙、土金秀、萧天佐、耶律休哥、萧挞懒、耶律呐、耶律奚底等亦均已在《杨家府演义》第四回至第八回中先后登场，使人物与故事情节得以贯穿统一，而绝不似在《东游记》中，因仅仅出现于天门阵一战而显得那般孤立、呆板。另外，如杨六郎等杨门诸将，更是贯穿于《杨家府演义》主要故事情节的主要角色，恕不一一列举。

三、杨宗保"遇神授兵书"的细节

《东游记》第三十六回"宗保论阵泄机"讲道：辽宋两军对垒于九龙谷，

辽军排下天门阵，宋军无人能识此阵，急告朝廷，遂调来杨六郎、杨令婆，仍不能知其阵之所出。六郎正在忧闷，其子杨宗保忽至军中，说："此阵吾能破之。"遂将七十二座天门阵的秘密所在及设置尚不周全的地方一一说明。令婆大喜，问其如何得知，宗保说："昨赶令婆，迷失一处，擎天圣母授我兵书，故知之耳。"这里似乎看不出什么文理不通，但是经与《杨家府演义》相对照，即知《东游记》删夺了杨宗保得授兵书，知晓兵法的具体经过，须知就在这段情节里包含着一个与前文相呼应的细节。《杨家府演义》第二十六回"宗保遇神授兵书"讲道：杨六郎不识天门阵图，遂前接真宗来营计议。六郎对真宗说："臣想此阵六甲天书下卷有之。臣止学上、中两卷，方欲学下卷，臣父被潘仁美、王佽等陷死狼牙谷，遂失其传。"后又召杨令婆前往幽州看阵。杨宗保得此消息，亦独骑追赶令婆而去。入夜，宗保迷路，忽入一宅，见一妇人端坐殿，妇人说："汝令婆一凡人耳，那知仙家作用，即赴军，亦是枉然"，"复取出兵书付于宗保"，且"将兵书逐一明明指示"。授毕，又说："汝将下卷再详玩之，内有破阵之法。"这里两次强调兵书的下卷，确是出于作者的精心构思，因为这一点正与吕洞宾私遣椿精降世助辽时所说的一番话遥相呼应。第二十四回"椿精变化揭榜"讲吕洞宾欲助辽灭宋，遂唤来碧罗山万年椿木精说："吾今付你六甲天书，上、中二卷不必看之，惟下一卷乃行兵列阵、迷魂妖魅之事，汝细玩之，即今北番萧后出榜召募英豪，欲与南朝争锋。汝可变化，降临幽州，揭了榜文，提兵伐宋。待灭中国之后，收汝同入仙班。"这段话到了《东游记》第三十三回"洞宾私遣椿精"中被改写作："吾有六甲兵书三卷，上卷观视天文，中卷变化藏机，下卷尽载阴文、迷魂、妖遁之事，人难测识。上二卷汝不必学，吾今教汝下卷，精求熟练，不日萧后出榜招募英雄，汝持此卷应之，以敌中国。功成之后，与汝同入仙道，决不食言。"《东游记》的作者显然是没有察觉到这个造成前后呼应的绝妙细节，因而将"宗保遇神授兵书"的情节悉数删去，虽说这样并没有留下情节上的扞格，但是有了这个细节上的呼应却正好说明了《杨家府演义》在故事情节安排上的周详和高明。也只有是原作者才能下此整体构思、通盘考虑的功夫，而作为企图删繁就简的抄袭者，水平又很低劣，则势必因摸不透原作者的意图而难藏马脚。

四、孟良盗马塞井的目的

《杨家府演义》第二十七回"孟良入辽求发"讲孟良入辽求得萧太后头发后，还干了两件事，这就是盗马、塞井。其目的是什么？在孟良入辽求发以前已作了交代：

> （孟良）入见钟道士，问要发多少。道士曰："不拘多少。但还有两事，汝一并干来。"孟良曰："有哪两事？"道士曰："萧后御厩中有匹白奇骥，可偷来与宗保乘之。又御苑中有九眼琉璃井，其水番人化来布于青龙阵上九曲黄河之内，汝将粪土填中一眼，其龙被污，即旱无水。彼无处取水，此阵不足破也。

但是这段文字在《东游记》第三十八回"钟离医疾调兵"中却被节略成一句，即"钟离谓良曰：'汝去彼处得其发后，萧后苑中有白骥一匹，汝可偷回。又有九眼琉璃井，可塞其当中一眼'"。这样一节略，便不能知悉盗马、塞井的目的了。而问题是既然没有什么目的，又为什么要让孟良干盗马、塞井的事？这不成了多余的笔墨吗？按说一篇作品，总要自圆其说，总要避免出现无缘由的情节和多余无用的话。《杨家府演义》的说法是前后照应的，而且还不忘记在第二十九回"木桂英擒六郎"中提上一句杨宗保"端坐白骥之上"，"其马是萧娘娘所乘的白骥"，以示照应。而《东游记》则显而易见是又想节略文字，又不想不提盗马、塞井两件事，结果却留下了一个抄袭的破绽。

五、黄琼女归降的原因

策反黄琼女是破天门阵的第一战。先看《东游记》第三十八回"钟离医疾调兵"的描写，战前，钟道士先令焦赞化装潜入天门阵中巡视一遍。焦赞回来后说："此阵奇异，有太阴阵妖气逼人，更是难打。"杨宗保问钟道士说："太阴阵中妇人赤身裸体，此主何意？"钟道士说："彼按月孛星，手执骷髅。

遇交战，哭声一动则敌将昏迷坠马。今破阵必须先擒此人。"遂差金头马氏前往。

> 却说金头马氏从第九门杀入，正遇黄琼女赤身裸体来敌，马氏见而骂曰："汝乃一国贵介之女，助逆远来，且居下贱之职，披露形体，羞耻不知，而乃扬威耀武，纵使事成，异日有何面目以见弟兄乎？"琼女深愧而回阵，且约里应外合。次日，闻宋兵至，杀出归降。

按黄琼女仅仅是被骂了几句，居然能立即反戈投降，这也未免太不近情理，太难令人信服了。黄琼女真是如此地"得来全不费工夫"吗？不是的。《杨家府演义》中对黄琼女归降的原因有合情合理的交代。第三十回"黄琼女反辽投宋"写金头马氏于阵前骂完黄琼女之后：

> 琼女被马氏骂得默默无言，羞愧满面，跑马回入阵中去了。……却说黄琼女回到帐中，自思："我来助他，令我赤身露体，真个羞辱无限。曾记当年邓令公为媒，吾父将我许配山后继业六郎，只因邓令公丧去，遂停止此姻事。今闻统宋大军乃六郎也，是我旧日姻配。不如引部下投降于宋，续此佳偶，扶助破蕃，报复此等耻辱，岂不妙哉！"计议已定。次日，密遣部军送书入马氏营去。马氏得书，报知令婆。令婆曰："此女昨被我耻辱一番，今日来降，料非虚情。老太太可与令郎商议。"

后来杨令婆劝得六郎同意了此门亲事，即修书黄琼女，"约期明晚里应外合，阵图一破，请入军中毕姻"。黄琼女喜不自胜，遂如约杀出归降，并与六郎军中合亲。由此可见，堂堂西夏国公主、太阴阵上的主帅，之所以反辽投宋，原是因了这一段姻缘关系的。如此写来，正好比顺水而推舟，极其自然无碍。经此对照，亦可见《东游记》抄袭《杨家府演义》的不高明处，信手割夺，全不顾情节的合理周密与否，以致留下了明显的漏洞。

六、柴太郡带孕出阵的用意

《东游记》第三十九回"大破金锁青龙阵"讲钟道士命木桂英、柴太郡出战，宗保说："桂英可往，吾母怀孕在身，如何可去？"钟道士说："统兵一万攻阵，再令人接应，应谅亦无妨。"这里钟道士的回答，使人莫名其妙，因为它并不能直接说明杨宗保的问题。在攻打青龙阵的战斗中，柴太郡终因"力乏冲动其胎，在马上叫声疼痛，一时坠下儿子，昏倒阵中"。辽将"铁头太岁回马来捉，正在危急，忽阵侧一彪军马如风似电来到，乃木桂英也。力战太岁，方二合，太岁化道金光而走，却被血气冲落，桂英抛起飞刀，斩于阵中"。这时"却被血气冲落"一句亦不明其意，而柴太郡带孕出阵的意图也始终未能得以解释。这样，宗保的问话不就显得悬虚多余了吗？柴太郡带孕出阵不也就显得很平常无奇了吗？其实与《杨家府演义》一对比，始知柴太郡的带孕出阵，原是有一番用意的。第三十回"黄琼女反辽投宋"写钟道士对宗保的回答是："但去无妨。今正要以孕气压胜此阵之妖孽也。"接着又提到"着孟良扶助而行"，接应柴太郡之兵。在战斗中，柴太郡因"用力战久，动了胎息"，"坠下马来，产一婴孩，昏闷倒地"。铁头太岁见状，拍马来捉，被木桂英拦住，交战数合。"铁头太岁被郡主生产腥气所冲，忽拍马而走，被桂英忙抛飞马刀砍去，遂化一道金光冲霄去了。"由此可见，柴太郡的带孕出战，原是有其妙用的。按说《东游记》的作者应该能看出这个用意，只因为急于简约其词，又删改得太草率，所以留下了这一纰漏。

七、"降龙棒"的线索问题

《东游记》第三十八回"钟离医疾调兵"讲钟道士"命孟良往五台取杨五郎"，"数日之间"，兵马皆至。又说"宗保又得木桂英为妻，商议出军破阵"。而杨五郎是如何来到军中？宗保时在军中，又如何能得木桂英为妻？则完全没有交代清楚。因为这里牵涉到一个重要的细节，看《杨家府演义》第二十八回"孟良金盔买路"与第二十九回"木桂英擒六郎"便可以明白无疑了。其中讲道：孟良至五台山求五郎来阵助战，而五郎则声言必得木桂英阁寨中的"降龙木"方能出兵。为获取降龙木，孟良与杨宗保大战木桂英，结果为木桂英所败，不得已杨宗保与木桂英结为夫妻。后杨宗保回到阵中，又因此事而被杨六郎囚禁。孟良遂独往木阁寨求木桂英助宋攻辽，桂英不肯，孟良便作计放火烧寨，并趁乱砍走了降龙木，直奔五台山去。也正因为孟良的一把火，才使得木桂英最终投了宋营，并与杨宗保一起力破天门阵。上述细节之所以重要，就在于其中讲到的那根降龙木、五郎的出兵和杨宗保得木桂英为妻，全都是围绕着降龙木的线索展开的，还有后来杨五郎在破天门阵时以降龙棒击杀萧天佐的情节，也正是与此处设下的伏笔相照应的。而《东游记》由于删夺了这一重要细节，只归纳作前文所说的那样简单的两句，以致割断了故事的线索，特别是那根降龙棒的来历，而使人莫知所云。

其实，降龙木在《杨家府演义》中有着更早的联系。且从降龙木的最终用场说起。《杨家府演义》书第三十一回"令婆攻打通明殿"写道：

> 却说五郎奋勇耀威，引众复攻迷魂阵。……萧天佐愤怒不胜，提兵杀来。五郎冲出接战，未及五合，五郎忖道："此孽若不抽出降龙棒击之，怎能胜他？"遂将降龙棒照天佐脸上一击。天佐躲避未及，遂击中其肩，天佐露出本形，乃是一条黑龙。五郎举斧砍为两段，分作两处飞去。

《东游记》第四十二回"大破迷魂太阳阵"亦写道：

> 且说五郎鼓勇杀入迷魂阵中，……单阳公主措手不及，被宋兵擒于马下。萧天佐见了，提后来救，五郎冲出阵前，相战二十余合，胜负不分。五郎暗抽降龙棒打中其肩，化作黑龙而去。

看来，"降龙棒"确是杨五郎得以战胜萧天佐的法宝。这问题在《东游记》中找不到答案，而在《杨家府演义》中本早已交代清楚了。如第十五回"孟良带马回三关"写辽宋澶州之战：

> 辽宋两军鏖战良久，天佑勒马佯走。孟良骤马赶上，轮斧劈面砍去，只见金光灿烂，不能伤之。（传说萧天佑铜身铁骨，乃逆龙降世也）

又写双龙谷之战：

> 天佑披挂上马，摆开阵脚。岳胜舞刀先出，大骂："砍不死的囚奴！

尚敢出战？"天佑大怒，挺枪直取岳胜。岳胜与战数合，孟良、焦赞左右冲出，天佑力战三将。六郎从旁挺枪刺之，只见金光迸起，刺之不入。六郎思忖："此非人也，必是个妖物，须定计擒之。"

又如第十七回"张华遣人召九妹"讲辽军困杨六郎等人于双龙谷中，孟良突围请得五郎前来解救。五郎夜劫幽州救出九妹，又回兵杀至萧天佑大营，这时：

> 萧天佑见宋兵声势昌炽，拍马逃走。五郎骤马追之。天佑回战数十余合，被五郎挥刀劈面砍去，只见金光灿起。五郎忖道："吾师父曾说辽有两将，乃逆龙精降生，刀斧莫伤，不想就是此人。当时师父曾授我降龙咒一篇，若交战遇之，诵起此咒，无有不胜。"五郎即诵之，只见狂风大作，飞沙走石，半空中忽一金甲神人飞下，手执降龙杵，大叫："孽畜！好好回去，饶汝之罪！"只见天佑滚落马下，五郎提起大斧，用尽平生力气砍之，忽一道火光冲天而去。五郎遂挥兵杀进双龙谷中。

再看前面提到的第二十八回"孟良金盔买路"讲孟良去五台山召取五郎：

> 五郎曰："萧天佑、萧天佐乃二逆龙降生，天佑已被我除之，天佐尚在。此孽障不比天佑，若还我去，毕竟调我战他。我今思忖，惟木阁寨后有降龙木二根，得左一根与我为斧柄，便能降伏此人。汝若能求得此木，旋即下山。不然，去亦无益。"

后来果如其说。从以上三例即可知萧天佑、萧天佐二人本是逆龙降生，铜身铁骨，刀枪不入，并知萧天佑亦终为降龙棒慑服，这与后来五郎以降龙棒降服萧天佐正相呼应。有了这些交代，"降龙棒"的来历和五郎之所以必须使用它的原由，也就铺垫得十分清楚了。

但是《东游记》中的"降龙棒"却只兀然出现了一次，即第四十二回"大破迷魂太阳阵"中所说的五郎"暗抽降龙棒打中其肩，化作黑龙而去"。之外，再无任何线索能解释"降龙棒"的来历和功用，更莫知萧天佐本是

"逆龙精降生"用语与萧天佑之事相呼应。经与《杨家府演义》相对照，正可看出《东游记》的这一故事原是从《杨家府演义》中化出，但又毫不顾及原作情节的呼应和完整，随意割夺，以致"降龙棒"凭空而出，落不到实处。这就又为《东游记》抄袭《杨家府演义》暴露了一个拙劣马脚。

上述七个方面，应足以证明《东游记》所写天门阵故事是从《杨家府演义》中节略抄袭而出，《东游记》的编成时间当在《杨家府演义》之后。

原载（《陕西师范大学学报》1993 年第 4 期）

《水浒传》与《作邑自箴》

《作邑自箴》成书于北宋政和七年（1117），作者李元弼。时元弼在知县任，为自勉和劝诫而撰。全书十卷，铁琴铜剑楼旧藏影宋淳熙抄本，《四部丛刊续编》据此影印。其中所述刑狱诸事颇可与《水浒传》相互印证，因此参考宋代主要法典《宋刑统》，逐一疏说。又原影宋抄本间有误字，径行改正。

一、极刑之罪

极刑之罪指的是斩头绞首的死罪。《水浒传》中有关触犯刑法的描写，大都依据了宋代的一些刑罚制度，犯罪事实与量刑、判刑也未离开当时的刑律。《作邑自箴》卷六《劝谕民庶榜》：

> 犯放火、杀人、作贼、赌钱、侮慢尊长、欺压良善、斫害人牛马、剐剥人林木、恐吓人财物等罪，不惟条法不轻，若到县司必定严行禁勘。[①]

可见当时对所述种种犯法行为订有、并执行着严细的法规，又据《作邑自箴》卷六说：

---

① （宋）李元弼：《作邑自箴》卷六《劝谕民庶榜》，上海：商务印书馆，民国二十三年（1934）《四部丛刊续编》影印铁琴铜剑楼旧藏影宋淳熙抄本，第30页。

凶悍之人，好习武艺，收藏兵器，非惟条法不轻，或恃赖些小能解，夸逞强梁，因而结集便成杀夺，遂置极刑，小或流配，虽有至亲救汝无计，宜三思而戒之。①

卷九《劝谕榜》：

民有凶悍而好习武艺者，收藏兵器、结集杀夺，便置极刑，小或流配，父母妻子相随，满狱救汝不能。此常闻也，宜鉴戒之。②

所谓"收藏兵器"、"结集杀夺"，正是指众人结伙谋反叛逆，打家劫舍，这便是触犯了斩头绞首的极刑之罪。《宋刑统》卷十七《贼盗律》"谋反逆叛（唱反、亡命山泽）"条：

诸谋反及大逆者，皆斩，父子年十六以上皆绞，……即虽谋反，词理不能动众，威力不足率人者，亦皆斩，……其谋大逆者绞。③
诸谋叛者绞，已上道者皆斩，……④

这里的"皆斩"、"皆绞"与《作邑自箴》所言"置极刑"是完全一致的。由此又可以得见"梁山泊"好汉们的所作所为，在统治集团的法律面前，自然要被视作是犯下了谋反叛逆、亡命山泽、打家劫舍的"极刑之罪"了。试举几例：如《水浒传》第二回"王教头私走延安府，九纹龙大闹史家村"讲亡命山泽的陈达等下山借粮，要取路史家村，史家村集聚迎敌，史进见陈达在马上欠身施礼，便喝道：

① （宋）李元弼：《作邑自箴》卷六《劝谕民庶榜》，上海：商务印书馆，民国二十三年（1934）《四部丛刊续编》影印铁琴铜剑楼旧藏影宋淳熙抄本，第30页。
② （宋）李元弼：《作邑自箴》卷九《劝谕榜》，上海：商务印书馆，民国二十三年（1934）《四部丛刊续编》影印铁琴铜剑楼旧藏影宋淳熙抄本，第47页。
③ （宋）窦仪等撰：《宋刑统》卷十七《贼盗律》，吴翊如点校，北京：中华书局，1984年，第268—269页。
④ （宋）窦仪等撰：《宋刑统》卷十七《贼盗律》，吴翊如点校，北京：中华书局，1984年，第272页。

　　　　汝等杀人放火，打家劫舍，犯着迷天大罪，都是该死的人。你也须
　　有耳朵，好大胆，直来太岁头上动土！①

史进所谓的"犯着迷天大罪"，"是该死的人"，正是依"置极刑"说的。

　　第二十回"梁山泊义士尊晁盖，郓城县月夜走刘唐"讲晁盖等人劫了生
辰纲，夺了梁山泊，杀了官军，擒了黄安，州县准备并力剿捕：

　　　　且说本州孔目，差人赍一纸公文，行下所属郓城县，教守御本境，
　　防备梁山泊贼人。郓城县知县看了公文，教宋江迭成文案，行下各乡村，
　　一体守备。宋江见了公文，心内寻思道："晁盖等众人，不想做下这般大
　　事，犯了大罪，劫了生辰纲，杀了做公的，伤了何观察，又损害了许多
　　官军人马，又把黄安活捉上山。如此之罪，是灭九族的勾当。虽是被人
　　逼迫，事非得已，于法度上却饶不得。②

宋江讲的"是灭九族的勾当"，"于法度上却饶不得"，也正是依照"置极刑"
的法律而说的。

　　第四十回"梁山泊好汉劫法场，白龙庙英雄小聚义"讲宋江酒后吟反诗
与戴宗假造回书事发，二人被判了"斩"字，押到市曹十字路口，只等午时
三刻，监斩官到来开刀：

　　　　那众人仰面看那犯由牌上写道："江州府犯人一名宋江，故吟反诗，
　　妄造妖言，结连梁山泊强寇，通同造反，律斩。犯人一名戴宗，与宋江暗
　　递私书，勾结梁山泊强寇，通同谋叛，律斩。监斩官江州府知府蔡某。"③

这里所提到的"律斩"与《作邑自箴》的"置极刑"、《宋刑统》的"谋反叛
逆"条是相符合的。

――――――――――――

① （明）施耐菴、罗贯中：《水浒传》第二回，上海：上海人民出版社，1975年，第27页。
② （明）施耐菴、罗贯中：《水浒传》第二十回，上海：上海人民出版社，1975年，第239页。
③ （明）施耐菴、罗贯中：《水浒传》第四十回，上海：上海人民出版社，1975年，第500—
501页。

由此可见，既然梁山泊的好汉们已是被法律判了"极刑"的人，也就只剩下与官府对抗到底这一条活路了。

二、四邻救火

一家起火，四邻相救，这在今天也是常见的事。细读《水浒传》几处救火的描写，却不免有所疑问。如《水浒传》第七十二回"柴进簪花入禁苑，李逵元夜闹东京"讲李逵见宋江、柴进与李师师一同吃酒，正生闷气，不想又被杨太尉撞见，李逵便打翻了杨太尉，接着：

> 李逵扯下幅画来，就蜡烛上点着，东淬西淬，一面放火，香桌椅凳，打得粉碎。……李师师家火起，惊得赵官家一道烟走了。邻佑人等一面救火，一面救起杨太尉，这话都不必说。①

李师师虽为艺妓之家，但受宠于朝廷，人们赶来救火，似乎也还近乎常情。再看第四十一回"宋江智取无为军，张顺活捉黄文炳"讲到：

> 且说石勇、杜迁见火起，各掣出尖刀，便杀把门军人，又见前街邻居合拿了水桶梯子，都来救火。石勇、杜迁大喝道："你那百姓，休得向前。我们是梁山泊好汉数千在此，来杀黄文炳一门良贱，与宋江、戴宗报仇，不干你百姓事。你们快回家躲避了，休得出来管闲事。"众邻舍还有不信的，立住了脚看，只见黑旋风李逵轮起两把板斧，着地卷将来，众邻舍方才呐声喊，抬了梯子水桶，一哄都走了。这边后巷也有几个守门军汉，带了些人，挠了麻搭火钩，都奔来救火，早被花荣张起弓，当头一箭，射翻了一个，大喝道："要死的，便来救火。"那伙军汉一齐都退去了。只见薛永拿着火把，便就黄文炳家里前后点着，乱乱杂杂火起。②

---

① （明）施耐菴、罗贯中：《水浒传》第七十二回，上海：上海人民出版社，1975 年，第 908 页。

② （明）施耐菴、罗贯中：《水浒传》第四十一回，上海：上海人民出版社，1975 年，第 512 页。

黄文炳罪大恶极，在乡中为非作歹，交结权势，浸润官长，欺压良善，人称"黄蜂刺"，这种人的宅子，人们应该是盼着烧它个精光，但上述情形为什么却恰恰相反，倒是四邻赶来替恶人救火呢？还有第十回"林教头风雪山神庙，陆虞候火烧草料场"讲林冲被营管派到大军草料场做看守的当晚，草料场起了大火，当林冲弄清了是陆虞候、差拨、富安为陷害他放的火时，杀了陆虞候等三人，并割下了他们的头，然后：

> 将三个人头发结做一处，提入庙里来，都摆在山神面前供桌上，再穿了白布衫，系了膊膊，把毡笠子带上，将葫芦里冷酒都吃尽了。被与葫芦都丢了不要，提了枪，便出庙门投东去。走不到三五里，早见近村人家都拿着水桶钩子来救火。林冲道："你们快去救应，我去报官了来。"[①]

值此寒风大雪之夜，军料场又远离人家三五里，人们竟也赶来救火，这却是什么缘故呢？难道当时的人们对抢救公家财产有着高度的自觉性？

读了《作邑自箴》，上边的疑问便得以解释。《作邑自箴》卷六《劝谕民庶榜》：

> 凡有贼发火起，仰邻保立便递相叫唤，急疾救应。不须等候勾追，却致误事。若官司点检或保众首说有不到之人，其牌子头并地分干当人一例勘决。[②]

如何勘决，则参见《宋刑统》卷二十七《杂律》"失火"条：

> 诸见火起，应告不告，应救不救，减失火罪二等。【疏议曰】：见火起烧公私廨宇、舍宅、财物者，并须告见在及邻近之人共救。若不告不救，减失火罪二等。谓若于官府廨宇内及仓库，从徒二年上减二等，合

---

① （明）施耐庵、罗贯中：《水浒传》第十回，上海：上海人民出版社，1975年，第126页。
② （宋）李元弼：《作邑自箴》卷六《劝谕民庶榜》，上海：商务印书馆，民国二十三年（1934）《四部丛刊续编》影印铁琴铜剑楼旧藏影宋淳熙抄本，第32页。

徒一年。若于宫及庙社内，从徒三年上减二等，徒二年。若于私家，从
笞五十上减二等，笞三十。①

可见四邻救火，在当时是有着严明的法律约束的。如遇火起，不告不救，
是要被"勘决"的。所以无论是风雪之夜，还是恶霸之家，四邻都得赶去救
火，以免受徒笞之刑。

三、罪人遮眼

《水浒传》第十八回"美髯公智稳插翅虎，宋公明私放晁天王"讲晁盖七
人劫取生辰纲事发，白胜夜间被公人捕获：

> 众做公的绕屋寻赃，寻到床底下，见地面不平；众人掘开，不到三
> 尺深，众多公人发声喊，白胜面如土色，就地下取出一包金银，随即把
> 白胜头脸包了，带他老婆，扛抬赃物，都连夜赶回济州城里来。②

可知当时捉到了罪犯，押解时是要蒙遮住犯人的眼睛的。但蒙遮犯人眼睛用
的是什么布料，什么颜色，怎样蒙遮，这在《宋刑统》中不曾记述，《水浒
传》中也没有详细的描写，倒是《作邑自箴》卷四《处事》恰好记载了这样
一条：

> 罪人遮眼用熟青绢一方，叠作四指阔，连耳遮系，切不得以纸笼子
> 罩盖头面（原小注：耳中先塞以润纸，切不可过湿）。③

这一条写得很清楚明白，使我们对宋代刑罚制度上的这一细节，也有了生动
具体的了解。

---

① （宋）窦仪等撰：《宋刑统》卷二十七《杂律》，吴翊如点校，北京：中华书局，1984 年，第
437 页。
② （明）施耐庵、罗贯中：《水浒传》第十八回，上海：上海人民出版社，1975 年，第 209 页。
③ （宋）李元弼：《作邑自箴》卷四《处事》，上海：商务印书馆，民国二十三年（1934）《四部
丛刊续编》影印铁琴铜剑楼旧藏影宋淳熙抄本，第 17 页。

四、密告嫌犯

宋代为维护社会治安，鼓励人们密告来历不明及被通缉的罪犯或有犯罪嫌疑的人。若有可疑之人，知情者不去报告，要受到法律制裁。《作邑自箴》卷七《榜客店户》：

> 客旅安泊多日，颇涉疑虑及非理使钱、不着次第或行止不明之人，仰密来告官或就近报知捕盗官员。①

又卷六《劝谕民庶榜》：

> 浮浪及行止不明、或凭恃顽恶出不逊言语、欺凌街巷、非理骚扰、乞托为活等人，仰邻保众共起遣出离县界，如不伏起遣，密来告官，当议依法施行。②

又：

> 镇市乡村，有行止不明无图运作过之人，并开柜坊沽卖私酒之家，仰地分干当人或邻保密来告官，若或隐情因事彰露，被别人户告发，其邻保及干当人的不容恕。③

《宋刑统》卷二十三《斗讼律》"告反逆"条：

> 诸知谋反及大逆者，密告随近官司，不告者绞。知谋大逆、谋叛不

---

① （宋）李元弼：《作邑自箴》卷七《榜客店户》，上海：商务印书馆，民国二十三年（1934）《四部丛刊续编》影印铁琴铜剑楼旧藏宋淳熙抄本，第37页。
② （宋）李元弼：《作邑自箴》卷六《劝谕民庶榜》，上海：商务印书馆，民国二十三年（1934）《四部丛刊续编》影印铁琴铜剑楼旧藏影宋淳熙抄本，第31页。
③ （宋）李元弼：《作邑自箴》卷六《劝谕民庶榜》，上海：商务印书馆，民国二十三年（1934）《四部丛刊续编》影印铁琴铜剑楼旧藏影宋淳熙抄本，第32页。

告者，流二千里。知指斥乘舆及妖言不告者，各减本罪五等。官司承告，不即掩捕，经半日者，各与不告罪同。若事须经略，而违时限者，不坐。①

可知宋代法律上是有严格的密告制度的。《水浒传》中也有相关的描写，如第二回"王教头私走延安府，九纹龙大闹史家村"，讲李吉得到了王四带给史进的回书时说：

> 李吉拿起，颇识几字，将书拆开看时，见上面写着少华山朱武、陈达、杨春，中间多有兼文带武的言语，却不识得，只认得三个名字。李吉道："我做猎户，几时能勾发迹，算命道我今年有大财，却在这里。华阴县里见出三千贯赏钱，捕捉他三个贼人。叵耐史进那厮，前日我去他庄上寻矮丘乙郎，他道我来相脚头蹽盘，你原来倒和贼人来往！"银子并书都拿去了，望华阴县里来出首。②

一般的"行止不明"者且须密告，那么史进勾结被官府通缉的强贼，自然更应当立即密告官府了，何况还有赏钱呢。再看第六十九回"东平府误陷九纹龙，宋公明义释双枪将"讲史进到了西瓦子李瑞兰家，告诉李瑞兰他在梁山泊做了头领，今来为打城借粮当密探，这时李的反应是：

> 却来和大娘商量道："他往常做客时，是个好人，在我家出入不妨；如今他做了歹人，倘或事发，不是耍处，"大伯说道："梁山泊宋江这伙好汉，不是好惹的；但打城池，无有不破。若还出了言语，他们有日打破城子入来，和我们不干罢！"虔婆便骂道："老蠢物，你省得什么人事？自古道：'蜂刺入怀，解衣去赶'。天下通例：自首者即免本罪。你快去东平府里首告，拿了他去，省得日后负累不好。"③

---

① （宋）窦仪等撰：《宋刑统》卷二十三《斗讼律》，吴翊如点校，北京：中华书局，1984年，第361页。
② （明）施耐庵、罗贯中：《水浒传》第二回，上海：上海人民出版社，1975年，第31—32页。
③ （明）施耐庵、罗贯中：《水浒传》第六十九回，上海：上海人民出版社，1975年，第865页。

后来果然由于李瑞兰的告密，史进入狱。如果知情史进来当密探而不告官府，就会"日后负累"。这是由于梁山泊好汉被朝廷官府视为谋反强贼，不去告密便会身陷刑网，招致杀身，这可是性命攸关的大事。

五、吏人请假

《作邑自箴》卷五《规矩》：

> 吏人不得辄出县衙门。如有事故，请暂假。不经宿者，取覆请牌子具事目，执门子放出，仰门子即时前来报覆。如判得假状，即执付主假故簿人吏，书在假日时，官员押讫方得前去。至添假日亦须书凿日时，官押以凭久远照会该与不该。①

这里提出了宋代县衙官吏外出须得请假，并颇为详尽地记述了请假制度的细则。看《水浒传》第五十六回"吴用使时迁盗甲，汤隆赚徐宁上山"，徐宁丢失了雁翎锁子甲，听汤隆讲见有人背着皮匣子在前，忙去追赶，不料天色已晚，汤隆便劝徐宁先歇在店里，第二天再追，这时：

> 徐宁道："我却是官身，倘或点名不到，官司必然见责，如之奈何？"汤隆道："这个不用兄长忧心，嫂嫂必自推个事故。"②

这段对白正是依据着《作邑自箴》所载当时县衙官吏的请假制度而说的，否则徐宁又何必担心"官司必然见责"呢。

六、狱中送饭

"自古狱中不通风"，这是说一般人绝不能随便进入监狱。宋代的监狱制

---

① （宋）李元弼：《作邑自箴》卷五《规矩》，上海：商务印书馆，民国二十三年（1934）《四部丛刊续编》影印铁琴铜剑楼旧藏影宋淳熙抄本，第23页。

② （明）施耐庵、罗贯中：《水浒传》第五十六回，上海：上海人民出版社，1975年，第707—709页。

度也是如此，即使是犯人的亲属给犯人送饭，也不能直接送到犯人手里。《作邑自箴》卷五《规矩》：

> 送罪人饮食，仰门子画时转与，当厅狱子立便点检呈覆，方得给付。不得用磁器铜铁家事及不得用筯，止得用木匙。①

又：

> 不系狱中防守人不得辄入狱中。②

《水浒传》中几处给犯人送饭的描写，完全符合《作邑自箴》对这一制度的记载。如第五十一回"插翅虎枷打白秀英，美髯公误失小衙内"讲雷横打死了白秀英，被押在牢里后说：

> 少间，他娘来牢里送饭，哭着哀告朱仝道："老身年纪六旬之上，眼睁睁地只看着这个孩儿，望烦节级哥哥看日常间弟兄面上，可怜见我这个孩儿，看觑看觑。"朱仝道："老娘自请放心归去，今后饭食不必来送，小人自管待他。"③

这里，雷横的娘把饭全交给了朱仝。第六十二回"放冷箭燕青救主，劫法场石秀跳楼"有一段这样写着：

> 蔡福起身，出离牢门来，只见司前墙下转过一个人来，手里提个饭罐，面带忧容。蔡福认的是浪子燕青。蔡福问道："燕小乙哥，你做什么？"燕青跪在地下，擎着两行眼泪，告道："节级哥哥，可怜见小人的

① （宋）李元弼：《作邑自箴》卷五《规矩》，上海：商务印书馆，民国二十三年（1934）《四部丛刊续编》影印铁琴铜剑楼旧藏影宋淳熙抄本，第27页。

② （宋）李元弼：《作邑自箴》卷五《规矩》，上海：商务印书馆，民国二十三年（1934）《四部丛刊续编》影印铁琴铜剑楼旧藏影宋淳熙抄本，第27页。

③ （明）施耐庵、罗贯中：《水浒传》第五十一回，上海：上海人民出版社，1975年，第645页。

主人卢员外吃屈官司，又无送饭的钱财！小人城外叫化得这半罐子饭，权与主人充饥。节级哥哥，怎地做个方便。……"说罢，泪如雨下，拜倒在地。蔡福道："我知此事，你自去送饭，把与他吃。"燕青拜谢了，自进牢里去送饭。①

这里燕青求助相识的蔡福，因此才能够"做个方便"亲自送饭进去。但这是违禁的背地里的行为。第四十九回"解珍解宝双越狱，孙立孙新大劫牢"讲解珍解宝被毛太公赖了大虫，关进监狱，登州府牢里包节级又得了毛太公的钱物，只想要谋害解珍、解宝的性命，乐和与顾大嫂、孙立、孙新里应外合，准备劫牢：

当日乐和拿着水火棍，正立在牢门里狮子口边，只听得拽铃子响，乐和道："什么人？"顾大嫂应道："送饭的妇人。"乐和已自瞧科了，便来开门，放顾大嫂入来，再关了门。将过廊下去，包节级正在亭心里，看见便喝道："这妇人是什么人？敢进牢里来送饭？自古狱不通风。"乐和道："这是解珍、解宝的姐姐，自送来饭。"包节级喝道："休要教他入去，你们自与他送进去便了"。乐和讨了饭，却来开了牢门，把与他两个。②

乐和本想让顾大嫂蒙混过关，不料被包节级喝住，只因监狱制度不准许。第六十九回"东平府误陷九纹龙，宋公明义释双枪将"讲史进被李瑞兰一家首告下狱，顾大嫂前去送饭，通透消息：

提着饭罐，只在司狱司前，往来伺候。见一个年老公人从牢里出来，顾大嫂看着便拜，泪如雨下。那年老公人问道："你这贫婆哭做什么？"顾大嫂道："牢中监的史大郎，是我旧的主人。自从离了，又早十年。只说道在江湖上做买卖，不知为甚事陷在牢里？眼见得无人送饭，老身叫

① （明）施耐菴、罗贯中：《水浒传》第六十二回，上海：上海人民出版社，1975年，第784—785页。

② （明）施耐菴、罗贯中：《水浒传》第四十九回，上海：上海人民出版社，1975年，第624页。

化得这一口儿饭，特要与他充饥。哥哥，怎生可怜见，引进则个，强如造七层宝塔！"那公人道："他是梁山泊强人，犯着该死的罪，谁敢带你入去？"顾大嫂道："便是一刀一剔，自教他瞑目而受；只可怜见，引老身入去，送这口儿饭，也显得旧日之情。"说罢又哭。那老公人寻思道："若是个男子汉，难带他入去，一个妇人家有甚利害？……"当时引顾大嫂直入牢中来，看见史进项带沉枷，腰缠铁索。史进见了顾大嫂，吃了一惊，则声不得。顾大嫂一头假啼哭，一头喂饭。别的节级，便来喝道："这是该死的歹人！'狱不通风'，谁放你来送饭？即忙出去，饶你两棍！"顾大嫂见这牢内人多，难说备细，只说得："月尽夜打城，叫你牢中自挣扎"。史进再要问时，顾大嫂被小节级打出牢门。①

由此可见，宋代监狱里是严格地执行着狱中送饭的制度的。

七、公事限日

《水浒传》有关捉拿罪犯或完成某项要紧公事的描写中，我们可以看到"限日"、"限杖跟捉"的字样，就是说要在所限定的日期内捉拿到犯人或完成某项公事，若有违期，便要受责。《作邑自箴》卷五《规矩》：

> 诸案并乡司有未了公事文书等，或程限已逼，各不得请假，其日生公事无故不了，科怠慢之罪，勒上宿结绝。②

卷七《榜耆壮》：

> 帖引上有"火急"字者违限一日，"急"字者违限两日，其余三日，事不了勘决。若于限内实不能了者，具因依疾速申来，当议量展日限，辄敢妄乞展限者，罪不轻恕。③

---

① （明）施耐菴、罗贯中：《水浒传》第六十九回，上海：上海人民出版社，1975年，第867页。

② （宋）李元弼：《作邑自箴》卷五《规矩》，上海：商务印书馆，民国二十三年（1934）《四部丛刊续编》影印铁琴铜剑楼旧藏影宋淳熙抄本，第25页。

③ （宋）李元弼：《作邑自箴》卷七《榜耆壮》，上海：商务印书馆，民国二十三年（1934）《四部丛刊续编》影印铁琴铜剑楼旧藏影宋淳熙抄本，第37页。

以此来对照《水浒传》中的有关描写，可知与《作邑自箴》所描写的制度是相符合的。如《水浒传》第三回"史大郎夜走华阴县，鲁提辖拳打镇关西"鲁达打死郑屠后逃亡、被人告到州衙后，州衙的措施是：

> （府尹）一面迭成文案，一壁差人仗限缉捕凶身；……行开个海捕急递的文书，各路追捉。①

又如第十七回"花和尚单打二龙山，青面兽双夺龙珠寺"讲蔡太师得知生辰纲被劫，大吃一惊，随即押一纸公文，要立等捉拿贼人。济州府尹接到公文的行动是：

> 慌忙升厅，来与府干相见了，说道："这件事，下官已受了梁府虞候的状子，已经差缉捕的人，跟捉贼人，未见踪迹。前日留守司又差人行札付到来，又经着仰尉司并缉捕观察，杖限跟捉，未曾得获。若有些动静消息，下官亲到相府回话。"府干道："……若十日不获得这件公事时，怕不先来请相公去沙门岛走一遭，小人也难回太师府里去，性命亦不知如何。相公不信，请看太师府里行来的钧帖。"府尹看罢大惊，随即便唤缉捕人等。只见阶下一人声喏，立在帘前，太守道："你是甚人？"那人禀道："小人是三都缉捕使臣何涛。"太守道："前日黄泥冈上打劫了去的生辰冈，是你该管么？"何涛答道："禀复相公：何涛自从领了这件公事，昼夜无眠，差下本管眼明手快的公人，去黄泥冈上往来缉捕；虽是累经杖责，到今未见踪迹。非是何涛怠慢官府，实在出于无奈。"府尹喝道："胡说！'上不紧，则下慢'。我自进士出身，历任到这一郡诸侯，非同容易！今日东京太师府，差一干办，来到这里，领太师台旨：限十日内，须要捕获各贼正身，完备解京。若还违了限次，我非止罢官，必陷我投沙门岛走一遭。你是个缉捕使臣，倒不用心，以致祸及于我。先把你这厮迭配远恶军州，雁飞不到去处！"便唤过文笔匠来，去何涛脸上刺下"迭配……州"字样，空着甚处州名，发落道："何涛，你若获不得贼人，

---

① （明）施耐菴、罗贯中：《水浒传》第三回，上海：上海人民出版社，1975年，第44页。

重罪决不饶恕!"①

第二十三回"横海郡柴进留宾,景阳冈武松打虎"讲武松不听店主劝告,走到景阳冈上山神庙前,只见一张告示贴在那里,上面写道:

> 阳谷县示:为景阳冈上,新有一只大虫,伤害人命;见今杖限各乡里正并猎户人等行捕,未获。如有过往客商人等,可于巳、午、未三个时辰,结伴过冈;其余时分及单身客人,不许过冈,恐被伤害性命。各宜知悉。②

后来武松在景阳冈上打死了大虎,被众人抬到县里请功:

> 知县就厅上赐了几杯酒,将出上户敛的赏赐钱一千贯,给与武松。武松禀道:"小人托赖相公的福荫,偶然侥幸,打死这个大虫,非小人之能,如何敢受赏赐?小人闻知这众猎户,因这个大虫,受了相公责罚,何不就把这一千贯给散与众人去用?"③

武松这里说的众人"受了相公责罚"。就是指众人违了县衙打虎的"杖限",亦即违了日限而受了处罚。再如第四十九回"解珍解宝双越狱,孙立孙新大劫牢"中写道:

> 原来山东海边有个州郡,唤做登州。登州城外有一座山,山上多有豺狼虎豹,出来饭人,因此登州知府拘集猎户,当厅委了杖限文书,捉捕登州山上大虫,又仰山前山后里正之家,也要捕虎文状,限外不行解官,痛责枷号不恕。④

---

① (明)施耐菴、罗贯中:《水浒传》第十七回,上海:上海人民出版社,1975年,第203—204页。

② (明)施耐菴、罗贯中:《水浒传》第二十三回,上海:上海人民出版社,1975年,第274页。

③ (明)施耐菴、罗贯中:《水浒传》第二十三回,上海:上海人民出版社,1975年,第279页。

④ (明)施耐菴、罗贯中:《水浒传》第四十九回,上海:上海人民出版社,1975年,第613页。

猎虎解珍、解宝兄弟两个当官受了甘限文书,限三日要捕获大虫,第三日果然射得一只大虫,滚进毛太公后园,却被毛太公狡赖:

> 解珍道:"伯伯,你须还我这个大虫去解官。"毛太公道:"你这两个好无道理! 我好意请你吃酒饭,你颠倒赖我大虫。"解宝道:"有什么赖处,你家也见当里正,官府中也委了甘限文书,却没本事去捉,倒来就我见成,你倒将去请功,教我弟兄两个吃限棒。"①

这上边第一条的"杖限"二字,指的就是"持着限定日期"(缉捕凶犯)。而第二条蔡太师府干说若十日不获这件公事,要请府尹去沙门岛走一遭;府尹又推罪于何涛违了日限,给何涛脸上刺了字。第三条武松说众人"受了相公责罚"。第四条解珍说如违了打虎期限要吃"限棒",即"痛责枷号不恕",则都与《作邑自箴》所说大体相符。

八、行移公文

行移公文指的是官署之间以公书文牒相往来,再具体点说则是自上而下或由此而彼地传达公文、通告、命令等,并要求依照执行。《作邑自箴》卷一《处事》:

> 稍见罪犯,尽理施行文移,不可失错。②

又:

> 公事文移,差失不许。首改者若旋折换便是私罪,第一不可。③

---

① (明)施耐菴、罗贯中:《水浒传》第四十九回,上海:上海人民出版社,1975 年,第 615—616 页。

② (宋)李元弼:《作邑自箴》卷一《处事》,上海:商务印书馆,民国二十三年(1934)《四部丛刊续编》影印铁琴铜剑楼旧藏影宋淳熙抄本,第 5 页。

③ (宋)李元弼:《作邑自箴》卷一《处事》,上海:商务印书馆,民国二十三年(1934)《四部丛刊续编》影印铁琴铜剑楼旧藏影宋淳熙抄本,第 6 页。

依照此说，公事文移应指宋代的一种制度，也就是对案事的处理要施行公文行移，将公文由高一级行署移至低一级行署，或由一个州县行移到另一个州县。在《水浒传》中关于实行公事文移的描述很多，且都是以缉拿罪犯为目的。如第二回"王教头私走延安府，九纹龙大闹史家村"讲王进弃家逃跑以后的情况：

　　　　高太尉见告，大怒道："贼配军在逃，看那厮待走那里去！"随即押下文书，行开诸州各府，捉拿逃军王进。①

　　第三回"史大郎夜走华阴县，鲁提辖拳打镇关西"讲鲁达打死郑屠后逃亡，被人告到州衙，这时：

　　　　（府尹）一面迭成文案，一壁差人仗限缉捕凶身；……行开个海捕急递的文书，各路追捉。②

　　第十一回"朱贵水亭施号箭，林冲雪夜上梁山"讲柴进护送林冲过关的情况是：

　　　　却说把关军官坐在关上，看见是柴大官人，却都认得。原来这军官未袭职时，曾到柴进庄上，因此识熟。军官起身道："大官人又去快活！"柴进下马问道："二位官人缘何在此？"军官道："沧州太尹行移文书，画影图形，捉拿犯人林冲，特差某等在此守把。③

　　第二十回"梁山泊义士尊晁盖，郓城县月夜走刘唐"讲晁盖等人劫了生辰纲，夺了梁山泊，杀了军官，擒了黄安，州县准备并力剿捕：

　　　　且说本州孔目，差人赍一纸公文，行下所属郓城县，教守御本境，

　　① （明）施耐庵、罗贯中：《水浒传》第二回，上海：上海人民出版社，1975年，第19页。
　　② （明）施耐庵、罗贯中：《水浒传》第三回，上海：上海人民出版社，1975年，第44页。
　　③ （明）施耐庵、罗贯中：《水浒传》第十一回，上海：上海人民出版社，1975年，第129—130页。

防备梁山泊贼人。郓城县知县看了公文，教宋江迭成文案，行下各乡村，一体守备。①

第二十二回"阎婆大闹郓城县，朱仝义释宋公明"讲捉拿宋江时：

> 知县本不肯行移，只要朦胧做在唐牛儿身上，日后自慢慢地出他。怎当这张文远立主文案，唆使阎婆上厅，只管来告。知县情知阻挡不住，只得押纸公文。差三两个做公的，去宋家庄勾追宋太公并兄弟宋清。②

众公人从宋太公庄上拿了出宋江籍的执品文帖，知县便说：

> 既有执凭公文，他又别无亲族，只可出一千贯赏钱，行移诸处，海捕捉拿便了。③

第四十二回"还道村受三卷天书，宋公明遇九天玄女"讲宋江从梁山泊回来接父亲，见了弟弟宋清，宋清道：

> 哥哥，你在江州做了的事，如今这里都知道了。本县差下这两个赵都头，每日来勾取，管定了我们，不得转动，只等江州文书到来，便要捉我们父子二人，下在牢里监禁，听候拿你。④

"江州文书到来"，就是指江州行移文书到此。在这一回里，李逵见宋江取来了父亲，公孙胜也回家安顿老母，便也闹着要回去取娘来梁山泊，这时宋江道：

① （明）施耐庵、罗贯中：《水浒传》第二十回，上海：上海人民出版社，1975 年，第 239 页。
② （明）施耐庵、罗贯中：《水浒传》第二十二回，上海：上海人民出版社，1975 年，第 259 页。
③ （明）施耐庵、罗贯中：《水浒传》第二十二回，上海：上海人民出版社，1975 年，第 260 页。
④ （明）施耐庵、罗贯中：《水浒传》第四十二回，上海：上海人民出版社，1975 年，第 522 页。

使不得。李家兄弟生性不好，回乡去必然有失。若是教人和他去，亦是不好。况且他性如烈火，到路上必有冲撞；他又在江州杀了许多人，那个不认得他是黑旋风？这几时，官司如何不行移文书到那里了，必然原籍追捕。①

第四十六回"病关索大闹翠屏山，拼命三火烧祝家店"石秀杀了头陀与海阇黎，之后又与杨雄杀了潘巧云及其使女迎儿，被轿夫告了官，这时：

> 知府道："眼见得这妇人与这和尚通奸，那女使、头陀做脚。想石秀那厮，路见不平，杀死头陀、和尚；杨雄这厮，今日杀了妇人、女使无疑，定是如此。只拿得杨雄、石秀，便知端的。"当即行移文书，出给赏钱，捕获杨雄、石秀，其余轿夫等，各放回听候。②

第五十二回"李逵打死殷天锡，柴进失陷高唐州"中写道：

> 却说沧州知府至晚不见朱仝抱小衙内回来，差人四散去寻了半夜，次日有人见杀死在林子里，报与知府知道。府尹听了大怒，亲自到林子里看了，痛哭不已，备办棺木烧化。次日升厅，便行移公文，诸处缉捕捉拿朱仝正身。③

以上所举《水浒传》中关于行移公文的描述与《作邑自箴》的记载是相一致的。可见当时确实有这样一种制度，尤其是在缉拿罪犯时所必须实行的、也是必要的一种措施。

九、立赏出榜

立赏，就是标出赏钱；出榜，就是张贴告示。立赏与出榜结合在一起，

---

① （明）施耐菴、罗贯中：《水浒传》第四十二回，上海：上海人民出版社，1975年，第532—533页。

② （明）施耐菴、罗贯中：《水浒传》第四十六回，上海：上海人民出版社，1975年，第584页。

③ （明）施耐菴、罗贯中：《水浒传》第五十二回，上海：上海人民出版社，1975年，第654页。

便成为宋代完成限日之内的紧要公事，特别是像缉捕逃亡罪犯这样的大事所习用的一项措施。缉捕逃犯时，在告示上写明罪犯的姓名、年甲、乡贯、貌相、模样、犯罪事实并画影图像，明码标出赏钱，以便利并鼓励人们提供情况，尽快捕获罪犯。关于立赏出榜的情况《宋刑统》中未见记载，《作邑自箴》卷二《处事》则说：

> 形势公事入禁，画时出榜立赏钱。①

又卷五《规矩》：

> 应禁勘罪人，仰本案取覆，立赏出榜。②

作为当时的一种制度和措施，立赏出榜在《水浒传》中有多处描写。如第三回："史大郎夜走华阴县，鲁提辖拳打镇关西"讲鲁达打死郑屠逃亡，行至代州雁门县时：

> 鲁达看见众人看榜，挨满在十字路口，也钻在人丛里听时，鲁达却不识字，只听得众人读道："代州雁门县依奉太原府指挥使司，该准渭州文字，捕捉打死郑屠犯人鲁达，即系经略府提辖。如有人停藏在家宿食，与犯人同罪；若有人捕获前来，或首告到官，支给赏钱一千贯文。……"③

第十一回"朱贵水亭施号箭，林冲雪夜上梁山"写道：

> 却说沧州牢城营里管营首告：林冲杀死差拨、陆虞候、富安等三人，放火沿烧大军草料。州尹大惊，随即押了公文帖，仰缉捕人员将带做公

---

① （宋）李元弼：《作邑自箴》卷二《处事》，上海：商务印书馆，民国二十三年（1934）《四部丛刊续编》影印铁琴铜剑楼旧藏影宋淳熙抄本，第9页。

② （宋）李元弼：《作邑自箴》卷五《规矩》，上海：商务印书馆，民国二十三年（1934）《四部丛刊续编》影印铁琴铜剑楼旧藏影宋淳熙抄本，第26页。

③ （明）施耐菴、罗贯中：《水浒传》第三回，上海：上海人民出版社，1975年，第45页。

的，沿乡，历邑，道店，村坊，四处张挂，出三千贯信赏钱，捉拿正犯
林冲。①

第二十二回"阎婆大闹郓城县，朱仝义释宋公明"讲宋江杀了阎婆惜逃亡，
县里派公人去宋太公庄上捕捉。众公人都是与宋江关系好的，听太公说在数
年前已在本县告了宋江忤逆，出了他籍，就抄了执凭回县去，知县又是要出
脱宋江的，便道：

> 既有执凭公文，他又别无亲族，只可出一千赏钱，行移诸处，海捕
> 捉拿便了。②

第三十一回"张都监血溅鸳鸯楼，武行者夜走蜈蚣岭"讲武松杀死蒋门神、
张都监、张团练及其亲随、家属十五人，事发之后：

> 知府押了文书，委官下该管地面——各乡，各保，各都，各
> 村，——尽要排家搜捉，缉捕凶首。写了武松乡贯、年甲、貌相、模样，
> 画影图形，出三千贯信赏钱。如有人知得武松下落，赴州告报，随文给
> 赏；如有人藏匿犯人在家宿食者，事发到官，与犯人同罪。遍行邻近州
> 府，一同缉捕。③

第四十三回"假李逵剪径劫单人，黑旋风沂岭杀四虎"讲李逵离开梁山泊，
取路沂水县界去取老娘：

> 行至沂水县西门外，见一簇人围着榜看，李逵也立在人丛中，听得
> 读道："榜上第一名正贼宋江，系郓城县人；第二名从贼戴宗，系江州两
> 院押狱；第三名从贼李逵，系沂州沂水县人。"李逵在背后听了，正待指

---

① （明）施耐菴、罗贯中：《水浒传》第十一回，上海：上海人民出版社，1975 年，第 129 页。
② （明）施耐菴、罗贯中：《水浒传》第二十二回，上海：上海人民出版社，1975 年，第 260
页。
③ （明）施耐菴、罗贯中：《水浒传》第三十一回，上海：上海人民出版社，1975 年，第 377
页。

手画脚，没做奈何处，只见一个人抢向前来，拦腰抱住，叫道："张大哥，你在这里做什么？"李逵扭过身看时，认得是旱地忽律朱贵。李逵问道："你如何也来这里？"朱贵道："你且跟我来说话。"

两个一同来西门外近村一个酒店内，直入到后面一间静房中坐了，朱贵指着李逵道："你好大胆！那榜上明明写着赏一万贯钱捉宋江，五千钱捉戴宗，三千钱捉李逵，你却如何立在那里看榜？倘或被眼疾手快的拿了送官，如之奈何？"[①]

以上述实例与《作邑自箴》的记载相对照，可见《水浒传》中关于立赏出榜的描写，确是依据了当时的规矩。另据《作邑自箴》卷一《处事》：

通知条法，大字楷书。榜要闹处，晓告民庶。乡村粉壁，如法誊写。[②]

又可进一步了解到当时的"榜"是要出在人来人往的热闹地方，并且榜文要以真楷书写。

十、告状状式

告状须写状子，宋代如此，今天亦如此。《水浒传》中有关告状写状子的描述见于下述几回。第二回"王教头私走延安府，九纹龙大闹史家村"对高俅的身世有一段描述：

这人吹弹歌舞，刺枪使棒，相扑顽耍，亦胡乱学诗、书、词、赋。若论仁、义、礼、智、信、行、忠、良，却是不会。只在东京城里城外帮闲。因帮了一个生铁王员外儿子使钱，每日三瓦两舍，风花雪月，被他父亲开封府里告了一纸文状，府尹把高俅断了二十脊杖，迭配出界发

---

① （明）施耐庵、罗贯中：《水浒传》第四十三回，上海：上海人民出版社，1975 年，第 535 页。

② （宋）李元弼：《作邑自箴》卷一《处事》，上海：商务印书馆，民国二十三年（1934）《四部丛刊续编》影印铁琴铜剑楼旧藏影宋淳熙抄本，第 5 页。

放，东京城里人民不许容他在家宿食。①

第三回"史大郎夜走华阴县，鲁提辖拳打镇关西"讲鲁提辖打死郑屠之后：

> 老小邻人径来州衙告状，正直府尹升厅，接了状子，看罢道："鲁达系是经略府提辖，不敢擅自径来捕捉凶身。"②

第二十二回"阎婆大闹郓城县，朱仝义释宋公明"有一段这样写道：

> 当下转上押司张文远来。见说阎婆告宋江杀了他女儿，"正是我的表子。"随即取了各人口词，就替阎婆写了状子，迭了一宗案。③

第三十一回"张都监血溅鸳鸯楼，武行者夜走蜈蚣岭"讲武松杀了押送他的四个公人，接着又杀死了张都监等人，次日：

> 飞云浦地里保正人等告称："杀死四人在浦内，见有杀人血痕在飞云浦桥下，尸首俱在水中。"知府接了状子，当差本县县尉下来：一面着人打捞起四个尸首，都检验了。两个是本府公人，两个自有苦主，各备棺木盛殓了尸首，尽来告状，催促捉拿凶首偿命。④

第四十三回"假李逵剪迳径劫单人，黑旋风沂岭杀四虎"李逵打虎以后，有人识破他是逃犯，就设计灌醉他：

> 李逵不知是计，只顾开怀畅饮，全不记宋江分付的言语。不两个时辰，把李逵灌得酩酊大醉，立脚不住。众人扶到后堂空屋下，放翻在一

---

① （明）施耐菴、罗贯中：《水浒传》第二回，上海：上海人民出版社，1975年，第12页。
② （明）施耐菴、罗贯中：《水浒传》第三回，上海：上海人民出版社，1975年，第43页。
③ （明）施耐菴、罗贯中：《水浒传》第二十二回，上海：上海人民出版社，1975年，第258页。
④ （明）施耐菴、罗贯中：《水浒传》第三十一回，上海：上海人民出版社，1975年，第377页。

条板凳上。就取两条绳子，连板凳绑住了。便叫里正带人，飞也似去县里报知；就引李鬼老婆去做原告，补了一纸状子。①

第五十一回"插翅虎枷打白秀英，美髯公误失小衙内"讲雷横打了白秀英的父亲白玉乔，被众人劝开，原来：

> 这白秀英却和那新任知县旧在东京两个来往，今日特地在郓城县开勾拦。那娼妓见父亲被雷横打了，又带重伤，叫一乘轿子，径到知县衙内，诉告雷横殴打父亲，搅散勾拦，意在欺骗奴家。知县听了，大怒道："快写状来。"这个唤作"枕边灵"。便教白玉乔写了状子，验了伤痕，指定证见。②

从这几条中，我们了解到宋代告状首先是要写状子的，否则将不受理立案。但是，当时的状子应该怎样写呢？《宋刑统》卷二十四《斗讼律》"犯罪陈告"条：

> 诸告人罪，皆须明注年月，指陈实事，不得称疑，违者笞五十。③

《作邑自箴》则讲得更具体，卷六《劝谕民庶榜》：

> 应写状钞之人，县司已籍定姓名，各给木牌于门首张挂，并有官押印子于钞上印号，仰人户子细询问，即不得令无木牌印子人书写状钞之类。如人户自能书写，即于状钞上称说系某亲书，并须楷书写。④

---

① （明）施耐庵、罗贯中：《水浒传》第四十三回，上海：上海人民出版社，1975年，第546页。

② （明）施耐庵、罗贯中：《水浒传》第五十一回，上海：上海人民出版社，1975年，第642页。

③ （宋）窦仪等撰：《宋刑统》卷二十四《斗讼律》，吴翊如点校，北京：中华书局，1984年，第374页。

④ （宋）李元弼：《作邑自箴》卷六《劝谕民庶榜》，上海：商务印书馆，民国二十三年（1934）《四部丛刊续编》影印铁琴铜剑楼旧藏影宋淳熙抄本，第33—34页。

依此我们了解到书写状钞，在当时并非是尽人可为的。除去自能书写者外，必须是被官方籍定了姓名并发给木牌及官押印子的人才有资格为他人书写状钞。

又：

> 应籍定写状钞书铺户，不得为见县司指挥不系籍人不得书写状钞，却致邀难人户，多要钱物。如察探得知，必定开落姓名。①

又卷八《写状钞书铺户约束》：

> 据人户到铺写状，先须子细审问，不得添借语言、多入闲辞及论诉不干已事。若实有合诉之事，须是分明楷定某人行打或某人毁骂之类。即不得称疑及虚立证见，妄攀人父母妻女赴官，意在凌辱。若勘见本情，其写状人亦行勾勘。②

又：

> 不得为见不系籍人不得书写状钞等，便辄邀勒人户，多要钱物，方肯书写。如县司察探得知，必行根治。③

这两条是对写状子的人所做的具体约束，若有违背，则要被"开落姓名"，即取消其写状钞的资格。

又云：

> 词状前朱书事目。
> 状钞中紧切处不得揩改。④

---

① （宋）李元弼：《作邑自箴》卷六《劝谕民庶榜》，上海：商务印书馆，民国二十三年（1934）《四部丛刊续编》影印铁琴铜剑楼旧藏影宋淳熙抄本，第 34 页。

② （宋）李元弼：《作邑自箴》卷八《写状钞书铺户约束》，上海：商务印书馆，民国二十三年（1934）《四部丛刊续编》影印铁琴铜剑楼旧藏影宋淳熙抄本，第 40 页。

③ （宋）李元弼：《作邑自箴》卷八《写状钞书铺户约束》，上海：商务印书馆，民国二十三年（1934）《四部丛刊续编》影印铁琴铜剑楼旧藏影宋淳熙抄本，第 40 页。

④ （宋）李元弼：《作邑自箴》卷八《写状钞书铺户约束》，上海：商务印书馆，民国二十三年（1934）《四部丛刊续编》影印铁琴铜剑楼旧藏影宋淳熙抄本，第 40 页。

应系状钞之类，并要真楷书写，将给去木戳子分明印于年月前，其状内于钱谷数目并闉打月日并作大字（原注：谓一作壹之类）。①

这几条是对诉状文字所订的具体约束。所谓"木戳子"，即前面提到的"官押印子"。

卷六《劝谕民庶榜》：

应百姓年七十或笃疾及有孕妇人，并不得为状头。

应系州城下居住人户，不得诣县中陈状（原注：此一项唯倚郭县可用）。②

这里的"状头"指的就是被告。而诉状应呈递于县衙，还是州衙、府衙，则依原告人的居住地而定。

又载：

状式

某乡某村耆长某人耆分第几等人户，姓某，见住处，至县衙几里（原注：如系客户即云系某人客户）。所论人系某乡村居住，至县衙几里。

右某年若干，在身有无疾、荫（原注：妇人即云有无娘孕及有无疾荫），今为某事伏乞县司施行谨状

年　　　月　　　日　　　姓某押状③

藉此我们便可了解宋代状子完整、详实的格式。

总之，依据《作邑自箴》上述记载，不仅参证了《水浒传》中有关告状细节的真实性，同时也了解到了宋代诉讼制度中的许多具体问题。

---

① （宋）李元弼：《作邑自箴》卷八《写状钞书铺户约束》，上海：商务印书馆，民国二十三年（1934）《四部丛刊续编》影印铁琴铜剑楼旧藏影宋淳熙抄本，第41页。

② （宋）李元弼：《作邑自箴》卷六《劝谕民庶榜》，上海：商务印书馆，民国二十三年（1934）《四部丛刊续编》影印铁琴铜剑楼旧藏影宋淳熙抄本，第34页。

③ （宋）李元弼：《作邑自箴》卷六《劝谕民庶榜》，上海：商务印书馆，民国二十三年（1934）《四部丛刊续编》影印铁琴铜剑楼旧藏影宋淳熙抄本，第34页。

十一、入夜上匣

匣是为防止犯人逃亡而在夜间扣锁犯人双脚的一种刑具。宋代监狱中普遍使用。据《宋刑统》卷二十九《断狱律》"囚应请给医药衣食"条记载：

> 每年自夏初至八月末以来，五日一度，差人洗刷枷匣。①

这里只不过是提到了"匣"的名称而已，至于匣的用途，却未作明确说明。《作邑自箴》中则有几处关于匣的记述，并明确提到了夜间给犯人上匣。《作邑自箴》卷二《处事》：

> 长枷于左闪末凿窍可客三指，每夜禁囚上匣了，通以长铁索贯之，多以响铃系索上。②

又：

> 定牢用一牌具见禁人姓名书贴，晚即呈覆如何绷匣。③

又：

> 禁囚令冬暖夏凉时与洗浴，自少疾病。冬月临上匣时，人与热熟水一杯，夏月旋汲水与吃。④

---

① （宋）窦仪等撰：《宋刑统》卷二十九《断狱律》，吴翊如点校，北京：中华书局，1984年，第472页。

② （宋）李元弼：《作邑自箴》卷二《处事》，上海：商务印书馆，民国二十三年（1934）《四部丛刊续编》影印铁琴铜剑楼旧藏影宋淳熙抄本，第10页。

③ （宋）李元弼：《作邑自箴》卷二《处事》，上海：商务印书馆，民国二十三年（1934）《四部丛刊续编》影印铁琴铜剑楼旧藏影宋淳熙抄本，第10页。

④ （宋）李元弼：《作邑自箴》卷二《处事》，上海：商务印书馆，民国二十三年（1934）《四部丛刊续编》影印铁琴铜剑楼旧藏影宋淳熙抄本，第10页。

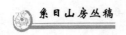

又卷四《处事》：

> 狱中常要洁净，荐席之类一一整齐，匣前置小床子，揩起罪人脚跟，令通气脉，无疮肿。①

读此可了解匣的具体用法。再看《水浒传》中给犯人上匣的描写，第十二回"梁山泊林冲落草，汴京城杨志卖刀"讲杨志杀了牛二，被监禁在死囚牢里：

> 但见：推临狱内，拥入牢门。黄须节级，麻绳准备吊绷揪；黑面押牢，木匣安排牢锁镣。杀威棒，狱卒断时腰痛；撒子角，囚人见了心惊。休言死去见阎王，只此便如真地狱。②

这里说的"木匣安排牢锁镣"，正是上述《作邑自箴》卷二所记载的安排好夜间给犯人上匣锁镣的意思。第三十回"施恩三入死囚牢，武松大闹飞云浦"讲武松被张都监诬陷，押入死囚牢：

> 牢子狱卒，把武松押在大牢里，将他一双脚昼夜匣着；又把木钮钉住双手，那里容他些松宽。③

武松之所以被"一双脚昼夜匣着"，是因为张都监买通了监狱上下，以此来折磨武松，并防备他有所行动。第四十九回"解珍解宝双越狱，孙立孙新大劫牢"讲孙立、孙新与乐和里应外合准备劫牢救解珍、解宝，乐和先放扮作送饭的顾大嫂进牢，然后：

> 乐和便把匣床与他两个开了……④

---

① （宋）李元弼：《作邑自箴》卷四《处事》，上海：商务印书馆，民国二十三年（1934）《四部丛刊续编》影印铁琴铜剑楼旧藏影宋淳熙抄本，第 17 页。

② （明）施耐庵、罗贯中：《水浒传》第十二回，上海：上海人民出版社，1975 年，第 144 页。

③ （明）施耐庵、罗贯中：《水浒传》第三十回，上海：上海人民出版社，1975 年，第 363 页。

④ （明）施耐庵、罗贯中：《水浒传》第四十九回，上海：上海人民出版社，1975 年，第 624—625 页。

这里乐和打开匣床是准备让解珍解宝逃脱。

　　看《水浒传》中几处描写，可知宋代监狱夜间甚至昼夜要给死囚或要犯"上匣"，以防其逃亡。《作邑自箴》卷二《处事》：

　　　　日逐廊下小可罪人，造立匣拘其手，男女异处，自不喧闹。①

则在当时还有叫作"立匣"的一种，不过与"匣"相反，它是在白天于廊下对"小可罪人"使用的、拘束其双手的一种狱具。由此看来，与其将"立匣"归入"匣"类，倒不如归入"扭"（扣手的狱具）类更为合适。

十二、犯人长枷

　　枷是捕获、禁押和解配罪犯时扣锁犯人颈项的一种刑具。枷在宋代监狱里使用甚为普遍。《宋刑统》卷二十九《断狱律》中有"枷"的记载：

　　　　（准）《狱官令》，诸枷长五尺以上，六尺以下，颊长二尺五寸以上，六寸以下，共阔一尺四寸以上，六寸以下，径三寸。②

这里告诉了我们一般枷的尺寸规格，但没有"长枷"的称谓以及更详细的解释。据前"入夜上匣"条引《作邑自箴》卷二，可知"长枷"的说法在宋代已有，因其长五尺以上，所以有此俗称。《水浒传》中关于"长枷"的描述有多处，如第八回"林教头刺配沧州道，鲁智深大闹野猪林"讲林冲被高太尉陷害入牢，招认作"不合腰悬利刃、误入节堂"之后：

　　　　此日府尹回来升厅，叫林冲除了长枷，断了二十背杖，唤个文笔匠刺了面颊，量地方远近，该配沧州牢城。当厅打一面七斤半团头铁叶护

---

　　①　（宋）李元弼：《作邑自箴》卷二《处事》，上海：商务印书馆，民国二十三年（1934）《四部丛刊续编》影印铁琴铜剑楼旧藏影宋淳熙抄本，第9页。
　　②　（宋）窦仪等撰：《宋刑统》卷二十九《断狱律》，吴翊如点校，北京：中华书局，1984年，第466页。

身枷钉了，贴上封皮，押了一道牒文，差两个防送公人监押前去。①

第十二回"梁山泊林冲落草，汴京城杨志卖刀"讲杨志杀了泼皮牛二，亲自到县衙自首之后：

> 府尹道："既是自行前来出首，免了这厮入门的款打。"且叫取一面长枷枷了。②

第二十七回"母夜叉孟州道卖人肉，武都头十字坡遇张青"讲武松杀了潘金莲、西门庆，提着两颗人头，押着王婆去县里自首：

> 知县叫取长枷，且把武松同这婆子枷了，收在监内……③

当武松与王婆等人被解送到东平府，府尹将申文、供状、招款等审看完以后：

> 将武松的长枷，换了一面轻罪枷枷了，下在牢里；把这婆子换一面重囚枷钉了，禁在提事司监死囚牢里收了。④

这里提到的"重囚枷"与"轻罪枷"在《作邑自箴》卷二《处事》也有说明：

> 钉重囚枷四道叶（原注：二熟铁，二生厚牛皮，须带润使之，各长阔三指），轻囚两道铁叶，各更用软麻绳于前后枷闩里紧拘缚封号。⑤

---

① （明）施耐菴、罗贯中：《水浒传》第八回，上海：上海人民出版社，1975年，第98页。
② （明）施耐菴、罗贯中：《水浒传》第十二回，上海：上海人民出版社，1975年，第144页。
③ （明）施耐菴、罗贯中：《水浒传》第二十七回，上海：上海人民出版社，1975年，第330页。
④ （明）施耐菴、罗贯中：《水浒传》第二十七回，上海：上海人民出版社，1975年，第331页。
⑤ （宋）李元弼：《作邑自箴》卷二《处事》，上海：商务印书馆，民国二十三年（1934）《四部丛刊续编》影印铁琴铜剑楼旧藏影宋淳熙抄本，第9—10页。

第三十回"施恩三人死囚牢，武松大闹飞云浦"武松被张都监陷害入狱：

> 知府道："这厮正是见财起意，不必说了，且取枷来钉了监下。"牢
> 子将过长枷，把武松枷了，押下死囚牢里监禁了。①

第三十六回"梁山泊吴用举戴宗，揭阳岭宋江逢李俊"讲宋江从梁山泊回家，被官兵团团围住，宋江自开门受缚，到县里写了供状之后：

> 知县看罢。且叫收禁牢里监候。满县人见说拿得宋江，谁不爱惜他，
> 都替他去知县处告说讨饶，备说宋江平日的好处。知县自心里也有八分
> 开豁他，当时依准了供状，免上长枷手杻，只散禁在牢里。②

第六十二回"放冷箭燕青救主，劫法场石秀跳楼"有这样一段：

> 随唤蔡福牢中取出卢俊义来，就当厅除了长枷，读了招状文案，决
> 了四十脊杖；换一具二十斤铁叶盘头枷，就厅前钉了，便差董超、薛霸，
> 管押前去，直配沙门岛。③

第六十六回"时迁火烧翠云楼，吴用智取大名府"讲上元灯夜，北京城严加防范的措施有：

> 王太守亲引随从百余人，长枷铁索，在街镇压……。④

第六十九回"东平府误陷九纹龙，宋公明义释双枪将"讲史进因李瑞兰家的

① （明）施耐菴、罗贯中：《水浒传》第三十回，上海：上海人民出版社，1975 年，第 363 页。
② （明）施耐菴、罗贯中：《水浒传》第三十六回，上海：上海人民出版社，1975 年，第 439 页。
③ （明）施耐菴、罗贯中：《水浒传》第六十二回，上海：上海人民出版社，1975 年，第 787 页。
④ （明）施耐菴、罗贯中：《水浒传》第六十六回，上海：上海人民出版社，1975 年，第 835 页。

告密，押到东平府里厅前，史进由他拷打，不招实情，董平道：

> 且把这厮长枷木扭，送在死囚牢里，等拿了宋江，一并解京施行。①

以上所举《水浒传》各回"长枷"的描述，与《作邑自箴》的记载均相吻合。另据《作邑自箴》卷五《规矩》：

> 禁囚先责医人状具有无疮病，当厅着枷。②

又：

> 禁囚枷上姓名，大字真书，三五日一易，务要分明。③

更补充了使用"长枷"的细节。

十三、勘审犯人

宋代如何勘问犯人？《宋刑统》卷二十九《断狱律》中有这样一条记载：

> 诸应讯囚者，必先以情审察辞理，反覆参验，犹未能决，事须讯问者立案，同判然后拷讯，违者杖六十。④

这是说审讯罪犯，首先要弄清犯罪事实，然后才得以审讯、拷问。《作邑自箴》对此作了更具体的讲述，卷二《处事》：

---

① （明）施耐庵、罗贯中：《水浒传》第六十九回，上海：上海人民出版社，1975年，第866页。
② （宋）李元弼：《作邑自箴》卷五《规矩》，上海：商务印书馆，民国二十三年（1934）《四部丛刊续编》影印铁琴铜剑楼旧藏影宋淳熙抄本，第25页。
③ （宋）李元弼：《作邑自箴》卷五《规矩》，上海：商务印书馆，民国二十三年（1934）《四部丛刊续编》影印铁琴铜剑楼旧藏影宋淳熙抄本，第26页。
④ （宋）窦仪等撰：《宋刑统》卷二十九《断狱律》，吴翊如点校，北京：中华书局，1984年，第474页。

罪轻之人，先令本案申举，未肯通吐实情，判押讫方可枷禁。若行拷讯，亦先立判。①

又卷三《处事》：

勘问罪人，未可便行拷掠，先安排下小杖子喝下所拷数目，欲行拷打，却且权住，更且子细闪问，待其欲说不说持疑之际，乘势拷问，若未尽本情，又且略住杖子再三盘诘，尝留杖子数目未要打尽，自然畏慑，不敢抵讳。②

《作邑自箴》的作者对勘问罪人的事情自然经过的多了，因此，这里的记述是真实可靠的，它说明了当时在通常情况下勘问罪人的最基本的程式。《水浒传》中关于勘问罪人的描述也有多处，虽不像《作邑自箴》中所说的那样有步骤地一步步进行，但还是大致相同的。一般是先行询问，犯人不说或不实说再行拷打。如《水浒传》第十八回"美髯公智稳插翅虎，宋公明私放晁天王"讲何涛探听到劫取生辰纲的有安乐村的白胜时，急忙报告了州太守，捉了白胜，抬着赃物，连夜赶回冀州城来：

却好五更天明时分，把白胜押到厅前，便将索子捆了。问他主情造意，白胜抵赖，死不肯招晁保正等七人。连打三四顿，打得皮开肉绽，鲜血逆流。府尹喝道："告的正主招了赃物，捕人已知是郓城县东溪村晁保正了，你这厮如何赖得过！你快说那六人是谁，便不打你了。"白胜又捱了一歇，打熬不过，只得招道："为首的是晁保正，他自同六人来纠合白胜，与他挑酒，其实不认得那六人。"知府道："这个不难。只拿住晁保正，那六人便有下落。"先取一面二十斤死枷，枷了白胜。③

---

① （宋）李元弼：《作邑自箴》卷二《处事》，上海：商务印书馆，民国二十三年（1934）《四部丛刊续编》影印铁琴铜剑楼旧藏影宋淳熙抄本，第10页。

② （宋）李元弼：《作邑自箴》卷三《处事》，上海：商务印书馆，民国二十三年（1934）《四部丛刊续编》影印铁琴铜剑楼旧藏影宋淳熙抄本，第14—15页。

③ （明）施耐菴、罗贯中：《水浒传》第十八回，上海：上海人民出版社，1975年，第209页。

第二十二回"阎婆大闹郓城县，朱仝义释宋公明"讲宋江杀了阎婆惜逃亡后：

　　知县听得有杀人的事，慌忙出来升厅。众做公的把这唐牛儿簇拥在厅前。知县看时，只见一个婆子跪在左边，一个汉子跪在右边。知县问道："什么杀人公事？"……唐牛儿告道："小人不知前后因依。只因昨夜去寻宋江搪碗酒吃，被这阎婆叉小人出来。今早小人自出来卖糟姜，遇见阎婆结纽宋押司在县前。小人见了，不合去劝他，他便走了。却不知他杀死他女儿的缘由。"知县喝道："胡说！宋江是个君子诚实的人，如何肯造次杀人？这人命之事，必然在你身上！左右在那里？"便唤当厅公吏。

　　知县却和宋江最好，有心要出脱他，只把唐牛儿来再三推问。唐牛儿供道："小人并不知前后。"知县道："你这厮如何隔夜去他家寻闹？一定你有干涉！"唐牛儿告道："小人一时撞去搪碗酒吃。……"知县道："胡说！打这厮。"左右两边狼虎一般公人，把这唐牛儿一索捆翻了，打到三五十，前后语言一般。知县明知他不知情，一心要救宋江，只把他来勘问。且叫取一面枷来钉了，禁在牢里。①

第四十回"梁山泊好汉劫法场，白龙庙英雄小聚义"讲戴宗回到江州，当厅给蔡九知府回了梁山泊的假造回书，不料被识破事发：

　　知府大怒，喝一声："拿下厅去！"旁边走过十数个狱卒牢子，将戴宗驱翻在当面。戴宗告道："小人无罪。"知府喝道："你这厮该死！……我昨日一时间仓卒，被你这厮瞒过了。你如今只好好招说这封书那里得来！"戴宗道："小人一时心慌，要赶路途，因此不曾看得分晓。"蔡九知府喝道："胡说！这贼骨头，不打如何肯招？左右与我加力打这厮！"狱卒牢子情知不好，觑不得面皮，把戴宗捆翻，打得皮开肉绽，鲜血逆流。戴宗捱不过拷打，只得招道："端的这封书是假的。"②

---

　　① （明）施耐菴、罗贯中：《水浒传》第二十二回，上海：上海人民出版社，1975年，第258—259页。
　　② （明）施耐菴、罗贯中：《水浒传》第四十回，上海：上海人民出版社，1975年，第498—499页。

第五十二回"李逵打死殷天锡，柴进失陷高唐州"讲殷天锡要抢占柴进的叔叔柴皇城的花园，被李逵一怒之下打死，柴进被押入公厅，这时：

　　　　知府高廉听得打死了他的舅子殷天锡，正在厅上咬牙切齿忿恨，只待拿人来。早把柴进驱翻在厅前阶下，高廉喝道："你怎敢打死了我殷天锡？"柴进告道："小人是柴世宗嫡派子孙，家门有先朝太祖誓书铁券，现在沧州居住。为是叔叔柴皇城病重，待来看视，不幸身故，见今停丧在家。殷直阁将带三二十人到家，定要赶逐出屋，不容柴进分说，喝令众人殴打，被庄客李大救护，一时行凶打死。"高廉喝道："李大见在那里？"柴进道："心慌逃走了。"高廉道："他是个庄客，不得你的言语，如何敢打死人！你又故纵他逃走了，却来瞒昧官府。你这厮，不打如何肯招？牢子下手，加力与我打这厮！"柴进叫道："庄客李大救主，误打死人，非干我事！放着先朝太祖誓书，如何便下刑法打我？"高廉道："誓书有在那里？"柴进道："已使人回沧州去取来也。"高廉大怒，喝道："这厮正是抗拒官府，左右腕头加力，好生痛打！"众人下手，把柴进打得皮开肉绽，鲜血逆流，只得招做令庄客李大打死殷天锡，取面二十五斤死囚枷钉了，发下牢里监收。[①]

以上是《水浒传》里勘问罪人的实例，另外在第三十回、第三十九回、第五十三回、第五十九回和第六十二回中也还有勘问罪人的描写，均大体相同，这里不一一罗列。可见《水浒传》中有关勘问罪人的描写与《作邑自箴》中记载的勘问罪人的基本程式是相符合的。

　　多数学者和专家认为，《水浒传》前七十回是根据南宋的"朴刀杆棒"话本整理改编的，对《水浒传》所涉及的名物的研究考证，如吴晗先生之考证沙门岛，童书业先生之考证白定窑器，黄永年师之考证朴刀，都证实了这些名物为宋代所特有而非明人之得知悉。我这篇现在又从刑制证实了这一点，当为研究《水浒传》成书问题者所乐观，对欲还读《水浒传》者或亦不无帮助。

　　原载（《中国古代文献集林》第一集，陕西师范大学出版社 1989 年版）

---

　　① （明）施耐庵、罗贯中：《水浒传》第五十二回，上海：上海人民出版社，1975 年，第 657—658 页。

第五编 琬琰证史

流寓周隋的南朝士人交往图卷——新出隋开皇八年《朱干墓志》笺证

近读赵君平、赵文成《秦晋豫新出墓志蒐佚》所收隋开皇八年（588）《周故司成大夫杨州刺史朱使君（干）墓志》（以下简称《朱干志》）①，志文所述朱干家族人事行迹颇多与梁、陈、北周、隋代史事互为印证者，因检对史籍而予以梳理考证。又其中所涉南朝仕宦文人活动，适能再现流寓周隋的南朝士人之间的交往关系，故亦据史以为勾勒，意欲在展开这幅交往图卷的同时，进而观照当时社会历史与文化大背景下的基本情实。

《朱干志》于2006年在陕西泾阳县出土，今归洛阳私人收藏。墓志无盖，志石拓本高、宽均55.8cm。志文连题34行，满行34字，正书，有方界格。志文由明克让撰序、庾信撰铭，书者不详。鉴于《秦晋豫新出墓志蒐佚》所披露者仅为图版（图1），为方便考说，因先将《朱干志》予以录文标点如下：

周故司成大夫杨州刺史朱使君墓志

君讳干，字善政，颛顼苗裔，汉御史大夫云之后也。九世祖鸿胪卿均，避董卓之乱，迁于江左，因居吴郡之钱唐县，世为著姓，簪冕蝉联，焕乎方策。祖巽之，幼挺志节，征士顾欢有知人之鉴，见而嗟赏，以女妻焉。为弟复仇，具于齐史，当世称之。强记博闻，著《辩相论》。齐高宗作镇寿春，引为府佐。魏孝文帝耀威淮上，将事南游，州乃遣巽之及

① 赵君平、赵文成：《秦晋豫新出墓志蒐佚》，北京：国家图书馆出版社，2012年，第1册，第82页。

图1　大业八年朱干墓志拓本

清河崔庆远聊效屈免，劳师问故，颇同谈笑，用却秦军，出宰吴平县。入为始安王记室。府王遘难，咸劝出奔，巽之答曰：岂有安而事之，急则苟免。遂与杨州别驾陆闲一时同毙。父异，弱冠就外祖受业，精力不倦，师逸功倍，该览群书，尤明《礼》《易》。太子中庶平原明山宾，道术相望，风期冥合，弹冠结绶，以致嘉招，入直西省，除太学博士。梁武皇帝幸寿光殿，为讲《孝经》，朝野荣之。官 至 侍中、左卫将军、领军将军，掌中书事。密勿机衡，廿余载，出纳丝纶，是称喉舌，削柿楚 叶 ， 无 际可寻，国体朝章，爰及民俗，吉凶疑滞，断决如流，弈秋之巧，品为第一。故以详之史官，可略言矣。赠侍中、尚书仆射。

君仆射第七子也，岐嶷凤成，弱不好弄，年甫九岁，诵《孝经》《论语》，选补易生，韦编将绝。国子博士汝南周弘正，经笥文宗，深相叹挹。兼善围棋，颇参其妙。十八丧父，毁悴改形，见者深虑，将灭于时，封豕荐食，长虵未剪。君以世荷朝寄，心在报雪，弗遑枕草，即事寻戈，招率宗亲，应同郡陆绪，星言电迈，赴攻太守苏单于，临阵果决，誓之以死，羽扇才麾，金城已陷，单于授首，斩于军门。天数有违，飞蒭不继，愤慨兼怀，抚膺何及。乃从鄱阳步道，归身渚宫，除著作佐郎，转太子舍人，寻迁洗马。长孺正直，叔宝风流，我则兼之，谅无愧色。储后以君名实无爽，深加礼眄，陪歌春诵，侍抚夏弦，预北场之游，参西园之宴。既而楚声多死，垂翅归朝，大冢宰引之东阁，待以客礼。及石渠广辟，奉诏来游，侣刘向而校书，偶戴冯而重席。所生袁夫人并第八弟斐，远在会计，负米之志长绝；寻箭之集 无 因。会陈国使至，请求朝士，天子普召南冠，问其留去，众人疑于奉对，君乃涕泗言曰：'老 母 隔绝，愿还侍养。'帝深嘉异，竟不能遣。柱国齐国公，天子之介弟也，博求材艺，请君自随，□以清阶，授为府属，解衣推食，彰于造次，行师誓众，必令陪奉。羽檄军书，成于马上；奇谋深策，运之帐中。天和五年，随齐公东讨，憝善无征，歼我明德。十一月十一日殒于戎事，春秋卅有九。诏赠司成大夫、杨州刺史。六年二月四日卜兆于万年县轵道乡。大隋膺运，迁都改筑，窀穸之所，迩于王城，以开皇八年十一月廿日移坟泾阳县鸿川乡诚义里。君资孝禀诚，怀仁抱义，留连风月，脱略形骸。临秋水而谈玄，登春台而秉笔，淑人君子，其在斯乎。平原明克让，世亲义重，姻属情深，抚事伤怀，呜呼永恸。悉其行事，录而序焉。开府新野庾信，文林辞菀，诗弈相交，旧有铭文，今仍镌勒，其辞云尔：

筱簜之美，瑶琨之珍。山精虎据，剑气龙鳞。水含昌阁，沙长富春。会稽高邸，桐乡贵神。谕兵上蔡，献计春申。执法机捻，藉甚英声。佐时明略，脱屣公卿。有焚书薰，无言树名。策存镂鼎，勋入铭旌。诞此凤鸰，生兹龙种。石渠名盛，金华誉重。丽词霞映，玄言泉涌。南辕不就，北道言归。汉宫推食，梁园解衣。悬秤雁起，垂露鹄飞。广武置阵，成睾解围。人随凭轼，命尽交绥。洗马改葬，风流名士。有志前驱，无时中止。陇首月昏，松根草死。□水悠然，华亭永矣。

以下谨依据志文内涵分为四个方面予以笺证释说。

一、钱塘朱氏家族世系及其人物行迹

（一）朱干远祖朱云、朱均

志云："君讳干，字善政，颛顼苗裔，汉御史大夫云之后也。九世祖鸿胪卿均，避董卓之乱，迁于江左，因居吴郡之钱唐县，世为著姓，簪冕蝉联，焕乎方策。"朱云，《汉书》卷六十七有传云："字游，鲁人也，徙平陵。"[1]《元和姓纂》卷二"朱"姓曰："颛顼之后，周封曹挟于邾，为楚所灭，子孙去'邑'为氏。"[2] 并记"钱塘"一房，云为"汉槐里侯朱云之后。八代孙至宾，后汉光禄勋，始居钱塘，为著姓"[3]。志文与《元和姓纂》记载互异处有二：一是朱云的官爵，志文仅言"汉御史大夫"，《元和姓纂》仅言"汉槐里侯"。案《汉书·朱云传》记其曾任杜陵令与槐里令，或当以本传为是。志云朱云为"汉御史大夫"疑是附会，理由是《汉书》本传载元帝时华阴守丞嘉

---

[1] 《汉书》卷六十七《朱云传》，北京：中华书局，1962 年标点本，第 2912 页。

[2] （唐）林宝撰：《元和姓纂》（附四校记）卷二，岑仲勉校，北京：中华书局，1994 年，第 253 页。

[3] （唐）林宝撰：《元和姓纂》（附四校记）卷二，岑仲勉校，北京：中华书局，1994 年，第 254 页。

曾上表力荐朱云"以六百石秩试守御史大夫"①，然最终未能获准。志文以朱云未任之职为实职，目的在显扬朱氏远祖政治地位之显贵，这也是墓志在叙述远祖时常常出现的冒官浮夸之弊。二是志云"九世祖鸿胪卿均，避董卓之乱，迁于江左，因居吴郡之钱唐县，世为著姓"；《元和姓纂》则记"八代孙至宾，后汉光禄勋，始居钱塘，为著姓"②。以其皆为"始居钱塘"之朱氏钱塘房始祖，故知朱均与朱至宾疑即同一人，唯鸿胪卿与光禄勋（后世改光禄卿）互异。

（二）朱干曾祖朱昭之

志文未载朱干曾祖，据《南齐书·朱谦之传》："父昭之，以学解称于乡里。"③《南史·朱异传》亦云："祖昭之，以学解称于乡。"④ 知朱昭之即朱干曾祖。"学解"意即学识，则朱干一族自其曾祖一代始以学识闻名于乡里。

（三）朱干祖朱巽之、叔祖朱谦之

志云朱干祖"巽之"，见载于《梁书·朱异传》。《朱异传》云："父巽，以义烈知名，官至齐江夏王参军、吴平令。"⑤《元和姓纂》载朱至宾"十代孙逊之，齐吴平令，生梁领军朱异"⑥。则"巽之"与《元和姓纂》作"逊之"互异。岑仲勉校记曰："余按逊、巽古通用，'之'字或从省也。"⑦ 岑氏所言甚是。《南史》卷六十二《朱异传》："谦之兄巽之，即异父也。"⑧ 正作"巽之"，适为一证。再据《南齐书·朱谦之传》云"谦之之兄选之"⑨，则又

---

① 《汉书》卷六十七《朱云传》，北京：中华书局，1962年标点本，第2912—2913页。

② （唐）林宝撰：《元和姓纂》（附四校记）卷二，岑仲勉校，北京：中华书局，1994年，第254页。

③ 《南齐书》卷五十五《朱谦之传》，北京：中华书局，1972年标点本，第962页。

④ 《南史》卷六十二《朱异传》，北京：中华书局，1975年标点本，第1514页。

⑤ 《梁书》卷三十八《朱异传》，北京：中华书局，1973年标点本，第537页。

⑥ （唐）林宝撰：《元和姓纂》（附四校记）卷二，岑仲勉校，北京：中华书局，1994年，第254页。

⑦ （唐）林宝撰：《元和姓纂》（附四校记）卷二，岑仲勉校，北京：中华书局，1994年，第254页。

⑧ 《南史》卷六十二《朱异传》，北京：中华书局，1975年标点本，第1514页。

⑨ 《南齐书》卷五十五《朱谦之传》，北京：中华书局，1972年标点本，第963页。《南齐书》卷四十五《遥昌传》亦作"选之"。

有"选之"之异。又,《梁书》卷三十八《朱异传》校勘记云:"父巽以义烈知名。'巽'《南史》作'巽之'。按:朱异父名选之,事迹略见《南齐书·孝义·朱谦之传》。惠栋《松崖笔记》二:'选巽字相似,故讹为巽。'此少一'之'字,六朝人双名后所带'之'字,往往可省去,非脱文。"① 今据《朱干志》,适可证"巽之"为是,而"选之"为讹。

志云巽之"幼挺志节,征士顾欢有知人之鉴,见而嗟赏,以女妻焉"。《南史·朱异传》:"巽之字处林,有志节,著《辩相论》。幼时,顾欢见而异之,以女妻焉。仕齐官至吴平令。"② 志史记载相合。顾欢,《南齐书》卷五十四、《南史》卷七十五皆有传,为南朝齐著名学者,淹通黄老之学,撰述颇丰。由此又知朱巽之字叫"处林",以著《辩相论》为顾欢赏识,娶顾欢女为妻,家族亦始与南朝文学士人联姻。

志云巽之"为弟复仇,具于齐史,当世称之"。巽之弟即谦之,有传见《南齐书·孝义传》。本传具载谦之为母亲申孝义而被仇人所杀以及巽之为谦之复仇之事。其云:

> 朱谦之字处光,吴郡钱唐人也。父昭之,以学解称于乡里。谦之年数岁,所生母亡,昭之假葬田侧,为族人朱幼方燎火所焚。同产姊密语之,谦之虽小,便哀戚如持丧。年长不婚娶。永明中,手刃杀幼方,诣狱自系。县令申灵勖表上,别驾孔稚圭、兼记室刘琎、司徒左西掾张融笺与刺史豫章王曰:"礼开报仇之典,以申孝义之情;法断相杀之条,以表权时之制。谦之挥刃(轩)〔斩〕冤,既申私礼;系颈就死,又明公法。今仍杀之,则成当世罪人;宥而活之,即为盛朝孝子。杀一罪人,未足弘宪;活一孝子,实广风德。张绪陆澄,是其乡旧,应具来由。融等与谦之并不相识,区区短见,深有恨然。"豫章王言之世祖,时吴郡太守王慈、太常张绪、尚书陆澄并表论其事,世祖嘉其义,虑相复报,乃遣谦之随曹虎西行。将发,幼方子恽于津阳门伺杀谦之,谦之之兄选之又刺杀恽,有司以闻。世祖曰:"此皆是义事,不可问。"悉赦之。吴兴

① 《梁书》卷三十八"校勘记〔一〕",北京:中华书局,1973年标点本,第551页。
② 《南史》卷六十二《朱异传》,北京:中华书局,1975年标点本,第1514页。

沈颙闻而叹曰："弟死于孝，兄殉于义。孝友之节，萃此一门。"①

志文所谓"具于齐史，当世称之"，应即指上引《南齐书·朱谦之传》之记载，《南史·朱异传》记述略同。

志云巽之"强记博闻，著《辩相论》。齐高宗作镇寿春，引为府佐。魏孝文帝耀威淮上，将事南游，州乃遣巽之及清河崔庆远聊效屈兒，劳师问故，颇同谈笑，用却秦军，出宰吴平县"。志文"屈兒"当为"屈完"之误。屈完，即楚大夫屈完。《左传》曰："楚子使屈元如师，师退，次于召陵。齐侯陈诸侯之师，与屈完乘而观之。齐侯曰：岂不穀是为，先君之好是继。与不穀同好如何？对曰：君惠徼福。……曰：以此众战。谁能御之？以此攻城，何城不克？对曰：君若以德绥诸侯，谁敢不服？君若以力，楚国方城以为城，汉水以为池。虽众无所用之。屈完及诸侯盟。"②则"聊效屈完"即典出于此。志文所述史事见载《南齐书》卷四十五《遥昌传》，其云：

> （建武）二年，虏主元宏寇寿春，遣使呼城内人，遥昌遣参军崔庆远、朱选之诣宏。庆远曰："旌盖飘飖，远涉淮、泗，风尘惨烈，无乃上劳？"宏曰："六龙腾跃，倏忽千里，经途未远，不足为劳。"庆远曰："川境既殊，远劳轩驾。屈完有言：'不虞君之涉吾地也，何故？'"宏曰："故当有故。卿欲使我含瑕依违；为欲指斥其事？"庆远曰："君包荒之德，本施北政，未承来议，无所含瑕。"宏曰："朕本欲有言，会卿来问。齐（王）〔主〕废立，有其例不？"庆远曰："废昏立明，古今同揆。中兴克昌，岂唯一代？主上与先武帝，非唯昆季，有同鱼水。武皇临崩，讬以后事。嗣孙荒迷，废为郁林，功臣固请，爰立明圣。上逼太后之严令，下迫群臣之稽颡，俯从亿兆，践登皇极。未审圣旨，独何疑怪？"宏曰："闻卿此言，殊解我心。但哲妇倾城，何足可用。果如所言，武帝子弟今皆何在？"庆远曰："七王同恶，皆伏管、蔡之诛，其余列蕃二十余国，内升清阶，外典方牧。哲妇之戒，古人所惑；然十乱盈朝，实唯文母。"

① 《南齐书》卷五十五《朱谦之传》，北京：中华书局，1972年标点本，第962—963页。
② 《春秋左传正义》卷十二"僖公四年"条，北京：中华书局，1980年影印阮元校刻《十三经注疏》本，第1793页。

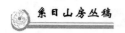

宏曰："如我所闻，靡有孑遗。卿言美而乖实，未之全信。"①

元宏，即魏孝文帝。选之即巽之。庆远与元宏经过一番交谈，"宏设酒及羊炙杂果，又谓庆远曰：'听卿主克黜凶嗣，不违忠孝。何以不立近亲，如周公辅成王，而苟欲自取？'庆远答曰：'成王有亚圣之贤，故周公得辅而相之。今近蕃虽无悖德，未有成王之贤。霍光亦舍汉蕃亲而远立宣帝。'宏曰：'若尔，霍光向自立为君，当复得为忠臣不？'庆远曰：'此非其类，乃可言宣帝立与不立义当云何。皇上岂得与霍光为匹？若尔，何以不言"武王伐纣，何意不立微子而辅之，苟贪天下？"'宏大笑。明日引军向城东，遣道登道人进城内施众僧绢五百匹，庆远、选之各裤褶络带"②。所述与志文"劳师问故，颇同谈笑，用却秦军，出宰吴平县"云云相合。

志云巽之"入为始安王记室。府王遭难，咸劝出奔，巽之答曰：'岂有安而事之，急则苟免。'遂与扬州别驾陆闲一时同毙"。始安王即遥光，南齐宗室始安贞王道生之子。其"府王遭难"事，见载《南齐书》卷七《东昏侯纪》永元元年（499）八月：

> 丙（午）〔辰〕，扬州刺史始安王遥光据东府反，诏曲赦京邑，中外戒严。尚书令徐孝嗣以下屯卫宫城。遣领军将军萧坦之率六军讨之。戊午，斩遥光传首。③

扬州别驾陆闲，《南史》有传，云闲字遐业，仕至扬州别驾：

> 永元末，刺史始安王遥光据东府作乱，或劝去之。闲曰："吾为人吏，何可逃死。"台军攻陷城，闲以纲佐被收，至杜姥宅，尚书令徐孝嗣启闲不预逆谋。未及报，徐世标命杀之。④

又见《南史·始安王遥光传》："遥光举事四日而卒。……天下知名之士刘沨、

① 《南齐书》卷四十五《遥昌传》，北京：中华书局，1972年标点本，第792—793页。
② 《南齐书》卷四十五《遥昌传》，北京：中华书局，1972年标点本，第793—794页。
③ 《南齐书》卷七《东昏侯纪》，北京：中华书局，1972年标点本，第98页。
④ 《南史》卷四十八《陆闲传》，北京：中华书局，1975年标点本，第1194页。

汎弟潇、陆闲、闲子绛、司马端、崔庆远皆坐诛。"① 此列举坐诛者六人，未见朱巽之列在其中，而墓志云遥光构乱事发，众人皆劝巽之出奔，巽之回应"岂有安而事之，急则苟免"一句亦与当时陆闲所云"吾为人吏，何可逃死"相似乃尔。据墓志知身为始安王府记室的朱巽之亦在被诛"天下知名之士"之列而为史所阙载。

（四）朱干父朱异

墓志记朱干父朱异事迹甚详。朱异在《梁书》卷三十八、《南史》卷六十二皆有传。志云"父异，弱冠就外祖受业，精力不勌，师逸功倍，该览群书，尤明《礼》《易》"。"外祖"即顾欢，《南齐书》卷五十四、《南史》卷七十五皆有传。《南齐书》本传略云："八岁，诵《孝经》、《诗》、《论》。及长，笃志好学。……事黄老道，解阴阳书，为数术多效验。……欢口不辩，善于著笔。著《三名论》，甚工，钟会《四本》之流也。又注王弼《易》二《系》，学者传之。"②《隋书·经籍志》记其著有《尚书百问》一卷、《老子义纲》一卷、《顾欢集》三十卷③。《梁书·朱异传》："异年数岁，外祖顾欢抚之谓异祖昭之曰：'此儿非常器，当成卿门户。'……既长，乃折节从师，遍治五经，尤明《礼》、《易》。"④ 史志记载相合。志又云"太子中庶平原明山宾，道术相望，风期冥合，弹冠结绶，以致嘉招，入直西省，除太学博士。梁武皇帝幸寿光殿，为讲《孝经》，朝野荣之。官 至 侍中、左卫将军、领军将军，掌中书事"。明山宾，《梁书》卷二十七、《南史》卷五十有传。《梁书》本传云：

> 明山宾字孝若，平原鬲人也。……高祖引为相府田曹参军。梁台建，为尚书驾部郎，迁治书侍御史，右军记室参军，掌治吉礼。时初置五经博士，山宾首膺其选。迁北中郎咨议参军，侍皇太子读。累迁中书侍郎，国子博士，太子率更令，中庶子，博士如故。⑤

① 《南史》卷四十一《始安王遥光传》，北京：中华书局，1975 年标点本，第 1041—1042 页。
② 《南齐书》卷五十四《顾欢传》，北京：中华书局，1972 年标点本，第 928、930、935 页。
③ 《隋书》卷三十二《经籍志》，北京：中华书局，1973 年，第 914 页；《隋书》卷三十四《经籍志》，1973 年标点本，第 1000 页；《隋书》卷三十五《经籍志》，1973 年标点本，第 1075 页。
④ 《梁书》卷三十二《朱异传》，北京：中华书局，1973 年标点本，第 537 页。
⑤ 《梁书》卷二十七《明山宾传》，北京：中华书局，1973 年标点本，第 405—406 页。

则山宾为五经博士及任太子中庶子，均在梁高祖时期。此时朱异年龄尚轻，约为二十岁出头，而山宾看重他的"道术"，于是直接向梁高祖上书表荐朱异：

> 窃见钱唐朱异，年时尚少，德备老成，在独无散逸之想，处闇有对宾之色，器宇弘深，神表峰峻。金山万丈，缘陟未登；玉海千寻，窥映不测。加以珪璋新琢，锦组初构，触响铿锵，值采便发。观其信行，非惟十室所稀，若使负重遥途，必有千里之用。[1]

梁高祖遂即召见了朱异，且"使说《孝经》、《周易》义，甚悦之，谓左右曰：'朱异实异。'后见明山宾，谓曰：'卿所举殊得其人。'仍召异直西省，俄兼太学博士"。这便是朱异"弹冠结绶，以致嘉招"的因果。"其年，高祖自讲《孝经》，使异执读。迁尚书仪曹郎，入兼中书通事舍人，累迁鸿胪卿，太子右卫率，寻加员外常侍"。大同"八年，改加侍中，太清元年（547），迁左卫将军，领步兵。二年，迁中领军，舍人如故"[2]。志云"密勿机衡，廿余载，出纳丝纶，是称喉舌，削柿焚 叶 ， 无 际可寻，国体朝章，爰及民俗，吉凶疑滞，断决如流，弈秋之巧，品为第一。故以详之史官，可略言矣。赠侍中、尚书仆射"。《梁书》本传亦载：

> 自周舍卒后，异代掌机谋，方镇改换，朝仪国典，诏诰敕书，并兼掌之。每四方表疏，当局簿领，谘询详断，填委于前，异属辞落纸，览事下议，从横敏赡，不暂停笔，顷刻之间，诸事便了。[3]

志史记载复相一致。志云朱异赠官与本传略有不同，"尚书仆射"，传作"尚书右仆射"。又本传云"异居权要三十余年，善窥人主意曲，能阿谀以承上旨，故特被宠任。历官自员外常侍至侍中，四官皆珥貂，自右卫率至领军，四职并驱卤簿，近代未之有也"[4]。此是史臣对朱异的评价，亦常被后世史籍

① 《梁书》卷三十二《朱异传》，北京：中华书局，1973年标点本，第537—538页。
② 《梁书》卷三十二《朱异传》，北京：中华书局，1973年标点本，第538页。
③ 《梁书》卷三十二《朱异传》，北京：中华书局，1973年标点本，第538页。
④ 《梁书》卷三十二《朱异传》，北京：中华书局，1973年标点本，第540页。

引为权要受宠于帝王的典型事例而广为谈论。

以志云朱干"十八丧父"且朱干卒于北周天和五年（570）享年三十九岁推之，朱异当卒于梁武帝太清三年（549）。

（五）朱干兄弟、母亲与朱干后裔

志云朱干为朱异第七子，又云"所生袁夫人并第八弟斐，远在会计，负米之志长绝；寻箭之集无因"，知朱异夫人姓袁氏，又有第八子名斐，史传皆无载。据朱异本传还知："长子肃，官至国子博士；次子闰，司徒掾。并遇乱卒。"① 则朱干至少有兄弟八人。

综合以上史志材料，可梳理列朱干一族世系表（表1）如下。

表1 朱干家族世系表

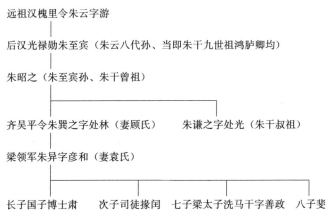

又，《元和姓纂》记朱异以下后裔仅云："异曾孙延庆，唐仓部郎中也。"② 失载朱异子、孙两辈，今可据墓志补朱干一代。又检唐代墓志，有万岁登封元年（696）《袁子游墓志》云："夫人吴郡朱氏，祖长仁，隋卫尉丞；父延载，唐安西长史。"③ 开元十三年（725）《湖州刺史朱崇庆墓志》略云："公讳崇庆，字绍隆，吴郡钱唐人也。曾祖达，隋普州刺史；王父君会，□朝散大夫、梓州司马；皇考方惠，朝散大夫、比部郎中、南阳县开国男。嗣子

---

① 《梁书》卷三十二《朱异传》，北京：中华书局，1973年标点本，第540页。

② （唐）林宝撰：《元和姓纂》（附四校记）卷二，岑仲勉校，北京：中华书局，1994年，第254页。

③ 周绍良、赵超主编：《唐代墓志汇编续集》，上海：上海古籍出版社，2001年，第343页。

炅、仲□耀、季子峻等。"① 天宝元年（742）《崔府君夫人吴县君朱氏墓志》略云："吴郡钱唐人也。曾祖长仁，隋水部员外郎、朝请大夫、司勋侍郎；祖延度，隋尚书仓部郎中；父景微。"② 以同系钱唐朱氏推之，朱长仁与朱达两族或当与朱干兄弟有宗亲关系，尤其以长仁子延载、延度皆排延字推之，或当与延庆为兄弟，附此待考。

二、朱干事略与墓铭撰者

朱干，史传无载。志云："年甫九岁，诵《孝经》、《论语》，选补易生，韦编将绝。国子博士汝南周弘正，经笥文宗，深相叹挹。兼善围棋，颇参其妙。"周弘正，《陈书》卷二十四有传，历梁、陈两朝，在梁"累迁国子博士，时于城西立士林馆，弘正居以讲授，听者倾朝野焉"。又"特善玄言，兼明释典"，为"一代之国师"。"所著《周易讲疏》十六卷，《论语疏》十一卷，《庄子疏》八卷，《老子疏》五卷，《孝经疏》两卷，《集》二十卷，行于世"③。墓志以文宗周弘正"深相叹挹"来赞誉朱干儒学深厚又兼善围棋，虽于史无征，亦恐不是泛泛的谀墓溢美之词。志云朱干"应同郡陆缙，星言电迈赴攻太守苏单于，临阵果决，誓之以死，羽扇才麾，金城已陷，单于授首，斩于军门"。此盖指太清二年（548），侯景举兵围宫城，陆缋等起兵杀伪太守苏单于事。《梁书·侯景传》载："郡人陆缋、戴文举等起兵万余人，杀景太守苏单于，推前淮南太守文成侯宁为主，以拒景。"④ 史志相较，唯"陆缙"与"陆缋"互异⑤，因形近而未详孰是。然朱干又兼擅武略则由此可见一斑。志云朱干"乃从鄱阳步道，归身渚宫，除著作佐郎，转太子舍人，寻迁洗马。……储后以君名实无爽，深加礼昈，陪歌春诵，侍抚夏弦，预北场之游，参西园之宴"。考诸史载，"从鄱阳步道，归身渚宫"与"储后以君名实无爽，深加礼

---

① 周绍良主编：《唐代墓志汇编》，上海：上海古籍出版社，1992年，下册，第1308—1309页。

② 周绍良主编：《唐代墓志汇编》，上海：上海古籍出版社，1992年，下册，第1534—1535页。

③ 《陈书》卷二十四《周弘正传》，北京：中华书局，1973年标点本，第307、309、315、310页。

④ 《梁书》卷五十《侯景传》，北京：中华书局，1973年标点本，第852页。

⑤ 检《梁书》卷二十七与《南史》卷四十八《陆襄传》又皆作"陆黯"，与"陆缙"、"陆缋"字形皆相差较大。校勘记皆失校。《资治通鉴》卷一百六十二《梁纪》"太清三年"条亦取"陆缋"而不采"陆黯"。

昉"事，当在梁元帝时①，储后即梁元帝太子萧元良②。志云"既而楚声多死，垂翅归朝，大冢宰引之东阁，待以客礼。及石渠广辟，奉诏来游，侣刘向而校书，偶戴冯而重廊"。此是说梁朝灭亡后，朱干归属北周，由时任大冢宰的宇文护将其作为南朝贤达引入东阁，待以宾客之礼，并在武成初年参与了宇文泰长子明帝宇文毓组织的麟趾殿"刊校经史"的事务。有史为证，《周书·明帝纪》曰："及即位，集公卿已下有文学者八十余人于麟趾殿，刊校经史。"③ 是知朱干也是当时的八十余位文学者之一。志云"会陈国使至，请求朝士，天子普召南冠，问其留去，众人疑于奉对，君乃涕泗言曰：'老 母 隔绝，愿还侍养。'帝深嘉异，竟不能遣"。陈国来使"请求朝士"，是言陈国请求将本国流亡在北周的士人召回，因为"时陈氏与周通好，南北流寓之士，各许还其旧国"④，虽然朱干流泪请求返乡侍养母亲的孝心为"帝深嘉异"，却最终未能获准。志云"柱国齐国公，天子之介弟也"，此指齐炀王宇文宪，《周书》卷十二《齐炀王传》云："齐炀王宪字毗贺突，太祖第五子也。……（武成初），进封齐国公，邑成万户。……寻进位柱国，……为大冢宰"⑤。其时在位皇帝为武帝宇文邕，《周书》卷五《武帝纪上》曰："高祖武皇帝讳邕，字祢罗突，太祖第四子也。"⑥ 宇文宪为太祖第五子，正为"天子之介弟"。

① 《北史》卷七十《宗懔传》："初，侯景平后，梁元帝议还建邺，唯懔劝都渚宫，以乡在荆州故也。"中华书局，1974 年标点本，第 2435 页。又《南史》卷八《梁本纪下》："自侯景之难，州郡太半入魏，自巴陵以下至建康，缘以长江为限。荆州界北尽武宁，西拒峡口；自岭以南，复为萧勃所据。文轨所同，千里而近，人户著籍，不盈三万。中兴之盛，尽于是矣。武陵之平，议者欲因其舟舰迁都建邺，宗懔、黄罗汉皆楚人，不愿移，帝及胡僧祐亦未欲动。仆射王褒、左户尚书周弘正骤言即楚非便。宗懔及御史中丞刘瑴以为建邺王气已尽，且渚宫洲已满百，于是乃留。"北京：中华书局，1975 年标点本，第 244 页。

② 《梁书》卷五《元帝纪》承圣三年十二月："辛未，西魏害世祖，遂崩焉，时年四十七。太子元良、始安王方略皆见害。……明年四月，追尊为孝元皇帝，庙曰世祖。"北京：中华书局，1973 年标点本，第 135 页。

③ 《周书》卷四《明帝纪》，北京：中华书局，1971 年标点本，第 60 页。

④ 《北史》卷八十三《庾信传》又云："陈氏乃请王褒及信等十数人。武帝唯放王克、殷不害等，信及褒并惜而不遣。"北京：中华书局，1974 年标点本，第 2794 页。《周书》卷三十九《杜杲传》亦载：杲"使于陈。陈宣帝谓杲曰：'长湖公人等虽筑馆处之，然恐不能无北风之恋。王褒、庾信之徒既羁旅关中，亦当有南枝之思耳。'杲揣陈宣意，欲以元定军将士易王褒等。乃答之曰：'长湖总戎失律，临难苟免，既不死节，安用以为。且犹牛之一毛，何能损益。本朝之议，初未及此。'陈宣帝乃止。"北京：中华书局，1971 年标点本，第 703—704 页。

⑤ 《周书》卷十二《齐炀王传》，北京：中华书局，1971 年标点本，第 187—189 页。

⑥ 《周书》卷五《武帝纪上》，北京：中华书局，1971 年标点本，第 63 页。

朱干跟随齐炀王宪，"授为府属，……行师誓众，必令陪奉。羽檄军书，成于马上；奇谋深策，运之帐中"。"天和五年，随齐公东讨"，竟在"十一月十一日殒于戎事，春秋卅有九。诏赠司成大夫、杨州刺史"。墓志将"齐公东讨"系在"天和五年"，盖误。《周书》卷五《武帝纪上》载：天和"六年春正月己酉朔，……诏柱国、齐国公宪率师御斛律明月。……三月己酉，齐国公宪自龙门度河，斛律明月退保华谷。宪攻拔其新筑五城。"① 缘此可知"东讨"的对象为斛律明月，朱干则当卒于天和六年（571）正月到三月间攻御战时。而志云"十一月十一日殒于戎事"，亦恐不确，或战时负了重伤，拖至十一月十一日而亡，亦未可知。

志云："平原明克让，世亲义重，姻属情深，抚事伤怀，呜呼永恸。悉其行事，录而序焉。"为朱干撰写墓志序文的"平原明克让"，《北史》卷八十三、《隋书》卷五十八皆有传。据《隋书》本传知其父山宾，即前述曾向梁高祖推荐朱异者，则克让为名儒之后。"克让少好儒雅，善谈论，博涉书史，所览将万卷。《三礼》礼论，尤所研精，龟策历象，咸得其妙"② 。有趣的是克让"年十四，释褐湘东王法曹参军。时舍人朱异在仪贤堂讲《老子》，克让预焉。堂边有修竹，异令克让咏之。克让揽笔辄成，其卒章曰：'非君多爱赏，谁贵此贞心。'异甚奇之"③ 。则朱异在讲学时，意外发现明山宾之子能够揽笔成诗，是位聪明才俊，自然会对他多加栽培和抬举。克让在梁"仕历司徒祭酒、尚书都官郎中、散骑侍郎，兼国子博士、中书侍郎。梁灭，归于长安，周明帝引为麟趾殿学士，俄授著作上士，转外史下大夫，出为卫王友，历汉东、南陈二郡守。武帝即位，复征为露门学士，令与太史官属正定新历。拜仪同三司，累迁司调大夫，赐爵历城县伯，邑五百户"④ 。可以见证明山宾、明克让与朱异、朱干两家乃为儒学世交，且互有提挈之谊。特别是明克让与朱干还一同在麟趾殿参与了北周孝明帝组织的八十余位文学者"刊校经史"的工作，则两人的世谊与友谊当非同一般。而志云"世亲义重，姻属情深"，似又

---

① 《周书》卷五《武帝纪上》，北京：中华书局，1971 年标点本，第 78 页。关于齐公宪东讨时间，《周书》卷二十九《宇文盛传》亦载："天和五年，入为大宗伯。六年，与柱国王杰从齐公宪东讨。"则事在天和六年，此又一证。北京：中华书局，1971 年标点本，第 493 页。
② 《隋书》卷五十八《明克让传》，北京：中华书局，1973 年标点本，第 1415 页。
③ 《隋书》卷五十八《明克让传》，北京：中华书局，1973 年标点本，第 1415 页。
④ 《隋书》卷五十八《明克让传》，北京：中华书局，1973 年标点本，第 1415 页。

说明两家还有一层联姻关系，因史志皆阙载详情，容再考之。明克让卒于开皇十四年（594），尝"著《孝经义疏》一部，《古今帝代记》一卷，《文类》四卷，《续名僧记》一卷，集二十卷"①，惜皆不传世。则今《朱干志》序文竟成其遗世独存。

志云"开府新野庾信，文林辞菀，诗弈相交，旧有铭文，今仍镌勒"。知墓志铭文的撰者为庾信，且与朱干有"文林辞菀，诗弈相交"的情谊，不仅是文友，同时也是棋友，这正与志文讲朱干"兼善围棋，颇参其妙"一语互为照应。所谓"旧有铭文，今仍镌勒"，是指朱干在北周天和六年（571）"卜兆于万年县轵道乡"时的墓志铭文原本就是庾信撰写的，而到开皇八年（588）迁葬时，虽然由明克让重写了墓志序文，却依然用庾信的旧有铭文来刊刻，因为庾信在入隋后的第一年就去世了，此时已不能再为他的这位后进文友命笔了。庾信是南北朝著名文学大家，《周书》卷四十一、《北史》卷八十三皆有传。祖籍南阳新野，"祖易，齐征士。父肩吾，梁散骑常侍、中书令。信幼而俊迈，聪敏绝伦。博览群书，尤善《春秋左氏传》。……时肩吾为梁太子中庶子，掌管记。东海徐摛为左卫率。摛子陵及信，并为抄撰学士。父子在东宫，出入禁闼，恩礼莫与比隆。既有盛才，文并绮艳，故世号为徐、庾体焉。当时后进，竞相模范。每有一文，京都莫不传诵"②。梁朝灭亡，进入北周，"世宗、高祖并雅好文学，信特蒙恩礼。至于赵、滕诸王，周旋款至，有若布衣之交。群公碑志，多相请讬"③。正因庾信在文学上颇负盛名，来请托其撰写碑志者甚夥，此事竟至载入本传。可惜传世的《庾子山集》中已经失载了《朱干志》的铭文，则这篇铭文的发现，不仅可得补阙庾信遗文，更可资研讨其文体、文风之迁变。又检读《庾子山集》卷十有《朱云折槛赞》一篇④，是据《汉书·朱云传》所载事迹为素材而作，则庾信乐意为朱干撰写墓志铭文，或许早有对朱云的钦敬和对其后代的爱惜之情，也很有可能与朱干父朱异本在梁朝时就有着深厚文谊，这都应该在情理中，果如此，则又可成就一段文学佳话。另外，值得重视的是，序与铭成于两位当世文学大家之手，在墓志铭的

① 《隋书》卷五十八《明克让传》，北京：中华书局，1973年标点本，第1416页。
② 《周书》卷四十一《庾信传》，北京：中华书局，1971年标点本，第733页。
③ 《周书》卷四十一《庾信传》，北京：中华书局，1971年标点本，中华书局，第734页。
④ （北周）庾信撰、（清）倪璠注：《庾子山集注》，许逸民校点，北京：中华书局，1980年，中册，第635—636页。

撰写人中亦实不多见。

墓志虽然没有提及书者的姓名，但以墓志序文所言"录而序焉"，以及当时尚未流行在墓志上题写书者名字推之，其方严宽博而又稍兼隶意的楷法或有可能也是出自明克让的手笔。

三、朱干葬地考说

志云："（天和）六年二月四日卜兆于万年县轵道乡，大隋膺运，迁都改筑，奄孥之所，迩于王城，以开皇八年十一月廿日移坟泾阳县鸿川乡诚义里。"轵道乡在北周属万年县，故墓志言"万年县轵道乡"。轵道又作枳道，为秦咸阳城东出霸上的大道，有轵道亭在霸陵。《战国策》卷十九《赵策二》"夫秦下轵道则南阳动"，鲍彪注轵道曰：《秦纪》注：亭名，在霸陵。"①《史记》卷六《秦始皇本纪》："子婴为秦王四十六日，楚将沛公破秦军入武关，遂至霸上，使人约降子婴。子婴即系颈以组，白马素车，奉天子玺符，降轵道旁。"《集解》：徐广曰："在霸陵。"裴骃案：苏林曰"亭名，在长安东十三里"②。《史记》卷八《高祖本纪》："汉元年十月，沛公兵遂先诸侯至霸上。秦王子婴素车白马，系颈以组，封皇帝玺符节，降轵道旁。"《索隐》：枳音只。《汉宫殿疏》云枳道亭东去霸城观四里，观东去霸水百步。苏林云在长安东十三里也。《正义》：轵音纸。《括地志》云："轵道在雍州万年县东北十六里苑中。"③《汉书》卷一上《高帝纪上》"降枳道旁"下颜师古注曰："枳音轵。轵道亭在霸成观西四里。"④ 北周沿用汉代长安城为都城，故轵道亭在汉及北周长安城东十三里，至隋代迁建新都大兴城，恰在北周长安城东十数里，故秦汉轵道亭已罗入隋大兴城北部禁苑中，于是方有因志主朱干的"奄孥之所，迩于王城"而在其卒后十八年的隋"开皇八年十一月廿日移坟泾阳

---

① （汉）刘向：《战国策》卷十九《赵策二》"苏秦从燕之赵始合从"，上海：上海古籍出版社，1985 年影印本，中册，第 637 页。

② 《史记》卷六《秦始皇本纪》，北京：中华书局，1959 年标点本，第 275 页。

③ 《史记》卷八《高祖本纪》，北京：中华书局，1959 年标点本，第 362 页；（唐）李泰著、贺次君辑校：《括地志》作"轵故亭在雍州万年县东北十六里苑中"，北京：中华书局，1980 年，第 9 页。

④ 《汉书》卷一上《高帝纪上》，北京：中华书局，1962 年标点本，第 22 页。

县鸿川乡诚义里"。又因志文所称"轵道乡"当是北周时乡名，至隋代建立大兴城后，随着轵道亭一带纳入禁苑，于是轵道乡或者向禁苑以外的更为东北的地段迁移，或者干脆就在入隋后不久而省并了这一乡名，所以文献中竟仅此一见，包括唐代墓志等文献中亦未见有此乡名。

四、墓志所见流寓周隋的南朝士人交往关系

纵观朱干家族人物行迹，可称得上是南朝官宦士人之家。曾祖朱昭之，在家乡以学识著称。祖父朱巽之，幼挺志节，梁朝征士顾欢有"知人之鉴"，将女儿嫁给他，以姻亲共结两姓之好。父亲朱异在其外祖顾欢的精心教导下，遍治五经，尤明《礼》、《易》。朱异的学识又被大儒明山宾赏识，上书将其表荐给梁高祖，深得高祖重用。朱异居权要三十多年，"所撰《礼》、《易》讲疏及《仪注》、《文集》百余篇，乱中多亡逸"[1]。而朱异在仪贤堂讲《老子》时，又发现了明山宾之子——一位才识聪慧的少年明克让，朱异在赞赏之余更是对克让精心栽培，可以想见明、朱两家"世亲义重"的世交维系因此而更加密切。之后明克让与朱干亦成为挚友，并一同进入北周从事文献整理等工作，因为克让比朱干年长七岁，且又入了隋朝，故能够更多关注朱干一生的成长并能"悉其行事"，甚至还有"姻属情深"的非同一般的关系。他们不仅在梁朝为官场同事，即朱干为著作佐郎、太子洗马，克让为国子博士、中书侍郎。而且梁灭以后又同归于长安，并一同被北周明帝引入麟趾殿刊校经史。周武帝时，克让还被"复征为露门学士，令与太史官属正定新历"[2]。而朱干也在完成了麟趾殿的文化事务之后，又成为宇文泰第五子齐炀王宪的府属，"行师誓众，必令陪奉。羽檄军书，成于马上；奇谋深策，运之帐中"，承担着军中的文职参谋工作。只可惜朱干在北周天和六年（571）随宇文宪征伐北齐斛律明月时竟战死于龙门渡河之役，年仅三十九岁，否则其文才武略势必在后来的灭齐、亡陈与建设隋朝的事业中更加突显而光大。《朱干志》所揭示的南朝士人交往圈，除了为其墓志撰写序与铭的明克让和

---

① 《梁书》卷三十八《朱异传》，北京：中华书局，1973 年标点本，第 540 页。
② 《隋书》卷五十八《明克让传》，北京：中华书局，1973 年标点本，第 1415 页。

庾信外，还有对他有少年提携之恩的在梁陈间"经笥文宗"的"国子博士
汝南周弘正"。弘正为陈朝大学问家，《陈书》卷二十四《周弘正传》："弘
正特善玄言，兼明释典，虽硕学名僧，莫不请质疑滞。……所著《周易讲
疏》十六卷，《论语疏》十一卷，《庄子疏》八卷，《老子疏》五卷，《孝经
疏》两卷，《集》二十卷，行于世。子坟，官至吏部郎。"[①] 以弘正卒于陈宣
帝太建六年（574）享年七十九推之，朱干在未入北周前与弘正的交往中，或
许也与弘正之子周坟有一定的联系。试将上述朱干一家与南朝士人的交往关
系图解如下（图2）。

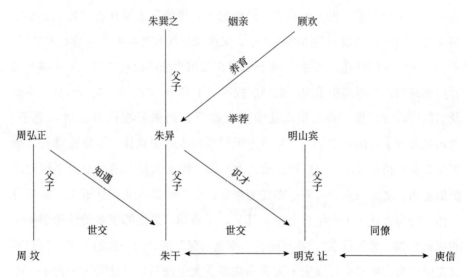

图2　朱干家族与南朝士人的交往关系

　　围绕《朱干志》所涉及的南朝士人关系，反映出这样几种情形：一是梁、
陈文士大多有其家族学术渊源，他们之间往往会通过联姻的方式结好，并向
后裔传播家学；二是梁、陈文士最看重个人在学业上的潜能特质，一旦发现
青年俊彦，就会向朝廷引荐推举，因为有"知人之鉴"，所推举者不但得到当
朝重用，推举者也会得到赞赏；三是在引荐过程中，经常会出现姻亲、世交、
上下辈之间的提携，但绝非以私情为重，主要是以学问为契机。而这三种情
形，又会发展成一种态势，即因为梁、陈文士圈中存在姻亲、世交、师生多
层关系，又往往会扩大文士之间的交往圈，进而形成一股有强大影响力的文

① 《陈书》卷二十四《周弘正传》，北京：中华书局，1973年标点本，第309—310页。

化势力。以下试以入隋后的明克让为主线，来阐明这种情状。

《隋书》明克让本传：

> 高祖受禅，拜太子内舍人，转率更令，进爵为侯。太子以师道处之，恩礼甚厚。每有四方珍味，辄以赐之。于时东宫盛征天下才学之士，至于博物洽闻，皆出其下。①

所谓"东宫盛征天下才学之士"的情况，《隋书》卷四十五《杨勇传》载："勇颇好学，解属词赋，性宽仁和厚，率意任情，无矫饰之行。引明克让、姚察、陆开明等为之宾友。"② 与克让同在东宫为宾友的吴兴人姚察，曾在陈朝知著作郎事、给事黄门侍郎、秘书监，领著作，后经江总推荐做到吏部尚书。"陈灭入隋，开皇九年，诏授秘书丞，别敕成梁、陈二代史。又敕于朱华阁长参。文帝知察蔬菲，别日乃独召入内殿，赐菓菜，乃指察谓朝臣曰：'闻姚察学行当今无比，我平陈唯得此一人'。"③ 这不仅说明隋文帝对于姚察学识地位的钦慕与肯定，也说明了杨隋政权在文化政策方面对于南朝士人与文化的渴求。陆开明则为北齐士人，《北齐书·阳休之传》载：

> 休之好学不倦，博综经史，文章虽不华靡，亦为正典。……周武平齐，与吏部尚书袁聿修、卫尉卿李祖钦、度支尚书元脩伯、大理卿司马幼之、司农卿崔达挐、秘书监源文宗、散骑常侍兼中书侍郎李若、散骑常侍给事黄门侍郎李孝贞、给事黄门侍郎卢思道、给事黄门侍郎颜之推、通直散骑常侍兼中书侍郎李德林、通直散骑常侍兼中书舍人陆乂、中书侍郎薛道衡、中书舍人高行恭、辛德源、王劭、陆开明十八人同征，令随驾后赴长安。④

则在周隋之间，明克让的学术交往圈子，除了有南朝入北的庾信、周弘正、陆缮、朱千、姚察等一批梁、陈士人，同时还与阳休之本传中记载的那些入

---

① 《隋书》卷五十八《明克让传》，北京：中华书局，1973年标点本，第1415页。
② 《隋书》卷四十五《杨勇传》，北京：中华书局，1973年标点本，第1230页。
③ 《陈书》卷二十七《姚察传》，北京：中华书局，1972年标点本，第352页。
④ 《北齐书》卷四十二《阳休之传》，北京：中华书局，1972年标点本，第563—564页。

了周、隋的北齐文人有官宦与文学联系。也就是说在周隋之间的文化建设中，南朝与北齐的文化开始浸透并影响了周隋文化的内质，亦即朝着军事化与文质化并重的治国理念推进。《隋书》明克让本传又云："诏与太常牛弘等修礼议乐，当朝典故多所裁正。"① 检《隋书·牛弘传》相关记载："时高祖又令弘与杨素、苏威、薛道衡、许善心、虞世基、崔子发等并召诸儒，论新礼降杀轻重。"② 然并未见提及明克让其人，对此，陈寅恪先生推论："克让承其父学，据梁朝之故事，修隋室之新仪；牛弘制定五礼，欲取资于萧梁，而求共事之人，则克让实其上选无疑也。"③ 所论甚是。可知明克让不但参加了"与太常牛弘等修礼议乐"的工作，也必在修议礼乐的过程中结识和交往了牛弘等一批北朝特别是北齐文士，从而扩大了他与南北士人的交往圈。由此更能见证影响周隋之间文化一统的以梁、陈为主的南朝和以北齐为主的北朝这两大派系的鼎足力量之强大。

周弘正子周坟的事迹见载于《隋书·天文志》：

> 高祖平陈，得善天官者周坟，并得宋氏浑仪之器。乃命庾季才等，参校周、齐、梁、陈及祖暅、孙僧化官私旧图，刊其大小，正彼疏密，依准三家星位，以为盖图。旁摛始分，甄表常度，并具赤黄二道，内外两规。悬象著明，缠离攸次，星之隐显，天汉昭回，宛若穹苍，将为正范。以坟为太史令。坟博考经书，勤于教习，自此太史观生，始能识天官。④

可见入隋任职太史令的周坟，乃是致力于天文研究的学者。其实，明克让也尝与"善天官者"一同编纂过周历，《隋书》卷十七《律历中》曰："西魏入关，尚行李业兴《正光历》法。至周明帝武成元年，始诏有司造周历。于是露门学士明克让、麟趾学士庾季才，及诸日者，采祖暅旧议，通简南北之术。自斯已后，颇睹其谬，固周、齐并时，而历差一日。克让儒者，不处日官，以其书下于太史。"⑤ 克让本传又云："武帝即位，复征为露门学士，令与太

---

① 《隋书》卷五十八《明克让传》，北京：中华书局，1973 年标点本，第 1416 页。
② 《隋书》卷四十九《牛弘传》，北京：中华书局，1973 年标点本，第 1308—1309 页。
③ 陈寅恪：《隋唐制度渊源略论稿》二"礼仪"，上海：上海古籍出版社，1982 年，第 48 页。
④ 《隋书》卷十九《天文志上》，北京：中华书局，1973 年标点本，第 504—505 页。
⑤ 《隋书》卷十七《律历志中》，北京：中华书局，1973 年标点本，第 418—419 页。

史官属正定新历。"① 无论是在明帝时还是武帝时，前后相差不过一年，而明克让与太史官署的天文官们一同编纂周历之事确是事实。那么开皇八年（588）平陈后以周坟、庾季才等"参校周、齐、梁、陈及祖暅、孙僧化官私旧图"的工作，推测也不会缺了明克让的参与。虽然明克让在北周灭梁时已入长安，而周坟则是迟至隋灭陈时才入长安，但其二人在隋代开皇间因天文律历工作而相互交往还是极有可能的。

这里谨通过与明克让相关联的人与事，以窥见梁、陈士人进入周、隋后，依旧凭借着世族间的姻亲、世交、师生等多层关系来不断扩大其特殊阶层的交往圈子，而这个圈子里的士人无论职任高低和政治际遇有别，都依然能够以学问相契、以学术相论，如大多仍从事草创典制、删定礼乐的工作。正因为能够"俊异毕集"，校订经史、切磋学问，故其生活与交往仍有属于自己的带着特别家国情结的一方天地和人际关系。

当然，形成这种态势的一个显著因素，应是北周、隋初都能重视任用南朝与北齐士人参与创制礼乐等文化制度的建设以及从事文学活动。譬如北周统治者礼遇南方才俊，一方面与统治者自身喜爱文学有关，如前举《周书·庾信传》所云：世宗、高祖并雅好文学，因而对于庾信特蒙恩礼。"至于赵、滕诸王，周旋款至，有若布衣之交"②。对于王褒也是"特加亲待。帝每游宴，命褒等赋诗谈论，常在左右。寻加开府仪同三司。保定中，除内史中大夫。高祖作《象经》，令褒注之。引据该治，甚见称赏……建德以后，颇参朝议。凡大诏册，皆令褒具草"③。另一方面北周统治者希望通过任用南朝与北齐士人参与文化建设，以仿效南朝的典章文物，来发展本朝的学术，佐成北周完善新的制度，并有利于对南朝的征服。诸如北周设立麟趾学士，不仅将文士集中在一起整理和校正了大量的经史书籍，还通过一系列整理文化典籍的活动，加强了文士之间品评文学、交流学术的氛围，从而促进了南北之间文化的融合和学术优长的互补与水平的提高④。也就是说周隋之间的治国策

① 《隋书》卷五十八《明克让传》，北京：中华书局，1973 年标点本，第 1415 页。
② 《周书》卷四十一《庾信传》，北京：中华书局，1971 年标点本，第 734 页。
③ 《周书》卷四十一《王褒传》，北京：中华书局，1971 年标点本，第 731 页。
④ 详参宋燕鹏、张素格：《北周麟趾学士的设置、学术活动及意义》，《河北科技大学学报》2008 年第 2 期，第 77—80 页。

略渐趋侧重"文质化"的倾向是显而易见的，而导致这种侧重倾向比重的主要客观因素，正是大量南朝士人的流寓周隋，以及因为这些士人之间的密切交往而对于文化建设的推进。

隋初不吝任用有家学渊源的梁、陈士人，凭借他们来修订礼乐，如明克让、许善心、虞世基、裴政、袁朗，"皆为南朝之名士，而家世以学业显于梁陈之时者也。隋修五礼，欲采梁陈以后江东发展之新迹，则兹数子者，亦犹北魏孝文帝之王肃、刘芳，然则史所谓隋'采梁仪注以为五礼'者，必经由此诸人所输入，无疑也。"① 因此陈寅恪先生认为"隋文帝虽受周禅，其礼制多不上袭北周，而转仿北齐或更采江左萧梁之旧典，与其政权之授受，王业之继承，迥然别为一事，而与后来李唐之继杨隋者不同"②。可知与政治制度的承袭北朝不同，隋文帝在礼乐等文化方面接续的是梁、陈以及北齐的礼仪制度，并用以系统建设和构架隋朝的文物制度。隋文帝对待学者文士的态度也是"顿天网以掩之，贲旌帛以礼之，设好爵以縻之，于是四海九州岛强学待问之士靡不毕集焉"③。

正由于大量南朝系统的硕学士人参与到北周、隋朝的官僚机构与文化建设中④，方才不仅使得北周政治文化发展呈现出新气象，也更使隋朝的政治文化呈现出"刑法与礼仪同运，文德与武功俱远"的高涨局面⑤，当然更推助了南北文化全面而透彻地交汇与融合。可以肯定地认为北周与隋朝新的文化风尚与典章制度的形成，是主要依靠了梁、陈、北齐学有渊源的士人，他们在自觉与不自觉之间肩负起传承文化的重任，而他们能够在新的王朝完成这项传递文化的使命，不但需要当朝统治者对他们的认可重用，还需要有一个互相依靠、互相信任的群体，即连接他们共同交往与交游的圈子，这个圈子里的人既有朋友、同僚，也有上下级或知遇，更多的是姻亲与世交。从《朱干志》所反映出的南朝士人交往关系，正如一幅历史画卷而清晰地展现了这一点。

---

① 陈寅恪：《隋唐制度渊源略论稿》二"礼仪"，上海：上海古籍出版社，1982年，第51页。
② 陈寅恪：《隋唐制度渊源略论稿》二"礼仪"，上海：上海古籍出版社，1982年，第51页。
③ 《隋书》卷七十五《儒林传·序》，北京：中华书局，1973年标点本，第1706页。
④ 关于隋代文化教育政策，可参见汤承业：《隋文帝政治事功之研究》第六章《文化教育政策》，台北：商务印书馆，1967年；刘淑芬：《隋代南方政策的影响》，《史原》1980年第10期，第59—79页；王大建：《隋代文化政策的调整与改革》，《文史哲》1995年第3期，第32—38页；臧嵘：《隋文帝统一南北的功业》，《隋唐五代史论》，石家庄：河北教育出版社，2000年。
⑤ 《隋书》卷一《高祖纪上》，北京：中华书局，1973年标点本，第11页。

五、结　语

总结《朱干志》所揭示的史事与人物，其于史料与史学研究之价值可归作如下方面。

第一，在社会与家族史方面，吴郡钱塘朱氏是南朝齐梁间文学世家，有名于当代，亦见载于史籍。然自北周灭梁以后，在梁"居权要三十余年"的朱异后裔流寓到北方者，竟为史所失传。故《朱干志》为揭示此朱氏一族在周隋间的政治生活轨迹提供了珍贵史料，也为其家族世系的链接补备了重要阙环。

第二，在文学史方面，志文的序与铭由明克让和庾信合作完成，二人不仅皆为从南朝流寓北朝者，且都是在南北朝后期具有当世文学领军地位的士人，更重要的是明克让的众多著作皆已亡佚，则《朱干志》的序竟成了他硕果仅存的珍贵遗文；而在庾信的著述中，《朱干志》的铭文也同样为《庾子山集》所阙载，故亦可补其遗缺。

第三，在政治与文化史方面，《朱干志》不仅揭示了钱塘朱氏与平原明氏、新野庾氏这三姓一同入北的南朝士族在文学上的密切关系及其在当时文学上的地位和影响，更由此而连接到南朝齐梁间的文化传授背景与人物，如顾欢、崔庆远、明山宾、陆闲、齐高宗、梁武帝、周弘正、陆缅等人事，俨然展开了一幅丰富多彩的南朝士人交往图卷，同时也通过朱氏、明氏、庾氏等南人流寓到周隋的经历与待遇，折射出周隋间的政治文化政策倾向，亦即开始在北方军事体系中接受南朝文化体系的入主与并举，并逐渐趋向统治集团性质的"文质化"进程。其实，周隋统治虽短，但其在文化理念的建设上是有一致性的，即充分利用南朝士人，建立以南朝文化为主的新文化体系，说它有"关中本位政策偏离"与"南朝系势力抬头"的倾向也不为过①，因为后来迅速获得成功的李唐王朝所采取的"始以武功一海内，终以文德怀远人"②的文治政策已显然从此得到借鉴与继承。

原载（《陕西师范大学学报》2014 年第 4 期）

---

① 参详刘淑芬：《隋代南方政策的影响》，《史原》1980 年第 10 期，第 59—79 页；（日）山崎宏：《隋朝官僚的性质》，《东京教育大学文学部纪要》6 "史学研究"，1956 年。

② （唐）魏徵：《九成宫醴泉铭》，《中国法书选》31，东京：二玄社，1987 年影印三井文库藏本，第 10 页。

枕上浮生：长安新出隋代梁衍墓志铭与枕铭疏证

枕上一声残梦醒，千秋胜迹总苍茫。

——清·朱集义《关中八景之一雁塔晨钟》

2014年6月，笔者获藏隋开皇十一年（591）《梁衍墓志铭》及《梁衍枕铭》拓本各一帧，据悉这两种刻石新近出土于西安南郊长安区而流散在民间，尚未进入公藏。墓志铭首题"大隋故上开府仪同三司宜阳郡公梁君墓志铭"，枕铭首题"大隋故使持节上开府仪同三司泽州诸军事泽州刺史宜阳郡开国公梁君枕铭"。梁衍其人，曾在周隋两朝任职，史传与志文或有可以互证之处。而依据墓志及枕铭，不仅可以梳理梁衍家族世系与籍贯等情况，亦可发现其葬地"雍州大兴县高望原"之高望原名称在隋唐以前文献中迄为仅见。另外，在墓葬中发现的石刻枕铭，其文字内容乃是其墓志铭文字的缩写，这种功用在中古墓志史料与墓葬随葬品中亦似尚属首例，故令人颇饶兴趣。本文谨将梁衍墓志铭与其枕铭分别予以探讨疏证。

一、《梁衍墓志铭》疏证

《梁衍墓志铭》（图1），志石拓本高57cm、宽57cm。志文32行，满行31字，正书，有方界格。志盖呈覆斗形，盝顶高45cm、宽44.5cm。盖题："大隋故上开府宜阳郡公梁使君之墓志"（图2），共16字，4行，行4字，阳

图1　梁衍墓志拓本

图 2　梁衍墓志盖拓本

文篆书，有方界格。为行文方便，谨迻录并标点志文如下：

大隋故上开府仪同三司宜阳郡公梁君墓志铭

　　公讳衍，字庆衍，安定朝那人也。自轩丘膺箓，嘉瑞肇于游麟；华渚降祥，设官分于命雁。其有知名曲阜，功预八师；避世箕峰，遗荣万乘。大夫定箓，佐王业于东京；校尉临戎，建殊勋于西域。基构连华，郁乎史载。祖允，泾州刺史，誉动缙绅，声冠蕃牧。父照，任安定本郡太守、东宫左卫率、岐州刺史，振羽承华，芳猷载远，宣条畿服，遗爱在民。莫不豹蔚当年，鹰扬前代。公降灵纯粹，授精房昴，辉含珠泽，三树照其英华；润挺钟山，十德擅其符采。怀锋颖而凤成，蕴风飚于弱岁。岂直狙丘惭对，龙门揖辩而已。魏大统十四年袭封槐里县公。周大祖二分定业，三顾求贤，升大阶而秉六符，履乘石而隆九命。德举之选，未易其人。乃召公为亲信都督，既而金石迁响，鼎业惟新，凡厥勤王，皆蒙赏册。转帅都督、大都督，六军之任，绝席尤高；三事之尊，弼谐为重。诏授车骑大将军、仪同三司，改封武威公。周武皇帝，志苞宇宙，将一文轨，席卷东邻，事符西怨。以公素晓军谋，引参帷幄。于是屈指陈箓，拔距训兵，献奇正之雄图，佐经纶之大业。虽复南巢将衅，而轵道未降，漂杵之阵徒严，流汤之势犹阻。公乃率其貔虎，执锐前驱，七步以齐，一戎便定。畴咨懋赏，允答勋庸。大启旌麾，戎崇僚采。乃授上开府仪同大将军、司次中大夫、勇猛大夫，公累陟荣涂，智效斯显。栖薪传其雅咏，衮黼称其得人。拜洵州刺史，下车敷政，停轩求瘼。四民悦仁明之化，百姓吟来晚之歌。咸被属城，誉宣蕃牧。皇隋登庸，太室受命，神宗伫梦贤能，咸熙庶政，推毂之选，允归明德。进爵宜阳郡公，拜蔚州刺史。此州地连亭鄣，俗迩獯夷，封豕屡侵，射雕弥劲。公统率轻兵，伐其匈丑，榆溪既静，柳室咸奔。旬月之间，廓清戎塞。乃授上开府仪同三司，迁泽州刺史。宽猛相济，绩誉兼宣。秋螟弭飞，春蚕布野。或有未明亢旱，玄稷未登。公靡爱斯牲，亲祷群望，行轮才动，有弇载兴。临淮愧其惠泽，徐部惭其善化。箱庚增咏，礼节以隆。既石坠武山，流奔逝水，过隙不追，解悬斯促。以开皇十一年六月三日薨于官舍，春秋五十三。皇情轸悼，赠赗有加。夫人韩氏讳，昌黎人。大将军普安公欢之女也。世承载德，家有庭训。质秀天桃，誉芬流荐。沃盥之仪已肃，阃门之礼弗踰，穆是瑟琴，恭惟朝夕。克广柔明之范，用享众多之祚。奉案如宾，冀获偕老。以大象二年四月廿八日没于京第。涂车在饬，遽此同归。以开皇十一年岁次辛亥十月廿五日癸酉迁窆于雍州大兴县高望原。乃为铭曰：

> 长虹启瑞，玄鸟吉祥。在虞立德，佐汉传芳。门承积善，世载贤良。诞兹人杰，英华早秀。誉发纨绮，名榍领袖。气轶耿贾，志逾冯寇。百金膺选，六郡登朝。时逢版荡，世属道消。频从戎旃，屡被嘉招。声高绝漠，威横渡辽。帝业初基，光升后命。龙衮裁饬，熊轩增映。恤隐求民，胜残为政。遗爱斯在，去思流咏。百龄遽促，九泉云启。毁灶戒期，虞筐备礼。颓山已痛，绝弦挥涕。狷獷邦媛，懋是听从。承亲以睦，逮下唯恭。双鸾掩镜，两剑埋锋。逶迟广柳，萧瑟寒松。式刊沉石，永播高踪。

根据墓志的内容大约可以梳理出如下需要解读的问题。

（一）梁衍家族世系

《梁衍墓志》未记其远祖，仅云其"祖允，泾州刺史"，"父照，任安定本郡太守、东宫左卫率、岐州刺史"，其父祖二人，史传皆无载。《梁衍枕铭》则有所补充，云"汉大将军商之后也。曾祖恒，河州刺史"。曾祖恒，史传亦未见载，而大将军梁商在东汉则赫赫有名，是武威太守梁统的曾孙，事载《后汉书》卷三十四《梁统传》附传，略云："商字伯夏，雍之子也。少以外戚拜郎中，迁黄门侍郎。永建元年，袭父封乘氏侯。三年，顺帝选商女及妹入掖庭，迁侍中、屯骑校尉。阳嘉元年，女立为皇后，妹为贵人，加商位特进，更增国土，赐安车驷马，其岁拜执金吾。二年，封子冀为襄邑侯，商让不受。三年，以商为大将军，固称疾不起。四年，使太常桓焉奉策就第即拜，商乃诣阙受命。……商自以戚属居大位，每存谦柔，虚己进贤，辟汉阳巨览、上党陈龟为掾属，李固、周举为从事中郎，于是京师翕然，称为良辅，帝委重焉。"[①] 梁商女儿梁妠做了顺帝刘保的皇后，梁商的妹妹封为

---

① 《后汉书》卷三十四《梁统传》，北京：中华书局，1965年标点本，第1175页。

贵人，梁商以外戚起家，"属居大位"，且"每存谦柔，虚己进贤"，"称为良辅，帝委重焉"①。若《梁衍枕铭》所记不虚，则梁衍一支乃系出史传有载的东汉显赫外戚安定乌氏人梁统、梁松、梁雍、梁商、梁冀一族。

（二）安定梁氏的旧望与新贯

中古梁氏多以晋大夫梁益耳为先祖，亦多有称汉武威太守梁统或将军梁冀之后者。梁氏郡望在隋前则概称安定，即今甘肃泾川县一带。《后汉书·梁统传》云其"安定乌氏人，晋大夫梁益耳，即其先也。统高祖父子都，自河东迁居北地，子都子桥，以赀千万徙茂陵，至哀、平之末，归安定"②。《元和姓纂》卷五"梁氏"曰："嬴姓，伯益之后。秦仲有功，周平王封其少子康于夏阳，是为梁伯。后为秦所灭，子孙以国为氏。晋有梁益耳、梁弘、梁由靡，并其后也。"且记梁氏郡望唯安定乌氏一房，曰"汉初以豪族自河东徙乌氏"③。又据《魏书·官氏志》"余部诸姓内入者"有："拔列氏，后改为梁氏。"④ 知梁氏又有本为凉州西胡一族，即匈奴休屠种之拔列兰氏。石刻文献所见隋前安定梁氏试举数例，前秦建元十二年（376）《梁舒墓表》"凉故中郎中督护公国中尉晋昌太守安定郡乌氏县梁舒，字为仁"⑤。北魏延昌四年（515）《皇甫骖墓志》："妻安定梁氏，州主簿郡功曹洪敬女。"⑥ 东魏天平二年（535）《杨机墓志》："夫人安定梁氏，散骑常侍梁伯珍女。"⑦ 北齐河清四年（565）《梁伽耶墓志》："君讳伽耶，字巨威，安定乌氏人也。曾祖金奴，清徽素范，标映一时。祖长命，德业优通，勋载盟府。父标，恪懃无怠，匪躬□风。仕至秘书监、魏尹、北豫州史。"⑧ 北齐武平二年（571）《梁子彦墓

---

① 《后汉书》卷八十九《南匈奴列传》还记述"大将军梁商以羌胡新反，党众初合，难以兵服，宜用招降"的表奏被皇帝采纳。北京：中华书局，1965 年标点本，第 2960 页。

② 《后汉书》卷三十四《梁统传》，北京：中华书局，1965 年标点本，第 1165 页。

③ （唐）林宝撰：《元和姓纂》（附四校记），岑仲勉校，北京：中华书局，1994 年标点本，第 582—583 页。

④ 《魏书》卷一百一十三《官氏志》，北京：中华书局，1974 年标点本，第 3007 页。

⑤ 钟长发、宁笃学：《武威金沙公社出土前秦建元十二年墓表》，《文物》1981 年第 2 期，第 8 页。

⑥ （清）陆增祥：《八琼室金石补正》卷十四，北京：文物出版社，1983 年，第 83 页。

⑦ 石存洛阳博物馆。毛远明：《汉魏六朝碑刻校注》，北京：线装书局，2008 年，第 7 册，第 132 页。

⑧ 石存沈阳市博物馆。毛远明：《汉魏六朝碑刻校注》，北京：线装书局，2008 年，第 9 册，第 170 页。

志》："公讳子彦，字子彦，安定天水人也。"① 可知隋前梁氏称郡望皆为安定或安定乌氏，《梁子彦墓志》称"安定天水"者盖误。缘隋前安定郡属县无天水，汉隋之间有天水郡与安定郡并存，且属县亦无天水。又，子彦"葬于野马岗，北去王城廿里"，而墓志亦出安阳县，子彦父又为"云州使君"，则子彦一族似自其父辈已从安定向东流徙进入中原，志文所记"安定天水人"之说盖为模糊记忆，将安定郡与天水郡混为一谈矣。

今见梁衍墓志与枕铭皆称"安定朝那人"。朝那在今宁夏固原东南，乌氏在今甘肃平凉西北，均为汉代所设安定郡的属县，两县南北相邻，皆位于泾水与乌水上游地区。隋代朝那县犹存，亦属安定郡，而乌氏县已于西魏时期废止。故隋代梁姓称乌氏人者，皆为郡望旧称。检《隋书》梁姓著族，皆为安定乌氏人，有梁御、梁睿、梁洋祖孙三代，有梁士彦、梁刚父子，有梁越、梁茂、梁毗、梁敬真四世，有梁茂、梁显、梁彦光、梁文谦四世。检《隋代墓志铭汇考》，有开皇二年（582）《梁邕志》与开皇三年（583）《梁坦志》皆称天水冀人②，开皇九年（589）《杨景妻梁氏志》称天水梁氏③，开皇十七年（597）《梁寂志》称安定乌氏人④，大业六年（610）《梁璨志》称安定安定人⑤。除此以外，还有称新贯洛阳的开皇二年（582）《梁暄志》和葬于大兴县的开皇十四年（594）《梁龛志》⑥。则隋代梁氏犹以著籍在今甘肃一带为多。另外隋代以后又有称天水梁氏者，如天水冀人、天水乌氏人，唐贞观十九年（645）《周故甘宁二州刺史王约暨夫人梁氏墓志》亦曰："夫人梁氏，天水盛族，百两言归，四德光备。大业四年（608）十二月八日，奄从风烛。"⑦盖梁氏一族后有徙籍天水郡之一支，然"天水乌氏人"之说似不确切，因为乌氏县未见有隶属天水郡者。至于称天水冀人、天水乌氏人，可以认为梁氏早有一支著籍于天水，但将乌氏县附在天水郡下实为不确，乌氏县自汉至北

① 毛远明：《汉魏六朝碑刻校注》，北京：线装书局，2008 年，第 9 册，第 374 页。
② 王其祎、周晓薇：《隋代墓志铭汇考》，北京：线装书局，2007 年，第 1 册，第 80、85 页。
③ 王其祎、周晓薇：《隋代墓志铭汇考》，北京：线装书局，2007 年，第 1 册，第 320 页。
④ 王其祎、周晓薇：《隋代墓志铭汇考》，北京：线装书局，2007 年，第 2 册，第 269 页。
⑤ 王其祎、周晓薇：《隋代墓志铭汇考》，北京：线装书局，2007 年，第 4 册，第 106 页。
⑥ 王其祎、周晓薇：《隋代墓志铭汇考》，北京：线装书局，2007 年，第 1 册，第 1 页；王其祎、周晓薇：《隋代墓志铭汇考》，北京：线装书局，2007 年，第 2 册，第 140 页。
⑦ 胡戟、荣新江主编：《大唐西市博物馆藏墓志》，北京：北京大学出版社，2012 年，上册，第 72 页。

周一直辖于安定郡，从未辖于天水郡。又据唐贞观十五年（641）《梁凝达墓志》："君讳凝达，字静通，洛州河南人也。其先自少昊五帝之宗，灵源始系；伯益九官之望，休带方华。其后良宰之辅东京，鼎臣之佐西晋，人焉代有，世载不显。祖将，魏将军广平太守；妙精戎律，深察治方，允武允文，是蕃是扞。父憘，魏陇东王参军事开府参军事。"① 唐贞观二十二年（648）梁凝达子《梁基墓志》："君讳基，字知本，安定乌氏人也。即汉大将军冀之后胤，源流自远，龟组相辉，列茅土于上卿，分枝条于帝族。祖憘，魏东平王开府参军，权摄长史；委临州部，吏绝朝喧，奸盗屏除，穿窬敛迹。父达，志逸风云，情驰物表，丘园纵性，高上为怀，有意好于恬虚，无心干乎禄仕。"② 结合开皇二年（582）《梁暄墓志》已署新贯洛阳，可以确知安定梁氏之一支在隋唐间已著籍于洛阳，并可推测隋之梁暄与唐之梁凝达或为同族。

再以开皇十四年（594）《梁龛志》葬于长安推之，梁氏应有著籍于京兆者，如唐贞观二十年（646）《隋处士傅叔墓志》云"夫人京兆梁氏"③。又据《周书·梁昕传》云："梁昕字元明，安定乌氏人。世为关中著姓。其先因官，徙居京兆之盩厔焉。祖重耳，漳县令。父劝儒，州主簿、冠军将军、中散大夫，赠泾州刺史。"④ 据本传知梁昕一支乃是早在北魏随着尔朱天光入关，并成为三辅望族的。以此，则可以推断，安定梁氏一族先是著籍于长安，再次大概于隋、唐之间始有徙籍于洛阳的分支。

关于安定郡与安定县、乌氏县、朝那县的沿革，大致是西汉元鼎三年（前114）析北地郡置安定郡，治高平县（今宁夏固原县），领县十二，有乌氏（今平凉市西北）、安定（今泾川县北）二县。东汉三国安定郡改治临泾县（今镇原县东南），领县六，有乌氏（乌支）、朝那（今灵台县西北）二县。西晋安定郡改治安定县，领县七，有安定、乌氏、朝那三县。北魏改治临泾县，领县五，有安定、朝那、乌氏（徙置今泾川县东北）三县。北周安定郡改治安定县，领县三，安定、乌氏、临泾。朝那县则改为西魏新置的安武郡治所。隋亦治安定县，领县七，有安定、朝那二县，并废安武郡县。乌氏县自隋始

---

① 周绍良主编：《唐代墓志汇编》，上海：上海古籍出版社，1992年，上册，第58页。
② 周绍良主编：《唐代墓志汇编》，上海：上海古籍出版社，1992年，上册，第105页。
③ 周绍良主编：《唐代墓志汇编》，上海：上海古籍出版社，1992年，上册，第89页。
④ 《周书》卷三十九《梁昕传》，北京：中华书局，1971年标点本，第695页。

废。唐安定郡属县有安定县，而朝那县亦废矣。

（三）梁衍事略与相关史料

梁衍，史传未载。志云"魏大统十四年袭封槐里县公"，周太祖召为"亲信都督"，"转帅都督、大都督"。"诏授车骑大将军、仪同三司，改封武威公"。周武皇帝"以公素晓军谋，引参帷幄"，"公乃率其貔虎，执锐前驱，七步以齐，一戎便定"。"乃授上开府仪同大将军、司次中大夫、勇猛大夫"，又"拜洄州刺史"，"威被属城，誉宣蕃牧"。其对梁衍身历北周的描述较笼统而空泛，仅载仕履职任而已。梁衍"率其貔虎，执锐前驱，七步以齐，一戎便定"之事，不知是指保定四年（564）的东伐北齐战争，抑或是建德年间的东伐北齐之战。西魏时槐里县为始平郡治所，当今兴平市西，废于北周。梁衍在西魏袭爵槐里县，适与其枕铭所记"父照，试守本郡，复除使持节岐州刺史、槐里县公"相合。武威公为郡公，隋开皇三年（583）废郡，所属各县直隶凉州。大业三年（607）复改州为郡。入隋之后，梁衍"进爵宜阳郡公，拜蔚州刺史"。宜阳郡初置于北魏孝昌初，废于隋开皇三年（583），治所在宜阳县，当今河南宜阳县西。蔚州，《隋书·地理志中》雁门郡统县五，有灵丘县，小注云："后周置蔚州，又立大昌县。开皇初郡废，县并入焉。大业初州废。"[1] 志又云当时蔚州情状为"此州地连亭鄣，俗迩獯夷，封豕屡侵，射雕弥劲"。检《隋书·韩僧寿传》，有如下记述适可佐证："开皇初，拜安州刺史。时擒（韩擒虎）为庐州总管，朝廷不欲同在淮南，转为熊州刺史。后转蔚州刺史，进爵广陵郡公。寻以行军总管击突厥于鸡头山，破之。后坐事免。数岁，复拜蔚州刺史。突厥甚惮之。"[2] 又有《隋书·韩洪传》："时突厥屡为边患，朝廷以洪骁勇，检校朔州总管事。寻拜代州总管。仁寿元年，突厥达头可汗犯塞，洪率蔚州刺史刘隆、大将军李药王拒之。"[3] 由此知隋开皇至仁寿时期，蔚州的确是"地连亭鄣"，正为"封豕"与"射雕"者屡侵之地。梁衍能在"旬月之间，廓清戎塞"，成绩显著，"乃授上开府仪同三司"，"迁泽州刺史"。梁衍在此任上犹能"宽猛相济，绩誉兼宣"，灭秋蝗，养春蚕，抗旱减灾，

① 《隋书》卷三十《地理志中》，北京：中华书局，1973年标点本，第853页。
② 《隋书》卷五十二《韩僧寿传》，北京：中华书局，1973年标点本，第1342页。
③ 《隋书》卷五十二《韩洪传》，北京：中华书局，1973年标点本，第1342—1343页。

亲自为百姓祈福。虽然墓志之词或有谀墓之嫌，然或抑确有值得称颂的功绩。

（四）葬地雍州大兴县高望原

志云梁衍以开皇十一年六月三日薨于官舍，春秋五十三。"以开皇十一年岁次辛亥十月廿五日癸酉迁窆于雍州大兴县高望原"，枕铭亦曰"以十月廿五日葬于大兴县南高望原"。因墓志与枕铭的出土地不详，又遍检周、隋碑志及传世文献，"高望原"之名在唐宋以前略无二例，故"大兴县高望原"之地理位域需要特别讨论。首先高望原属大兴县，当位于长安城东南，适与位于长安城西南的辖于长安县的高阳原遥遥相对。其次，唐大和八年《太府寺主簿弘农杨迥墓志》曰"合安厝于万年县高平乡高望里附先茔"①，是知唐代万年县有"高望里"名，属高平乡。高平乡在唐位于凤栖原与少陵原之间。因为同在大兴县（唐改万年县）域，故隋之高望原与唐之高望里是否有直接的关联，值得措意。再次，宋代以后的地理文献在大兴县下出现了"高望堆"的地名。乐史《太平寰宇记》卷二十五《关西道·雍州》"万年县"记："高望堆。潘岳《西征赋》云'凭高望之阳隈'是也。"②宋敏求《长安志》卷十一"万年"又曰："高望堆。《长安图》曰在延兴门南八里。潘岳《西征赋》曰'冯高望之阳隈'。"③张礼《游城南记》则说："出启夏门，览南郊百神、灵星三坛。次杜光村。东南历仇家庄。过高望，西南行，至萧瀍墓，读碑。"④据张礼注知三坛的方位大约在启夏门外西南二里。杜光村即今之南窑村，大体方位在今少陵原西畔、北坡村北的华严寺附近。仇家庄即唐代宦官仇士良别业及墓茔所在，其南为郭子仪墓，西南长孙无忌墓，子仪父敬之与其所尚升平公主墓碑亦皆在附近。高望即高望堆，萧瀍墓在高望堆西南坡下，即今焦村所在，亦即高望堆在今焦村东北。元代骆天骧《类编长安志》卷十"石刻"述及《唐赠太保郭敬之碑》亦云"在凤栖原高望堆坟前，见存"。⑤至明清已降，"高望堆"之名于地志文献中恒见矣。然"高望原"名称的出现，据

① 周绍良主编：《唐代墓志汇编》，上海：上海古籍出版社，1992年，下册，第2151页。
② （宋）乐史撰：《太平寰宇记》，王文楚等点校，北京：中华书局，2007年，第523页。
③ （宋）宋敏求撰：《长安志》，辛德勇、郎洁点校，西安：三秦出版社，2013年，第362页。
④ （宋）张礼撰，史念海、曹尔琴校注：《游城南记校注》，西安：三秦出版社，2006年，第87—96页。
⑤ （元）骆天骧撰：《类编长安志》，黄永年点校，北京：中华书局，1990年，第310页。

笔者所见，隋唐以后最早的传世文献当是元代李好文的《长安志图》，其卷上"城南名胜古迹图"中赫然标示出"高望原"的字样①，其地理方位约在曲江的东南、长孙无忌墓与郭子仪墓的西北。此地与《长安志》谓高望堆"在延兴门南八里"之说差相符合。由知高望堆即高望原，其地在唐又适与凤栖原与少陵原之间的地理方位相契合。今之高望堆村犹存，方位正在曲江直南约3.5公里、华严寺直北约3.5公里及杜陵西南亦约3.5公里的交汇处，推其村名由来，当即源自地处古之高望堆或高望原之故。由此推之，隋之高望原应该就在今高望堆村一带。

（五）梁衍妻韩氏为韩欢之女

志云："夫人韩氏，昌黎人。大将军普安公欢之女也。"韩欢，正史无传，唯《周书》卷十二《齐炀王宪传》与卷二十九《刘雄传》皆载天和六年（571）"大将军韩欢"与齐将段孝先交战不利一事。故韩欢封普安公爵，墓志适可为史传补阙。

二、《梁衍枕铭》疏证

《梁衍枕铭》（图3）高23cm、宽38.5cm，厚度不详。铭文25行，满行14字，正书，有方界格。据悉枕铭正面一如其背面，无有凹陷且十分光洁，质地似为青砖。枕铭全文如下：

大隋故使持节上开府仪同三司泽州诸军事泽州刺史宜阳郡开国公梁君枕铭
公讳衍，字庆衍，安定朝那人，汉大将军商之后也。曾祖恒，河州刺史。祖允，泾州刺史、安定县公。父照，试守本郡，复除使持节岐州刺史、槐里县公。公幼号神童，长称俊士。襟情朗秀，风格温凝。累迁使持节、上开府仪同三司、蔚州刺史、宜阳郡公。奋平东夏，独擅高勋；近莅北蕃，孤挺清白。胡床挂柱，今去尚存；小驹留厩，昔来犹在。又拜使持节泽州刺史，余官 爵 如故。民迎竹马，非唯郭汲；诏赐公阙，岂

---

① （元）李好文撰：《长安志图》，辛德勇、郎洁点校，西安：三秦出版社，2013年，第24页。

比乔卿。俄而构疹，至乎大渐。开皇十一年六月己亥奄薨于官，时年五十有三。即以十月廿五日葬于大兴县南高望原。昔马援之亡交址，生平已焉；廉颇之丧寿春，悲夫何逮。是知岘山僚吏，终立坠泪之碑；狭外民黎，必有甘棠之颂。呜呼哀矣，敬为铭曰：

　　来晚之歌，仁明之曲。绰余此咏，盛膺兹录。方弘荣绪，奄随风烛。仲宣可痛，子吾何酷。空树悲松，长辞生谷。以期镌纪，庶流温玉。

图3　梁衍枕铭拓本

　　显而易见，这方枕铭既是《梁衍墓志》的简写，又对墓志有所补充。如《梁衍墓志》仅叙述了梁衍的祖、父辈，而《枕铭》则补充了远祖、曾祖，从而使其家族世系脉络有了纵向延伸。再从出土《梁衍枕铭》这一特殊情形来考察，核检南北朝隋唐出土墓志资料，在墓葬中发现供死者使用的石枕且镌刻有"枕铭"者，似仅此一例，因而应予特别关注。

　　《说文解字》曰："枕，卧所荐首者。"[1]《释名》卷六"释床帐第十八"云："枕，检也，所以检项也。"[2]检者，约束也，就是说枕是用以承托颈

　　① （汉）许慎：《说文解字》第六上"木部"，北京：中华书局，1963年，第121页。
　　② （汉）刘熙：《释名》卷六"释床帐"条，北京：中华书局，1989年影印《丛书集成初编》本，第94页。

项而促使安睡的物什。古代与枕相关的故事甚多，这里不妨举一例与梁氏家族有关者。晋王嘉《拾遗记》云："汉诛梁冀，得一玉虎头枕，云单池国所献。检其颔下，有篆书字，云是帝辛之枕，尝与妲己同枕之，是殷时遗宝也。"[①] 不过要论及枕铭的话，可资证见的文献记载大都是将其纳入一种文学体裁即"铭"的一类，而其铭文因为只是写在日常生活用品中的枕具上，限于体积和面积，通常以书写短小的格言警句诗词为多，就如同常见的砚铭、灯铭、笔铭、剑铭、琴铭等的性质和功用一样。枕铭在唐以前尚不多见，传世仅有几则著名人物的作品。如东汉蔡邕《警枕铭》曰："应龙蟠蛰，潜德保灵。制器象物，示有其形。哲人降鉴，居安闻倾。"[②] 枕铭作为警句，主要突出"居安闻倾"的含义。又有李尤《读书枕铭》曰："听政理事，怠则览书。倾倚偃息，随体兴居。寤心起意，由愈宴娱。"[③] 李尤，东汉著名文学家，曾任兰台史令、谏议大夫等职[④]。此铭当在其任职时所作，表达理政闲暇时倚枕读书的舒适愉悦心境。崔骃《六安枕铭》曰："枕有规矩，恭一其德。承元宁躬，终始不忒。"[⑤] 崔骃，《后汉书》卷五十二有传。博学多才，文辞典雅，与班固、傅毅齐名。六安即六面，以枕头的形状借喻服务朝廷应鞠躬尽瘁，始终如一。晋代苏彦《楠榴枕铭》则云："珍木之奇，文树理鲜。槏槾方正，密滑贞坚。朝景西翳，夕舒映天。书倦接引，酣乐流连。继以高咏，研精上玄。颐神靖魄，须以宁眠。寝贵无想，气和体平。御心以道，闲邪以诚。色空无着，故能忘情。"[⑥] 从楠榴枕的质地写起，接着叙述枕上阅读、高咏、休

① （晋）王嘉撰、（梁）萧绮录、齐治平校注：《拾遗记》卷七"魏"，北京：中华书局，1981 年《古本小说丛刊》本，第 169 页。

② （唐）欧阳询撰：《艺文类聚》卷七十《服饰部下·枕》，汪绍盈校，上海：上海古籍出版社，1982 年，下册，第 1218 页。

③ （唐）欧阳询撰：《艺文类聚》卷五十五《杂文部一·读书》，汪绍盈校，上海：上海古籍出版社，1982 年，上册，第 985 页。

④ 《后汉书》卷八十上《李尤传》云："李尤字伯仁，广汉雒人也。少以文章显。和帝时，侍中贾逵荐尤有相如、杨雄之风，召诣东观，受诏作赋，拜兰台令史。稍迁，安帝时为谏议大夫，受诏与谒者仆射刘珍等俱撰《汉记》。后帝废太子为济阴王，尤上书谏争。顺帝立，迁乐安相。年八十三卒。所著诗、赋、铭、诔、颂、《七叹》、《哀典》凡二十八篇。"北京：中华书局，1965 年标点本，第 2616 页。

⑤ （宋）李昉等：《太平御览》卷七百七《服用部九·枕》，北京：中华书局，1963 年影印本，第 3150 页。

⑥ （唐）欧阳询撰：《艺文类聚》卷七十《服饰部下·枕》，汪绍盈校，上海：上海古籍出版社，1982 年，下册，第 1218 页。

眠的情趣，最后落到"御心以道，闲邪以诚。色空无着，故能忘情"的养心境界。唐代诗人刘禹锡也曾在友人段君醉卧的枕头上题诗"自羞不是高阳侣"，以志彻夜对酒联句之雅集，遂留下一段诗坛佳话。再举一例传世实物，即安徽六安博物馆藏宋代瓷枕，正面所写枕铭为"白雪（'雪'似应为'云'之误）朝朝走，清山日日来"（图4）。山西博物院藏金代白瓷褐彩诗句椭圆形枕，正面所写枕铭为"高捲绣帘观夜月，低垂银障玩秋（金）灯"（图5），河北省博物馆藏元代白釉黑彩诗文长方形枕，正面所写枕铭为《喜春来》曲："牡丹初放安排谢，朋友才交准备别，人生一世半痴呆，如梦蝶，不觉日西斜。"（图6）将这些纯粹具有文学属性的枕铭与《梁衍枕铭》相比较，可知它们在性质、用途与内容上竟全不相同，亦即《梁衍枕铭》是刻在为死者安葬用的石枕上，而传世的"枕铭"则是书刻在生人日用的枕具上；《梁衍枕铭》的内容犹如墓志铭文，字数较长，兼具志墓性质，而传世文献所见的枕铭文字则大多片言只语，内含丰富，如同座右铭一般，旨在砥砺主人在日常生活中的正己修身和为人处世，故这些枕铭是不作为葬具出现的。

如果要在性质、功用与内容上寻找可以与《梁衍枕铭》直接相较者，或许2009年河南省安阳县安丰乡西高穴村曹操高陵所出的长方形石枕最有典型意义（图7），其背面题刻"魏武王常所用慰项石"（图8）。慰者，安也，适也，即使颈项得以安适。安阳高陵的主人已经国家文物局证实，可知此石枕确是曹操棺床上的葬具。在形状上，梁衍的枕铭不是正面有放置脖项凹槽的枕形条石，而是如同汉砖一样的六面平直的长方体条石。另外从曹操的慰项石到梁衍的枕铭，在文字内容上有了很大不同，即曹操的慰项石仅仅点明了它的功用和所有者，而梁衍的枕铭石除却点明其功用，竟还将墓志文简约地记录在上面，这是最大的功用性质上的变化，值得重视，毕竟明确以"枕铭"为首题的墓志文字仅此一见。

与《梁衍墓志铭》相比较，《梁衍枕铭》在文辞上基本上是墓志铭内容的凝炼。譬如"奋平东夏，独擅高勋；近莅北蕃，孤挺清白。胡床挂柱，今去尚存；小驹留厩，昔来犹在"的叙述，恰当地利用几则典故，总结梁衍在"累迁使持节、上开府仪同三司、蔚州刺史、宜阳郡公"职任上的功绩。"胡床挂柱"，讲的是三国时期魏国"为人材博，有雅（要）容"的裴潜，在离开

图 4　六安博物馆藏宋代枕铭

图 5　山西博物院藏金代枕铭

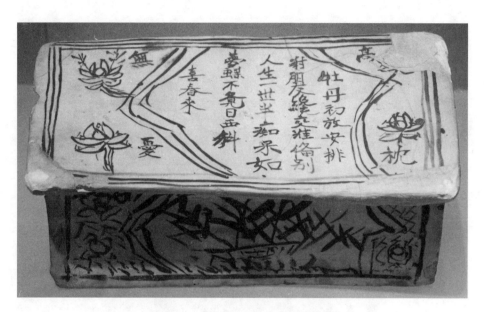

图 6　河北省博物馆藏元代枕铭

图 7　曹操高陵出土枕石顶面

图 8　曹操高陵出土枕石底面

兖州职任时，将自制胡床"留以挂柱"①，以此契合梁衍在任蔚州刺史的艰苦环境中，留下了以身作则、廉政清白的好名声。北周庾信撰《宇文显墓志》

---

① 《三国志》卷二十三《魏书·裴潜传》小注 [1]："《魏略》曰：（裴）潜为兖州时，尝作一胡床，及其去也，留以挂柱。又以父在京师，出入薄犊车；群弟之田庐，常步行；家人小大或并日而食；其家教上下相奉，事有似于石奋。其履检校度，自魏兴少能及者。潜为人材博，有雅（要）容，然但如此而已，终无所推进，故世归其絜而不宗其余。"北京：中华书局，1959 年标点本，第 673 页。

亦曰："在州遘疾，解任还朝。小马留厩，余床挂柱。吏民扳恋，刊石陉山。"① 则又知以"挂柱"与"留厩"为用典对句大概始于庾信，而《梁衍枕铭》的对句似乎也是受到了庾信的影响。枕铭又云"又拜使持节泽州刺史，余官爵如故。民迎竹马，非唯郭伋；诏赐公阙，岂比乔卿"，则用了东汉郭伋（汲）与郭乔卿的事迹来比附梁衍的执政是如何地受到民众拥戴②。凡此种种，都说明《梁衍枕铭》的作用不但是对其墓志铭的补充，且在文辞上更趋生动华丽，使人读起来更富有文学趣味。至于此种或可视之为"枕上浮生"性质与内涵的枕铭，何以所见稀缺？则还需再作审慎追究。

原载（《唐史论丛》第二十一辑，三秦出版社 2015 年版）

---

① 王其祎、李举纲：《新出土北周建德二年庾信撰〈宇文显墓志铭〉勘证》，《纪念西安碑林九百二十周年华诞国际学术研讨会论文集》，北京：文物出版社，2008 年，第 491 页。该墓志亦载在《庾子山集》卷十五与《文苑英华》卷九百四十七。

② 郭伋，见《后汉书》卷三十一《郭伋传》"郭伋字细侯，扶风茂陵人也"。任并州牧时，"素结恩德，及后入界，所到县邑，老幼相携，逢迎道路。所过问民疾苦，聘求耆德雄俊，设几杖之礼，朝夕与参政事。始至行部，到西河美稷，有童儿数百，各骑竹马，道次迎拜。伋问'儿曹何自远来'。对曰：'闻使君到，喜，故来奉迎。'伋辞谢之。及事讫，诸儿复送至郭外，问'使君何日当还'。伋谓别驾从事，计日（当）告之。行部既还，先期一日，伋为违信于诸儿，遂止于野亭，须期乃入"。北京：中华书局，1965 年标点本，第 1092—1093 页。郭乔卿，见《后汉书》卷二十六《郭乔卿传》："贺字乔卿，雒（阳）人。祖父坚伯，父游君，并修清节，不仕王莽。贺能明法，累官，建武中为尚书令，在职六年，晓习故事，多所匡益。拜荆州刺史，引见赏赐，恩宠隆异。及到官，有殊政。百姓便之，歌曰：'厥德仁明郭乔卿，忠正朝廷上下平。'显宗巡狩到南阳，特见嗟叹，赐以三公之服，黼黻冕旒。敕行部去襜帷，使百姓见其容服，以章有德。每所经过，吏人指以相示，莫不荣之。永平四年，征拜河南尹，以清静称。在官三年卒，诏书愍惜，赐车一乘，钱四十万。"北京：中华书局，1965 年标点本，第 908—909 页。

新见隋代《尚衣奉御尹彦卿墓志》研读——兼说"小陵原"与"少陵原"的名称沿革

新得隋大业十二年（616）《尹彦卿墓志》拓本一帧（图1），云近年出土于西安市城南长安区，石存未详。拓本高23cm、宽22cm，志文11行，满行12字，楷书。似此类小于25cm见方的隋代墓志小品（不含砖志），依笔者所见，还有河北武安出土今存辽宁省博物馆的开皇九年（589）《洪州刺史张僧殷暨子骑兵参军张潘庆墓志》，21.7cm见方；2002年西安市长安区出土的开皇二十年（600）《右卫翊卫骠骑大将军仪同三司宜阳县开国公杨文愿墓志》，长24.8cm、宽17.5cm；洛阳出土的大业八年（612）《绥德尉麻府君妻庞畏孃墓志》，长24cm、宽23cm；洛阳出土石存西安碑林博物馆的大业十年（614）《光禄大夫开府仪同三司文安宪侯牛弘第三女牛晖墓志》，长23cm、宽22cm等①，合此可以推知，隋代并未以身份贵贱和官品高低来严格规约墓志石的形制大小②。《尹彦卿墓志》志文如下：

---

① 所举四例，依次见王其祎、周晓薇：《隋代墓志铭汇考》，北京：线装书局，2007年，第1册，第332页；第2册，第322页；第4册，第274页；第5册，第37页。近日又得隋志小品一种，为2009年初出土于长安区杜陵西凤栖原韩家湾村的大业四年（608）《隋统师墓志》，志石边长27cm，志文仅23字，曰："大业四年闰三月廿八日京兆郡武功苏郡统权瘗于此。"可谓石也小巧，文也简赅，而书法亦极工稳方正，颇似隋楷名品《苏慈墓志》。见李举纲等：《西安南郊隋苏统师墓发掘简报》，《考古与文物》2010年第3期，第3—6页。

② 虽然《隋书》卷八《礼仪志三》在葬制上规定："三品已上立碑，螭首龟趺。趺上高不得过九尺。七品已上立碣，高四尺。圭首方趺。若隐沦道素，孝义著闻者，虽无爵，奏，听立碣。"北京：中华书局，1973年，第157页。但对于墓志未见明文依据，而实际的情形也显得杂乱无章。

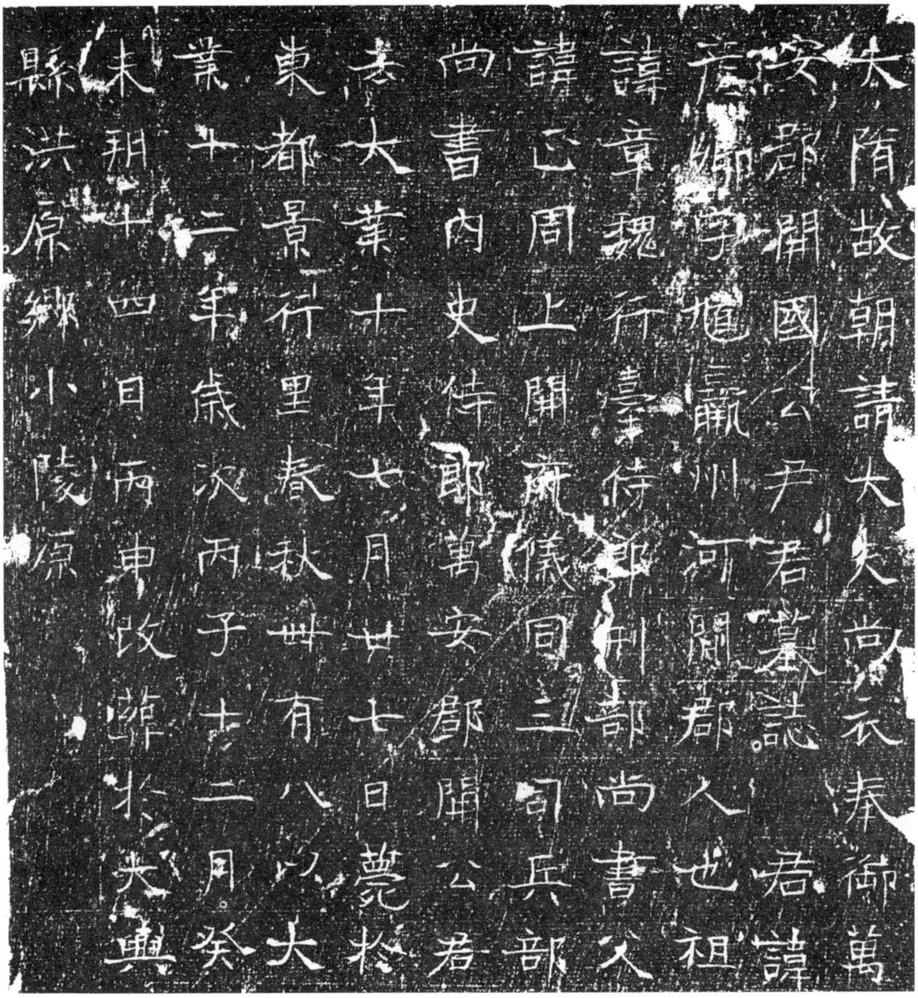

图1　大业十二年（616）《尹彦卿墓志》拓本

大隋故朝请大夫尚衣奉御万安郡开国公尹君墓志

君讳彦卿，字尫，嬴州河间郡人也。祖讳章，魏行台侍郎、刑部尚书。父讳正，周上开府仪同三司、兵部尚书、内史侍郎、万安郡开公。君去大业十年七月廿七日薨于东都景行里，春秋卌有八，以大业十二年岁次丙子十二月癸未朔十四日丙申改葬于大兴县洪原乡小陵原。

按志主尹彦卿，《隋书》无传。唯《隋书》卷七十六《尹式传》云："河间尹式，博学解属文，少有令问。仁寿中，官至汉王记室，王甚重之。及汉王败，式自杀。其族人正卿、彦卿俱有俊才，名显于世。"①《北史》卷八十三《尹式传》所记略同。由排行知尹正卿与尹彦卿当为兄弟。而《隋书》卷八十五《宇文化及传》与《司马德戡传》记正卿义宁二年（618）三月尝参与宇文化及谋反，后又反戈谋袭化及而为化及所杀②。《北史》卷七十九《宇文化及传》与《司马德戡传》所记略同。由是又知正卿晚彦卿四年而卒，而尹式与彦卿父尹正以讳名推之，或许为同宗兄弟。又惜墓志亦未记彦卿之所能事，故其"名显于世"之"隽才"究不知何所体现。彦卿祖尹章，不见于史传。彦卿父尹正，亦非《周书》卷四十八、《北史》卷九十三有传之尹正。《周书》卷四十八《尹正传》云："尹正，其先天水人。詧莅雍州，正为其府中兵参军。擒张缵，获杜岸，皆正之力。詧承制，以为将军。寻拜大将军。及称帝，除护军将军，进位柱国，封新野县侯，邑千户。詧之三年，卒，赠开府仪同三司。谥曰刚。巋之五年，以正配食詧庙。子德毅，多权略，位至大将军。后以见疑赐死。"③《北史》卷九十三《尹正传》略同。可知正史有传者为天水人，而彦卿父为河间人；正史有传者任职南朝西梁且卒在萧詧大定三年（557），而彦卿父署官爵皆为北周，更且二人官爵无一相同；正史有传者有子曰德毅，亦与彦卿、正卿行字不合，可推正史有传之尹正与彦卿父非是一人。然同一时段有两位官爵颇高的同姓名者并行于世，也颇让人感到巧合得不可思议。封万安郡公者，检《周书》、《北史》、《隋书》皆未见有记载。"内史侍郎"则是避讳隋文帝父杨忠嫌名而改"中书侍郎"之谓。尚衣奉御，《隋书》卷二十八《百官志下》记隋炀帝时殿内省"统尚食、尚药、尚衣、尚舍、尚乘、尚辇等六局，各置奉御二人。"④奉御为正五品。尚衣即旧御府之改名，掌御衣服玩弄事。尹彦卿任尚衣奉御正在炀帝时，可资佐证。隋墓志所见任尚衣奉御者还有大业七年（611）韦匡伯一人⑤，尹彦卿之任尚

---

① 《隋书》卷七十六《尹式传》，北京：中华书局，1973 年标点本，第 1748 页。

② 《隋书》卷八十五《宇文化及传》，北京：中华书局，1973 年标点本，第 1891 页。

③ 《周书》卷四十八《尹正传》，北京：中华书局，1971 年标点本，第 871 页。

④ 《隋书》卷二十八《百官志下》，北京：中华书局，1973 年标点本，第 795 页。

⑤ 见王其祎、周晓薇：《隋代墓志铭汇考》，北京：线装书局，2007 年，第 6 册，第 28 页。《新唐书》卷七十四上《宰相世系表四上》韦氏郧公房亦记"匡伯，隋尚衣奉御、舒国懿公"。又，《昭陵发现陪葬宫人墓》披露唐显庆元年（656）韦匡伯女《文帝昭容一品韦尼子墓志》云："父匡伯，隋尚衣奉御、舒国公。"《文物》1987 年第 1 期，第 83—95 页。周绍良主编：《唐代墓志汇编》永隆二年（681）《韦檀特墓志》亦云"隋尚衣奉御舒国公之第二女"。上海：上海古籍出版社，1992 年，上册，第 681 页。

衣奉御当在韦匡伯之后。《隋书》亦仅记萧岿子萧璟一人为"尚衣奉御"①。

尹彦卿卒于东都"景行里",《唐两京城坊考》卷五《东京外郭城》云:"东城之东,第三南北街,北当安喜门西街,从南第一曰景行坊。"②此坊未见著录隋人宅第,检隋代墓志铭亦仅此一例景行坊之记载,今据尹彦卿墓志适可补隋代尹氏一门尝居此坊。隋代东都景行里位于北市之南、漕渠之北、时邕坊之西、归义坊(瀍水南北纵穿此坊)之东。

尹彦卿葬于"大兴县洪原乡小陵原",《汉书》卷九十七上《外戚传》云:"(孝宣)许后立三年而崩,谥曰恭哀皇后,葬杜南,是为杜陵南园。"唐颜师古注曰:"即今之所谓小陵者,去杜陵十八里。"③骆天骧《类编长安志》卷七"原丘"云:"少陵原。在今咸宁县南四十里,南接终南,北至浐水,西屈曲六十里,入长安县界,即汉鸿固原也。宣帝许后葬司马村,冢比杜陵差小,号曰小陵,以杜陵大故也,语讹为少陵。杜甫称少陵野老。杜曲在其旁。"④同书卷八"辨惑"又云:"司马冢。本许后冢。新说曰:'宣帝许后葬于司马村,比杜陵差小,呼为小陵,以杜陵大故也。秦音以小为少,谓之少陵,改少陵乡。俗传大司马霍光冢非也,许后冢是也。'"⑤又见新出唐调露元年(679)《常昌暨妻刘氏墓志》云:"合葬于少陵原之礼也。其原却背浐水,前望鲍陂。东接头空,西临樊谷。汉武置陵之地,秦皇游猎之原。厥土惟平,宅兆惟上。"⑥此将少陵原的地理位置交代得十分清楚,即少陵原北滨浐水,南望鲍陂(今西安市长安区杜陵正南小鲍陂村),东接(马)头空,西临樊川。又云"厥土惟平,宅兆惟上",更强调此原自古就是土厚原平、合于安坟的佳所。

若按照前述"秦音以小为少"的说法,缘何讹为"少陵原"在唐以前未

① 《隋书》卷七十九《外戚列传》,北京:中华书局,1973年标点本,第1795页。

② (清)徐松撰:《唐两京城坊考》,方严点校,北京:中华书局,1985年,第174页。

③ 《汉书》卷九十七上《外戚传》,北京:中华书局,1962年标点本,第3967—3968页。

④ (元)骆天骧撰:《类编长安志》卷七,黄永年点校,北京:中华书局,1990年,第205—206页。

⑤ (元)骆天骧撰:《类编长安志》卷八,黄永年点校,北京:中华书局,1990年,第266页。又参见(宋)宋敏求撰:《长安志》卷十一"万年"条:"少陵原。在县南四十里,南接终南,北至浐水,西屈曲六十里入长安县界,即汉鸿固原也。宣帝许后葬于此,俗号少陵。"(宋)程大昌撰:《雍录》卷七"少陵原"条:"在长安县南四十里。汉宣帝陵在杜陵县,许后葬杜陵南园。师古曰:'即今谓小陵者也,去杜陵十八里。'它书皆作少陵。杜甫家焉,故自称杜陵老,亦曰少陵也。"

⑥ 《常昌暨妻刘氏墓志》,2009年入藏西安碑林博物馆。图版载赵力光主编:《西安碑林博物馆新藏墓志续编》,西安:陕西师范大学出版社,2014年,上册,第173页。

见，且颜师古尚认为“即今之所谓小陵者”。案今见“小陵原”之号，西魏已有，如大统二年（536）《赵超宗妻王氏墓志》云“合窆乎山北县小陵原”①，西魏之山北县即隋之大兴县和唐之万年、咸宁县。大统十年（544）《娄睿墓志》云：“窆于小陵原之北乡”②。大统十五年（549）《侯兴墓志》云：“迁葬于山北县小陵原”③。废帝二年（553）《柳桧墓志》云：“权窆小陵原，去长安卅里”④。北周更为多见，如新出土北周二年（558）《拓跋宁墓志》云：“窆于小陵原”⑤。新出土北周二年（558）《元儒墓志》云：“窆于小陵原”⑥。西安南郊长安区大兆乡小兆村出土的北周明帝二年（558）《拓跋育墓志》云：“葬于小陵原”⑦。保定五年（565）《长孙绍远墓志》云：“窆于小陵原，附文宣王之兆帷”⑧。天和二年（567）《乙弗绍墓志》亦云：“以天和元年春谢任还京，……以二年七月二日遘疾薨于第，……其年十月十七日子窆于小陵原。”⑨天和二年（567）《柳鷟妻王令妫墓志》云：“窆于长安小陵原”⑩。建德元年（572）《宇文逄恩墓志》云：“祔葬于长安小陵原美阳孝公墓次”⑪。大象元年

① 赵力光主编：《西安碑林博物馆新藏墓志汇编》，北京：线装书局，2007年，上册，第24页。北魏、西魏墓志中亦有称此地为杜陵者，如孝昌二年（526）《韦彧墓志》云：“公讳彧，字遵庆，京兆杜人也，今分山北县洪固乡畴贵里。……薨于长安城永贵里第，……葬于旧兆杜陵。”大统十六年（550）《韦彧妻柳敬怜墓志》云：“合葬杜陵旧兆洪固乡畴贵里。”可知“洪固”与“畴贵”的乡里名称亦自北魏始有。参见周伟洲等：《新出土的四方北朝韦氏墓志考释》，《文博》2000年第2期，第65—72页。

② 新近出土，石存私家，据笔者自藏拓本著录。

③ 志石2012年入藏西安碑林博物馆。图版载赵力光主编：《西安碑林博物馆新藏墓志续编》，西安：陕西师范大学出版社，2014年，上册，第5页。

④ 王连龙：《新见北朝墓志集释》，北京：中国书籍出版社，2013年，第116页。

⑤ 志石2012年入藏西安碑林博物馆。图版载赵力光主编：《西安碑林博物馆新藏墓志续编》，西安：陕西师范大学出版社，2014年，上册，第7页。

⑥ 据笔者自藏拓本著录。

⑦ 祥生：《长安发现北魏献文皇帝之孙墓志》，西安碑林博物馆编：《碑林集刊》第四辑，西安：陕西人民美术出版社，1996年，第62—63页。

⑧ 2010年西安南郊高望村航天工地出土，文宣王即长孙稚，（北齐）魏收等撰《魏书》有传附其曾祖长孙道生。志文及图版见陈财经、王建中：《新出土北朝长孙氏墓志三方考略》，西安碑林博物馆编：《碑林集刊》第十七辑，西安：三秦出版社，2011年，第11—21页。

⑨ 毛远明：《汉魏六朝碑刻校注》，北京：线装书局，2008年，第10册，第213页。“子”字疑为“卜”字之误刻。

⑩ 据笔者所藏拓本著录。

⑪ 志石2012年入藏西安碑林博物馆。图版载赵力光主编：《西安碑林博物馆新藏墓志续编》，西安：陕西师范大学出版社，2014年，上册，第16页。美阳孝公即柳虬，虬父柳僧习，虬弟柳桧，逄恩赐姓宇文。

（579）《尉迟元伟墓志》云："葬于京师城南小陵原"①。隋代碑志中也多见小陵原之谓，如开皇元年（581）《华端墓志》云："窆于大兴县小陵之原"②，开皇九年（589）《宋忻暨妻韦胡磨墓志》云："葬于小陵原"③，开皇九年（589）《成备墓志》云："以开皇九年岁次己酉十月辛卯朔廿四日丁亥窆于雍州大兴县小陵之原"，开皇十年（590）《海安公耿雄墓志》云："窆于大兴县南小陵原高平乡通明里"④，隋薛道衡撰《赵芬碑》云："开皇十五年厝于小陵原"⑤，仁寿元年（601）《鲁阿鼻墓志》云："迁葬小陵之原洪固乡畴贵里"⑥，仁寿三年（603）《长孙公妻周城郡君薛氏墓志》云："葬于大兴县永寿乡小陵原"⑦。大业九年（613）《元诚墓志》云："迁窆于大兴县小陵原"⑧。大业十三年（617）《元统师墓志》云："以（大业）十三年太岁丁丑二月壬午朔三日甲申归瘗于大兴县洪源乡之小陵原"。⑨ 其中"高平乡"、"洪固乡"与"永寿乡"的出现，我们了解到自东北向西南蜿蜒的小陵原并不仅有洪原一乡⑩。入唐后大兴县改名万年县或咸宁县，而洪原乡名称犹然沿用了稍长时间，如1985年长安区大兆乡北寨村出土的唐武德元年（618）《李制墓志》云："葬于万年县洪原之乡"⑪，永徽二年（651）《姜崇业墓志》云："永徽二年岁次

① 王连龙：《新见北朝墓志集释》，北京：中国书籍出版社，2013年，第190页。

② 赵力光主编：《西安碑林博物馆新藏墓志续编》，西安：陕西师范大学出版社，2014年，上册，第19页。

③ 王其祎、周晓薇：《隋代墓志铭汇考》，北京：线装书局，2007年，第1册，第267页。

④ 《成备墓志》与《耿雄墓志》分别载在胡戟、荣新江主编：《大唐西市博物馆藏墓志》，北京：北京大学出版社，2012年，上册，第26、28页。皆近年出土，均藏大唐西市博物馆。

⑤ （唐）许敬宗编、罗国威整理：《日藏弘仁本文馆词林校证》卷四百五十二《大将军赵芬碑铭一首并序》，北京：中华书局，2001年，第150页。

⑥ 王其祎、周晓薇：《隋代墓志铭汇考》，北京：线装书局，2007年，第3册，第15页。

⑦ 2009年出土于西安市长安区韦曲街道办事处东侧凤栖原，大业二年（606）开府仪同三司、东宫右武卫副率、平原公《柴恽墓志》亦在附近出土，志石皆存西安市文物保护考古所。见国家文物局：《2009中国重要考古发现》，北京：文物出版社，2010年，第136页。墓志全文："魏左光禄大夫散骑常侍开府仪同三司平原侯长孙公妻周城郡薛氏时年七十九，大隋仁寿二年九月廿日薨于京师之第，以仁寿三年岁次癸亥二月癸酉朔十二日甲申葬于大兴县永寿乡小陵原。"

⑧ 新近出土，据笔者自藏拓本著录。

⑨ 胡戟、荣新江主编：《大唐西市博物馆藏墓志》，北京：北京大学出版社，2012年，上册，第58页。

⑩ 前举隋开皇二十年（600）《杨文愿墓志》亦云"葬于大兴县洪固乡"。

⑪ 陈尊祥、郭盼生：《唐李制墓志考释》，西安碑林博物馆编：《碑林集刊》第三辑，西安：陕西人民美术出版社，1995年，第47页。

辛亥八月壬戌朔廿三日甲申迁窆于京兆万年洪原乡之原"，① 至德二载（757）《寿王第六女赠清源县主墓志》云："窆于咸宁洪原乡少陵原"②，今长安区大兆乡司马村出土的唐开成五年（840）《杜公长女墓志》亦云："葬于万年县少陵原下洪原乡主茔之隅故土"③，杜牧撰大中六年（852）《杜颙墓志》亦云："归葬先茔，实万年县洪原乡少陵西南二里"④。又，北周庾信《侯莫陈道生墓志》曰："葬于京兆某县洪源乡"，复于铭文更言："赵瑟秦声，同为丘墓。小陵石椁，洪原乡土。"⑤ 是知小陵与洪原对文在隋前已有先声。从上述举证可知，《尹彦卿墓志》的葬地与出土地当在今西安市长安区大兆乡亦即去杜陵南十八里汉宣帝许后墓所在之少陵原一带，至于唐以前称"小陵"，唐以后称"少陵"，似乎俨然是一线分界，更确切说是唐代高祖武德年间尚用"小陵"之称，而至贞观年间出现"少陵"，且与"小陵"互见，贞观以后遂不再有"小陵"名称而皆作"少陵"⑥。至于名称迁改的确切理由和确凿的文献依据，或许还要再作更加深入细致的爬梳检讨。

原载（《考古与文物》2011 年第 4 期）

---

① 胡戟、荣新江主编：《大唐西市博物馆藏墓志》，北京：北京大学出版社，2012 年，上册，第 96 页。

② 周绍良主编：《唐代墓志汇编》至德 003，上海：上海古籍出版社，1992 年，下册，第 1733 页。

③ 赵力光主编：《西安碑林博物馆新藏墓志汇编》，北京：线装书局，2007 年，下册，第 717 页。

④ （唐）杜牧：《樊川文集》卷九，上海：上海古籍出版社，2007 年标点本，第 139 页。

⑤ （北周）庾信撰、（清）吴兆宜注：《庾开府集笺注》卷十《周骠骑大将军开府侯莫陈道生墓志铭》，上海：上海古籍出版社，1987 年影印文渊阁《四库全书》本，第 1064 册，第 279 页。

⑥ 如唐武德四年（621）《隋朝散大夫张权墓志》云："自隋末丧乱，遂被世充羁绁，春秋册有五，洛邑平矜，丧柩乃旋，以今武德四年十月廿五日永窆于万年县之小陵原。"胡戟、荣新江主编：《大唐西市博物馆藏墓志》，北京：北京大学出版社，2012 年，上册，第 64 页。而唐贞观十二年（638）《赵隆墓志》已云："粤以贞观十二年岁次戊戌正月辛巳朔廿六日丙午窆于义善乡少陵原。"周绍良、赵超主编：《唐代墓志汇编续集》贞观 019，上海：上海古籍出版社，2001 年，第 21 页。不过，贞观二十年（646）《元虔盖暨妻韦氏墓志》仍曰："粤以贞观廿年岁次景午十一月己丑朔十四日壬寅迁神于雍州万年县之小陵原。"吴纲主编：《全唐文补遗》第七辑，西安：三秦出版社，2000 年，第 248 页。至永徽六年（655）《常鸿墓志》则云："以永徽六年岁次乙卯十月丁酉朔十三日己酉合葬于万年县之少陵原。"胡戟、荣新江主编：《大唐西市博物馆藏墓志》，北京：北京大学出版社，2012 年，上册，第 110 页。

崔知之：《武士彠碑》的摹勒者——
新见唐《崔知之墓志》与关联史事

　　长安元年（701），是武则天革去李唐正朔而开启天授大周皇朝的第十二个年头。这一年，武则天又敕令完成了一件为其革命正名的大事，那就是于故乡文水祖坟昊陵为其父武士彠树立丰碑。此前在为大周正名的一系列形式与程序中，关系到武氏家族名分的措施已经体现在为其祖宗建立社稷、追尊庙号与号墓为陵诸方面，其中包括天授元年（690）追尊其父曰孝明高皇帝，陵曰昊陵；追尊其母曰孝明高皇后，陵曰顺陵。而直到圣历二年（699）敕令"改昊陵署为攀龙台"和"改顺陵为望凤台"后，武则天方始决定为其父母分别建立颂德之碑，亦即为其父武士彠树立《大周无上孝明高皇帝碑》（后世又称《武士彠碑》或《攀龙台碑》），为其母杨氏树立《大周无上孝明高皇后碑》（后世又称《望凤台碑》或《顺陵残碑》）。文水的昊陵碑立于长安元年（701），宰相李峤撰文，相王李旦楷书；咸阳的顺陵碑立于长安二年（702），武三思撰文，亦由相王李旦楷书。只是昊陵碑早在明末已经湮没无闻，且无片纸拓本存世，而顺陵碑尚有残石数片，今存咸阳博物馆，从中略可窥见李旦楷书的真面目，并可以之来揣摩前此一年书刻的昊陵碑的书法影像。

　　笔者研读《大唐西市博物馆藏墓志》一书，于唐开元二十年（732）《崔知之墓志》（图1、图2）中读到"年卅一，武氏昊陵建碣，历采伯英之筋，以善草隶摹勒，起家授苏州参军事"一句[1]，始发现在当年书刻昊陵碑的程序

---

[1]　胡戟、荣新江主编：《大唐西市博物馆藏墓志》，北京：北京大学出版社，2012年，中册，第468页。此墓志于2007年入藏大唐西市博物馆。

图1 崔知之墓志

图 2 "昊陵建碣"一语

中，乃是经由崔知之这位善书高手将相王李旦的书法摹勒上石的。通常帝王书法与石刻之表现关系，是不会由帝王本人直接书丹于石的，而是要遴选擅长书法和有临摹功力的书手来将帝王的笔迹摹勒到碑石上，然后再由刻工镌刻完成。这就是我们为何常常看到碑石上既出现某人摹勒又出现某人镌刻的缘故，这个问题后文再予解说。本文仅欲依据《崔知之墓志》所提供的新史料来就崔知之其人与其书、昊陵碑的名称与建碑时间、相王李旦传世书刻与书风、古碑的摹勒与镌刻等问题作相关研讨。

一、崔知之其人与其书

《崔知之墓志》的图版与录文已载《大唐西市博物馆藏墓志》一书，故以下的探讨不再重复录文。据《崔知之墓志》，可知崔知之字锜，博陵安平人，历任苏州参军事、青州北海县丞、杭州紫溪县令。开元十九年（731）八月十二日卒于紫溪县官舍，春秋五十有八，开元二十年（732）二月廿三日窆于东周河南县万安山之阳祔于先茔。知之曾祖君昭，隋朝任左散骑常侍；祖父玄亮，唐朝任朝散大夫、雍州泾阳县令；父训，武周朝任魏州莘县令。又据天宝十三载（754）《郑炅墓志》"夫人博陵崔氏，隋左武侍公牧之曾孙，泾阳丞玄亮之孙，陈留郡司马无固之女"[①]，知崔无固即崔知之的叔父，崔公牧亦即崔君昭。再据《新唐书》卷七十二上《宰相世系表》崔氏博陵大房记有崔君昭及其孙玄亮两人，皆不载职官，又记玄亮三子，长无纵，次无固，汴州司马，季无怠。《元和姓纂》则未载崔玄亮一支。今据《崔知之墓志》与《郑炅墓志》，可证玄亮应为君昭子，而非其孙，且可补崔训与崔知之两代之阙。至于崔训与崔无纵或崔无怠，亦有可能即同一人，待考。

由前举志文"年卅一，武氏昊陵建碣，历采伯英之筋，以善草隶摹勒，起家授苏州参军事"一语，恰可以证见崔知之的书法风格与水平。其实这里所谓的"善草隶摹勒"应理解为以擅长于草隶书法而参与了摹勒碑版工作。由崔知之被遴选为昊陵碑的摹勒者，足以说明其摹书功夫高明，确实堪为一时之选；又以其"善草隶"，而知其书法体式当是以楷书为主。因为南北朝时

---

① 周绍良、赵超主编：《唐代墓志汇编续集》，上海：上海古籍出版社，2001年，第653页。

期尚少楷书、正书称谓（南朝有从“楷法”一词而转称“楷书”者，仍是指汉晋间通行的隶书八分而言），彼时所称的“草隶”，通常在广义上是泛指书法，而在狭义上则偏指隶书，并非主要指草书或带有隶书笔意的章草。而唐代所称的隶书在盛唐以前又多是指今天的楷书，而非今天的隶书①。当然崔知之亦必长于以南朝书风影响为主流的新体行书，否则当不会以“善草隶”而并称。崔知之长于楷书与摹勒，故能被选中担当相王李旦以楷书书写的《昊陵碑》亦即《武士彟碑》的临摹工作。至于“历采伯英之筋”，应是借东汉张伯英（张芝）擅长章草而比喻所选摹勒之人必须是书法水平高超者，而与《昊陵碑》的书体和崔知之的长于楷法其实无直接关联。另外，相王李旦的楷书中往往夹杂着篆隶乃至草行笔法，因此摹勒者若非兼善草行篆隶或许也难以做到传神写照。又，崔知之以摹勒《昊陵碑》之功而起家即任从八品的“苏州参军事”，也成为一例唐代重视书法、不拘一格、超阶任官的绝好佐证②。

还有一点颇有意思，不妨顺便提及。即志文的首行题与墓志盖的盖题虽然都豁然写着“大唐”二字，且在志文中也有“曾祖君昭，隋左散骑常侍，直躬以端物；祖玄亮，皇朝散大夫、雍州泾阳县令，明道以奉官”的对正朔王朝的强调，但在志文中竟又不起眼地出现了“父训，周魏州莘县令”一句，

---

① 《北齐书》卷三十八《赵彦深传》云其子仲将“学涉群书，善草隶。虽与弟书，书字楷正，云草不可不解，若施之于人，即似相轻易，若与当家中卑幼，又恐其疑所在宜尔，是以必须隶笔”。北京：中华书局，1972年标点本，第507页。《北史》卷五十五《赵彦深传》同。又《新唐书》卷一百六十《徐浩传》曰：“浩父峤之善书，以法授浩，益工。尝书四十二幅屏，八体皆备，草隶尤工，世状其法曰‘怒猊抉石，渴骥奔泉’云。”北京：中华书局，1975年标点本，第4966页。浩以楷书最见擅长，故“草隶尤工”，即当指其“八体皆备而楷书尤工”。归理正史所见北朝的魏、齐、周及隋之间“善草隶”者，约有王世弼、源楷、李思穆、柳弘、王褒、萧撝、崔玄伯、萧慨、房彦谦、刘懋、庾道、赵仲将、虞世基、房玄龄等人，另有释智永、欧阳询、虞世南等也是隋唐之间工草善隶的大家。再检诸出土墓志，亦有善草隶书者可征：如王普贤“妙闲草隶，雅好篇什”［北魏延昌二年（513）《贵华恭夫人王普贤墓志》］，寇凭“美谈笑，善草隶”［北魏神龟二年（519）《寇凭墓志》］，元暐“草隶之工，迈于锺索”［北魏武泰元年（528）《元暐墓志》］，元显“工名理，好清言，善草隶，爱篇什”［东魏武定二年（544）《元显墓志》］，李世洛“性讥惊，美谈笑，善草隶，爱林泉”［大业五年（609）《李世洛墓志》］等。

② 以苏州为雄州，地位本高于上州，故参军事的品阶亦当比上州的从八品下高出一阶，或为从八品上。以书法出众而被擢授官职者可再举一例，即天宝十载（751）《焦礼墓志》所记：“次男英秀，早善银钩，为隶篆之宗模，作翰林之缘舫，开元廿八载，擢拜清化郡参军事。”见《隋唐五代墓志汇编》陕西卷，天津：天津古籍出版社，1991年，第四册，第14页。案唐有两清化郡，一为巴州，属中州，在隋即清化郡；一为施州，属下州，在隋为清江郡。此志云开元年任职，当是巴州之清化郡，则参军事品阶为正九品下。

其中的"周"字作为与前面的隋、唐两朝的并列，无疑是在着意强调出武周朝，这是否在观念上有意无意地肯定了武则天周朝的正统性？因为在距离武周归政于唐已经二十八年后的开元二十年（732），仍有如此径直而不加隐晦的称谓，实不多见①。难道是缘于崔知之尝摹勒过《武士彟碑》而犹有感情所系吗？恐不尽然，但这对于探究武周以后的唐人，特别是从武周朝过来的唐人之于武周朝的认识与情感，无疑是颇有意义的案例。

二、昊陵碑的名称与建碑时间

"昊陵"即武氏祖坟，所葬为武则天父武士彟，在并州文水县（今山西文水），故昊陵碑即武士彟碑，后世也称攀龙台碑。《武士彟碑》最早著录于《金石录》卷五，云为长安元年（701）十二月由宰相李峤撰文、相王李旦楷书。同书卷二十五跋尾又云："右《周武士彟碑》，武后时，追尊士彟为无上孝明皇帝，命李峤为碑文，相王旦书石焉。《戎幕闲谈》载李德裕言：'昔为太原从事，见公牍中有文水县牒，称武士彟墓碑元和年忽失龟头所在，碑上有武字凡十一处皆镵去之。碑高大，非人力所及。未几，武元衡遇害。'今此碑武字最多，皆刻画完好无讹阙者。以此知小说所载，事多荒诞不可信类如此。"② 此碑额题"大周无上孝明高皇帝碑"，全文 6700 余字，碑高五丈、宽

---

① 检读唐代墓志，葬年在中宗复位以后的武氏家族人物墓志尚多有径言大周者，如开元三年（715）《谯国公夫人武氏墓志》"父嗣宗，周封临川郡王"；开元二十年（732）《慕容威妻武氏墓志》"祖承嗣，周朝中书令、魏王"；开元二十五年（737）《武幼范墓志》"祖大本，周赠汾州长史"；乾元元年（758）《慕容威墓志》"（夫人）武周魏王承嗣之孙"，而这些志文的首行题或盖题则皆称"大唐"。葬年在中宗复位以后的非武氏家族人物墓志则仅有个别径题"周"或"大周"者，如神龙元年（705）《李思贞墓志》"本姓华，犯周庙讳，改为李氏焉"（华为则天祖父名讳）；神龙三年（707）《李清禅墓志》"父泽，周朝任桂坊司直"；神龙三年（707）《李修己墓志》首行题犹称"大周"，且文末云"周朝君自营碑志，大唐中兴终"；景龙二年（708）《赵府君墓志》盖题径称"大周"；景龙三年（709）《王齐丘墓志》"大周有制，察天下文儒"；开元十一年（723）《樊晋客墓志》盖题"大周"；开元十二年（724）《郑承光墓志》"公周朝南郊神岳辇脚"；开元十三年（725）《索崇墓志》"祖寰，周任光州司马"；开元十五年（727）《于士恭墓志》"初大周御宇，分邦制邑"；开元二十一年（733）《高毛墓志》"父休，周朝授上柱国"等。还有个别因提及武周年号而在年号前加周或大周者，如开元三年（715）《赵宝隆墓志》"周万岁登封元年"；开元四年（716）《高君墓志》"大周久视元年"；开元十二年（724）《董神宝墓志》"周长安二年"；开元二十一年（733）《唐聘墓志》"大周万岁通天二年"等。至于玄宗朝以后的墓志，则几乎不再见有径言大周者出现。上举案例，皆载于《唐代墓志汇编》与《唐代墓志汇编续集》，统计其所占数量比例，亦不过同时期墓志的百分之一二。

② （宋）赵明诚：《金石录》卷五，上海：上海书画出版社，1985 年，第 457 页。

九尺、厚三尺。《太平寰宇记》卷四十《河东道·并州》文水县条记载："太原王墓在县西北十五里。即唐则天父武士彠也，双阙与碑石存。"① 至明末湮没无闻，亦未见有拓本传世。② 碑文载于《文苑英华》卷八百七十五（图3）和《全唐文》卷二百四十九。

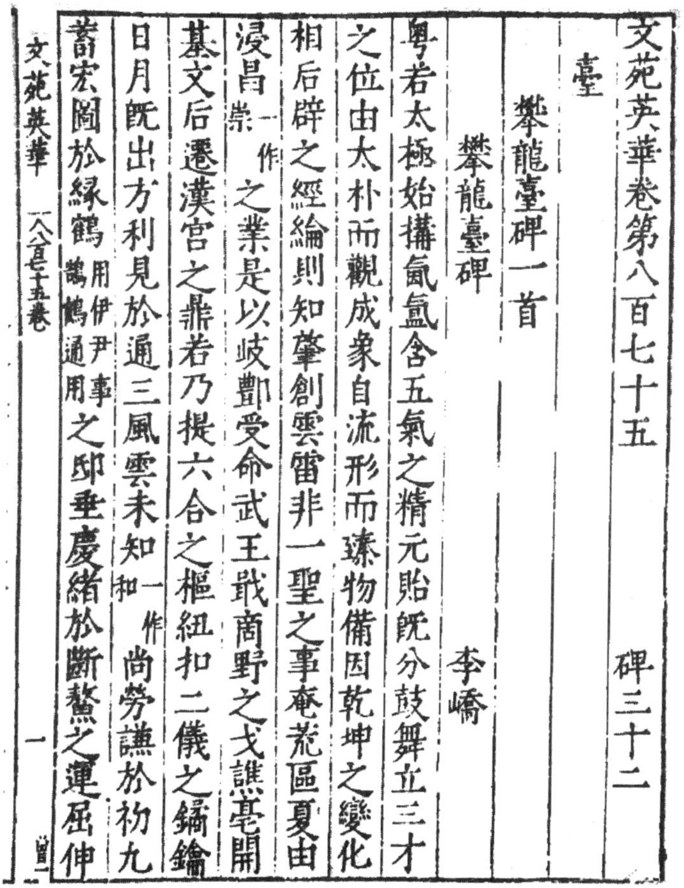
文苑英華卷第八百七十五　　碑三十二

臺

攀龍臺碑一首

攀龍臺碑　　李嶠

粤若太極始搆氤氳含五氣之精元貽既分鼓舞立三才之位由太朴而觀成象自流形而臻物備因乾坤之變化相后辟之經綸則知肇創雲雷非一聖之事奄荒區夏由浸昌一作崇之業是以岐酆受命武王戩商野之戈譙亳開基文后遷漢宮之鼎若乃提六合之樞紐扣二儀之鐍鑰日月既出方利見於通三風雲未知一作和尚勞謙於初九啓宏圖於綠鶴用伊尹事鸛鶴通用之邱垂慶緒於斷鼇之運屈伸

文苑英華　八百七十五卷　一　曾

图3　《文苑英华》载《攀龙台碑》书影

关于昊陵与昊陵碑名称的变化及缘由，可梳理史料得知。《攀龙台碑》云："文明元年（684），皇帝临朝，追崇为魏王，食邑一万户。永昌元年

① （宋）乐史撰：《太平寰宇记》卷四十《河东道·并州》，王文楚等点校，北京：中华书局，2007年，第2册，第849页。

② 关于《攀龙台碑》的研究，可参梁恒唐：《谈攀龙台碑的存在与价值》，梁晋红、梁恒唐、段振亮：《武则天往事求真》，太原：三晋出版社，2009年。

（689），群臣以名号不称，抗表固请，于是上尊号曰忠孝太皇。及钟石变声，讴歌有奉，皇帝钦受终之茂躅，御惟新之景命，改正朔而营宗庙，定郊邱而立社稷。聿遵故实，光启鸿名，奉册尊太皇为孝明高皇帝，陵曰昊陵，庙曰太祖。"①《新唐书》卷七十六《则天皇后传》云永昌元年（689）"号士護周忠孝太皇，杨忠孝太后。以文水墓为章德陵，咸阳墓为明义陵"②。案"明义"本为"显义"③，此条当是唐代史臣为避中宗名讳"显"字而改为"明"字，下同。《资治通鉴》卷二百四《唐纪二十》亦云永昌元年（689）"二月，丁酉，尊魏忠孝王曰周忠孝太皇，妣曰忠孝太后，文水陵曰章德陵，咸阳陵曰明义陵"④。《新唐书》卷七十六《则天皇后传》云天授二年（691）"诏并州文水县为武兴，比汉丰、沛，百姓世给复。以始祖冢为德陵，睿祖为乔陵，严祖为节陵，肃祖为简陵，烈祖为靖陵，显祖为永陵，章德陵为昊陵，明义陵为顺陵"⑤。《资治通鉴》卷二百四《唐纪二十》亦云天授二年（691）"（正月）甲子，太后命始祖墓曰德陵，睿祖墓曰乔陵，严祖墓曰节陵，肃祖墓曰简陵，烈祖墓曰靖陵，显祖墓曰永陵，改章德陵为昊陵，显义陵为顺陵"⑥。案此条史料未见讳改"显"字为"明"字，或是宋人回改唐讳耳。此亦可证前揭《旧唐书》与《资治通鉴》三条史料中的"明义陵"皆为"显义陵"之讳改。《攀龙台碑》云："圣历二年，下制改昊陵署为攀龙台，加置官属佐吏。"⑦《新唐书》卷七十六《则天皇后传》亦云圣历二年（699）"改昊陵署为攀龙台"⑧。从前揭史料中可知昊陵原名"文水墓"，后改名"章德陵"，再

---

① （宋）李昉等：《文苑英华》卷八百七十五，北京：中华书局，1966 年影印本，第 4619 页。

② 《新唐书》卷七十六《则天皇后传》，北京：中华书局，1975 年标点本，第 3480 页。

③ "显义陵"虽不见于正史，然可证之于国家图书馆藏拓本武周圣历三年（700）二月二日《大周故致果校尉左千牛备身戴希晋墓志》云："考良昭，皇朝水部员外郎、显义陵署令。"载北京图书馆金石组编：《北京图书馆藏中国历代石刻拓本汇编》，郑州：中州古籍出版社，1989 年，第 18 册，第 182 页。又以永昌元年改咸阳墓为显义陵，天授二年又改显义陵为顺陵推之，戴良昭授任显义陵署令当在永昌元年（689）至天授二年（691）之间。再以志主戴希晋圣历二年（699）卒年二十一推之，其父任显义陵署令时戴希晋尚不过十一二岁。

④ （宋）司马光：《资治通鉴》卷二百四《唐纪二十》"永昌元年二月"条，北京：中华书局，1956 年标点本，第 6457 页。

⑤ 《新唐书》卷七十六《则天皇后传》，北京：中华书局，1975 年标点本，第 3481—3482 页。

⑥ （宋）司马光：《资治通鉴》卷二百四《唐纪二十》"天授二年正月"条，北京：中华书局，1956 年，第 6472 页。

⑦ （宋）李昉等：《文苑英华》卷八百七十五，北京：中华书局，1966 年影印本，第 4619 页。

⑧ 《新唐书》卷七十六《则天皇后传》，北京：中华书局，1975 年标点本，第 3484 页。

改名"昊陵"，而作为管理机构的昊陵署，又改称"攀龙台"，于是《昊陵碑》亦即《武士彠碑》也随之有了"攀龙台碑"的称谓。

若以《金石录》为准，则《武士彠碑》的建立时间为长安元年（701）十二月，而《崔知之墓志》云"年卅一，武氏昊陵建碣"，以崔知之开元十九年（731）卒年五十八推之，"年卅一"当为武周长安四年（704），与长安元年（701）相差三年。又以"武氏昊陵建碣"语意推之，无疑是指武则天在昊陵为其父所立巨制丰碑《攀龙台碑》，而绝不会是更于长安四年（704）又在昊陵建立了其他碑碣。再以"改昊陵署为攀龙台"（语出《攀龙台碑》）与"改顺陵曰望凤台"（语出《顺陵碑》）理应在同一时间，故武则天下制为昊陵与顺陵建碑亦当在同时，只是完成建立的时间或许稍有先后，但绝不可能在时间上相距甚远。今见《唐拓全石唐顺陵碑孤本》署款为"长安二年岁次壬寅金正月己巳木朔五日癸酉金建"①，可证《金石录》载《武士彠碑》建碑时间作"长安元年十二月"当不误，而据《崔知之墓志》以年岁约略推之者，或许容有差异。只是可以推想，《攀龙台碑》若是奉敕撰书于长安元年（701），而以其宏文硕制欲要摹勒并书刻完成之，必当迁延费时，或耗时一二年也不是没有可能，故以《崔知之墓志》"年卅一"所推年份即便不能十分确切，而崔知之所参与摹勒之"昊陵建碣"确为《攀龙台碑》应是无疑问的。

三、相王李旦传世书刻与书风

李旦为高宗第八子，与大他六岁的中宗李显皆为武则天所生。李旦工书，在唐代诸王宗藩中是出类拔萃的，且亦有书刻作品存留于世。《旧唐书》卷七《睿宗本纪》云："谦恭孝友，好学，工草隶，尤爱文字训诂之书。"②《新唐书》卷五《睿宗本纪》亦云："长而温恭好学，通诂训，工草隶书。"③前文已经对"草隶"的含义作了解释，通过证见李旦的书法，同样可以给予印证。

梳理文献中所能见知的李旦书法碑刻，多是其为相王时的作品。兹据

<hr>

① 《唐拓全石唐顺陵碑孤本》，上海：中华书局，民国九年（1920）影印杭州高愚钻藏本。又，（清）孙星衍《续古文苑》卷十七据汪士铉手抄本《唐碑录存》收有此碑最接近完整的录文。北京：中华书局，1985年影印《丛书集成初编》本，第4册，第1018—1038页。

② 《旧唐书》卷七《睿宗本纪》，北京：中华书局，1975年标点本，第151页。

③ 《新唐书》卷五《睿宗本纪》，北京：中华书局，1975年标点本，第115页。

《金石录》卷四、卷五共著录李旦书碑七种①，皆为楷书。依次是：

(1) 万岁登封元年（696）二月《周升中述志碑》，武后撰，相王旦正书。

(2) 万岁登封元年（696）二月《周封中岳碑》，李峤撰，相王旦正书。

(3) 大足元年（701）五月《周许由庙碑》，则天撰，相王旦正书。

(4) 长安元年（701）十二月《周武士蒦碑》，李峤撰，相王旦正书。

(5) 长安二年（702）六月《周孝明皇后碑》，武三思撰，相王旦正书。

(6) 神龙元年（705）九月《唐龙兴圣教序碑》，中宗撰，相王旦正书。

(7) 景云二年（711）九月《唐景龙观钟铭》，睿宗撰，正书，无姓名。

（《金石文字记》云为"睿宗御书"）

以上七种，除今存西安碑林的《景龙观钟铭》为青铜铸刻外（图4），其余石刻仅剩《周孝明皇后碑》亦即《顺陵残碑》有残石数块存世（图5、图6、图7）②。若以《顺陵残碑》与《景龙观钟铭》相比较，应足以证实《景龙观钟铭》书法确出自李旦手笔。再以《顺陵残碑》与《武士蒦碑》撰写时间仅相差一年而推之，其楷法面貌理应无大差异。前贤论李旦楷书优长约有唐代窦臮《述书赋上》窦蒙注云："睿宗皇帝，天皇第四子。性淳和，好书史，尚古质，书法正体，不乐浮华。"③ 明代赵崡《石墨镌华》评《顺陵残碑》云："书不知真出旦否，方整遒健可录也。"④ 同书评《唐景龙观钟铭》又云："字正书而稍兼篆隶，奇伟可观。"⑤ 清代杨宾评睿宗书《景龙观钟铭》云："以余品之，当以《铭》为第一，盖其古奥浑厚，绝非他碑可及也。"⑥

---

① （宋）赵明诚：《金石录》，上海：上海书画出版社，1985年，第73—89页。

② 《顺陵残碑》今存残石八块，皆藏咸阳市博物馆，残石合计存字283个，而全文约有4500字。字径约5cm，有方界格，推算约有45行，每行98字。此碑仆于明嘉靖年间大地震，后为县令碎为石料以修补渭河堤坝，清初渭水决堤，崩出数块残碑，20世纪中期又因建设掘出数块。《石墨镌华》有著录而无录文，《金石萃编》仅据三块残石录文，乾隆年间孙星衍纂《续古文苑》于卷十七据汪士铉手抄本《唐碑录存》收有此碑最接近完整的录文，清同治年间发现此碑孤拓本，后于1920年印成《唐拓全石唐顺陵碑孤本》。

③ （唐）张彦远撰：《法书要录》卷六，范祥雍校点，北京：人民美术出本社，1986年，第199页。

④ （明）赵崡：《石墨镌华》卷四，上海：商务印书馆，1937年影印《丛书集成初编》本，第48—49页。

⑤ （明）赵崡：《石墨镌华》卷二，上海：商务印书馆，1937年影印《丛书集成初编》本，第17页。

⑥ （清）杨宾：《大瓢偶笔》卷三"论唐人碑帖"，《历代书法论文选续编》，上海：上海书画出版社，1993年，第475页。

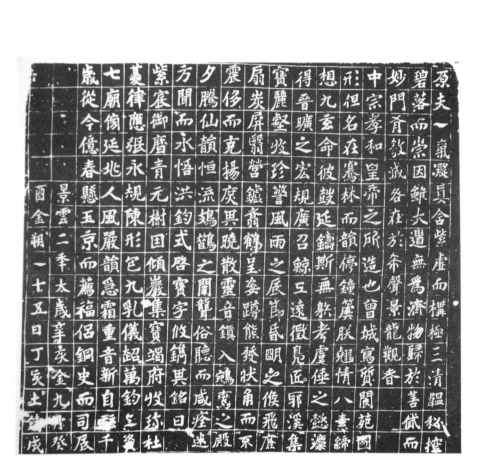

图 4　李旦书《景龙观钟铭》

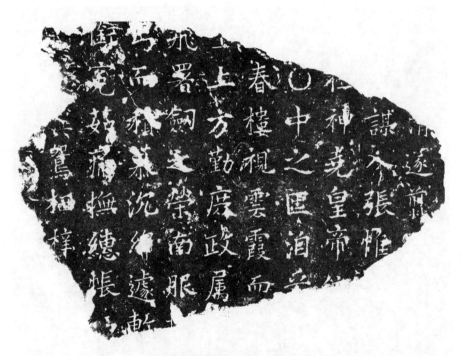

图5 《顺陵残碑》局部1

图 6 　《顺陵残碑》局部 2

图 7　《顺陵残碑》局部 3

清代何绍基评睿宗钟铭书法亦云："睿宗书此碑铭，奇伟非常，运分书意于楷法，尤为唐迹中难得之品。间有失于弱穴处，则由泥范未精，冶铜入之不无走失也。"① 康有为更称赞"《顺陵残碑》浑古有法"②。总之，李旦书法的基本特色应是在方整朴质的楷法中稍兼篆隶乃至行草笔意，故而显得古奥浑厚、奇伟可观。

又，李旦书刻存世尚有篆书一例，晚清叶昌炽云："相王旦在潜邸，即为永兴《庙堂碑》题额。又尝书武士彠夫妇碑，见《金石录》。然唐时宗藩，能书者绝少。"③ 此所谓"永兴《庙堂碑》"者，即武周朝重刻的虞世南书《孔子庙堂碑》，时由相王李旦篆书碑额"大周孔子庙堂之碑"八字，此碑后来又遭损毁，直至北宋建隆、乾德年间（960—967）京兆尹王彦超主持摹勒再建并由安祚刻字，唯额题已去掉"大周"二字，仅留"孔子庙堂之碑"六字（图8），此即今存西安碑林博物馆的《孔子庙堂碑》北宋再建之碑，世称"西庙堂碑"。固然经过宋人重摹，而在篆法上恐已不尽能再现李旦书笔之原貌，但"唐时宗藩，能书者绝少"的论断，则适可与李旦传世作品之多于诸王而相互印证，且能突显其书法在彼时的水平之高与影响之大。又以相王李旦尝两度书写武则天所撰碑文和一度书写武三思所撰碑文，或可从旁说明其与母亲武则天及与武周政权之政治关系的融洽程度。

四、古碑的摹勒与镌刻

就《崔知之墓志》所提到的"年卅一，武氏昊陵建碣，历采伯英之筋，以善草隶摹勒，起家授苏州参军事"这句史料，前文已经一一对应作了研讨。只是因为"摹勒"或"模勒"一词在唐代有着特定含义，且与镌刻刊雕等凿石刻字的含义有着程序与方法上的截然区别，所以还需专门再作一点解析。

① （清）何绍基：《东洲草堂文钞》，台北：学生书局，1971年影印本，第1册，第475页。
② （清）康有为：《广艺舟双楫》"卑唐第十二"，《艺林名著丛刊》第2种，北京：中国书店，1983年，第34页。
③ （清）叶昌炽撰：《语石》卷八"宗子二则"，王其祎校点，沈阳：辽宁教育出版社，1998年新世纪万有文库本，第215页。

图 8　李旦书孔子庙堂碑额

唐人重视书法，自然也重视摹勒与镌刻。所谓"古人书碑重镌字，此物勒工名之意也"①。若溯其由来，或托始于汉。最典型的例证就是《西岳华山碑》所题"郭香察书"与"刻者颍川邯郸公修"。叶昌炽尝说："古碑凡书模勒，与镌刻为二事。"② 而专门且明确署题"摹勒"且与"镌刻"作俨然区别者，则似始于唐代。"何以证之？如唐《怀仁圣教序》，既书'诸葛神力勒石'矣，又曰'武骑尉朱静藏镌字'。《纪信碑》，既书'勒碑人史正勤'矣，又曰'石□张敬镌字'。《青城山常道观敕》，既书'观主甘遗荣勒字'矣，又曰'晋原吴光□刻'。宋《上清太平宫记》，既书'副官杨志振模'矣，又曰'长安忠善居士黄德用刊'。此盖勒字为一人，镌字为一人。若镌刻出于一手者，如唐之《张延赏碑》'将作官马瞻刻字并模勒'，《梁守谦功德铭》'天水强琼模勒并刻字'，《澄城县令郑公碑》'姜濬模勒并刻字'……盖古人刻碑，或书丹于石，或别书丹而双钩其文以上石。模勒即勾勒。今人以勒字为刻字，失之矣。"③ 今读新出墓志，亦可再补说一例典型者，即唐开成五年（840）《李逵墓志》，墓志署"朝议郎守梁王府司马翰林待诏上柱国赐绯鱼袋唐玄度书并篆额，朝议郎行庐州巢县丞翰林待诏上柱国唐玄序摸勒"④，此志书体为隶书。唐玄度是文宗朝翰林待诏，也是有名的勒字官，长于书法，尤精小学，曾著《十体书》，又奉敕复校字体而纂成《九经字样》，后附刻于《开成石

---

① （清）叶昌炽撰：《语石》卷六"刻字五则"，王其祎校点，沈阳：辽宁教育出版社，1998年新世纪万有文库本，第181页。

② （清）叶昌炽撰：《语石》卷六"刻字五则"，王其祎校点，沈阳：辽宁教育出版社，1998年新世纪万有文库本，第181页。

③ （清）叶昌炽撰：《语石》卷六"刻字五则"，王其祎校点，沈阳：辽宁教育出版社，1998年新世纪万有文库本，第181—182页。又如《旧唐书》卷一百六十六《白居易传》记元稹为白居易集撰序讲到当时仿效乐天的"元和体"新诗盛行天下，以至出现"其缮写模勒，炫卖于市井，或因之以交酒茗者，处处皆是"。这里的"模勒"应是摹写，与缮写同义。北京：中华书局，1975年标点本，第4357页。又，摹勒与模勒盖指就碑石而摹写勾勒，而就纸张则多作摹写或模写，如《后汉书》卷六十下《蔡邕传》云：灵帝许蔡邕书镌熹平石经立于太学门外，"及碑始立，其观视及摹写者，车乘日千余两，填塞街陌"。北京：中华书局，1965年标点本，第1990页。《周书》卷四十七《冀儁传》云："性沉谨，善隶书，特工模写。……时侯莫陈悦阻兵陇右，太祖志在平之。乃令儁伪为魏帝敕书与费也头，令将兵助太祖讨悦。儁依旧敕模写，及代人、主书等署，与真无异。太祖大悦。费也头已曾得魏帝敕书，及见此敕，不以为疑。遂遣步骑一千，受太祖节度。"北京：中华书局，1971年标点本，第837—838页。《旧唐书》卷一百九十下《李华传》云："华尝为《鲁山令元德秀墓碑》，颜真卿书，李阳冰篆额，后人争模写之，号为'四绝碑'。"北京：中华书局，1975年标点本，第5048页。

④ 赵君平、赵文成：《秦晋豫新出墓志蒐佚》，北京：国家图书馆出版社，2012年，第4册，第978页。

经》，今存西安碑林博物馆。欧阳修云："玄度以书自名于一时，其笔法柔弱，非复前人之体，而流俗妄称借之尔。"[①] 由《李逵墓志》又可见证其除楷法外亦能隶书，然略不精彩，且确有"柔弱"之嫌。其弟唐玄序，亦工书法，善摹勒，相传大和六年（832）所刻《集王羲之书金刚经》即为玄序集字并摹勒上石者，今有拓本传世而藏于上海博物馆。据《李逵墓志》由唐玄度书丹而由唐玄序摸勒，可证玄序确实长于临摹勾勒且水平或更在玄度之上。另外，唐人亦重视摹勒与镌刻之间的校对工作，也可举一例新史料说明之。2009 年入藏大唐西市博物馆的唐贞元二年（786）《陈守礼墓志》依次署"第十二男奉义郎前左卫长史鍠撰并书"、"第十四男前弘文馆明经鍊初校、第十五男朝议郎试肃王府户曹鉽校成、第十七男鉥检校镌磨"[②]，可知此墓志在书丹后，先是经过了初校和校成两遍校对后方实施镌刻，而在镌刻完成之后又经过了一遍检查校对，目的是以防发现有刻错的字而予以及时磨改。由此可见唐人对于碑版墓志从书丹到摹勒以及从校对到镌刻的细致与重视程度。唐人重文重书与唐代文化盛大之基础与由来，亦可缘此窥见一斑。

总之，以书法功力论，摹勒无疑要高于镌刻，只有能集摹勒与镌刻功夫于一身者，方能一手完成摹书与刻字，否则就必须先出高手精摹，然后再由刻工镌字，这种情形在唐代表现得尤其突出。本文所介绍的能荣膺摹勒武周昊陵大碣《武士彠碑》工作的崔知之，无疑正是一位像唐代著名"翰林勒字官"（《旧唐书·文宗纪》）唐玄度、唐玄序兄弟一样精于摹勒的书法高手。

原载（《华夏考古》2015 年第 1 期）

① （宋）欧阳修撰：《集古录跋尾》卷九"唐李藏用碑"，邓宝剑、王怡琳笺注，北京：人民美术出版社，2010 年，第 200 页。

② 胡戟、荣新江主编：《大唐西市博物馆藏墓志》，北京：北京大学出版社，2012 年，中册，第 666—669 页。

新出土柳宗元撰《独孤申叔墓志》勘证

　　"古人所孜孜兮，贵身没而名存！"① 唐德宗贞元十八年（802）四月五日，一位名叫独孤申叔的文学青年夭亡于国都长安②，终年二十七岁。惜哉，"天厚之才而啬之年"，"伤独孤者，伤君子也，益伤君子有道而无命也！"③ 于是，韩柳古文运动的大旗下失去了一位骁将，中晚唐文学的星河中泯灭了一盏光明；又于是，一代文宗韩愈在《独孤申叔哀辞》中追悼他："濯濯其英，晔晔其光。如闻其声，如见其容。"④ 一代文豪柳宗元更是衔情命笔为这位"道信于友"的唐代"颜回"撰写了墓志文，而独孤申叔生前的同年、同事与知友韩愈、柳宗元、刘禹锡、吕温、王涯等十一人则相约"七夕"，漉酒焚香，哀挽于城南凤栖原畔，为其安魂送行。柳宗元撰写的这篇《亡友故秘书省校书郎独孤君墓碣》，后来收进了《柳宗元集》而流传至今。

　　有道是长安这片厚土，古物遗存丰盈，所谓地不爱宝，晦显有时，真正

---

　　① （唐）皇甫湜：《皇甫持正集》卷一《伤独孤赋》，上海：上海商务印书馆，民国八年（1919）《四部丛刊》影宋本，第 3 页。

　　② 独孤申叔字子重，新、旧《唐书》无传，唯《新唐书》卷七十五下《宰相世系表五下》中记载了独孤申叔及其父、祖三代之世次、名讳与官职。另外独孤申叔传世之文学作品均收在宋人编纂的《文苑英华》中，有赋体文六篇：卷八十四"符瑞"《资州献白龟赋》、卷一百三十二"鸟兽二"《却千里马赋》、卷一百十"器用九"《处囊锥赋》、卷七十五"乐五"《乐理心赋》、卷七十六"乐六"《审乐知政赋》、卷一百十一"服章一"《服苍玉赋》；有五言古体一首，卷一百八十四"省试五"《终南精舍月中闻磬》。

　　③ （唐）皇甫湜：《皇甫持正集》，上海：上海商务印书馆，民国八年（1919）《四部丛刊》景宋本，第 2 页。

　　④ （唐）韩愈撰：《韩愈集》卷二十二"祭文"，严昌校点，长沙：岳麓书社，2000 年，第 272 页。

是于斯为甚。当陵谷迁贸，沧海桑田，斗转星移了一千一百九十八年后，幽
荟于凤栖原畔的独孤申叔墓志石竟又重见天光，幸甚至哉！21 世纪伊始，
《独孤申叔墓志》在西安市南郊的长安县大兆乡三益村被发现，同年五月入藏
西安碑林博物馆①。志石无盖，高、宽均 40cm，厚 11cm。志石四侧线刻阔叶
团花纹饰。志文 21 行，满行 22 字，字径 1.8cm，楷书，柳宗元撰，未署书
者姓名。鉴于柳宗元所撰墓志文刻石传世者尠见，独孤申叔也因为在正史中
无传而只能撮合《旧唐书》、《新唐书》、《唐国史补》、《唐语林》、《太平广记》
等零星文字连缀其行事，故该墓志的发现，不仅对研究唐代古文运动之史事
与人物，特别是独孤申叔其人的家世与履历有着十分重要的参考价值，同时
也为与《柳宗元集》卷十一所载该墓志文字相互校勘订补提供了珍贵的实物
和文献资料，因此颇得学界尤其是柳文研究专家的关注。

新出《独孤申叔墓志》（图 1）全文如下：

故秘书省校书郎独孤君墓志

承务郎行京兆府蓝田县尉柳宗元纂

呜呼！有唐仁人独孤君之墓，祔于其父太子舍人讳助之墓之后。自
其祖赠太子少保讳问俗而上，其墓皆瀍水之左，今上王后营陵于其侧，
故再世在此。呜呼！独孤君之道和而纯，其用端而明。内之为孝，外之
为仁，默而智，言而信，其穷也不忧，其乐也不淫。读书推孔子之道，
必求诸其中。其为文深而厚，尤慕古雅，善赋颂，其要咸归于道。昔孔
子之世，有颜回者，能得于孔子，后之仰而望者，譬之如日月，而莫有
议者焉。呜呼！独孤君之明且仁，而遭孔子，是有两颜氏也。今之世有
知其然者乎？知之者其信于天下乎？使夫人也天而不嗣，世之惑者，犹
曰尚有天道。嘻，其甚耶！君讳申叔，字子重，年廿二举进士，又二年
由博学宏词为校书郎，又三年居父丧，未练而没，盖贞元十八年四月五
日也。是年七月七日而葬万年县凤栖原义善乡。呜呼！君之寿，廿有七，
行道之日未久，故其道信于其友，而未信于天下。今记其知君者于墓：
左司员外郎李君直方贞白，陇西人；韩泰安平，南阳人；李行纯元固，

① 赵力光主编：《西安碑林博物馆新藏墓志汇编》，北京：线装书局，2007 年，中册，第 602 页。

其弟行敏中明，赵郡赞皇人；柳宗元子厚，河东解人；韩愈退之，昌黎人；王涯广津，太原人；吕温和叔，东平人；刘禹锡梦得，中山人；李景俭致用，陇西人；韦词默用，京兆杜陵人。

按：新出墓志与《柳宗元集》所见文字颇有异同，本文兹取南宋蜀刻本《新刊增广百家详补注唐柳先生文集》（图2）①（以下简称"集本"）与此新出墓志文字（以下简称"石本"）比勘，特胪为十九条而依次笺证之。

（1）石本首行题为"故秘书省校书郎独孤君墓志"，集本作"亡友故秘书省校书郎独孤君墓碣"。按集本"亡友"二字或为结集时所加，或为志文手稿原有而在刊刻时删去。以石本首行题"故"字前距顶格仅空一格推之，志文在上石时确无"亡友"二字。而石本"墓志"与集本"墓碣"之不同，或为刻石时所改，或为结集时所改，未详。又，石本"志"字无"言"旁，较为少见，然亦非错别字。"誌"与"志"通，表示记事或记载，以及记事的书或文章。在唐墓志中类似的情况不难找到，如贞观十五年（641）《王灵仙墓志》、开元二十一年（733）《王祖墓志》、兴元元年（784）《李国珍墓志》、中和四年（884）《韦贞平墓志》，这四方墓志首行题中的"誌"字均写作"志"。②

（2）石本次行为撰志人署款"承务郎行京兆府蓝田县尉柳宗元纂"，集本无此行款，而南宋廖莹中世彩堂刻本则在志文首行标题下加小注云"贞元十八年蓝田尉作"。据《旧唐书·柳宗元传》、《新唐书·柳宗元传》③、柳宗元《与杨海之第二书》、韩愈《柳子厚墓志铭》、刘禹锡《柳君文集序》、张敦颐《柳先生历官记》及《唐才子传》等文献，可知柳宗元贞元九年（793）登进士第，十二年（796）应举博学宏辞科，十六年（800）授校书郎（韩愈《墓志》作"集贤殿正字"，无"校书郎"），又调蓝田尉。十九年（803）为监察御史，二十年（804）为监察御史里行。校以石本所署官衔、年份，正与史传相合，而其贞元十八年（802）所任从八品下之文散官"承务郎"一职则俱为史传所遗，可据补阙。

① 南宋蜀刻《新刊增广百家详补注唐柳先生文集》在存世柳集宋刻本中具有时代较早、较为完整，且注文亦较详细，并保留有原注释者姓氏和参校了南宋世彩堂等刻本的诸多优点，故为笔者径取（陕西师范大学图书馆藏本）做对勘本。

② 参见《隋唐五代墓志汇编》陕西卷，天津：天津古籍出版社，1991年。

③ 《旧唐书》卷一百六十《柳宗元传》，北京：中华书局，1975年标点本；《新唐书》卷一百六十八《柳宗元传》，北京：中华书局，1975年标点本。

图1　唐《独孤申叔墓志》

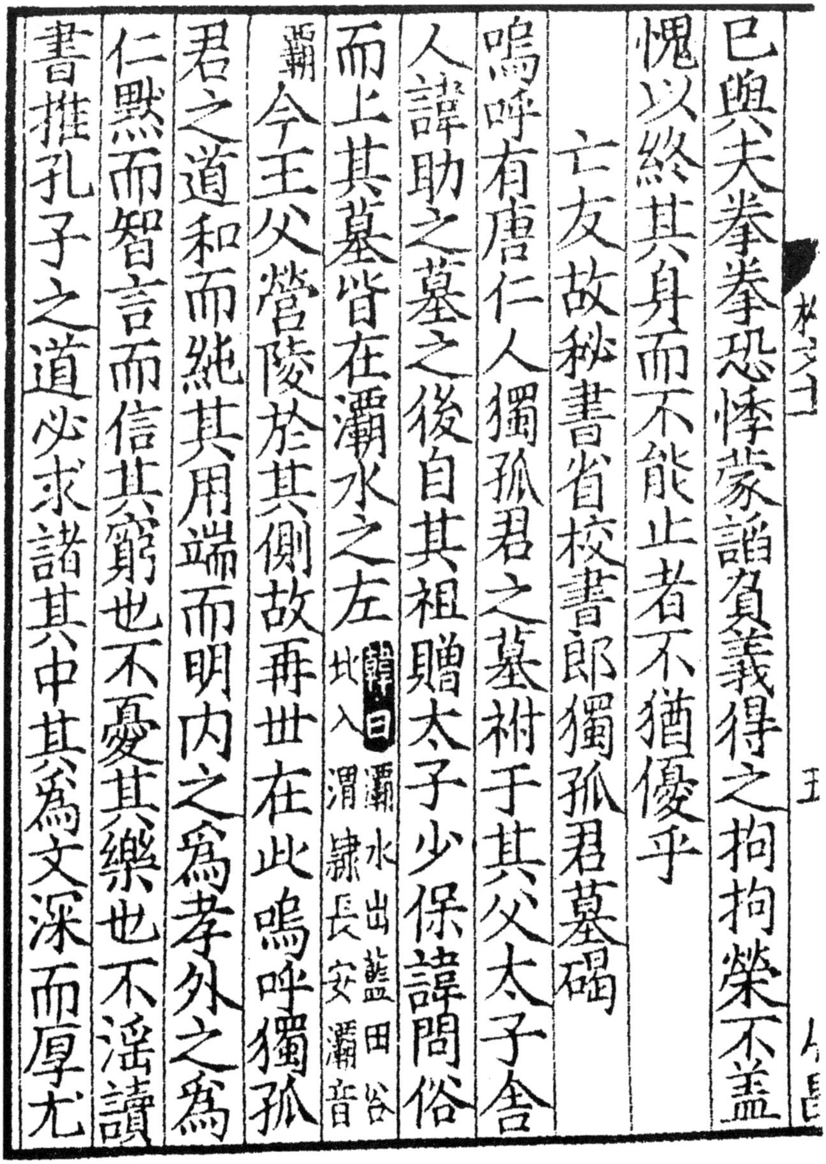

書推孔子之道必求諸其中其爲文深而厚尤
仁黙而智言而信其窮也不憂其樂也不滛讀
君之道和而純其用端而明內之爲孝外之爲
霸今王父營陵於其側故再世在此嗚呼獨孤
而上其墓皆在灞水之左 韓曰地入渭灞水出藍田谷隸長安灞音
人諱助之墓之後自其祖贈太子少保諱問俗
嗚呼有唐仁人獨孤君之墓祔于其父太子舍
亡友故秘書省校書郎獨孤君墓碣
愧以終其身而不能止者不猶優乎
巳與夫拳拳恐悷蒙詬負義得之拘拘榮不盖

图2　南宋蜀刻本《新刊增广百家详补注唐柳先生文集》书影

（3）石本"其墓皆灞水之左"，集本作"其墓皆在灞水之左"。疑石本漏刻"在"字。"灞水之左"即灞水之东，古以东为左。

（4）石本"今上王后营陵于其侧"，集本作"今王父营陵于其侧"。当以石本为正确。中华书局本《柳宗元集》校勘记（以下简称"中华本校勘记"）曰：

> "王父"，《英华》作"王后"。何焯《义门读书记》："'父'当作'后'。"陈景云《柳集点勘》："'父'，当从《文苑》作'后'。谓德宗昭德王后。贞元二年崩，葬靖陵。永贞初，迁祔崇陵。此云营陵，谓营建靖陵也。独孤氏因王后营陵祖茔之侧，故再世别葬。与汉冯衍先世葬地以哀帝营为义陵，衍不得祔葬，更定茔新丰是也。《通鉴》注：靖陵在奉天东北十里。"按：陈说可参考。惟靖陵在奉天（今陕西乾县），与上文说"灞水之左"相去甚远。又据《新唐书》卷七七《昭德皇后列传》，昭德皇后王氏贞元三年死，非"贞元二年"。初葬靖陵，永贞元年改祔德宗崇陵。[①]

这里有几个问题需要辨析。其一，《文苑英华》作"王后"不误，"王父"显然与文义不通。而据石本又知"王后"前还有一"上"字，以"今上"指代当朝皇帝德宗应更加明白。另外，石本在行文格式上采用空格避讳法，于"有唐"、"父"、"祖"前均空一格，而于"今上王后"前特空三格，以此推之，更知集本作"今王父"者实属谬误。其二，昭德皇后确实卒于"贞元二年（786）"非"贞元三年（787）"，故陈说不误，而校勘记仅据《新唐书》本传所下之结论有误。检《旧唐书》卷五十二《昭德皇后传》云："德宗昭德皇后王氏，……德宗为鲁王时，纳后为嫔。上元二年，生顺宗皇帝，特承宠异。德宗即位，册为淑妃。贞元二年，妃病。十一月甲午（八日），册为皇后，是日崩于两仪殿。……（三年）五月，葬于靖陵。……永贞元年十一月，徙靖陵，祔葬于崇陵。"[②]《旧唐书》卷十二《德宗纪上》云：贞元二年（786）"十一月甲午（八日），册淑妃王氏为皇后。……丁酉（十一日），册皇后王

---

① （唐）柳宗元：《柳宗元集》卷十一，北京：中华书局，1979年，第278页。
② 《旧唐书》卷五十二《昭德皇后传》，北京：中华书局，1975年标点本，第2193—2194页。

氏；是日后崩，谥曰昭德"①。卷十三《德宗纪下》又云："（永贞元年）十月
己酉（十四日），葬于崇陵，昭德皇后王氏祔焉。"②此与旧传祔葬时间为永
贞元年（805）十一月者互异。《新唐书》卷七《德宗纪》与《旧唐书·德宗
纪》略同，并记"（贞元三年二月）甲申（二十九日），葬昭德皇后于靖
陵"③。此与旧传所记葬期为贞元三年（787）五月者不合。又《新唐书》卷
七《宪宗纪》记德宗葬崇陵之日期亦为永贞元年（805）十月己酉（十四日），
是《旧唐书》、《新唐书》本纪与《旧唐书·昭德皇后传》之"永贞元年十一
月"互有出入。《资治通鉴》卷二百三十二记皇后卒日与旧纪同，而记皇后葬
日又与新纪同。卷二百三十六又记德宗葬日与《旧唐书》、《新唐书》本纪同。
《唐会要》卷三《皇后》："德宗皇后王氏，贞元二年十一月，册为皇后，其月
二十一日（按：当为十一日之误）忌。三年正月，上尊谥曰昭德皇后。……
其年二月，皇后发引，梓宫进辞太庙于永安门，升辒辌车于安福门，从阴阳
之吉也。"④《文苑英华》卷八百三十八与《全唐文》卷四百三十四载韩滉
《昭德皇后哀册文》云："维贞元二年岁次景寅十一月丁亥朔十二日戊戌（按：
与旧纪、《资治通鉴》作十一日丁酉稍异），大行皇后崩于两仪殿，旋殡于西
阶，越期（一作'三'）年岁次丁卯二月景辰朔二十九日甲申，大行昭德皇后
将迁座于陵台礼也。"⑤可证新纪与《资治通鉴》所记葬靖陵之时间不误，是
旧传作"五月"者当为"二月"之误。合上揭史料推断，昭德皇后之卒期当
为贞元二年（786）十一月丁酉（十一日），葬期当为贞元三年（787）二月甲
申（二十九日），而其祔葬时间则应以永贞元年（805）十月己酉（十四日）
为准。其三，葬昭德皇后之靖陵断非葬僖宗之靖陵。石本云：独孤申叔祔葬
于其父独孤助墓之后，而其祖父独孤问俗以上数代先辈，则皆葬于长安城东
郊的灞水之东，即铜人原一带（灞水以西为白鹿原）。适值德宗昭德王皇后亦
于灞陵东岸独孤问俗族茔之侧营建陵寝，故独孤助与独孤申叔两代便改茔别
葬于长安城南郊之万年县凤栖原义善乡（即所谓"再世在此"），即外廓城明

① 《旧唐书》卷十二《德宗纪上》，北京：中华书局，1975年标点本，第355页。
② 《旧唐书》卷十三《德宗纪下》，北京：中华书局，1975年标点本，第400页。
③ 《新唐书》卷七《德宗纪》，北京：中华书局，1975年标点本，第194页。
④ （宋）王溥：《唐会要》卷三《皇后》，北京：中华书局，1955年，上册，第29页。
⑤ （宋）李昉等：《文苑英华》，北京：中华书局，1966年影印本，第6册，第4424页；（清）
董诰等：《全唐文》，北京：中华书局，1983年影印本，第5册，第4430页。

德门与启夏门以南一带。既然皇后营陵于灞水之左，则史传所谓葬于"靖陵"之位置便应在此地，惜于文献中未能检得昭德皇后靖陵之具体所在。而此靖陵又与唐僖宗之靖陵重名，以致胡三省在《资治通鉴》卷二百三十二贞元三年（787）二月"甲申葬昭德皇后于靖陵"条下作注云："王后，谥昭德。靖陵，在奉天县东北十里。"① 误矣。若谓奉天之靖陵，显然是指唐僖宗之陵寝，那么的确如中华本校勘记所说与"灞水之左"相去甚远。况且昭德皇后葬于贞元三年（787），此时已营造冢墓名靖陵，而僖宗则崩于文德元年（888），上距昭德皇后卒葬已百年有余，似不可能明知百年以前已有昭德皇后之靖陵，而百年以后之僖宗陵冢仍取名靖陵。然而唐有重名之靖陵，这毕竟是个事实②，史传的记载应该也没有疏误，而此事在唐代似乎还并不有悖于礼法，如唐代宗贞懿皇后独孤氏薨于大历十年（775），陵冢曰庄陵，在长安城东，而崩于宝历二年（826）之唐敬宗之陵冢亦曰庄陵，此与前述靖陵之重名情形是一样的，值得探究。又，检诸史籍志乘，知唐明皇贞顺武皇后敬陵在万年县东四十里，唐穆宗宣懿皇后韦氏福陵、唐懿宗恭宪皇后王氏安陵、唐宣宗元昭皇后晁氏庆陵皆在万年县东二十五里，唐懿宗惠安皇后王氏寿陵在万年县东北二十五里，凡此俱可佐证昭德皇后之靖陵，确应在万年县东之"灞水之左"而非在奉天。

（5）石本"后之仰而望者"，集本作"后之仰其贤者"。以下句"譬之如日月"文意推之，当以石本为贴切。

（6）石本"而遭孔子"，集本作"如遭孔子"。以文法、文意推之，均不误。唯"而"字似更古雅。

（7）石本"今之世有知其然者乎，知之者其信于天下乎"，集本虽同，然又于句末加小注云"一本作'今之世有知其然者其信于天下乎'，少四字"。的确，辗转刊刻，难免漏失，宋本已然。又如《全唐文》卷五百八十八收此

---

① （宋）司马光：《资治通鉴》卷二百三十二"贞元三年二月"条，北京：中华书局，1956 年标点本，第 16 册，第 7482 页。

② 其实唐代还有一座靖陵，在东都洛阳，即唐睿宗昭成顺圣皇后窦氏之靖陵，见《旧唐书》卷五十一《昭成皇后传》："睿宗即位，谥曰昭成皇后，招魂葬于都城之南，陵曰靖陵。……睿宗崩，……祔葬桥陵。"北京：中华书局，1975 年标点本，第 2176 页。新传略同，所异唯云"葬东都之南"。又，《文苑英华》卷八百三十七刘子玄《昭成皇太后哀册文》亦云："维开元四年岁次景辰秋八月甲辰朔十七日庚申，昭成皇太后梓宫启自靖陵，将迁祔于桥陵。"北京：中华书局，1966 年影印本，第 4418 页。何唐之靖陵如此多？

墓志文即少此四字，可知其所据底本当即"一本少四字"者。今得石本，尤为的证。

（8）石本"嘻，其甚耶"，集本作"嘻乎甚耶"。以语气、语意推之，此处应表示遗憾、悲叹；而以发音推之，石本似比集本更为顺畅。《礼记·檀弓上》："伯鱼之母死，期而犹哭。夫子闻之，曰：'谁与哭者？'门人曰：'鲤也。'夫子曰：'嘻，其甚也！'"郑玄注："嘻，悲恨之声。"① 可知其语法、语境及语意与此正同。是应以石本为准。又，"嘻"作为叹词，常以单字出现，少见有"嘻乎"之用法。如柳宗元《种树郭橐陀传》："嘻，不亦善夫！"②

（9）石本"年廿二举进士"，集本作"年二十二举进士"。将"二十"书作"廿"、"三十"书作"卅"常见于唐人墓志中，而书作"二十"、"三十"者则甚少。故石本作"廿"字者尤近唐人习惯写法。又，独孤申叔"举进士"之年为贞元十三年（797），而此前一年德宗女义阳公主与驸马王士平反目，身为公主门客的独孤申叔和蔡南史二人，尝"播为乐曲，号《义阳子》，有《团雪》、《散云》之歌，德宗闻之怒，欲废科举，后但流斥南史、申叔而止"③。两《唐书》亦有贬逐说，然皆未详其流逐于何地及何时救还，而石本与集本之墓志文则俱讳言未及此事。

（10）石本"由博学宏词为校书郎"，集本作"用博学宏词为校书郎"，显然在语意之表述上，石本作"由"字更为准确明白，表示"自"、"从"之意，而"用"字则殊为不通。集本当是因"用"与"由"形近而转讹。

（11）石本"是年七月七日而葬万年县凤栖原义善乡"，集本作"是年七月十日而葬，乡曰某乡，原曰某原"。志石刻于当时，诸如时间、地点、姓名、官职等最堪可信，故应以石本为准。集本之误阙有两方面原因：一是墓志文可能撰成于志主尚未确定安葬时地之前，故于葬期先需空阙，而于葬地则往往书作"乡曰某乡，原曰某原"之类，待书刻墓志时才填补葬期及葬地，然留存在撰者手中之文稿又多凭回忆而补其空阙，甚或有疏忘未补者，以致

① 《礼记正义》卷七《檀弓上》，北京：中华书局，1980年影印本阮元校刻《十三经注疏》本，上册，第1281页。
② （唐）柳宗元：《柳宗元集》卷十七，北京：中华书局，1979年，第474页。
③ （唐）李肇：《唐国史补》卷下，上海：上海古典文学出版社，1957年，第56页。

在日后结集，特别是由他人整理时，只能一如其文稿原貌了。今本《柳宗元集》中的独孤申叔墓志文字当即如此。二是撰写志文时可能葬期已定，而葬地未定，故葬地仍付阙如，而葬期本作"七日"，因"七"与"十"形近易淆，以致在结集或后来的辗转抄录、刊刻中讹误。"凤栖原"在唐长安城之外廓城外东南方位，东北、西南走向，东南距少陵原约三十里，当今曲江遗址东南畔至长安韦曲一段。"义善乡"在唐长安城之外廓城明德门与启夏门以南一带（唐之圜丘在此），据宋敏求《长安志》卷十一知万年县有"义善寺，在县南十五里。贞观十九年建"①，义善乡盖因此得名。其大致范围为当今西安南郊长延堡地区到长安县韦曲之间。而使人疑惑的是，墓志发现于少陵原畔的今长安县大兆乡三益村（约唐之洪固乡），距唐之义善乡所在约二三十里之遥，是否墓志本非出土于大兆乡三益村，而是有好事者由义善乡之原出土地搬来，迄未能知。又据西安碑林博物馆藏乾符三年（876）《李推贤墓志》云"葬于京兆府万年县义善乡大仵村凤栖原之先茔"，知义善乡确在凤栖原，而大仵村则正在启夏门之东南数里。②

（12）石本"君之寿，廿有七"，集本作"君短命"。此句差异甚大，其原因似与前一条所析之情形略同，可能是在刊石安葬时方仓促改以"君之寿，廿有七"，而先期所撰之手稿则未及修改，直至结集。又，"廿"字之用法，与前文第（9）条所述"廿"字完全一致。

（13）石本"左司员外郎李君直方贞白，陇西人"，集本无此句。推之，或为刊石前临时添加，或为结集后脱漏。检《新唐书》卷七十上《宗室世系上》"定州刺史房"有大理少卿李直方，乃肃宗朝宰相李麟之从孙，以时代推之，当即此人。据《金石萃编》载大中十二年（858）《郎官石柱题名》知李直方尝任司勋郎中，据《登科记考》卷十二知李直方贞元元年（785）登贤良方正、能直言极谏科。《全唐文》卷六百一十八收李直方文三篇，并有小传云："直方，德宗朝官左司员外郎，历中书舍人，试太常卿。贞元二十一年（805）自韶州刺史移赣州刺史，迁司勋郎中。"今据石本，可确认其任"司勋员外郎"在贞元十八年（802）。又，《全唐诗》卷八百七十收李贞白诗六首，

①　（宋）宋敏求撰：《长安志》，辛德勇、郎洁点校，西安：三秦出版社，2013年，第372页。
②　参见史念海：《西安历史地图集》"唐长安县、万年县乡里分布图"，西安：西安地图出版社，1996年。

以石本证之，此李贞白当即李直方。比较李直方以下诸人之撰述体例，唯李直方冠有职衔，且在姓氏后加"君"字，与众不同，未知何故？

（14）石本"李行纯元固、其弟行敏中明"，集本作"李行谌元固、其弟行敏中明"。检《新唐书》卷七十二上《宰相世系二上》"赵郡李氏西祖房"有宪宗朝宰相李吉甫从子行谌、行敏，正是此兄弟二人。然石本何以书作"行纯"，析其原由，乃是避宪宗名讳而改"纯"为"谌"。因石本刊刻于德宗贞元十八年（802），此时李行纯尚无需改名，五年之后宪宗即位，李行纯的名字便因犯讳而改为"行谌"，遂致元和以后"行纯"之名不彰于世。今赖石本，不仅可以获知李行谌之本名，而且可以推断石本之文字在后来结集时确有所改动和增删。

（15）石本"柳宗元子厚"，集本作"柳宗元"，无"子厚"二字。以前后所列十余人皆有名有字推之，应以石本为准，集本当有脱落。

（16）集本柳宗元下有"崔广略，清河人"，石本无。集本此句有小注云："余人皆有名字，此独言广略，当是脱误。"中华本校勘记又云："陈景云《柳集点勘》：'崔广略，旧注："余人皆有名字，此独言广略，当有脱误。"按：此崔郾也。郾字广略，《唐史》有传，名臣也。'"① 推究集本与石本之互异，当有两种可能，或为刻石前临时删夺，或为整理结集时所增添。

（17）集本刘禹锡上有"崔群敦诗，清河人"，石本无。缘故同前。

（18）集本韦词上有"严休复元锡，冯翊人"，石本无。缘故同前。

（19）石本"韦词默用"，集本作"韦词致用"。中华本校勘记云："陈景云《柳集点勘》：'韦词致用。按：词字践之，《旧传》及《新史·世系表》并同。而此作致用，盖唐人有两字者甚多。'章士钊《柳文指要》则云此致用乃李景俭字，非韦词字。"② 今得石本，可知韦词字默用，并非与李景俭表字相同，集本乃误"默"为"致"。又，《旧唐书》卷一百六十《韦辞传》、《旧唐书》卷十七上《文宗纪上》及《旧唐书》卷十七下《文宗纪下》皆作"韦辞"，而《新唐书》卷七十四上《宰相世系四上》、《新唐书》卷一百一十九

① （唐）柳宗元：《柳宗元集》卷第十一《志碣诔·校书郎独孤君碣》，北京：中华书局，1979年，第278页。

② （唐）柳宗元：《柳宗元集》，卷第十一《志碣诔·校书郎独孤君碣》，北京：中华书局，1979年，第278页。

《白行简传》及《新唐书》卷一百六十三《杨于陵传》则皆作"韦词"。检《郎官石柱题名》及元和十三年（818）《修浯溪记》（韦词撰文）两石刻均作"韦词"，而《元和姓纂》、《金石录》、《墨池编》、《太平广记》等亦俱作"韦词"。虽《全唐文》卷七百一十七所收《修浯溪记》录作"韦辞"，但岑仲勉在《读全唐文札记》韦辞小传中已经指出："按辞，唯《旧唐》卷一百六十如此写法，他皆作词，即所收《修浯溪记》石刻亦作词也（参拙著《唐集质疑》京兆韦氏条）。"① 今得《独孤申叔墓志》石本，更能铁证"韦词"之不误。而《旧唐书》何以俱作"辞"字，尚待探究。

除上述十九条，还需说明的是，石本出土后受到擦划剥蚀使部分文字有所损伤，但未影响识读，唯志石左侧之线刻花纹有三分之一部分竟未奏一刀便仓促下葬，如此疏略匆匆，令人唏嘘。又，志文虽不署书者名，而书法诚不恶俗，于楷书中间杂行书笔意，舒朗流畅，法度自然，唯惜刻工不佳。笔者以臆度之，或许书法亦出"善书，尝作《笔精赋》"的柳宗元之手②，则值得留意再考。

原载（《中国典籍与文化》2002 年第 3 期）

---

① 见岑仲勉：《唐人行第录》（外三种），上海：上海古籍出版社，1962 年，第 330 页。岑仲勉在《唐集质疑》"京兆韦氏条"推测："惟《旧书》一七一景俭字宽中，又词字践之，见李翱《答朱载言书》，其殆均后来改字欤。"见《唐人行第录》（外三种），上海：上海古籍出版社，1962 年，第 402 页。今得《独孤申叔墓志》，可以澄清矣。而《旧唐书》卷一百六十《韦辞传》云"辞字践之"，盖后来由默用改践之耳。

② （明）陶宗仪：《书史会要》卷五"柳宗元"云："善书，尝作《笔精赋》，略曰：'勒不贵卧，侧尝患平，努过直而力败，趯当蹲而执生，策仰收而暗揭，掠右出而锋轻，啄仓皇而疾掩，磔趯趯以开撑。'此永字八笔，足以尽书法之妙矣。"上海：上海书店，1984 年影印武进陶氏逸园景刊明洪武本。又，类似情形以西安碑林所藏唐墓志为例，尚有元和二年（807）韩愈撰《苗蕃墓志》、元和五年（810）白居易撰《会王李缊墓志》，亦皆未署书者名而值得留意。

后记

　　唐代诗僧齐己曾喟叹道："几多事隔丹霄兴，三十年成两鬓霜。"其实于我来说，潜心于圣贤书中，同样也是"事隔丹霄兴"以至不知觉竟到了两鬓染霜的年纪。子曰"三十而立"，而我却是年届而立才伊始探索学问的门径，因此颇有"三十功名志未伸，初将文字竞通津"的感慨。回首流年，唏嘘华发，又一个三十年即将过去，扪心自检，依然惭愧于耕耘多而收获少，然纵使"志业犹未闻"，功名如尘土，也还是要励志勤事，不辍前行的。俗话说"敝帚自珍"，那么，眼前这本不揣浅陋的自选集就该成为对自己"三十年功苦拘束"的一柄自我审度和鞭策的戒尺。

　　此前在编辑拙稿时，李秉忠副院长曾强调说：学院策划并资助出版这套丛书，希望每位著者都能写一篇万言长序，以总结个人的学术经历和主要成果以及介绍撰作内容的要义。我当时感觉这要求不免有"王婆卖瓜"之嫌，且何至于非要写如此长的序？然而，当我在梳理并阅读一篇篇拙文时，那些值得回首的经历与难以忘怀的旧事，竟一桩桩浮映在脑海。于是随着键盘的敲打，我终于对自己三十年来的学术追求有了一个较为认真的归理与关照，甚至竟缘此而滋生了一袭"丰收在望"的喜悦，当然这"果实"的质量如何，还是要祈请和敬待读者诸君评判的。

　　谨需说明的是，自选集中遴选的 22 篇文稿在本次纂订过程中，皆已对文中所征引的典籍文献做了校理与正误，亦间或在资料上有以补充和修订，不过在内容上并没有做较大改动和修润，以求基本保持文章发表时的基本情状。

　　付梓在即，我当然要诚挚地向秉忠副院长施与的"高压"致以由衷的感荷，并郑重地向为丛书的策划、组织与出版而付出辛劳的学院各位老师鞠躬，同时还要感谢我的博士、硕士研究生杜镇、刘森垚、陈耕、李皓、李婷所做的部分数据复核以及电子录文与校对工作，最后也要特别鸣谢科学出版社的责任编辑们！

白日西飞，为霞满天，我愿悉心守望这一片美丽的风景与心情。

周晓薇
2015 年暑期于长安南郊系日山房